KB250874

조선시대 서울 도시사

조선시대 서울도시사

고동환 지음

태학사

고동환

서울대학교 인문대학 국사학과를 졸업하고, 동 대학원에서 석·박사학위를 취득했다. 서울학연구소 수석연구원을 거쳐 1995년부터 현재까지 KAIST 인문사회과학부 교수로 재직하고 있다. 한국역사연구회 회장(25대), 제55회 전국역사학대회 대회장, 문화재청 문화재위원회 사적분과 전문위원, 충청남도 문화재위원, 영국 케임브리지 대학 visiting scholar를 역임했으며, 제39회 한국백상출판문화상 저작상(인문사회부문)을 수상했다.

단독 저서로 『한국 전근대 교통사』(들녘, 2015), 『조선시대 시전상업연구』(지식산업사, 2013), 『조선시대 서울도시사』(태학사, 2007), 『조선후기 서울상업발달사연구』(지식산업사, 1998)가 있으며, 공저로 『역사와 도시』(서울대 출판부, 2000), 『서울 상업사』(태학사, 2000), 『거상, 전국의 상권을 장악하다』(두산동아, 2005), 『다시, 실학이란 무엇인가』(푸른역사, 2007) 외 다수가 있으며, 논문으로 「조선시대 한양의 수도성」, 「조선후기 서울 三門밖 지역의 특성」, 「조선후기 연안 항해와 外洋 항로의 개척」, 「조선후기~한말 신용거래의 발달」 등 조선후기에서 한말 시기 사이 도시사, 상업사, 교통사 논문이 다수 있다.

조선시대 서울도시사

초판 1쇄 발행 | 2007년 10월 15일
초판 4쇄 발행 | 2020년 11월 30일

지은이 | 고동환
펴낸곳 | (주)태학사
등록 | 제406-2020-000008호
주소 | 경기도 파주시 광인사길 217
전화 | 031-955-7580
전송 | 031-955-0910
전자우편 | thspub@daum.net
홈페이지 | www.thaehaksa.com

편집 | 조윤형 최형필 김성천
디자인 | 이보아 이윤경
마케팅 | 김일신
경영지원 | 정충만
인쇄·제책 | 상지사

ⓒ 고동환, 2007. Printed in Korea.

값 32,000원

ISBN 978-89-5966-178-7   94910
ISBN 978-89-7626-500-5   (세트)

머리말

조선시대 사회경제사는 1960년대 이후 많은 선학들의 노력이 경주된 연구 분야였다. 이러한 노력을 바탕으로 우리 역사학계는 식민사관의 정체성론을 극복하고 우리의 역사가 내재적인 동력에 의해 꾸준하게 발전하고 있음을 확인할 수 있었다. 그러나 이러한 내재적 발전론에 대해서는 발전과 변동만을 지나치게 강조하여 조선 사회의 구조적 성격을 도외시한 부조적(浮彫的)인 연구라는 비판이 제기된 바 있으며, 최근에는 조선 사회 내부에서 자생적으로 자본주의적 생산 관계가 싹틀 수 있느냐는 근본적인 의문도 제기되고 있다.

필자는 그동안 조선 후기 상업사 연구를 통해 조선 후기 사회가 매우 역동적인 사회였음을 실증하는 데 진력하여 왔다. 시전 상인과 사상, 특권 상인과 비특권 상인 등 상인의 성격을 중심으로 상업사를 이해하던 방법을 뛰어넘어, 시장권의 구조와 상품 유통 체계를 해명함으로써 상업과 상인, 그리고 시장을 이해함으로써 부조적인 사회 경제사 연구를 극복하고 구조적으로 조선 사회의 사회 경제를 연구하고자 하였다. 이러한 연구는 조선 사회의 발전과 변동뿐만 아니라 조선 사회의 구조와 운영도 함께 고려하면서 이루어진 것으로서, 내재적 발전론의 비판적 계승의 관점에 선 연구들이었다.

조선 후기 상업사를 천착하면서 필자는 조선시대 사회 경제사 연구가 지닌 여러 한계를 극복하기 위해서는 연구의 대상과 방법을 다양화할 필요성을 절감하였다. 그 동안의 조선시대 사회경제사 연구는 농업과 향촌사회 중심의 연구였다. 농업과 향촌사회에 비해 상업과 도시에 대한 관심은 미약하였다. 이러한 문제의식 속에서 필자는 상업사 연구를 더욱 심화시키면서 도시사에 대한 연구로 방향을 전환하였다.

필자는 도시사 연구가 그 동안의 조선시대 사회 경제사의 한계를 극복하고 한 단계 비약시킬 수 있는 가능성을 지닌 분야라고 생각했다. 도시사 연구는 시간과 인간에 영향을 미치는 공간에 주목한다. 이러한 공간 중심의 역사 연구는 그동안 일국사에 매몰되어 세심하게 주의를 기울이지 못했던 주민의 생활이나 문화에 대한 관심을 제고할 수 있을 뿐만 아니라, 도시 주민, 도시 공간, 도시 문화 등 다양한 요소를 포괄적으로 다루기 때문에, 문헌자료 외에 회화 자료, 생활 관련 풍속 자료, 지도와 교통 통신 자료 등 자료 이용의 폭을 대폭 확대할 수 있다. 이러한 도시사 연구는 조선시대사 연구의 새로운 패러다임과 연구 방법론을 정립하는 데 중요한 기여를 할 것이라고 판단한 것이다.

도시사 연구로 방향을 전환하면서 가장 먼저 선택한 도시가 조선시대 한양, 즉 서울이다. 서울 도시사 연구에 대해서는 필자의 이전의 저서인 『朝鮮後期 서울 商業發達史 硏究』(1998, 지식산업사 刊)에서 이미 예고한 바 있었다. 『朝鮮後期 서울 商業發達史 硏究』를 간행한 이후 지난 10년 동안 필자는 서울에 대한 도시사적 연구에 진력하였고, 그 결과를 종합한 것이 이번에 펴내는 이 책이다.

여기에 실린 글들은 지난 10여 년에 걸쳐 전문적인 연구 저널에 발표된 것들이다. 이 책에서 다룬 연구 주제는 도시의 형성 문제, 인구 문제, 도시 구조와 도시 문제, 도시민의 생업과 도시 문화, 국가의 도시민 지배 방식인 역제(役制)의 변화, 도시 행정 체제의 변화, 그리고 도시와 불가분의 관계를 맺고 있었던 상업과 시장 문제, 그리고 도시 공간과 공간에 대한 인식, 서울과 런던에 대한 비교 연구다. 이들 연구들은 여러 연구 기관의 지원 아래 이루어진 것이다. 필자가 재직하고 있는 한국과학기술원에서는 매년 기본 연구라는 명목으로 연구비를 지원했다. 한국학술진흥재단에서는 인구 문제, 도시 공간과 공간 인식에 대해 연구비를 지원했으며, 도시 문화에 대한 연구는 성곡학술문화재단의 지원 아래 이루어졌다. 서울학연구소에서는 서울 주민의 생업과 행정 편제에 대해서 연구비를 지원하였다. 서울과 런던에 대한 비교 연구는 2001년 영국 케임브리지 대학에서 1년간 방문학자(visiting scholar)로 있으면서 진행한 연구였다. 서울 자체의 연구로만 도시사 연구가 충족될 수 없다고 생각하고 있던 필자에게 LG 연암학술재단은 영국에서 생활하는 데 필요한 체재비와 연구비를 지원함으로써 런던과 서울에 대한 도시 구조 비교 연구를 수행할 수 있도록 지원하였다. 다른 걱정 없이 연구에만 전념할 수 있도록 지원해 준 이들 기관에 대해 감사를 표하고자 한다.

필자의 연구가 도시사로 방향을 전환할 수 있도록 이끌어주신 분은 필자의 지도 교수였던 이태진 선생님이다. 이 선생님은 1997년 '역사와 도시'라는 공동 주제로 개최된 전국역사학대회에서 한국사 분야의 발표자로 필자를 추천하여 필자의 연구가 본격적인 도시사 연구로 나아갈 수 있게 하는 계기를 만들어주셨다. 뿐만 아니라 2004

년 동경에서 개최된 한일역사가회의에서 한양의 형성과 변화라는 주제의 발표도 주선하셨다. 역사학대회와 한일역사가회의에서 발표된 글들은 다시 다듬어져 논문으로 발표되었고, 모두 이 책에 실려 있다. 이 선생님의 학은에 머리 숙여 감사를 드린다. 또한 서울도시사를 연구하는 과정에서 한국역사연구회의 회원들과 필자가 한때 재직했던 서울학연구소의 연구원들은 필자의 연구에 큰 자극과 격려가 되었다. 이 자리를 빌어 감사를 표한다.

케임브리지 대학에서 영국의 도시사와 인구사 등 다양한 역사 연구 분야를 접하면서 필자는 역사 연구의 가장 기본적인 분야는 사회경제사 연구라는 점을 절감하였다. 도시사와 인구사, 생활사 등도 기본적으로 사회경제사 연구의 축적을 토대로 진전될 수 있음을 영국의 역사 연구에서 확인하였기 때문이다. 이 책이 비록 도시사를 표방하고 있긴 하지만, 상당 부분은 기왕의 사회경제사 연구의 연장선 속에서 연구된 것이다. 독자들은 이 책을 통해 조선 후기 사회의 역동성을 재확인할 수 있을 것이다.

책을 엮으면서 기왕의 논문을 그대로 싣지 않고 전체적인 체계를 위해 최대한 내용을 다듬었다. 논문에서 하나의 주제로 엮여진 것을 본서의 체제에 맞게 분리하거나, 두 편의 논문을 하나의 장으로 합치기도 했다. 또한 논문의 오류나 불명료한 부분들은 원자료들을 꼼꼼하게 다시 검토하여 바로잡거나 분명하게 서술하였다. 앞으로 구고(舊稿)보다 이 책에 실린 글을 기준으로 삼았으면 한다.

경제성이 별로 없는 이 책의 출판을 기꺼이 응낙하여 준 태학사의 지현구 사장님과 변선웅 이사님께 감사를 드린다. 특히 태학사의 변선웅 이사님은 필자의 전저(前著) 출판과정에서 맺은 인연을 오늘까지 이어오면서 원고의 정리와 검토에 한없이 느린 필자를 끊임없이 독려하면서 책이 산뜻한 모습을 갖출 수 있도록 여러 방면에서 지원을 해주셨다. 깊은 감사를 드린다.

마지막으로 필자가 연구에만 전념할 수 있도록 일상의 모든 부분을 감당하면서도 묵묵히 감내해 준 아내 천경희와 공부한다는 핑계로 아버지로서의 역할을 소홀히 했음에도 자랑스럽게 성장한 두 아들에게 이 책이 약간의 위로가 된다면 더 없이 기쁘겠다.

2007년 9월
대덕벌 연구실에서
고동환

일러두기●

本書는 필자가 이미 발표했던 논문들을 改稿하여 엮은 것이다. 단일논문을 그대로 실은 것도 있지만, 체제상 하나의 논문이 두 개의 장으로 분리된 경우도 있으며, 두 개의 논문이 하나로 합해져 하나의 장이 된 경우도 있다. 독자들의 편의를 위해 필자의 기발표논문을 제시하고 본서 章節과의 관계를 밝혀둔다.

• 「서울도시사연구의 성과와 과제- 조선시대(1392-1910)를 중심으로」
  『도시역사문화』 4호, (서울역사박물관, 2006) : 본서 1장 2절
• 「朝鮮初期 漢陽의 형성과 도시구조」
  『지방사와 지방문화』 8-1 (한국역사문화학회, 2005): 본서 2장
• 「조선후기 서울의 인구추세와 도시문제발생」
  『역사와현실』 28 (한국역사연구회, 1998): 본서 3장, 4장 3절
• 「18세기 서울의 도시구조변화와 閭巷文化」
  『성곡논총』 30 (성곡학술문화재단, 1999): 본서 4장 1, 2절과 5장 4절
• 「조선후기 서울의 生業과 경제활동」
  『서울학연구』 9 (서울학연구소, 1998): 본서 5장 1, 2, 3절
• 「조선후기 藏氷役의 변화와 藏氷業의 발달」
  『역사와현실』 14 (한국역사연구회, 1994): 본서 6장
• 「조선후기 한성부 행정편제의 변화」
  『서울학연구』 11 (서울학연구소, 1998): 본서 7장
• 「조선후기 서울의 공간구성과 공간인식」
  『서울학연구』 26 (서울학연구소, 2006): 본서 8장
• 「조선시대 서울의 상업문화」
  『서울문화연구』 3 (서울문화사학회, 2000): 본서 9장
• 「17, 18세기 런던과 서울의 도시구조 비교연구」
  『서울학연구』 25 (서울학연구소, 2005): 본서 10장

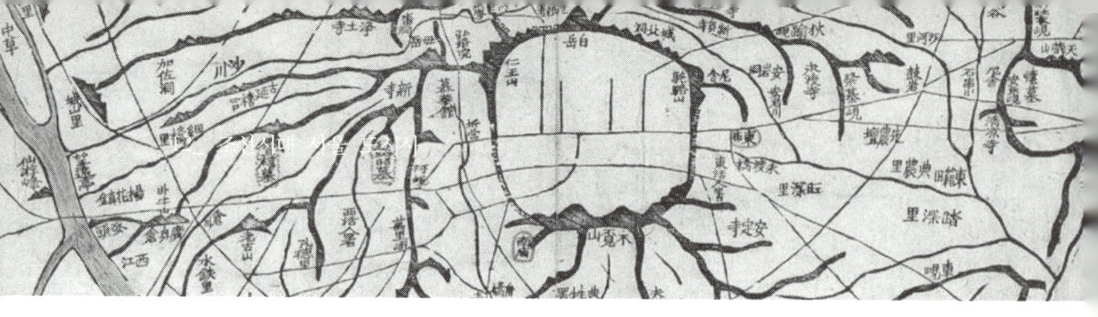

6_조선 후기 서울 주민의 역제(役制) 변화

7_한성부 행정 편제의 변화

8_조선 후기 서울의 공간 구성과 공간 인식

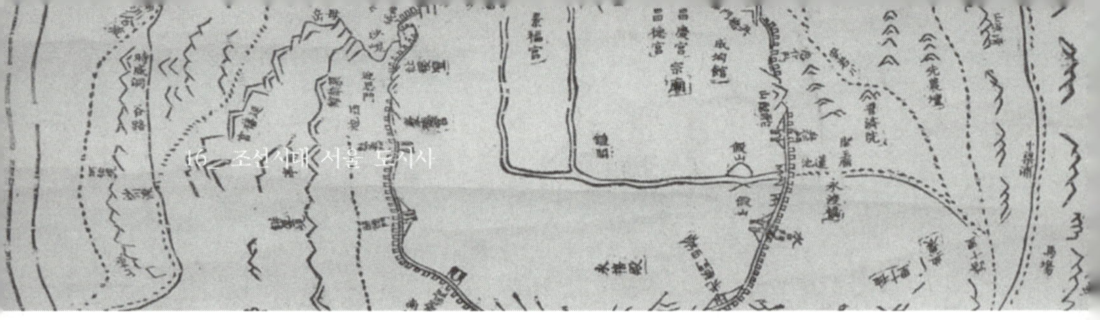

[표]

[그림]

1
서론

1. 도시와 도시사

세계 도시사 연구에 따르면, 1800년경 전 세계 인구의 1.7%만이 도시에 거주하였다. 그러나 1900년경에는 13.6%로 증가하였고, 2030년경에는 전 세계 인구의 60%가 도시에 거주할 것으로 추정되고 있다. 한국의 경우 19세기 중엽 3%만이 도시에 거주했지만, 21세기인 오늘날에는 90%의 인구가 도시에 거주하고 있다. 급속한 도시화는 환경·교통·주택·범죄 등 다양한 도시 문제를 일으키며, 도시 자체가 역사학은 물론이고 사회학·경제학·심리학·건축학 등 여러 학문의 연구 대상이 되었다.

이처럼 다양한 학문에서 도시를 연구 대상으로 삼고 있지만, 정작 도시란 무엇인가를 정의하는 것은 쉽지 않다.[1] 사회학에서는 도시를

---

[1] 손정목 교수는 '도시를 정의하는 것은 하느님을 정의하는 것만큼 어렵다'고 얘기한다(손정목, 1976 「도시사학의 연구」, 『도시문제』6권 4호).

도시성(urbanity)을 지닌 특정 공간으로 규정한다. 도시성은 인구 규모, 인구 밀도, 인구의 이질적 구성이라는 세 요소에 의해 규정된다. 사회학에서 도시는 인구의 특성에 의해 규정되는 것이다.[2]

도시를 규정하는 데 인구는 중요한 지표의 하나다. 그러나 인구 자체가 도시를 규정하는 본질적 요소는 아니다. 예컨대 중세 말 독일의 도시에서 특권을 부여받은 곳이 3천여 곳이 되었지만, 이곳의 평균 인구 규모는 불과 400명에 불과했다. 또한 18세기 프랑스에서는 2천 명이 도시 인구 규모의 하한이었고, 같은 시기 영국에서는 5천 명 이상이 되어야 도시로 불릴 수 있었다.[3] 도시를 규정하는 인구의 기준은 시기에 따라, 나라에 따라 달랐기 때문이다. 브로델은 "도시는 반드시 자신보다 열등한 생활을 하는 지역을 앞에 놓고서만이 가능하다. 도시가 존재하기 위해서는 아무리 작더라도 자신의 제국을 지배해야 한다. 도시는 시골과 도시적 활동의 분업에서 유래한 것이며, 강제적인 분업 없이는 도시가 존재할 수 없다"고 말한다. 브로델은 인구 규모보다는 도시와 그 주변 지역과의 관계가 더 중요하다고 이해한다. 즉 도시는 도시 그 자체의 특성으로부터 주어지는 것이 아니라 도시와 도시 아닌 지역과의 관계성 속에서 정의될 수 있다는 것이다.

브로델에 의하면, 도시는 자급자족을 넘어서는 교환과 화폐 획득을 위한 활동이 이루어지는 현장이다. 그는 "도시는 시장을 자신의 도구로 삼아 모든 것을 자신의 요구와 법칙에 종속시켰으며, 도시는 화폐의 힘과 시장을 통해서 시골에 지배력을 행사할 수 있었다"고 설

---

2) 권태환, 1984 「한국사회학에 있어서의 도시 연구」, 『한국사회학』18권 1호, 17쪽.
3) 페르낭, 브로델, 주경철 옮김, 1995 『물질문명과 자본주의 1-2, 일상생활의 구조 下』, 까치, 700-703쪽.

명한다. 또한 그는 "시장이 인간관계의 중심에 자리를 잡으면서 사람들은 현물로 값을 지불해도 화폐 단위로 계산하는 습관을 가지게 되었고, 이것은 장기적으로 심성의 변화를 동반하면서 근대 사회 노동 관계의 기초를 마련하였으며, 이는 근대국가와 국민 시장을 형성해 낸 자본주의의 기축점이 되었다"고 파악한다.[4]

오늘날 도시는 온갖 도시 문제의 발원지로 눈총을 받고 있지만, 18, 19세기 사상가들에게 도시는 근대화와 근대국가 형성의 진원지로서 긍정적으로 인식되고 있었다.[5] 볼테르는 도시를 '전근대적인 것에 대한 근대적인 것의 승리를 보여 주는 현장'이라고 규정했고, 아담 스미스도 '농촌을 문명화시키며, 전근대적인 봉건제도를 파괴하는 요새'라고 도시를 규정하였다. 독일 통일을 촉구했던 피히테는 도시를 '민족 문화의 형성지면서 동시에 민족국가 형성의 매개체'로 인식하였다.

서구적 전통에서 도시는 동양에 비해 비교적 일찍 주목 받은 연구 주제였다. 서구의 역사는 도시를 중심으로 전개된 역사이기 때문이다. 그리스·로마를 비롯한 고대 문명은 폴리스(Polis)를 기반으로 전개된 것이었으며, 봉건제가 지배한 중세 유럽에서도 자치 도시가 성장함으로써 점차 봉건제가 해체되고 근대 자본주의 사회로 전환할 수 있었다.

서구에서 도시가 중요한 역할을 담당했기 때문에 서구에서의 도시사는 경제사나 사상사처럼 독립된 역사 분야로 정립되었고, 도시사

---

4) 페르낭, 브로델, 주경철 옮김, 1995 『물질문명과 자본주의 2-1, 2 교환의 세계 上, 下』 참조.

5) 최상철, 1971 「도시사회의 형성과 도시관의 변천과정」, 『도시문제』 6권 4호 참조.

연구 방법론이 논의될 정도로 학문의 깊이 또한 깊다. 도시사 연구는 민족이나 국가라는 추상적 실체가 아닌 도시라는 구체적인 공간과 그 속에서 숨쉬며 살았던 인간과의 상호작용을 주요한 주제로 삼는다. 전통적인 역사학의 중심 주제가 시간과 인간이라면, 도시사 연구는 여기에 공간이라는 테마를 덧붙여서 인간의 역사를 심층적으로 이해하고자 하는 것이다.[6]

도시사 연구는 인구 집중의 증대 현상으로 사람들의 행동과 사고는 어떻게 변모하는가, 그리고 역사 속에서 도시 지역은 성장하고 번창하는데, 비도시 지역은 왜 낙후되는가, 나아가 주민들의 삶을 변화시킨 요소로서 도시란 과연 무엇인가를 기본적으로 해명하는 것을 목표로 설정한다.[7] 도시사 연구 영역은 인구(출생률과 사망률, 질병, 의약과 병원, 가족), 대지와 가옥, 계급 구조와 행동, 교통과 통신, 사회 조직과 행정, 정치와 문화, 경제 구조와 도시개발, 사회적, 종교적 삶 등 인간이 경험하는 모든 문제가 포괄되어 있는 것이다. 그러므로 도시사 연구는 사회학과 심리학은 물론 도시계획학·도시조경학·역사지리학 등 다양한 학문 분야를 포괄하는 학제적 연구 방법을 취할 수밖에 없다. 또한 도시사 연구는 문헌 자료에 전적으로 의존하던 기왕의 연구 방식과 달리 자료 활용의 폭이 대폭 확대된다. 회화 자료, 구술 자료, 민속자료, 지도, 문학 작품에서 형상화된 도시 모습 등이 모두 중요한 자료가 될 수 있기 때문에 도시사 연구는 훨씬 풍부한 도시의 역사상을 재구성할 수가 있다는 장점도 지닌다.

---

6) 배영수, 1995 「도시사의 최근동향」, 『서양사연구』17.

7) Lewis Mumford, *City in History-Its Origins, Its Transformations and Its Prospects*, (A Harvest Book, 1961).

서구의 도시사 연구 방법은 다음의 네 가지로 정리되고 있다. 첫째는 도시의 일대기를 다루는 연구로서, 특정 지역의 역사를 통시대적으로 기술하는 연구 방법이다. 이러한 연구는 도시사의 가장 일반적인 형태로서, 다양한 복합체로서의 도시—예컨대 교통, 행정부, 물리적 팽창, 사회와 사회 조직 등등의 거대한 콘텍스트—로서 전체 도시를 읽는 방법이다. 이 방법은 전통적으로 행해지고 있는 방법으로서, 일반대중이 가장 관심이 있는 분야기도 하다.

둘째는 도시화 과정에 대한 연구로서, 도시가 위치한 자연적인 조건, 즉 지형, 지세 및 물과 토질 등을 포함하는 연구다. 이 연구는 지리적인 요소를 포함하여, 도시화의 행동적 측면과 더불어 도시 계획의 문제를 주로 다루고 있다.

셋째는 경제·사회·건축·예술 등등을 도시의 맥락에서 다루는 연구다. 이러한 주제별 연구는 거대한 도시의 개별 구체적인 측면에 대한 해명을 위주로 전개되는데, 예컨대 런던의 도로와 성곽, 교통과 통신, 문화와 예술 등을 주제로 한 연구가 매우 활발하다.

넷째는 포스트 모더니즘의 관점에서 문화적 도시 읽기를 시도하는 것이다. 이러한 포스트 모던한 접근법은 자크 데리다(Jacques Derrida)의 이론과 클리포드 기르츠(Clifford Geertz)의 문화인류학을 포함하는 학제적인 이론으로부터 파생한 것이다.[8]

이와 같이 오늘날 서구 도시사 연구는 다양한 연구 방법이 혼재하고 있고, 독자적인 연구 방법론을 구축하기 위해 이론적 실험을 하는 단계에 이르렀다.[9]

---

8) Gilbert Stelter and Alan Artibise, *The Canadian City: Essays in Urban and Social History*, (Ottawa: Carleton University Press, 1984).

　서구에서 도시는 city, town, urban 등 여러 용어로 표현되지만, 동아시아에서 도시라는 용어는 한자의 뜻 그대로 도회지(都會地)의 저자를 뜻한다. 많은 사람들이 모여서 교환을 하는 장소라는 의미인데, 이는 city를 일본에서 한자로 번역한 용어다. 중국에서는 도시보다는 성시(城市)라는 용어를 사용한다. 전통적으로 많은 사람이 모이는 저자라는 의미와 더불어 성곽으로 둘러싸인 공간적 특성을 강조하여 사용하는 용어인 것이다. 성시는 행정구획 단위의 치소인 성군(城郡)과 경제적 요인으로 발달한 시진(市鎮)이 병칭된 용어인 것이다. 그러나 중국사에서도 도시에서 시장은 중요 요소이긴 하지만 필수 요소는 아니었다. 고대 도시의 기본은 성곽과 신전, 궁전, 상업 지구, 거주 지구 등의 가구(街區)에 질서와 계획성이 있어야 했다. 중국사에서 신석기 룽산 문화 말기부터 축성이 시작되었기 때문에 도시의 출현 과정에서 가장 기본적인 요인은 시장보다 성곽이었던 것이다. 중국에서의 도시는 국가 출현과 깊은 상관관계를 가지고 있는 것이다. 그러나 도시가 발달하면서 점차 성곽보다는 시장이라는 요인이 훨씬 더 중요한 요소가 되었다.[10]

　일본사에서의 도시는 중세·근세 도시를 구분하여 논의되고 있다. 중세 도시는 시장이 개개의 영주 지배로부터 독립적인 연고가 없는 땅에 자리잡았고, 여기에 상품 유통을 담당하는 사람이 결합하여 정치권력으로부터 독립적인 특성을 지닌다는 것이다. 반면 근세 도시

---

9) Derek Fraser and Anthony Sutcliffe, *Introduction, The Pursuit of Urban History*, (edited by Derek Fraser and Anthony Sutcliffe), Longman, London.

10) 박한제. 2000 「중국역대 수도의 유형과 사회변화」, 『역사와 도시』, 서울대 출판부; 박한제, 2000 「위진남북조 시대 각 왕조의 수도의 선정과 그 의미—洛陽과 鄴都」, 『역사학보』 168; 박한제, 2003 『제국으로 가는 긴 여정』, 사계절, 288-295쪽.

는 성하정(城下町)으로부터 발전했다고 이해된다.[11]

서구와 중국, 일본에서의 도시 연구와 달라 한국에서의 도시 연구는 최근에야 이루어졌다. 일제하 식민 사학자들은 일본과의 비교를 통해 한국의 도시 발달이 대단히 유치하여 엄밀한 의미에서 도시라고 할 만한 것이 극히 소수이고 많은 시가지는 전원의 색채를 농후하게 보유하고 있었다고 파악하였다. 그러므로 한국사에서는 도시라는 용어 대신에 도읍(都邑)이라는 용어를 사용하였다.[12] 조선시대 인구 문제를 연구했던 시카다(四方 博)도 조선시대의 도시는 농촌적 경제 활동에 의존하면서 정치적 군사적 기구를 그 위에 얹어놓은 상태에 지나지 않았다고 하여 도시의 상공업 중심지로서의 성격보다는 정치적·군사적 성격을 강조하고 있다.[13] 이러한 일제하의 연구를 그대로 계승하여 1960년대 편찬된 진단학회『한국사―근세전기 편』에서도 조선시대에는 상업이 발달하지 못하고 국내의 교역은 대부분이 정기시나 행상에 의존해 있던 만큼 도시도 또한 관아를 중심으로 한 정치 도시에 불과하였으며, 그 규모도 대단한 것이 되지 못하였다고 평가하고 있다.

이와 같은 정체론적 인식에서 벗어나 본격적으로 도시를 논의한 것은 1970년대 손정목에 의해서였다. 그는 도시를 인구 밀집 거주 지역으로서, 주민이 공업 또는 상업적 영리로부터의 수입에 의해 생활하는 정주 형태로 규정한다. 특히 그는 인구의 밀집과 함께 각종 정보가 집중되는 지역으로 정의하고 있다.[14]

---

11) 高橋康夫, 吉田伸之 編, 1989 『日本都市史入門 1-空間』, 東京大學出版會.

12) 善生永助, 1933 『朝鮮の聚落 前篇』, 조선총독부 조사자료 38집, 801쪽.

13) 四方 博, 1941 「李朝時代の都市と農村に關する一試論」, 『京城帝大法學會論集』12.

14) 손정목, 1977 『조선시대 도시사회연구』 26쪽; 손정목, 1976 「도시사학의 연구」, 『도시문제』6권 4호.

2. 조선시대 서울 도시사 연구의 동향

1) 일국사(一國史)와 서울 연구

서구에서는 도시사 연구가 상당한 주목을 받아왔던 반면, 한국사에서는 도시가 그다지 주목을 끄는 주제는 아니었다. 20세기 초 일제 식민지 시기에 근대 학문으로 성립한 한국의 역사학은 민족주의 사학, 사회경제 사학, 실증주의 사학의 다양한 학문 조류가 서로 대립하는 가운데 성장해 왔다. 그러나 이러한 역사관의 차이에도 불구하고, 우리 역사를 민족이나 국가 단위의 역사로 이해하고자 하는 일국사적 관점은 모든 역사학에서 공통된 것이었다. 고대 이래 중앙집권적인 통치 질서가 확립되었고, 오랜 시기 동안 단일 민족 국가를 형성하여 왔기 때문에, 서구와 달리 우리 역사 연구에서 국가 또는 민족사의 관점이 주류를 형성해 온 것은 어쩌면 당연한 일일지도 모른다.

이러한 일국사적 관점으로 진행된 한국사 연구에서 정립된 한국사 상은 최근에 다양한 도전을 받고 있다. 이러한 다양한 도전에 대한 응전은 기왕의 일국사적 패러다임만으로는 충분하지 못하다고 판단된다. 도시사를 비롯한 다양한 연구 방법론을 한국사 연구에 적극 도입할 필요성이 여기에 있는 것이다. 우리나라처럼 국가나 민족이 중심을 이루는 역사 흐름 속에서 도시 문화적 전통은 전혀 의미가 없는 것일까. 한국사의 흐름을 면밀하게 검토해보면, 우리나라에서도 신라의 5경, 고려의 3경, 조선시대의 한양과 평양·개성·전주·대구·수원 등 도시들이 독자적인 기능을 수행해 왔음을 확인할 수 있다. 다만 한국사 연구자들이 그동안 민족사·국가사에 매몰되어 도시 문화 전통을 제대로 자각하지 못했을 뿐이다.

한국사 연구에서 도시사 연구가 외면된 상황임에도 조선시대 서울에 대한 연구만큼은 일찍부터 연구자들의 주목을 받았다. 한양 정도 이후 오늘날까지 한국사는 서울을 일극(一極)으로 하여 전개된 역사라고 해도 과언이 아니다. 서울은 15세기 이후 한국의 역사 변동을 대표하는 도시이기 때문에 조선시대 연구에서 빼놓을 수 없는 주제로 다루어졌던 것이다. 그러나 서울에 관한 연구의 대부분은 손정목 교수의 연구를 제외하면 도시사적 방법과 문제의식을 지닌 연구라기보다는 정치사나 사상사 및 경제사 연구의 일환으로 이루어진 것이었다.[15]

서울에 대한 도시사 연구가 본격화되는 계기는 1994년 한양 정도(漢陽定都) 600주년을 맞으면서였다. 한양 정도 600주년은 세계사 속에서 서울의 위치를 객관적으로 되돌아보는 계기를 마련하였다. 그 과정에서 수도로서 600년 이상의 유구한 전통을 지닌 도시가 흔치 않다는 자각을 하게 되면서 서울에 대한 도시사 연구가 연구자들에게 관심을 끌게 되었다. 그 이후 서울에 대한 연구는 종전 정치사나 사상사의 한 부분으로서가 아니라 도시사적 방법으로서 연구가 이루어지고 있다.

역사 연구는 기본적으로 시간과 공간의 주체로서의 인간에 대한 탐구다. 그럼에도 그동안의 한국사 연구에서는 공간의 문제는 매우 소홀히 취급되어 왔다. 조선시대 정치·경제·사상·문화 현상들은 대부분 서울이라는 도시 공간을 배경으로 일어난 것이지만, 연구자들에게 역사 현상이 나타난 서울 공간에 대한 인식은 결여되어 있었다. 서울에서 일어난 다양한 역사 현상들을 조선 사회 전체를 대표하

---

15) 손정목, 1977 『朝鮮時代 都市社會研究』, 일지사.

는 역사 현상으로 이해되어 온 것이다.

일국사적 방법에서 도시사적 방법으로 서울을 연구하는 것은 서울을 하나의 지방으로 이해하는 관점을 제공하는 것이다. 이와 같은 '지방'으로서의 서울을 제기함으로써 현재 정치·경제·문화의 모든 측면을 통합하고 있는 서울의 문제를 새로운 각도로 이해할 수 있게 할 것이다. 또한 서울의 도시 공간에 대한 관심을 환기시킴으로써 조선시대사 연구에서 농업과 향촌 중심의 편향성을 극복하고 도시와 농촌, 농업과 상공업을 균형 있게 바라볼 수 있게 하는 시각도 갖출 수 있게 할 것이다.

2) 조선시대 서울 연구의 시기적 변화

조선시대 서울에 대한 연구는 조선시대 당대에 나타난 서울에 대한 인식과 식민지 시대 일본인의 연구, 1945년 해방 이후 한국인에 의한 연구로 크게 구분될 수 있다.

조선시대 서울의 위상은 한 나라의 수도(Capital)로서 경도(京都)라는 위상과, 서울 주민을 통할하는 행정부로서 한성부(漢城府)라는 위상을 지니는 이중적인 것이었다. 조선시대에 편찬된 각종 지리지의 서울에 대한 항목이 반드시 경도와 한성부 두 항목으로 나누어 설명하고 있다. 『세종실록지리지』에는 경도와 한성부를 독립적 항목으로 따로 기술하지 않고 항목 자체를 경도 한성부로 묶어서 기술하였다.[16] 이 항목에서는 국가의 주요 시설은 물론 행정 단위로서의 한성부의 인구와 행정 편제에 대한 기술이 하나로 섞여 기술되고 있다.

---

16) 『世宗實錄地理志』 京都 漢城府.

1481년(성종 12)에 간행된 『동국여지승람』에는 경도와 한성부가 따로 구분되어 기술되었다. 경도라는 항목에는 성곽·궁궐·단묘(壇廟)·원유(園囿)·문직공서(文職公署)·무직공서(武職公署) 등 국가의 수도로서 필요한 각종 시설과 내용이 설명되어 있다. 예를 들면 국호를 정하게 된 내력이나 경도의 지리적 위치, 왕실과 관련된 궁궐이나 정원을 기록하고 있으며, 조선 건국 이후 설치되었던 모든 관청을 언급하고, 그 소속 관원의 직위·품계·인원수와 그것과 관련된 역사적 사실을 언급하였다. 한편 한성부에는 건치연혁(建置沿革)·군명(郡名)·성씨·형승·풍속·산천·봉수(烽燧)·궁실(宮室)·누정(樓亭)·역원(驛院)·교량·시가(市街)·불우(佛宇)·사묘(祠廟)·고적(古跡)·명환(名宦)·인물·제영(題詠) 등 조선시대 목민(牧民) 관청의 하나로서 한성부가 관할하는 행정 구역 및 그 관할 대상의 내용 등을 설명하고 있다. 이와 같은 인식은 조선 후기로 이어져, 1656년(효종 7) 유형원(柳馨遠)이 편찬한 전국 지리지인 『동국여지지(東國輿地誌)』나, 19세기에 편찬된 인문 지리서인 『동국여지비고(東國輿地備攷)』, 19세기 전반 김정호가 편찬한 『대동지지(大東地志)』에도 그대로 계승되고 있다.

조선시대 경도와 한성부라는 이중적 지위를 지녔던 서울은 식민지 시대 이후 경성부(京城府)라는 명칭이 부여되면서, 한 국가의 수도라는 인식이 약화되었다.[17] 식민지 시기 서울에 대한 연구는 1912년 경

---

17) 오늘날 우리가 사용하는 서울이라는 명칭은 京都와 漢城府라는 이중적 위상 중에서 수도라는 위상을 계승한 명칭이다. 중국에서 서울을 漢城이라고 부르는 것은 전근대 이래 屬國的 관념을 유지한 채, 한나라의 수도라기보다는 그 지역 주민을 통할하는 단순한 행정 단위로서의 성격을 중시했기 때문이라고 여겨진다. 식민지 시대에 일제에 의해 붙여진 京城府의 명칭이 어떠한 근거에 의한 것인지 명확하지 않지만, 京都와 漢城府의 이중적 명칭을 하나로 통합하려는 시도로서, 이는 京都라는 한 나라의 수도로서의 상징성을 해체시키는 결과를 초래한 것이

성 거류민단에서 간행한 『경성발달사(京城發達史)』와 1934년에서 1941년까지 발간된 『경성부사(京城府史)』가 대표적인 연구로서, 일본인에 의해 이루어진 것들이다. 이 연구에서는 서울이 제국주의 침략 이후 어떻게 변화되었는가에 대해 자세한 자료를 제공하고 있지만, 기본 시각은 중세 도시인 서울이 일제의 식민지 지배를 통해 비로소 근대 도시로 발전했다는 식민사관의 입장을 강하게 드러내고 있다.[18]

한국인들에 의한 서울 연구는 해방 이후에 비로소 본격화되었다. 그 중에서 대표적인 업적은 1977년 서울시사편찬위원회에서 간행한 『서울육백년사』 5권이다. 이 책은 종전의 일본인들의 식민사관을 부정하고, 서울의 도시 발달이 한국인의 내적 동력에 의해 이루어졌다는 내재적 발전론에 입각하여 서술되고 있다. 서울시사편찬위원회는 1950년대부터 서울에 대한 연구 저널인 『향토서울』을 지속적으로 발간하여 조선시대 한성부·서울 연구의 중심으로서 기능해왔고, 이러한 연구 축적을 토대로 방대한 분량의 서울에 대한 개설적 저작인 『서울육백년사』를 간행할 수 있었던 것이다.

서울에 대한 도시사적 관점의 연구는 서울 정도 600년인 1994년 서울시의 재정적 지원하에 서울학연구소가 창설되면서 본궤도에 오르게 된다. 서울학연구소는 역사학자 중심으로 편성된 서울시사편찬위원회와는 달리, 역사학자들 외에도 도시공학·조경학·경제학 등 다양한 학문 분야의 학자들이 참여하고 있었기 때문이다. 서울학연구소에서는 1994년 독일·프랑스·중국·일본·한국의 학자들이 참

었다. 해방 이후 서울이라는 명칭을 되찾은 것은 해방된 조국의 수도로서의 위상을 되찾은 매우 의미 있는 일이기도 하다.

18) 京城居留民團, 1912 『京城發達史』; 京城府, 1934·1936·1941 『京城府史』1, 2, 3권

가한 가운데 'City and History-Conflict and Harmony in Historical Capital Cities'라는 주제로, 1996년에는 'The Modernization and Urban Development in Eastern Three Countries'라는 주제로 서울학심포지움을 개최하여 서울이라는 단일 도시를 중심으로 한 학문 체계의 정립 가능성을 국제적으로 타진하였다. 또한 서울학이라는 새로운 학문 체계 수립을 위한 토대를 조성하는 사업으로 국내외에 흩어진 서울 관련 자료에 대한 종합적 정리 작업을 추진하였고, 전문 학술 잡지인 『서울학연구』(1994년 창간)를 간행함으로써 서울학 연구의 중심으로서 자기 위상을 정립하였다.

한편 2002년에는 서울역사박물관이 개관되어 도시사 박물관으로서 자기 정체성을 확고히 하면서 도시사와 도시고고학, 미술사학 및 도시 형성과 변화에 대한 연구를 주도하고 있고, 2003년부터는 『도시역사문화』(2003년 창간)라는 학술지가 간행되고 있다.

서울시사편찬위원회, 서울학연구소, 서울역사박물관이라는 3개의 중심적 연구기관 외에도 서울을 연구하는 학자들은 1980년에 서울향토사학회를 결성하였고, 이 학회는 1994년부터 서울문화사학회로 개칭하여 『서울문화연구』라는 학술지를 발간하고 있다.

해방 이후 서울에 대한 연구는 서울시사편찬위원회를 중심으로 진행되다가, 정도 600주년인 1994년을 계기로 그 저변이 확대되었을 뿐만 아니라, 연구 주제도 매우 다양화되고 있다. 특히 서울학연구소의 창립은 서울이라는 도시를 매개로 독자적인 하나의 학문 체계가 정립될 수 있다는 가능성을 보여 준 것이었고, 이를 토대로 에도학(江戶學)·북경학(北京學) 등 주변 도시 학문과의 활발한 교류가 활성화되어 서울 연구의 세계화도 동시에 추구되고 있다.

그러면 서울에 대한 연구가 시기별로 어떻게 변해왔는가를 살펴보기 위해 국사편찬위원회에서 발행한 『한국사연구휘보』에 수록된 조선왕조 개창 이후 1910년까지 서울을 다룬 연구논저를 시기별, 주제별로 나누어 보면 다음의 〈표 1〉과 같다.

〈표 1〉 시기별 서울(1392-1910)에 대한 연구논저 현황

주제/시기(년)	45-59	60-69	70-79	80-89	90-99	2000-05	계
한양의 형성과 한성부 행정체제	4	2	4	13	21	8	52
사회사	2	7	-	3	44	11	67
경제사	2	1	-	1	24	11	39
도시계획 및 경관	-	1	-	2	31	11	45
역사지리	-	-	2	6	14	1	23
문학, 기행	8	2	1	4	11	15	41
민속, 문화	2	1	3	7	15	12	40
생활사, 개설류	-	-	-	2	7	8	17
계	18	14	10	38	167	77	324

전거: 국사편찬위원회 한국사연구휘보

이 〈표 1〉에서 보듯이 서울을 주제로 한 연구는 70년대까지 10년 단위로 10편 내외에 불과했지만, 80년대에 38편, 90년대 167편, 2천년에서 2005년 상반기까지 77편으로, 90년대 이후 비약적으로 연구가 늘고 있다.[19] 이는 서울 정도 600년을 계기로 서울 역사에 대한 관심이 증가했을 뿐만 아니라 이들 연구를 추동할 연구 기관이 활성화되고 있음을 반영하는 것이다.

서울에 대한 연구 주제는 편의상 한양 형성 과정과 한성부 행정에

---

19) 본 연구에서 집계된 서울연구 통계는 국사편찬위원회에서 발간하고 있는 한국사연구휘보에 등록된 논저를 대상으로 집계한 것이다. 여기에서 빠진 연구들은 어쩔 수 없이 제외되었기 때문에, 실제 연구문헌은 훨씬 더 많을 것이다.

대한 연구, 신분과 계층, 범죄, 저항 등을 다룬 사회사에 관한 연구, 상업을 중심으로 하여 서울의 물가나 화폐 등을 다룬 경제 관련 연구, 그리고 역사 이외의 조경학이나 건축학, 도시계획학 등 학제적인 연구로서 취급된 도시 공간, 도시 계획과 경관에 관련된 연구, 서울 고지도를 포함한 역사지리학적 연구, 조선 후기 한문학과 외국인의 서울 기행에 관련된 문학 관련 연구, 민속과 문화 관련 연구, 생활사와 개설류로 크게 나누어졌다.

한양의 형성과 한성부 행정 체제에 대한 연구는 전통적인 연구 분야로서 50년대부터 연구가 꾸준히 진행되고 있다. 이러한 연구를 바탕으로 70년대 중엽에 『서울육백년사』가 발간될 수 있었다. 사회를 다룬 논저들은 서울 주민의 신분 구성과 범죄와 저항, 그리고 개항 이후 서울 지역 중인층이 근대화 과정에서 어떠한 역할을 했는지에 대해 집중되고 있다. 경제를 다룬 논저는 서울이 상업 도시로서의 특징을 갖는다는 점 때문에 대부분 상업 관련 연구다. 이 밖에 주목해야 할 점은 도시 공간과 경관, 고지도를 활용한 역사지리 연구가 행정, 사회, 경제, 민속과 문화, 생활이라는 전통적 연구 주제 못지않게 상당한 연구가 축적되고 있다는 점이다. 이 분야의 연구는 도시사 연구 방법과 관련하여 중요한 의미를 지닌 연구다.

한편 그간 서울 연구 논저 목록집도 3종이나 발간되었다. 1993년 서울시정개발연구원에서 발간한 『서울연구에 관한 문헌집 1』은 해방 이후부터 1992년까지 발간된 연구 성과를 도시 역사, 도시 지리, 도시 경제, 도시 사회, 도시 계획, 도시 교통, 도시 환경, 도시 경영, 종합이라는 총 9개 주제로 나누어 정리하고 있다. 1994년 서울학연구소에서 발간한 『서울학논저목록집』은 조선시대 이후 1945년 이전의 서울을 대상으로 해방 이후 연구된 학술 논저 5천여 건을 수록하고 있다. 서울학연구소에서는 이 목록집에 이어 식민지 시기(1910-1945)에 간행된 서울 주제의 논저를 대상으로 『서울학문헌목록집(1910-1945 서울관계문헌)』을 간행하였다.

1994년 이후 서울에 대한 연구는 그 이전과 비교할 수 없을 만큼 비약적으로 증가하였을 뿐만 아니라 서울에 대한 역사 자료의 영인 사업과 조선왕조실록·승정원일기·비변사등록·매일신보·동아일보·조선일보 등에 나타난 서울 관련 자료 색인 작업이 활발히 전개되었으며, 나아가 서울에 관한 연구 논저 목록집도 출판되었기 때문에, 서울에 대한 연구는 실증적·이론적 측면에서나 기초 자료의 정리라는 측면에도 보더라도 이미 '학(學)'이라는 명칭이 전혀 어색하지 않을 만큼 풍부하게 이루어졌다고 평가할 수 있을 것이다.

3) 조선시대 서울 도시사 연구의 성과[20]

(1) 조선 초기 한양의 건설 원리와 도시 공간

서울에 대한 연구의 시발은 한양이 어떻게 조선왕조의 서울로 정해졌고, 궁궐·종묘·사직·도성과 시전 등 각종 도시 시설들이 어떠한 과정을 거쳐 건설되었는가에 집중되었다.

한양이 조선왕조의 수도로 정해진 까닭은 두 가지였다. 첫째는 풍수 지리적 우주관에 기초한 명당터라는 점이다. 둘째는 한양이 지리적으로 한반도의 중앙부에 위치할 뿐 아니라 한강을 끼고 있어서 전

---

20) 해방 이후 지금까지 상당한 양의 연구가 축적되었기 때문에, 서울에 대한 연구 동향을 한편의 글로 정리하는 것은 필자의 역량을 넘어서는 일이다. 그러므로 여기서는 조선 초기 서울의 건설과정, 조선 후기 도시성격의 변화, 개항 이후 근대화 과정을 중심으로 도시사 연구의 성과를 정리하고자 한다.

국을 연결하는 해상 교통망의 중심에 자리하기 때문에, 전국의 조세를 쉽게 받아들일 수 있다는 경제적 측면이었다. 이 두 가지 요소 중에 첫째 요소가 한양 정도(漢陽定都)와 한양 건설의 주요 요인이었다는 주장이 통설적 견해를 차지하고 있지만,[21] 조선왕조를 건국한 주체 세력이 건국 이념으로 제시한 유교 사상이 풍수적 관념을 배척하고 있다는 점을 근거로 오히려 유교적 역성혁명과 경제적 합리성이 더 중요했다는 주장이 최근 제기되었다.[22] 이에 대해서 한양의 형성 과정이 고려 말 남경천도설 단계, 태조의 한양 정도와 한양 건설 단계, 태종의 한양 환도 단계, 세종의 한양 정비 단계로 크게 구분하고, 각 단계마다 한양 건설의 이념적 배경과 도시 모델은 동일한 것이 아니었다는 새로운 견해가 제시되었다. 즉 고려 말과 태조의 한양 정도 단계에서는 풍수도참사상이 지배적 영향력을 행사하고 있었지만, 태조의 한양 건설 단계에 오면 점차 풍수설의 영향력이 약화되었으며, 태종의 한양 환도 단계에 이르면 풍수도참설은 유교적 이념에 의해 적극적으로 배척되고 있었다는 것이다. 이러한 유교적 이념에 의한 한양 도성의 최종적 정비는 유교적 이념에 의해 정치·사회 체제가 완전히 정착되는 세종대에 드디어 동아시아 중화체제 내의 제후 도시로 정립되었다는 것이다.[23]

한양은 『주례(周禮)』「고공기(考工記)」의 좌묘우사(左廟右社)·면조후

---

21) 서울시사편찬위원회, 1977 『서울육백년사』; 吉田光男, 1992 「漢城の都市空間-近世 서울論 序說」, 『朝鮮史研究會論文集』30; 李源明, 1984 「漢陽遷都 背景에 關한 研究」, 『鄕土서울』42; 李源明, 1995 「漢陽定都와 風水地理說의 性格考」, 『인문논총』1, 서울여자대학교 인문과학연구소; 장지연, 2000 「麗末鮮初 還都論議에 대하여」, 『韓國史論』43; 나각순, 2002 「高麗末 南京復置와 漢陽遷都」, 『江原史學』17, 18.

22) 이태진, 1994 「한양 천도와 풍수설의 패퇴」, 『한국사시민강좌』14.

23) 고동환, 2005 「조선 초기 한양의 형성과 도시 구조」, 『지방사와 지방문화』8권 1호.

시(面朝後市)와 풍수적 원리에 의거하여 인구 10만 명을 수용할 수 있는 도시로 건설되었다. 한양은 풍수지리적으로 명당의 형국을 지녔다. 한반도의 조종산(祖宗山)인 백두산으로부터 내려온 지맥이 조산(祖山)인 북한산에 이어지고, 이 맥이 주산(主山)인 북악산으로 연결되었다. 주산 북악산의 왼쪽에는 좌청룡인 인왕산이, 오른쪽에는 우백호인 타락산이 위치하였고, 북악산의 남쪽에는 안산(案山)인 목멱산(南山)이 위치하여 내사산을 이루고, 물의 흐름은 외수로서 한강이 동에서 서쪽으로 흘러가고, 내수인 개천(淸溪川)이 서쪽에서 동쪽으로 흘러들어 명당수를 이루었다. 서울의 핵심 도시 공간은 내사산 사이에 자리한 넓은 공간이었던 것이다.

한양의 도시 시설은 북악산 아래쪽에 조선왕조의 정궁인 경복궁과 창덕궁이, 그 앞에는 육조(六曹)가, 왼쪽에는 종묘, 오른쪽에는 사직이 건설됨으로써 골격이 완성되었다.[24] 도성은 인왕산·북악산·타락산과 남산, 즉 내사산을 잇는 능선을 연결한 석성으로 총 길이 18킬로미터였다. 약 12미터 높이로 축조된 성곽 둘레에는 동서남북의 숭례문·돈의문·흥인문·숙정문 등의 사대문과 각 문 사이에 혜화문·광희문·소의문·창의문 등의 사소문이 축조되었다.[25] 수도 서울을 특징짓는 것은 궁궐과 각종 관청 외에도 시전의 건설이다. 『주례』「고공기」에 의하면 시전은 경복궁의 뒤쪽에 건설되어야 했으나, 풍수지리적 원리에 의해 경복궁이 북악산을 등지고 건설되었기 때문에

---

24) 홍순민, 1999 『우리 궁궐 이야기』, 청년사.
25) 원영환, 1990 『조선시대 한성부연구』. 강원대 출판부; 원영환, 1985 「漢陽遷都와 首都建設考 ―태종대를 중심으로」, 『鄕土서울』 43; 신영훈, 1985 「태조조 漢陽城建設 監役官考」, 『鄕土서울』 43; 오종록, 2004 「조선 초엽 漢陽定都과정과 수도방위」, 『한국사연구』 127.

시전은 경복궁 앞의 동서대로에 건설되었다.26) 시전 제도는 고려시
대의 시전을 계승한 것으로 상인들에게 독점적 판매권을 부여하는
대신에 국가에 일정한 국역 부담의 의무를 지게 한 것이었다.27)

이와 같이 궁궐과 종묘·사직·도성과 시전 건설이 완료되면서 서
울의 도시 공간은 확정되었다. 서울의 도시 공간은 돈의문과 흥인문
을 연결하는 동서대로와 종각에서 숭례문에 이르는 남북대로의 T자
형 도로가 가장 중심적인 도로망이었다. 이를 기준으로 서울의 도시
공간을 방(坊)으로 구획하여 한성부 주민들을 행정적으로 편제하였
다. 그러나 도성 건설 직후, 인구 증가로 인해 도로를 침범한 주택들
이 대거 건설됨으로써 한양 초기의 도로 형태는 점차 원형을 상실하
게 된다.28)

이와 같은 내사산으로 둘러싸인 명당 형국에 배치된 도시 시설은
한성부 주민의 삶의 공간이었다. 이러한 도시 공간에 대한 연구는 도
시계획학·도시조경학·역사지리학에서 주로 추구되고 있었다. 도시
계획학에서는 주로 도시 입지와 도시 구조, 도시 조직 등을 중심으로
한 연구,29) 도시 계획의 기본 요소로서 시전의 입지 특성에 대한 연
구가 이루어졌다.30) 도시조경학에서는 궁궐·관아·주택·문묘 및

---

26) 이러한 점 때문에 한양은 周禮의 전형보다는 長安式 都城의 祖型으로 알려진 北
　魏의 洛陽城과 흡사하다는 평가를 받는다. 도시지형중에서 洛陽의 邙山과 張方
　溝, 그리고 洛水가 한양의 북악산, 개천, 한강과 서로 유사한 구조를 이루고 있
　기 때문이다.
27) 서성호, 2000 「15세기 서울 都城의 상업」, 『서울상업사』, 태학사; 박평식, 1999
　『조선 전기 상업사연구』, 지식산업사.
28) 손정목, 1977 『조선시대 도시사회연구』, 일지사.
29) 이상구, 1994 「서울의 도시형성 —조선시대 서울의 도시입지·도시 구조·도시
　조직의 형성배경—」, 『동양도시사속의 서울』, 서울시정개발연구원.
30) 허영록, 1995 「조선시대 도시계획의 기본요소로서 시전에 대한 연구」, 『서울학

서원·공원 녹지 등 소재를 중심으로 한 연구가 주로 진행되었다. 특히 도시 경관에 대한 연구에서는 도시 경관을 자연 경관과 시간의 흐름에 따라 인간이 이룩해 놓은 공간 구조로서 문화 경관으로 구분한다. 이 중에서 중심적인 주제는 당연히 문화 경관이다. 서울의 문화 경관의 특성을 각 간선 도로들이 서로 관통하는 예가 없이 서로 어긋나게 만나는 점을 꼽는다. 즉 육조거리가 황토현에서 멈추고, 창덕궁 진입로는 종로에서 만남으로써, 서울의 간선 도로 구조는 卍자와 같은 수정된 정형적 도형, 즉 정형성과 유기성의 절충적 도형의 형태를 보이고 있다는 것이다. 이러한 기본 도로 골격은 풍수길지의 대표적 모형인 산태극·수태극의 형태를 취한 것으로 이해되고 있다. 즉 서울의 도시 공간은 상생상극의 동적 유기적인 세계관으로 대표되는 음양오행적 이념에 의해 구축되었다는 것이다.[31] 또한 서울의 도시 공간 중에서 안산인 목멱산은 경계표(landmark)로서, 정도 초기부터 신격을 부여받아 도시 조성의 기준점 역할을 한 것으로 평가한다.[32] 이와 같은 연구들은 조선시대 한양 도성의 도시 공간의 특질과 구조를 이해하는 데 중요한 기여를 했지만, 도시 공간의 구분과 그 원리에 대해서는 해명하지 못한 점이 적지 않다.

　도시계획학의 일환으로 연구된 중국과 한국의 도성 계획 원리와 공간 구조를 비교하는 연구는 주목을 끈다. 이 연구에서는 중국과 한

연구』6.

31) 최기수, 김영모, 1994 「서울학에서 조경연구의 방향」, 『서울학연구서설』, 서울학연구소; 최기수, 1994 『서울의 景과 曲』, 서울학연구소; 김한배, 1993 「한국도시경관의 변천특성에 관한 연구」, 서울시립대 조경학과 박사논문.

32) 이규목·김한배, 1994 「서울 도시경관의 변천과정 연구」, 『서울학연구』2; 홍윤순·이규목, 2002 「한양 원형경관의 이원적 중층성 고찰」, 『서울학연구』19.

국의 도성 계획을 비교하여, 중국의 도성 입지는 장방형이 일반적이나, 한국은 원형이 보편적이며, 중국 도성의 가로망 및 건물 배치는 정연한 격자형 도로망과 대칭적 공간 분할이 이루어진 반면, 한국의 경우는 도시가 구릉에 위치하였기 때문에 격자형 도로망이나 대칭적 건물 배치가 이루어질 수 없었다고 평가한다. 도성의 상징성의 측면도 중국에 비해 약하여, 중심축과 그에 따른 대칭 배치를 강조하면서 제왕의 권위를 장엄하게 표현한 중국에 비해 한양의 경우 대칭적 배치는 궁궐 내부의 전각배치를 제외하고 거의 나타나지 않는 것이 특징이라고 설명한다. 즉 조선시대 한양의 도시 공간은 자연에의 순응을 우선한 도시였다는 것이다.[33]

중국과 한국의 도성을 비교하는 연구 중에는 동아시아 중화 체제 내에서 북경과 한양의 지위가 어떠했는가를 추적한 연구도 있다. 이 연구에 의하면 북경은 황제가 거주하는 제도(帝都)이며, 한양은 황제에 종속된 제후가 거주하는 제후 도시였다고 규정되었다.[34] 이러한 비교 연구는 한양의 특성을 이해하는 데 매우 중요한 시사점을 주기는 하지만, 다른 한편에서 권력과 권위라는 모호한 이분법에 근거하여 동아시아 도읍의 위계를 설정했다는 점은 설득력이 떨어진다고 평가된다. 이러한 비교보다는 오히려 고려시대의 개경과 조선시대의 한양을 면밀히 비교하여 조선 독자의 개성을 밝히고자 하는 노력이 연구사적으로 훨씬 더 의의가 있는 작업이라고 평가된다.[35]

---

33) 이우종, 1995 「중국과 우리나라 도성의 계획원리 및 공간구조의 비교에 관한 연구」, 『서울학연구』5.
34) 吉田光男, 1992 「漢城の都市空間—近世ソウル論序說」, 『朝鮮史研究會論文集』30; 吉田光男, 1999 「朝鮮近世の王都と帝都」, 『年譜 都市史研究』7.
35) 장지연, 2000 「개경과 한양의 도성구성비교」, 『서울학연구』15.

역사지리학 분야에서는 주로 서울 고지도를 통해 나타난 역사상의 복원에 관심을 두고 있다.[36] 이 중에서도 조선 후기 고지도를 통해 서울 도시의 원형을 복원한 연구는 조선 후기 서울의 도시 공간을 확인하는 데 매우 중요한 시사를 주는 연구다.[37]

조선 초기 한양 정도와 건설 과정, 그리고 한양의 도시 공간에 대한 연구와 더불어 한양의 각종 도시제도에 대한 연구도 진행되었다. 손정목 교수에 의해 진행된 이 연구는 조선시대 한양을 대상으로 하여 한양의 방화 체계, 치안 제도, 행정 조직 및 도로 체계 등에 집중되었다.[38] 이와 같은 손정목 교수의 연구는 한국사에서 도시 사학을 개척했다는 점에서 높이 평가되지만, 대부분 제도적인 측면에 집중됨으로써 도시 사학이 본래 의도한 도시 주민의 구성과 성격을 해명하기에는 미흡한 바가 많았다. 손정목 교수의 연구를 이어 행정 편제, 이문(里門) 제도, 금화(禁火) 제도 등에 대한 후속 연구가 진행되었는데, 손정목 교수의 연구를 극복하기 위한 시도로서 의미를 지니지만, 완전히 극복했다고 평가할 수는 없을 것이다.[39]

한편 조선 초기 한양 주민의 성격에 대해서는 전근대 사회의 차별적 질서가 신분적 차별 외에도 공간적 차별이 동시에 관철된다는 관점에서 연구가 이루어졌다. 조선왕조 초기 한양의 도성 안 거주민들

---

36) 이찬·양보경, 1994 「서울 고지도 집성을 위한 기초연구」, 『서울학연구』3.
37) 배현미, 1995 「조선 후기의 복원도작성을 통한 서울도시의 원형재발견에 관한 연구」, 『서울학연구』6; 李相泰, 1998 「古地圖를 利用한 18~19世紀 서울 모습의 再現」, 『서울학연구』11.
38) 손정목, 1977 앞의 책 참조.
39) 원영환, 1990 앞의 책; 고동환, 1998 「조선 후기 漢城府 행정 편제의 변화 —坊·里·洞·契의 변동을 중심으로—」, 『서울학연구』11; 노영구, 1998 「朝鮮前期 漢城의 정비와 里門의 설치」, 『서울학연구』11; 유승희, 2002 「조선 초기 漢城府의 화재발생과 禁火都監의 운영」, 『서울학연구』19.

은 개경에서 강제로 이주된 자들이었으며, 원래 고려시대 남경 주민들은 도성 밖의 성저십리(城底十里)로 쫓겨났다. 도성 안 주민은 방제(坊制)로, 성저십리 주민은 일반 향촌민과 같이 면리제라는 행정 편제로 편제되었다. 도성 안 주민들에게는 향촌민과 달리 전세와 부역·군역 등이 면제되었고, 가대세(家坐稅)와 방역(坊役)만이 부과되었다. 신왕조에 협조적인 주민들로 구성된 도성민들은 왕궁 옆에 거주하면서 유사시 왕과 왕족을 호위하는 임무가 주어졌기 때문에 향촌민과 다른 대우를 받았던 것이다. 이는 신분적 차별이 공간적 차별과 연계되고 있음을 보여 주는 사례로서 지적되고 있다.[40]

(2) 조선 후기 서울의 도시 성격 변화

조선 전기 서울은 왕과 고위 관료, 종실 등이 거주하는 왕도(王都)였다. 그러므로 서울은 조선 사회의 정치·경제·군사·문화 중심지로서 기능하였다. 왕도였던 서울의 도시 성격이 변모하는 것은 17세기 후반이후였다. 17세기 후반 삼남 대동법의 실시, 금속 화폐 유통 등으로 서울에서 상품 화폐 경제가 발달하고, 노동력을 포함한 모든 것이 화폐를 매개로 교환되는 체제가 확립되었다. 상품 화폐 경제의 진전은 농민 몰락을 심화시켰으며, 더욱이 이 시기에 닥친 전 지구적 소빙기 기후로 인한 자연 재해로 수많은 인구가 농촌에서 유리되어 떠돌아다닐 수밖에 없었다.[41] 이러한 유민들은 다른 지역에서 생계를 구할 수 없었기 때문에 대부분 서울에 몰려들었다. 서울에서는 유

---

40) 고동환, 2005 「조선 초기 한양의 형성과 도시 구조」, 『지방사와 지방문화』8권 1호.
41) 이태진, 1996 「소빙기(1500-1750)의 천체현상적 원인 —『조선왕조실록』의 관련 기록분석—」, 『국사관논총』72; 이태진, 1996 「소빙기(1500-1750) 천변재이 연구와 『조선왕조실록』 —global history의 한 章—」, 『역사학보』149.

리민들이 품을 팔아서 살아갈 수 있는 다양한 방도가 있었다. 예컨대 봄·여름·가을철에 한강이 풀렸을 때는 한강에 도착한 선박의 물자를 지게로 하역, 운반하여 먹고 살 수 있었으며, 겨울철 한강이 얼었을 때는 얼음을 채취하여 빙고에 저장하여 품삯을 받아 살아갈 수 있었던 것이다. 이들은 이전에 서울로 몰려든 유리민과 달리 흉년 등 자연 재해의 아픔이 치유된 이후에도 자신의 고향으로 돌아가지 않고 서울에 눌러 살았던 것이다.

유리민층의 서울 정착으로 서울 인구가 급속하게 증가하였다. 한성부에서 공식적으로 집계한 인구 통계에 의하면, 1657년 8만 572명에서 1669년 19만 4030명으로 급증하는 것으로 나타난다. 이러한 통계상의 인구 증가는 인구 파악을 철저히 한 결과로 이해되지만, 실제 인구의 증가를 일부 반영하는 것이기도 했다. 왜냐하면, 이 시기에 어물전을 비롯한 미전 등 도시민의 일용 소비품을 판매하는 시전이 대폭 증가하고 있었기 때문이다.[42] 만약 통계상의 인구 증가만을 반영한다면 미전·어물전의 증가를 설명할 수 없을 것이다. 한성부의 인구 통계는 매 3년마다 집계되고 있었지만, 통계상의 인구는 실제 인구보다 훨씬 저평가된 것으로 18세기 이후 서울의 실제 인구는 30만 명 이상으로 추산되고 있다.

갑작스런 인구 증가로 서울에는 주택 부족 현상이 심각하였다.[43] 도시 빈민들은 개천변은 물론, 목멱산을 비롯한 주변 산지를 대거 개간하였고, 도로를 침범하여 불량 주택을 짓는 것도 일반화되었다. 연

---

42) 고동환. 1992 「18세기 서울에서의 魚物流通構造」, 『한국사론』28.

43) 이근호, 2004 「17·18세기 '閭家奪入'을 통해 본 漢城府의 住宅問題」, 『도시역사문화』2.

료용 땔감 채취로 인해 서울 주변의 산들이 헐벗게 되었으며, 그 결과 조그만 비에도 개천이 범람하여 홍수 피해가 극심해졌다. 나아가 서울에는 사기·협잡·도둑·강도 등 각종 경제 범죄가 만연하였다.[44] 조선 후기 서울에서는 도시 빈민의 형성과 주택 문제, 환경 문제, 치안 문제 등 맹아적이지만 오늘날 도시 문제의 양상들이 나타나고 있었던 것이다.[45]

한편 인구 증가는 한성부 내부의 행정 편제를 재편하는 원인이 되기도 했다. 조선중기에 방역의 응역 단위로 출현한 계(契)가 한성부 모든 지역과 주민들에게 일률적으로 조직되면서 최말단 행정 단위로 기능하기 시작하였다. 이와 아울러 한성부에서 부과하는 방역도 노동력의 직접 징발 체제에서 17세기 후반 이후 물납세로 변경되었다. 그 결과 한성부 주민들은 중세적인 방민(坊民)에서 점차 동일한 의무와 권리를 지니는 도시민으로 전환되어 갔던 것이다.[46]

10만 명의 거주 인구를 예상하고 건설된 계획 도시 서울에 그 3배에 달하는 인구가 집중됨으로써 서울의 도시 공간도 도성 밖으로 확대되었다. 대부분의 이주민들은 당시 전국적 해상 교통의 중심이었던 한강변의 마포·서강 등지에 거주하였고, 이 지역은 서울에서 가장 중요한 상업 중심지로 전환되었다.[47]

---

44) 韓相權, 1994「서울 시민의 삶과 사회문제 —18세기 후반 京居人이 올린 上言·擊錚의 분석을 중심으로」,『서울학연구』1; 조광, 1996「18세기 전후 서울의 犯罪相」,『典農史論』2; 심재우, 2001「審理錄을 통해 본 18세기 후반 서울의 범죄 양상」,『서울학연구』17; 권순철, 2002「19세기 전반 서울지역 下級官吏 범죄의 실태와 정부의 대책」,『史叢』55.

45) 고동환, 1998「조선 후기 서울의 인구 추세와 도시문제의 발생」,『역사와현실』28.

46) 고동환, 1998「조선 후기 漢城府 행정 편제의 변화 —坊·里·洞·契의 변동을 중심으로—」,『서울학연구』11.

47) 조성윤, 1994「조선 후기 서울의 인구 증가와 공간 구조의 변화」,『한국사회사

서울의 확대 현상은 경기도 지역으로까지 미쳤다. 특히 서울 주변인 경기도 광주의 송파와 양주의 누원점이 새로운 상품 유통의 거점으로 성장하였다.[48] 이에 따라 서울에서 봉건적 특권 상업을 영위하던 시전 상인들의 영업 체제가 점차 와해되어 갔다. 원래 시전 상인들의 독점권은 서울 안에서만 인정되는 것이었다. 그러나 서울을 벗어난 지역에 새로운 상품 유통의 거점이 발생함으로써, 정부의 허가 없이도 자유 상인들이 송파와 누원점을 토대로 활발하게 상업 활동을 전개하였다. 그 결과 봉건적 특권 상업 체제인 시전 상업 체제가 붕괴되고 자유 상인을 중심으로 한 상품 유통 체계가 확립된 것이다.[49] 서울 영역의 확대 과정은 18세기 말 경도(京都)-사도체제(四都體制)로 완성된다. 즉 경도인 한성부 외에도 경기도 지역인 개성·강화·수원·광주의 4도시가 사도로 확립되어 서울과 경기 지역을 연결하는 광범한 영역이 수도권으로 성장하고 있는 것이다. 이러한 것은 오늘날 대한민국의 수도권 영역과 대체로 일치하고 있다. 즉 현재의 수도권은 18세기 말에 이미 공간적으로 확정되었던 것이다.[50]

이와 같은 상업의 발달, 공간의 확대로 인해 서울의 도시 구조도 이전과 달라졌다. 서울은 전통적으로 궁궐과 관청, 군대 중심의 도시였지만, 18세기에는 종로의 시전과 동대문 근처의 이현 시장, 그리고

연구회 논문집 —한국 사회구조의 전통과 변화』43; 고동환, 1998 『조선 후기 서울상업 발달사연구』, 지식산업사; 최영준, 1998 「18·19세기 서울의 지역 분화」, 『民族文化硏究』31.

48) 양보경, 1994 「서울의 공간확대와 시민의 삶」, 『서울학연구』1.

49) 고동환, 1997 「朝鮮後期 京畿地域 場市網의 확대 —서울시장권과의 연계성을 중심으로—」, 『韓國 古代·中世의 支配體制와 農民』; 고동환, 2000 「18세기 서울의 상업구조변동」, 『서울상업사』, 태학사.

50) 고동환, 2000 「조선 후기 서울의 도시 구조변화와 도시 문화」, 『역사와도시』, 서울대 출판부.

남대문 주변의 칠패 시장의 3대시(大市)가 서울의 중심지로 변화되었다. 종로 시전은 조선 초기부터 서울의 중심 상가였지만, 칠패와 이현 시장은 17세기 후반과 18세기 중엽에 새로 생겨난 상업 중심지였다. 이 두 곳은 정부의 허가를 받은 시전 상인이 아니라 자유 상인들에 의해 개척된 시장이었다. 이 시기 서울은 정치·행정의 중심지라기보다는 경제적 이해관계가 모든 것을 지배하는 상업 도시로 그 성격이 변모되었던 것이다.[51]

이와 더불어 서울 인구의 구성도 변하였다. 조선 초기 주로 관료나 왕실 관련 인구들이 많았던 반면, 17세기 후반 이후에는 서울 인구의 90%가 상업 관련 인구였다. 인구 구성의 변화는 필연적으로 도시 문화를 변화시킨다. 성리학적 명분론에 침잠되어 있었던 양반층 중에서는 고위 관료층을 중심으로 경화사족(京華士族)이 형성되었다. 이들은 이전 시대에 비해 훨씬 증대된 부를 바탕으로 호화로운 사치 생활을 누릴 수 있었다. 양반층보다 하위에 있었던 중인층들, 특히 상인 세력이나 실무 하급 관료층들은 양반문화와는 다른 독자적인 '여항 문화(閭巷文化)'를 향유하였다. '여항 문화'는 성리학적 강상윤리(綱常倫理)에 구애됨이 없이 성욕(性慾)이나 쾌락 등 인간의 본성을 긍정하는 문화였다. 또한 여항 문화는 서울에 상업적 유흥 문화를 발달시켰는 바, 상업적으로 판소리·창극 등을 공연하거나, 돈을 벌기 위해 거리에서 소설이나 재미있는 이야기를 낭송하는 부류들도 생겨났다. 뿐만 아니라 서울에는 각종 성적 서비스를 목적으로 설치된 기방

---

51) 최완기, 1993 「朝鮮後期 漢陽의 經濟的 成長과 그 意味」, 『이화사학연구』20·21; 고동환, 1994 「조선 후기 서울의 상업 도시로의 성장」, 『동양도시사속의 서울』, 서울시정개발연구원; 이욱, 1994 「18세기말 서울 商業界의 변화와 政府의 對策」, 『역사학보』142; 최완기, 1996 「朝鮮後期 서울의 變貌와 그 意味」, 『歷史敎育』60.

이나 주점 등이 대폭 증가하였다. 경제적 실력자층인 중인층에 의해 향유된 '여항 문화'는 성리학적 인간관에 근거하기보다는 근대초기 부르주아적 생활과 관념을 나타내는 것으로 이해될 수 있는 것이다.[52]

(3) 서울의 근대 도시로의 변화

개항 이후 서울의 변화 과정에 대한 연구는 청인과 일인의 거류지 형성과 일본 상권 형성에 따른 도시 구조의 변화와 상권 재편 과정, 그리고 조선의 주체적인 도시 근대화 과정에 대한 연구에 집중되고 있다.

1882년 세계사에 유례가 없는 수도 개방 사례인 한성개잔(漢城開棧)으로 서울에는 각국의 공사관이 들어서고 외국인들의 서울 거주가 시작되었다. 1882년 임오군란을 계기로 청국 상인의 서울 진출이 본격화되었으며, 1894년 청일전쟁 이후에는 일본 상인들의 진출이 두드러졌다. 일찍 서울에 정착한 청국 상인들은 서울의 중심부였던 남대문·동대문을 중심으로 상권을 형성하였고, 일상들은 1880년대까지는 세력이 미약하여 서울의 외곽인 남산과 진고개 일대에 모여 있었다. 중국인 집단 거류지와 일본인 집단 거류지가 개항 이후 서서히 서울에 형성되기 시작한 것이다.[53]

---

52) 강명관, 1992 「조선 후기 서울의 중간계층과 유흥의 발달」, 『민족문학사연구』2, 창작과비평사; 강명관, 1994 「조선 후기 서울의 변화와 한시의 변화」, 『문학작품에 나타난 서울의 형상』, 한샘출판사; 이문규, 1995 「조선 후기 서울 시정인의 생활상과 새로운 지향의식」, 『서울학연구』5; 고석규, 1999 「18·19세기 서울의 왈짜와 상업문화 —시민사회의 뿌리와 관련하여—」, 『서울학연구』13.

53) 손정목, 1982 『한국개화기 도시변화과정연구 —개항장, 개시장, 조계, 거류지—』, 일지사; 원재연, 2000 「1880년대 문호개방과 한성부 南門內 明禮坊일대의 사회

이러한 외세 침탈의 위기 속에서 조선왕조는 1897년 대한제국을 선포하고, 위로부터의 자주적 근대화 정책을 추진하였다. 이 정책에 따라 1897년을 전후한 시기에 서울은 근대 도시로 개조되기 시작하였다. 간선 도로변에 무질서하게 지어진 불량 주택을 허물고 도로를 확장하였고, 경복궁에 전등이, 시전 상가와 이현 상가가 있었던 종로 거리에 전차를 가설하였으며, 서울과 인천을 잇는 경인 철도도 건설되었다. 또한 한성 판윤 이채연(李采淵)은 종로 시전 근처에 최초의 근대적 공원인 탑골공원을 조성하고, 고종황제가 거주하고 있었던 덕수궁(경운궁) 앞에 대형 광장을 조성하는 등 근대적 도시 개조 사업을 진행하였다.[54] 이때 공원과 광장이 건설된 곳은 18세기 이후 백성들이 억울한 일을 호소하기 위해 자주 국왕에게 상언(上言)을 올렸던 민의 상달의 장소였다. 그러므로 이 시기 도시 개조는 공원과 광장이라는 서구적 도시 형태를 도입한 것이긴 했지만, 그 장소적 특성으로 인해 전통적 시민 정신의 근대적 구현으로 평가될 수 있는 것이다. 요컨대 서울의 도시 개조 사업은 전통과 신문물을 절충하는 동도서기(東道西器)의 원칙에 기초한 개조 사업인 것이다.[55]

경제적 변화」,『서울학연구』14; 박찬승, 2002 「서울의 일본인 거류지 형성과정 —1880년대~1903년을 중심으로」,『사회와역사』62; 朴慶龍, 2004 「개화기 日帝의 서울 南村 侵奪過程 考察 —명동·충무로 지역을 중심으로—」,『白山學報 —申奭鎬博士誕生100周年紀念 韓國史學論叢—』70.

54) 김광우, 1990 「대한제국시대의 도시계획 —한성부의 도시개조사업—」,『鄕土서울』50; 韓哲昊, 1999 「대한제국 초기 한성부 도시개조사업과 그 의의 —'친미' 개화파의 치도사업을 중심으로—」,『鄕土서울』59.

55) 이태진, 1994 「조선시대 서울의 도시발달단계」,『서울학연구』1; 이태진, 1995 「18~19세기 서울의 근대적 도시발달양상」,『서울학연구』4; 이태진, 1997 「1896~1904년 서울 도시개조사업의 주체와 지향성」,『韓國史論』37; 전우용, 1999 「大韓帝國期~일제초기 宣惠廳 倉內場의 형성과 전개 —서울 남대문 시장의 성립 경위—」,『서울학연구』12; 전우용, 1999 「대한제국기~일제초기 서울 공간의 변화와 권력의

한편 개항 이후 서울의 주민들도 점차 중세적 신민에서 근대적 시민으로 그 성격이 변화되었다. 1663년의 호적과 1903년, 1906년의 호적을 분석하여 서울 주민의 신분 구조와 직업 구조, 그리고 서울 주민들의 경제적 정치적 활동과 의식의 변화를 검토한 결과, 서울 주민들은 중세의 신분 구속과 중앙 집권적 국가의 통제를 벗어나 독자적인 세력으로 성장해가고 있음이 밝혀졌다. 19세기말 20세기 초의 서울은 전통적인 신분 구조가 해체되면서 신분의 사회적 의미가 상실되고, 직업을 매개로 한 계급 구조의 중요성이 부각되고 있었던 것이다. 이 중에서도 서울의 상공업자들 사이에는 유교적 틀을 벗어나 합리성이 증대되는 사회관계가 정착되고 있었다.56)

한편 19세기말 동도서기의 원칙 아래 추진된 도시 개조 사업은 러일전쟁의 결과 일본이 승리함으로써 완결되지 못하였다. 그 이후 서울의 도시 구조는 일제에 의해 식민지적 왜곡을 겪게 된다. 일제는 1904년 러일전쟁을 준비하기 위해 1903년 한국 주둔군 사령부를 서울에 설치하고, 일본인들의 집단 거류지였던 남산 일대에 일본군 병영을 설치하였다. 러일전쟁 당시에는 용산 일대 300만 평의 토지를 수용하여 군사 기지를 설치하였다. 1910년 한국을 병합한 일제는 조선왕조의 상징이었던 경복궁을 대대적으로 파괴한 뒤에, 이곳에 조선총독부 건물을 건설하고, '근대화'라는 미명 아래 서울의 자연 지형을 이용하여 건설된 도성을 마구잡이로 허물었다. 그 결과 종로를 중

지향」, 『典農史論』5.
56) 조성윤, 1992 「조선 후기 서울주민의 신분구조와 그 변화」, 연세대 박사논문; 조성윤, 1993 「조선 후기 서울지역 중인세력의 성장과 한계」, 『역사비평』21; 김영경, 1999 「韓末 서울지역 中人層의 近代化運動과 現實認識 —譯官 川寧 玄氏家를 中心으로—」, 『學林』, 20.

심으로 형성되었던 서울의 도시 공간도 일본인들이 개척한 본정(本町)을 중심으로 급속히 재편되어 갔다.[57]

이러한 전통적 도시 구조의 파괴와 더불어 일제는 서울 상권의 식민지적 재편성도 추진하였다. 상권의 재편은 일제의 철도 건설 과정에서 분명히 드러난다. 철도가 놓이기 이전 상권 형성에서 중요한 것은 해로 교통권이었다. 그러므로 서울의 중심 상권은 해상 교통의 요지였던 한강변의 마포였다. 이 지역에는 조선 후기 이래 가장 유력한 상인집단이었던 경강상인들이 선박을 통하여 전국의 시장권을 장악하고 있었다. 한국이 일제에 식민지화되기 이전 한국 상인들은 독자적으로 철도 건설 계획을 추진하였는데, 이때의 계획은 마포와 개성과 평양을 연결하는 노선이었다. 개성과 평양은 중국을 연결하는 데 가장 중요한 도시였다. 이는 과거 조선왕조시대 번성했던 조선의 중심적 시장권을 철도로 연결함으로써 조선인 상인들의 성장을 도모하려는 당연한 계획이기도 했다. 그러나 일제는 마포를 중심으로 한 철도부설 계획을 부정하고, 일제의 군사 기지가 있는 용산을 시발점으로 삼아 부산과 의주를 연결하는 남북 종관 철도를 건설함으로써 조선 후기 이래 성장하고 있었던 조선 상인들의 상권을 약화시키는 대신, 일본에서 중국으로 진출할 수 있는 가장 빠른 교통망을 건설하였던 것이다. 이와 같은 일제에 의한 철도망의 건설은 대상인 경강상인의 몰락을 촉진했을 뿐만 아니라, 도성 안의 상권 재편도 가속화시켰다.[58] 조선왕조시대 서울의 주요 상권은 서울의 동서대로를 중심으

---

57) 서울시사편찬위원회, 1977 『서울육백년사』; 전우용, 2001 「종로와 本町: 식민도시 경성의 두얼굴」, 『역사와현실』40; 박찬승, 2002 「러일전쟁 이후 서울의 일본인 거류지 확장 과정」, 『지방사와 지방문화』5권 2호.
58) 洪性讚, 2002 「韓末·日帝下의 서울 鐘路商人 硏究 —布木商 金泰熙家의 '壽南商

로 종로의 시전 상가, 동대문의 이현 시장을 연결하는 동서축이 중심
이었다. 그러나 일제는 서울의 상권을 남대문과 용산을 잇는 남북축
을 중심으로 재편하였다. 이는 일제가 조선의 상권을 위축시키고, 일
본인 거류지인 남산과 용산을 중심으로 상권을 재편하면서 나타나는
현상이었다.[59] 그 결과 한국 상인들이 장악하고 있었던 상권은 위축
되었고, 일본 상인과 그들과 연계된 매판 상인들만이 성장할 수 있는
도시 기반이 창출되었던 것이다.[60] 요컨대 대한제국 초기 자주적인
근대 도시 개조 사업이 추진되었지만, 이러한 시도가 결실을 맺지 못
한 채, 서울은 일제에 의해 식민지적 도시 구조로 전환되었던 것이
다. 이러한 서울의 식민지적 근대 도시로의 전환은 전통적 도시 공간
에 대한 왜곡을 기초로 이루어진 것이었다.

　이상에서 살폈듯이 그동안 서울 도시사 연구는 서울의 형성·변
화·근대화를 주요 주제로 삼아 전개되었다. 그러나 기왕의 서울 연
구는 문헌 자료에만 의존하였기 때문에 서울의 도시 구조와 문화, 도
시 주민의 일상생활을 해명하기에는 아직 미흡한 바가 많다. 그러므
로 앞으로의 도시사 연구는 지도나 그림·민속·민담·호적·구술자
료 등 다양한 자료를 활용함으로써 도시 공간의 기능과 구조, 도시
공간이 주민에게 미치는 영향 등에 대해서도 연구가 진전되어야 할

會' 運營을 중심으로─」, 『東方學志』116; 김윤희, 2001 「1899~1904년 서울지역
　대한천일은행의 영업과 수익기반」, 『鄕土서울』61; 전우용, 2004 「근대 이행기 서
　울 시전 상업의 변화」, 『서울학연구』22
59) 박경룡, 1995 『개화기 한성부연구』 일지사; 이헌창, 2000 「1882~1910년간 서울시
　장의 변동」, 『서울상업사』, 태학사.
60) 김정기, 1989 「1890년 서울상인의 撤市同盟罷業과 示威투쟁」, 『한국사연구』67;
　형기주, 1996 「서울 近代化의 歷史的 性格」, 『Symposium The Modernization and
　Urban Development in Eastern Three Countries』 The Institute of Seoul Studies.

것이다. 그리고 외국 여러 도시와의 비교사적 연구도 필요하다. 특히 한국은 고대 이래로 중국·일본과 밀접한 교류 속에서 독자적인 문화를 형성해왔기 때문에 중국·일본의 도시 발달과 비교하는 것이 무엇보다도 중요하다고 하겠다. 이러한 비교사적 연구를 통하여 한국의 도시가 지닌 세계사적 보편적 요소, 동아시아 삼국에 공통적으로 나타나는 요소, 그리고 한국 도시만이 지니는 독자성을 분별해 낼 수 있을 것이다. 이와 같이 자료 이용의 확대, 지방도시에 대한 연구, 외국 도시와의 비교연구 등을 통해 서울 도시사 연구는 한 단계 진전될 수 있을 것이다.

2
조선 초기 한양의 형성과 도시 구조

1. 한양 연구와 도시사

1392년 개창된 조선왕조는 1394년(태조 3) 고려왕조의 수도인 개경에서 새로운 수도인 한양(서울)으로 천도하였다. 서울(한양)은 고려시대에도 남경(南京)으로서 주요 도시였기는 했지만, 본격적인 수도로 성장하는 것은 조선왕조의 개창 이후부터였다. 15세기 이후 한국의 역사는 서울 일극(一極)을 중심으로 전개되었다고 해도 지나친 말이 아니다. 서울은 한국의 역사변동을 대표하는 도시인 것이다. 한국 역사전개에서 서울이 차지하는 비중이 이처럼 막대함에도 불구하고 서울 도시사에 대한 연구는 매우 부진하다.

1960년대 이후 정력적으로 이루어진 조선시대 사회경제사 연구는 농업경제와 향촌사회에 관심이 집중되었고, 조선 사회의 역동성을 향촌과 다른 방식으로 드러내고 있었던 도시에 대한 관심은 그다지 크지 않았다.[1] 서구와 달리 단일 민족 국가를 오랫동안 유지해 온 역사 전통 때문에, 한국사연구에서는 국가나 민족 단위의 연구가 주류를 이루었고, 도시 연구는 활성화되지 못했다.

　도시에 대한 연구가 부진한 가운데서도 조선왕조의 도읍이었던 한양(서울)만은 예외적으로 많은 연구자들의 주목을 받아왔다. 연구자들이 관심을 가진 주제는 한양이 어떻게 새로운 왕조의 수도로 정해졌고, 그 건설과정은 어떠했는가라는 점이었다. 그러므로 조선 건국 과정을 규명하는 과정에서 한양이라는 신도읍의 형성과 건설에 대해 부분적으로 언급되기도 하였고,[2] 한양의 도시 시설인 성곽[3]과 궁궐 건설,[4] 도로 및 주택 건설 과정에 대해서도 연구가 진행되었으며,[5] 민족사적 차원에서 한양 정도(漢陽定都)의 역사적 의의에 대한 연구도 진행되었다.[6] 이와 더불어 새로운 도읍으로 건설된 한양이 어떤 도시를 모델로 건설되었는지에 대한 연구,[7] 나아가 조선 건국 전후 국제정세의 변동과정에서 국방상의 필요와 한양 건설과의 관련성을 추구한 연구도 진행되었다.[8]

　한양의 도시 시설에 대한 연구와 함께 연구자들이 가장 많은 관심

---

1) 조선시대 사회경제사 연구에서 농촌 중심의 연구를 반성하고 도시에 대해서도 응당한 관심과 주의를 기울여야 한다는 주장에 대해서는 이태진, 1992 「조선 후기 양반사회의 변화」, 『韓國社會發展史論』, 일조각 참조.
2) 이병도, 1937 「세종조의 國都主山문제」, 『진단학보』8; 이병도, 1938 「李朝初期의 建都問題」, 『진단학보』9.
3) 원영환, 1990 『조선시대 한성부연구』 강원대 출판부; 원영환, 1985 「漢陽遷都와 首都建設考 ―태종대를 중심으로」, 『향토서울』43; 신영훈, 1985 「태조조 漢陽城 建設 監役官考」, 『향토서울』43.
4) 홍순민, 1996 『조선시대 궁궐경영과 兩闕체제의 변천』, 서울대 박사학위논문.
5) 손정목, 1977 『조선시대 도시사회연구』, 일지사.
6) 한영우, 1988 「한양 정도의 민족사적 의의」, 『향토서울』45; 남지대, 1994 「서울, 어떻게 서울이 되었나」, 『역사비평』34, 1994년 봄.
7) 吉田光男, 1999 「朝鮮近世の王都と帝都」, 『年譜 都市史研究』7.
8) 오종록, 2004 「조선 초엽 漢陽定都과정과 수도방위」, 『한국사연구』127.

을 기울인 부분은 한양 정도의 사상적 배경이다. 한양 정도의 사상적 배경으로서 가장 널리 받아들여지는 입장은 풍수지리설이다.[9] 그러나 최근 신왕조의 개창자들이 유학자였기 때문에 유교적 경세관에 기초하여 한양 천도가 이루어졌으며, 풍수지리설의 영향력은 극히 제한적이었다는 견해가 제기되었다.[10] 풍수지리설의 영향하에서 한양 정도가 이루어졌다는 통설이 최근 도전을 받고 있는 셈이다.

이처럼 한양 형성과정에 대해서는 기본 자료인 조선왕조실록을 기초로 매우 꼼꼼한 연구가 진행되어 한양 형성과정의 실상에 대해 우리는 어느 정도 이해를 할 수 있게 되었다. 그러나 기왕의 연구들에서는 조선왕조의 기틀이 두 차례에 걸친 왕자의 난 등 신왕조 초기의 정치적 격변을 거쳐 비로소 확립되었다는 점을 강조하면서도, 이러한 정치적 격변이 한양 형성과 어떠한 관련을 맺는지에 대해서는 제대로 검토되지 않았다. 한양의 형성은 정치적 격변과 별개로 태조 당시의 건설계획안이 그대로 적용되어 새로운 왕조의 도읍으로 건설되었다는 인식이 지배적이었던 것이다.

한양이 신왕조의 도읍으로 형성되는 과정은 고려 후기 이래의 남경천도설 단계, 태조의 천도, 정종의 개경이어(開京移御), 태종의 환도(還都), 세종의 도시정비라는 여러 단계를 거치면서 이루어졌다. 도시건설이 단기간 안에 완성되는 것이 아니라는 점을 염두에 두면 도시건설의 이념적 배경과 도시 구조가 각 단계마다 상이했을 가능성이 있다. 그럼에도 불구하고 기왕의 연구는 한양 정도 과정과 그 이념적

---

9) 이병도, 앞의 논문; 서울시사편찬위원회, 1977 『서울육백년사』; 吉田光男, 1992 「漢城の都市空間-近世서울論 序說」, 『朝鮮史研究會論文集』30.
10) 이태진, 1994 「한양 천도와 풍수설의 패퇴」, 『한국사시민강좌』14.

배경, 그리고 도성과 궁궐, 도로, 주택 등 도시 시설 건설이 동일한 하나의 과정으로 이루어진 것으로 이해하고 있는 것이다. 이는 고려 말 조선 초의 급변하는 국내정세를 무시한 매우 정태적인 분석이다. 또한 주민 구성의 특질에 대해서도 정당한 관심이 기울여지지 않았다. 그러므로 새로운 왕조의 왕도(王都)인 한양이 조선왕조의 통치 질서 속에 어떤 위상을 지녔는지에 대한 이해도 불가능했다.

여기에서는 중세 왕도인 한양의 형성과정을 이해하기 위해 한양 형성의 이념적 배경과 도시 구조, 도시 주민의 성격을 규명함으로써 한양이 중앙집권적인 중세 국가체제 내에서 뿐만 아니라 전근대 동아시아 국제질서 속에서 어떠한 위상을 지닌 도시였는지를 명확히 이해할 수 있을 것이다.

2. 한양 형성의 단계와 사상

한양이 조선왕조의 수도로 형성되는 과정은 크게 4단계로 구분된다. 첫째는 고려 후기 남경 설치와 남경천도설 단계, 둘째 태조의 한양 천도, 셋째 태종의 한양 환도, 넷째 세종대의 한양 정비 단계가 그것이다.[11]

한양을 도읍으로 중시한 견해는 고려 중기부터 나타난다. 개경(開京; 松都)의 지덕(地德)이 쇠하였다는 풍수도참설의 영향으로 문종(1046-1082)

---

11) 이와 같은 각 단계에 대한 구체적인 설명은 서울시사편찬위원회, 1977 『서울육백년사』를 비롯하여 기왕의 연구에서 매우 자세히 언급되어 있다. 그러므로 여기에서는 구체적인 논의는 가급적 피하기로 하고 논리의 전개상 필요한 부분만을 제한적으로 언급하도록 한다.

때에 남경을 설치한 것도 이의 한 예였다. 풍수도참설은 고려 말에 더욱 극성하여 1357년(공민왕 6)에는 승려 보우(普雨)가 '한양에 도읍하면 36국이 와서 조회(朝會)한다'는 참설(讖說)에 근거하여 한양에 궁궐을 건축하는 등 천도계획을 실제 진행한 바 있으며, 공민왕 9년과 18년에도 신돈(辛旽)이 송도기쇠(松都氣衰)의 설을 주장하여 한양 천도를 계획하였지만 실행에 옮기지는 못하였다. 공민왕의 뒤를 이은 우왕(禑王)도 즉위 초부터 한양 천도를 준비하여 1382년(우왕 8) 8월에 왕과 정부 일행이 한양으로 옮겨가 반년씩이나 주재한 바 있다. 고려의 마지막 왕인 공양왕 2년(1390)에도 『도선비기(道詵秘記)』의 송도지덕(松都地德)이 쇠했다는 설에 근거하여 다시 한양 천도를 결정하였지만 실행하지는 못하였다.

조선왕조를 개창한 태조는 원년(1392) 8월 13일 도평의사사(都評議使司)에 한양 천도 명령을 내렸다. 태조가 7월에 즉위했기 때문에 한양 천도 결정은 즉위와 동시에 이루어진 조치였다. 즉위와 함께 내려진 한양 천도 결정은 고려 말기의 남경천도론과 궤를 같이 하는 것으로서, 풍수도참설의 강한 영향력 아래에서 내려진 결정이었다.

태조는 천도 문제를 조급하게 처리하고자 하였다. 그는 궁궐과 성곽이 완성되지 않은 상태에서 이전을 추진하였는데, 개국공신인 배극렴(裵克廉)의 만류로 천도는 궁궐과 성곽 완성 이후로 잠시 미루어졌다. 그 사이 계룡산 지역이 새로운 도읍 후보지로 추천되자, 태조가 직접 계룡산을 답사하고, 이곳에 신도시 건설을 명령하였다. 그러나 이 공사는 10개월 만에 중지되고 말았다. 계룡산 주변의 입지가 국토의 남쪽에 치우쳐 있다는 점과 풍수적으로도 길지(吉地)로서 흠결이 있다는 점 때문이었다. 그 대안으로 제시된 곳이 지금 서울의 신촌 일대, 즉 무악산 지역이었다. 개국공신인 하륜(河崙)이 풍수지리설에 기초하여 무악천도론(毋岳遷都論)을 강력히 주장하였다. 그러나 무악도 수용되지 않았다. 1394년(태조 3) 최종적으로 태조 즉위년에 논의된 바 있는 한양이 새로운 수도입지로 결정되었다. 이때 좌정승 조준(趙浚)과 우정승 김사형(金士衡) 등은,

> 임금이 천명을 받고 일어나면 도읍을 정하여 백성을 안주시키지 않음이 없었습니다. 전하께서는 큰 덕과 신성한 공으로 천명을 받아 의젓하게 한 나라를 두시고, 또 제도를 고쳐서 만대의 국통(國統)을 세웠으니, 마땅히 도읍을 정하여 만세의 기초를 잡아야 할 것입니다. 그윽이 한양을 보건대, 안팎 산수의 형세가 훌륭한 것은 옛날부터 이름난 것이요, 사방으로 통하는 도로의 거리가 고르며 배와 수레도 통할 수 있으니, 여기에 영구히 도읍을 정하는 것이 하늘과 백성의 뜻에 맞을까 합니다[12]

라 하여 천명을 받은 군주로서 새로운 도읍을 정해 백성을 안주시키는 것을 당연한 것으로 이해하고 있었다. 유교적 역성혁명론과 더불어 사방에서부터 거리가 고를 뿐만 아니라 배와 수레가 통한다는 경제적 이점을 천도론의 명분으로 삼고 있는 것이다. 1394년(태조 3) 한양 천도를 구체적으로 실행할 단계의 이러한 논의는 태조 즉위와 동시에 결정된 한양 천도의 명분인 풍수도참설과는 일정한 거리가 있는 것이다.

1394년(태조 3) 한양 천도를 실행에 옮겼지만, 아직 궁궐이 완성되기 이전이기 때문에 태조는 한양부의 객사를 이궁(離宮)으로 삼아 임

---

12) 『태조실록』 권6, 태조 3년 8월 신묘.

시 거처로 삼고,13) 종묘와 궁궐, 성곽의 공사를 독려하였다.14) 그 이 듬해 1월에는 개경에서 이주하는 관원과 평민들에게 35부(負)에서 2 부의 대지(垈地)를 분급하여 주택을 건설하게 하였다. 태조 4년 9월에 는 종묘와 경복궁이 완공되었고, 한양부를 한성부로 고치고, 개경의 행정구역 편제를 따라 5부 52방으로 구획하고 각 방마다 명표(名標)를 세움으로써 새로운 수도의 행정조직을 정비하였다.

종묘와 궁궐 및 관청을 완공하고 도읍의 행정 기관을 정비한 뒤인 그 해 10월 태조는 종묘에서 제례를 올리고 신하들의 조하(朝賀)를 받 음으로써 한양은 명실상부하게 새로운 왕조의 수도로 자리잡았다.

이어서 태조는 정도전에게 명하여 새 궁궐의 전각 이름을 짓게 하 였다. 정도전이 올린 각 궁궐 전각의 이름은 철저하게 유교적 가치관 에 기초하여 명명된 것이었다.15) 이러한 상황을 남양군(南陽君) 홍길 민(洪吉旼)은 "한양에 도읍을 정하고 경영한 지 두어 해 만에 종사(宗 社)·궁궐·성시(城市)·여염(閭閻)이 성하게 이루어졌다"고 평가하고 있다.16)

새로운 왕도로 정비되던 한양은 천도 4년 만인 1398(태조 7) 1차 왕 자의 난을 계기로 그 위치가 흔들리게 된다. 왕자의 난은 태조의 제5 왕자인 정안군(靖安君) 방원(芳遠)이 세자인 방석(芳碩)과 세자를 옹호하 는 정도전·남은 등을 살해하고 방석의 동복형(同腹兄)인 방번(芳蕃)도 함께 제거한 사건이다. 이로 인해 태조는 퇴위하였고, 둘째 아들인 정종이 즉위하였다.

---

13) 『태조실록』 권6, 태조 3년 10월 갑오.
14) 『태조실록』 권6, 태조 3년 11월 기해.
15) 『태조실록』 권8, 태조 4년 10월 정유.
16) 『태종실록』 권1, 태종 1년 정월 갑술.

정종은 그 이듬해 3월 한양에서 불길한 일들이 연이어 발생한다는 점을 이유로 개경으로 일시 도읍을 옮겼다. 이때의 개경이어(開京移御)는 재변이 자주 보이는 신도읍 한양에서 일시 이거하는 것이니만큼, 도읍을 완전히 옮기는 천도라고는 할 수 없다. 왕과 종친 및 관료들이 개경으로 옮겨갔어도 종묘와 사직은 한양에 있었고, 종묘와 사직의 의례는 왕이 직접 주관하거나 아니면 신하를 보내 거행하였다. 그러므로 구도인 개경과 신도인 한양이 도읍으로서 위치를 동시에 갖는 일국양경(一國兩京) 체제가 1405년(태종 5) 한양 환도가 이루어질 때까지 지속되었다.

일국양경 체제하에서 개경의 지위는 불안정하였다. 그러므로 한양 환도 논의는 정종 때부터 시작되었다. 정종은 환도 논의 과정에서 서운관(書雲觀)에 명하여 참위, 술수 등 풍수도참에 관한 모든 서적의 유통을 금하는 명령을 내렸다.[17] 그 까닭은 풍수지리서는 각 서적마다 이론이 달랐을 뿐 아니라 주장하는 사람에 따라 명당과 길지 선정의 이유들이 제각각이었기 때문이다.

일국양경 체제가 지속되는 와중에 1400년(정종 2)에 발생한 2차 왕자의 난을 계기로 정종이 왕위를 정안군 방원에게 양위함에 따라 정안군이 태종으로 즉위하면서 한양 환도 문제가 본격적으로 제기되었다.

태종대 한양 환도 논의는 한양 천도의 사상적 배경을 잘 보여 준다. 그동안 한양 천도 과정에서는 풍수지리설이 중요하게 영향을 끼쳤다고 주장되었다.[18] 풍수지리설은 고려 이래로 상당한 영향을 미친 것

---

17) 『정종실록』 권6, 정종 2년 12월 임자.

18) 吉田光男 교수는 "국내 각지의 거리와 방위 혹은 교통문제 등이 논해지긴 했지만, 이는 부차적이었고, 한성의 선정은 어디까지나 풍수적 요인에 의해 결정된 것이다"라고 하여 漢陽定都에서 풍수지리설의 영향이 가장 중요했다고 주장하

이 사실이다. 태조 즉위와 함께 한양 천도를 결정하는 과정에서 이와 같은 고려 후기 이래 송도의 지기가 쇠했다는 풍수설의 영향은 막중했던 것으로 보인다. 풍수설의 입장에 기초하여 새로운 도읍을 찾는 노력은 계룡산과 무악 등지에서 계속 추구되었다. 당시의 정황상 새로운 도읍을 정하는 데 준거가 될 만한 사고방식이나 이념틀은 풍수도참사상에 영향을 받지 않을 수 없었을 것이다. 그러나 최종적으로 태종대 한양 환도를 결정했던 근거는 풍수적 근거가 아니라 유교적 이념에 기초한 경제적 합리주의였다.[19] 왜냐하면 풍수 논리가 여러 차원에서 논의되었지만 확정된 체계로 확립되지 않았기 때문이다.

태종 때 한양으로의 환도는 태종보다는 태상왕인 태조의 강력한 권유에 따라 시행된 것이었다. 태종은 개경의 수강궁이 불타자 이 자리에 새로운 궁궐을 건축하고자 하였으며, 또한 개경에 새로운 종묘 건축을 도모하기도 했다. 그러나 신하들이 개경이 도읍이 아니라 왕이 임시 거주하는 순행지(巡幸地)이므로 종묘를 짓는 것은 옳지 못하다는 의견을 개진하자, 종묘 제사는 한양에서 자신이 직접 제사를 지내거나 또는 세자를 보내 매년 지내는 것으로 결정하였다.[20] 그러나 태종은 개경에 그대로 도읍하는 것을 생각했던 듯하다. 태종은,

---

였다(吉田光男, 1992 앞의 논문 참조).

19) 이태진 교수는 한양 천도 과정에서 풍수설의 영향이 컸다는 입론은 건국 당대의 사정을 반영하기보다는 임란 이후 사회가 혼란되어 한양의 풍수지리적 결함을 강조하는 과정에서 만들어진 것이며, 조선왕조가 유학자들에 의해 건국된 왕조이기 때문에 건국초기에는 이러한 신비주의적 풍수도참사상이 철저하게 외면되고 유교적 합리주의에 기초하여 한양 定都가 이루어졌다고 주장하였다(이태진, 1994 앞의 논문 참조).

20) 『태종실록』 권 3, 태종 2년 정월 무자.

부왕이 신도에 계실 때 편찮아서 거의 위태하였으나 (개경에 돌아와
서는—인용자) 회복되었다. 살고 죽는 것은 대명(大命)에 관계되는
것이다. 그 후 변고가 여러 번 일어나고 하나도 좋은 일이 없었으므
로, 이에 송도에 환도한 것이다. 지금 나라 사람들은 내가 부왕의 도
읍한 곳을 버린다고 허물한다[21]

라고 하여 자신의 의중을 말하고 있다. 이처럼 태종이 개경을 도읍으
로 정하여 왕궁 건설을 추진하고자 하자, 태상왕 태조는 태종에게,

처음으로 내가 한양에 천도하였으니, 천사(遷徙)하는 번거로움을 내
가 어찌 모르겠는가마는, 그러나 송도는 왕씨(王氏)의 구도이니, 그
대로 거주할 수는 없다. 지금 왕이 다시 이곳(개경)에 도읍하는 것은
시조의 뜻에 움직여 따르는 것이 아니다[22]

라고 하여, 강력하게 한양으로의 재천도를 촉구하였다. 이와 같은 태
상왕의 굳은 의지를 확인하고서야 태종은 4년(1404) 9월 1일에 한양이
궁조성도감(漢陽離宮造成都監)을 설치하였다.[23] 한양이궁조성도감은 태
조 때 건설된 경복궁이 아닌 새로운 궁궐을 조성하겠다는 의지를 나
타낸 것이다. 그해 9월 9일 태종은 유한우(劉旱雨)·윤신달(尹莘達)·이
양달(李陽達) 등을 한양에 보내 이궁의 터를 정하였다. 그러나 성석린
(成石璘)·조준(趙浚)·이무(李茂)·조영무(趙英茂) 등이 "한양은 이미 태

---

21) 『태종실록』 권 8, 태종 4년 10월 임신.
22) 위와 같은 조.
23) 『태종실록』 권8, 태종 4년 9월 기해.

상왕이 도읍한 곳으로 이미 궁궐이 있는데 다시 이궁을 건설하는 것은 옳지 못하다"고 주장하니, 태종은 이궁조성도감을 궁궐수보도감으로 개칭하였다.[24]

태종이 한양에 건설할 궁궐 명칭을 처음에 이궁으로 한 것은 그가 개경을 도읍으로 삼고 한양은 이궁이 있는 도읍지로 생각하고 있었기 때문이다. 이른바 일국양경제(一國兩京制)를 토대로 이궁을 한양에 건설하고자 한 것이다. 그러나 태상왕과 가까운 성석린·조준 등의 반대에 직면하자, 태종은 태상왕의 뜻을 받들어 일국양경을 포기하고 한양 환도를 실행에 옮기기에 이른 것이다.

한양 환도가 결정되자 하륜이 풍수지리설에 기초하여 무악에 도읍을 정할 것을 다시 주장하였다.[25] 이에 태종은 신하들에게 한양과 무악 중에 어느 곳이 도읍이 될 만한 곳인지 논의하게 하였다. 무악을 둘러싼 논의는 풍수지리적 입장에서 길흉이 논의되었는데, 대부분의 논자들은 무악도 풍수적 결함이 있는 곳이며, 풍수적 관점에서 보면 송도가 가장 명당이고, 그 다음이 한양이라는 데 일치하였다.

개경이 풍수적으로 가장 좋은 명당이라는 인식은 고려 말과는 큰 차이가 있다. 송도의 지기(地氣)가 쇠퇴하여 한양으로 옮겨야 한다는 인식이 고려 말의 보편적 풍수 인식이라고 한다면, 개경이어 이후에는 고려 말과는 달리 한양보다는 개경이 낫다는 입장이 일반화된 것이다. 이처럼 한양 정도, 한양 환도 단계에서 풍수설이 지닌 내용은 달랐다. 그러므로 풍수설의 영향력을 이해하려 할 때 고려 말과 태조 단계의 풍수설의 영향력을 지나치게 평가하는 것은 올바른 역사 이

---

24) 『태종실록』 권8, 태종 4년 9월 신해.
25) 『태종실록』 권8, 태종 4년 9월 정사.

해로 보기 어려울 것이다.[26]

　이처럼 풍수지리설은 주장하는 사람이나 당대의 정치적 사정에 따라 입론을 달리하는 것이었기 때문에 한양 환도 과정에서 풍수설은 적극적으로 배척되고 있었다. 태종은 한양 환도가 각종 재이(災異) 때문에 불가하다는 신하들의 반대에 직면하자,

　　간관(諫官)의 소장(疏狀) 안에 '압록강의 물이 얕아졌다'고 말하였는데, 대저 강물이란 얕아지기도 깊어지기도 하는 것이다. 그 강물이 지금 얕아진 것인가? (중략) 여러 번 천변지괴(天變地怪)가 있었다고 하였는데, 천변지괴는 궁실을 경영할 때에 시작된 것이 아니다. 이 두어 가지 조목으로 국문하면 반드시 수창한 자가 있을 것이고, 반드시 붓을 잡고 소를 초 잡은 자가 있을 것이니, 끝까지 추궁하여 아뢰라[27]

라 하여 도참적 풍문에 대해 철저하게 근원을 색출하여 처벌함으로써 민심을 동요시키지 말도록 조치를 취하고 있다. 도참, 풍수설에 대해 유교적 합리주의라는 관점으로 대처하고 있는 것이다. 물론 개경과 한양 두 곳 중에서 한 곳을 도읍으로 정해야 하는 태종으로서는 이와 같은 풍수적 논리를 완전히 무시하기 어려웠을 것이다. 풍수도참설을 적극 배척하면서도 태종은,

　　『음양서(陰陽書)』에 이르기를, '왕씨(王氏) 5백 년 뒤에 이씨(李氏)가

---

26) 이렇게 본다면 吉田光男 교수의 입론은 풍수설의 입장을 과장한 것이며, 이태진 교수는 한양이 새로운 왕조의 수도로서 정립되는 각 단계에 대한 논의는 생략한 채 최종적 결론만을 강조하는 입론이 되는 셈이다.

27) 『태종실록』 권2, 태종 1년 7월 경술.

일어나서 남경으로 옮긴다' 하였는데, 지금 이씨가 흥한 것이 과연
그러하니, 남경으로 옮긴다는 말도 믿지 않을 수 없다[28]

라 하여, 한양 환도의 정당성을 풍수도참설에서 구하기도 했다. 이러
한 태종의 태도는 풍수도참설을 신뢰한 것이 아니라 동요하는 신하
들에게 한양 환도의 정당성을 주장하기 위해 인용한 것에 지나지 않
는 것이다. 신하들의 반대가 거세지자 태종은 최종적으로 박석명·
조준 등 한양 천도를 주장했던 신하들을 대동하고 종묘에서 동전을
던져 길흉을 점치는 척전(擲錢)의 방식으로 한양 환도를 결정하였는
데, 이러한 행위도 동일한 맥락에서 이해될 수 있을 것이다.[29]

태종은 한양 환도 이후에도 참위설에 대해 비판적인 입장을 견지
하고 있었다. 풍수설에 입각하여 무악천도론을 주장했던 하륜에 대
해 태종은 "천도하는 날에, 진산부원군(晉山府院君) 하륜이 심히 장서
(葬書)를 믿어 도읍을 무악으로 정하고자 하였지만, 나만이 믿지 아니
하고 한양으로 도읍을 정하였다"고 하여 한양 환도가 풍수설에 입각
한 것이 아니었음을 밝히고 있다.[30] 태종은 "참위 같은 것은 허탄한
데에서 나오기 때문에 믿을 수 없을 뿐만 아니라 사람들을 속이고 미

---

28) 『태종실록』 권10, 태종 5년 8월 병인.

29) 擲錢으로 점을 친 결과는 松都과 毋岳이 吉1, 凶2, 漢陽이 吉2 凶1이었다. 돈점
을 칠 때 태종을 수행한 신하들의 면면을 보면 이들은 처음부터 한양 환도를 주
장하던 인물이라는 점에 유의할 필요가 있다. 태상왕 이성계가 한양 환도의 의
사를 태종에게 전달하게 한 인물이 박석명이었고, 조준 등은 태종에게 한양 환
도를 주장한 인물이었다. 이 점을 유의한다면 한양 천도가 단순히 돈점으로 결
정되었다기보다는 이미 한양 천도를 결정한 다음, 신료들의 동요를 막기 위해
돈점이라는 수순을 밟은 것이 아닌가라는 생각이 든다. 이러한 견해는 이미 이
태진, 앞의 논문에서도 피력된 바 있다.

30) 『태종실록』 권33, 태종 17년 6월 을유.

혹하게 한다"고 하면서, 서운관에 보관된 모든 참서 등을 불태우도록 명령하였다.31) 나아가 하륜이 참위설에 기초하여 조선의 창업을 칭송하는 보동방(保東方)·수정부(受貞符)라는 두 편의 노래를 지어 바치자, 태종은

> 참문(讖文)과 몽괴(夢怪)는 믿을 것이 못된다. 우리 태조의 창업이 실로 천명과 인심에 기초한 것이니, 비록 금척(金尺)·보록(寶籙)의 이상함이 없더라도 창업하지 못하겠는가. 경 등은 모두 유신(儒臣)인데, 어찌하여 논설하는 것이 여기에 미치는가32)

라 하여 유교적 교양을 가진 신하가 참위설에 기초하여 조선왕조의 개창을 칭송한 것을 비판하였다. 이로써 보면 태종대의 한양 환도의 사상적 배경은 유교적 혁명론과 교통운수의 편리성이라는 유교적 합리주의가 결합하여 이루어진 것임을 알 수 있다.

척전(擲錢)의 방식으로 한양 환도를 결정한 다음, 태종은 한양에 경복궁이 아닌 새로운 궁궐인 창덕궁 건설을 명함으로써 환도 준비를 서둘렀다. 환도는 창덕궁이 완성되기 전에 서둘러 실행되었지만, 태조 당시의 천도과정에 비해 훨씬 체계적으로 이루어졌다. 우선 각 관청의 분사(分司)를 한양에 두어 관원들은 20일 만에 서로 교대로 근무하게 하고, 거처할 곳을 수리하게 하였다.33) 그 후에 상왕인 정종과 대비가 1405년(태종 5) 9월 13일에 한양으로 이주했고, 9월 29일에는

---

31) 위와 같은 조.
32) 『태종실록』 권23, 태종 12년 정월 갑인.
33) 『태종실록』 권10, 태종 5년 8월 신미.

국사(國社)를 한양으로 옮긴 다음, 10월 11일에는 드디어 태종이 한양으로 환도하였다. 이로써 1392년(태조 즉위) 한양 정도, 1394년(태조 3) 한양 천도, 1399년(정종 1) 개경이어, 1405년(태종 5)의 한양 환도의 과정을 겪으면서 한양은 다시 신왕조의 왕도로서 거듭나게 된 것이다.

한편 세종대에 이르면 조선왕조 개창 이념으로서 유교 이념이 확고히 정착되고, 국력도 여유가 있게 됨으로써 한양에 대한 대대적인 정비사업이 본격화되었다. 그동안 중국 사신의 접대용으로만 사용했던 경복궁을 다시 정비하여 세종은 창덕궁보다 경복궁에서 주로 거주하였다.[34] 세종대의 도성 정비는 외형적인 측면만이 아니라 도시의 구조를 유교적 이념에 맞게 정비하는 작업도 병행하였다. 후술하듯이 사직단(社稷壇)을 유교적 원리에 적합하도록 수축하였으며, 도로와 궁성도 제후(諸侯)의 도읍에 맞도록 재조정하는 시도가 행해진다. 이는 과거 개경을 모델로 건설된 도시를 유교적 이념에 맞도록 세련화하는 작업임과 동시에 명나라 천자를 중심으로 한 동아시아 중화체제 속에서 한양을 제후국가의 왕도로 정립하는 과정이기도 했다.

3. 한양의 도시 구조

동양의 도시 구조에서 주목해야 하는 점은 궁궐, 종묘와 사직, 관청과 시장, 도성과 도로망의 건설과정이다. 이들 제 요소들이 어떠한 원리 아래 배치되고 있는가를 살피는 것이 바로 도시 구조의 특징을 보여 주는 점이 될 것이다.

---

34) 서울시사편찬위원회 편, 『서울육백년사』 참조.

한양의 도시 공간은 풍수지리적으로 명당(明堂)의 형국을 지녔다. 한반도의 조종산(祖宗山)인 백두산으로부터 내려온 지맥이 북한산(祖山)에 이어지고, 이 맥이 주산인 북악산으로 연결되었다. 주산의 왼쪽에는 좌청룡인 인왕산(仁旺山)이 있고, 오른쪽에는 우백호인 타락산(駝酪山)이 자리잡았으며, 북악산의 남쪽에는 안산(案山)인 목멱산(木覓山; 남산)이 위치하여 이들 4개 산이 내사산(內四山)을 이루었다. 물의 흐름은 외수(外水)로서 한강이 동에서 서쪽으로 흘러가고, 내수(內水)인 개천(開川; 淸溪川)이 서쪽에서 동쪽으로 흘러들어 명당수(明堂水)를 이루었다. 서울의 핵심 도시 공간은 내사산 사이에 자리한 넓은 공간이었다.

이러한 공간 속에 한양이라는 도시가 건설되었는데, 천도 초기 한양의 도시 구조는 배산임수(背山臨水)라는 전통적 풍수지리 원리와 함께 『주례(周禮)』「고공기(考工記)」의 면조후시(面朝後市) 좌묘우사(左廟右社)라는 원칙에 따라 건설되었다. 그러나 한양이 구체적으로 어떤 도시를 모델로 건설되었는지에 대해서는 원(元)의 대도(大都; 오늘날의 북경)였을 것이라는 추정이 있을 뿐,[35] 제대로 밝혀진 바가 없다.

한양은 앞서 언급했듯이 태조의 한양 천도, 태종의 한양 환도, 그리고 세종의 도시정비 단계를 거쳐 도시 모습을 완성시켜 나간 도시였다. 그러므로 각 단계마다 건설의 원리와 모델이 동일하지 않을 수도 있기 때문에 한양의 모델을 추정하는 데서도 이러한 사정을 적극 고려해야 한다.

태조의 한양 건설은 궁궐·종묘·사직·시장·도로의 터를 우선 정하고, 권중화(權仲和) 등에게 이들 건물이 들어설 상세도면을 작성하게 한 다음, 이를 기초로 건설공사에 착수하였다. 그런 측면에서

---

35) 吉田光男, 1999 앞의 논문 참조.

초기 한양의 건설은 철저한 계획 아래 이루어졌다.

궁궐은 고려조 충숙왕이 경영했던 궁궐터가 너무 좁기 때문에 이 궁궐터의 남쪽에 위치한 주산인 북악산 아래에 정하였으며, 좌묘우사의 원리에 따라 궁궐의 왼쪽에 종묘, 오른쪽에 사직을 배치하였다. 종묘와 사직의 건설은 대체로 고려왕조의 체제를 그대로 모방하여 건설되었다. 조선왕조실록의 기사에 따르면 종묘의 위치는 임좌병향(壬坐丙向)의 자리라고 기록되어 있다.[36]

사직단은 사단(社壇)을 동쪽에, 직단(稷壇)을 서쪽에 짓고, 사단에는 국사신(國社神)과 함께 후토신(后土神)의 신위를 봉안하고 직단에는 국직신과 함께 후직신의 신위를 봉안하였으며 주위는 토담으로 둘러쌓았다. 태조대에는 그 설비가 비교적 소략하였으나, 태종대 환도 이후인 1414년(태종 14) 4월에는 토담 밖으로 다시 넓게 외장을 쌓아서 그 안에 의장(儀仗)·금위병(禁衛兵) 등이 배열할 수 있게 하였다. 이때 전범이 된 것은 중국 송나라 의례국(儀禮局)에서 편찬한 『오례신의(五禮新義)』였다.[37] 송제(宋制)를 모방한 것으로 보아 고려 때의 구조보다

---

36) 실록의 기록과 달리 오늘날 종묘의 좌향은 정남향에서 약 20도 정도 서쪽으로 기울어져 있다. 본래 임좌병향은 정남에서 동으로 15도 기울어진 곳까지를 말하는데, 현재 종묘는 임좌병향이 아니라 子坐午向 또는 癸坐未向이다. 이에 대해서 김동욱 교수는 임란 이후 종묘재건 당시 변경되었을 가능성이 있지만, 종묘재건 당시 구제도를 따르라는 선조의 명을 상기하고 종묘정전 서쪽에 영녕전이 있다는 점 등 지형 조건을 고려할 때 재건시 좌향을 바꾸지는 않았을 것으로 추정하고 있다. 즉 종묘는 창건 때부터 임좌병향이 아닌 현재와 같은 좌향이었다고 보는 것이다. 그럼에도 실록에서 임좌병향이라고 한 것은 중국적 이념과 우리나라 토착의 현실과의 차이를 드러내는 것으로서, 이념적으로 고대중국에서 북좌남향을 상징하는 임좌병향이라는 개념을 수용하였지만 현실적 지형조건 때문에 이를 적절하게 변형시켜 현실에 적용시켰던 것으로 해석하고 있다. 이러한 종묘의 좌향에 대한 논의는 김동욱, 1990 『종묘와 사직』, 대원사, 34쪽 참조.

37) 『태종실록』 권27, 태종 14년 4월 경신.

는 유교적 원리에 더 충실하고자 한 의도가 엿보인다. 그리고 1432년 (세종 14) 1월에는 송나라 제도를 본받은 사직단의 구조가 역대 중국 문헌에 보이는 제도와 다른 점이 많다는 이유로 다시 고쳤다. 이때 모델이 된 것은 명 초기에 편찬된『홍무예제(洪武禮制)』였다.[38] 세종 대에 이르러 명나라의 모델을 기초로 사직단이 새로 수축된 것이다.

이와 관련하여 한 가지 사실을 더 소개하기로 하자. 1395년(태조 4) 11월 종묘와 사직이 완성된 이후 종묘·사직 등 제례에 사용하는 악 장(樂章)은 구제(舊制)를 폐지하고 새로 지어 사용하게 했다는 기록이 보인다.[39] 이 기록은 종묘, 사직의 외형적 모델은 고려의 모델을 따 랐으나 악제는 고려 때의 것을 폐기하고 새로운 조선적 악장으로 연 주했음을 보여 주는 것이다. 이렇게 본다면 태조 때의 사직단은 고려 시기의 모델을 그대로 답습한 것으로 이해되며, 태종 때 사직단 모델 은 송나라, 세종 때의 모델은 명나라를 모델로 하여 수축된 것으로 이해될 수 있을 것이다.

도성은 내사산을 연결하는 능선을 연결하여 쌓았기 때문에 장방형 과 같은 정형(定形)을 띠지 않게 되었다. 성문은 사대문과 사소문을 건설하였다. 태조 때 도성 축조 공사는 총 4차에 걸쳐 진행되었다. 1 차 공사는 한양 천도 후 다음해 봄까지 동대문 부근을 완성하지 못한 채 공사가 완료되었으며, 2차 공사는 1396년(태조 5) 정월부터 2월말까 지 49일 동안 민정(民丁) 118,070명을 동원하여 산 윗부분 19,200척은 석성으로 축조하였고, 낮은 언덕과 평평한 곳 43,000척은 토성으로 쌓았다. 3차 공사는 같은 해 8, 9월에 역부(役夫) 79,400명을 동원하여

---

38)『세종실록』권57, 세종 15년 7월 신사.
39)『태조실록』권8, 태조 4년 11월 병자.

진행되었고, 4차 공사는 1398년(태조 7) 2월에 진행되어 성곽의 문루까지 완성되었다. 성곽의 문루가 완성된 직후에 왕자의 난이 발생하여 바로 개경으로 이어함으로써 완성된 도성은 제대로 기능을 발휘하지 못하였다.

태종 때 환도 이후 도성에 대한 정비는 미루어졌다가 세종 때에 이르러 전면적인 개수공사가 진행되었다. 1421년(세종 3) 10월에서 12월까지 42일 동안 진행된 이 공사는 전국에서 332,460명의 민정(民丁)과 석수와 목공 및 철공 등의 장인 2,211명을 동원하여 이루어졌다. 태조 때의 신축공사보다 대규모 공사로서, 도성을 완전히 석성으로 개수한 공사였다. 여색(女墻)도 이때 갖추어졌으나, 옹성과 장대 등의 시설이 갖추어지지 못함으로써 한양 도성은 완벽한 방어시설로서 기능하기에 결함이 있었다.[40]

관청은 면조후시(面朝後市)의 원리에 따라 궁궐 앞에 배치하였다. 그러나 시장은 궁성의 북쪽에 위치해야 하나 풍수적 원리에 의해 궁성이 주산인 북악산 앞에 자리했으므로 궁궐 전면에서 약간 동쪽으로 비켜간 곳에 시장을 건설하였다. 시전 행랑은 태조의 천도 단계인 1399년(정종 1), 즉 정종이 즉위하여 개경으로 이어하기 직전에 종루를 중심으로 한 지역에 총 800여 칸으로 건설되었다.[41] 그러나 개경으로 이어한 이후 황폐화되었다가, 태종이 환도한 지 7년 만인 1412년(태종 12) 2월 이후 3차에 걸쳐 총 2,027간 규모로 확대되었다.[42] 이때 건설된 행랑 중에 운종가—종묘 앞의 누문(樓門) 구간과, 종루—광통

---

40) 오종록, 앞의 논문 참조.

41) 『東國輿地備攷』 권2, 漢城府, 市廛.

42) 『世宗實錄地理志』 京都 漢城府; 박평식, 1999 『조선 전기 상업사연구』, 지식산업사.

교 구간 즉 오늘날의 종로 1가—종묘 앞 구간과, 종각—광교 구간이 시전 전용 행랑으로 사용되었고, 1472년(성종 3)에는 일영대—연지동 석교(石橋) 구간에 위치한 행랑이 시전용으로 확대 사용되었다. 시전 행랑에는 중국의 예에 따라 표를 세워 시명(市名)과 판매 물종을 표시하였다.[43]

관청과 주택의 건설은 이미 확정된 설계도면에 기초하여 1394년(태조 3) 11월 3일부터 공작국(工作局)을 통해 이루어졌다. 그 이듬해인 1395년(태조 4) 1월에는 관품에 따라 1품은 35부, 2품은 30부, 3품은 25부, 4품은 20부, 5품은 15부, 6품은 10부, 7품은 8부, 8품은 6부, 9품은 4부, 서인에게는 2부의 대지를 지급하여 주택을 짓게 하였다.[44] 이로써 한양은 종묘와 궁궐, 관청과 민간주택이 건설됨으로써 도시로서의 외양을 제대로 갖추게 되었다.

도로 구획은 천도 이듬해인 1394년(태조 4) 4월에 완성되었다.[45] 이때 조정에서는 한양부를 한성부로 고치고 도성의 공간을 5부 52방으로 구획하였다. 방의 구획 기준이 도로라는 점을 염두에 두면, 도로의 건설도 상당 부분 진척된 것으로 보인다. 이때 건설된 도로는 성내의 큰 길 외에 여리(閭里)의 좁은 길도 수레가 출입하는 데 편하도록 모두 평평하고 곧게 개설되었다고 평가되고 있다.[46] 이 평가는 1407년(태종 7)에 불과 13년 전의 일을 평가한 것이어서 어느 정도 사실에 근거한 평가라고 믿을 수밖에 없는 것이지만, 실제 동네의 좁은 길까지 모두 격자형(格子型) 도로로 건설되었는지는 의문이다.

---

43) 『세종실록』 권7, 세종 2년 윤정월 무술.
44) 『태조실록』 권7, 태조 4년 정월 기유.
45) 『태조실록』 권7, 태조 7년 4월 갑진.
46) 『태종실록』 권13, 태종 7년 4월 갑진.

  1407년(태종 7)의 평가는 실제의 도로사정을 보고 평가한 것이라기 보다는 1395년(태조 4) 당시에 구획된 도로계획도면을 보고 평가한 것이 아닌가 추측된다. 왜냐하면 동아시아 도성의 일반적 도로 형태가 격자형 도로였기 때문에, 한양의 도로계획은 격자형 도로였다고 추정하는 것이 타당할 것이기 때문이다. 다만 도로 구획이 설계된 것처럼 실제 건설되었는지는 불확실하다. 오늘날 남아있는 도로 형태로 미루어 볼 때, 대로를 제외하고는 격자형 도로의 흔적을 발견할 수 없다. 이 점을 고려한다면, 태조 당시에는 모든 도로망이 완성된 것은 아니었고, 대로 중심의 간선도로망만이 완성된 것이라고 추측된다.[47) 당시에도 일부 지역은 도로가 좁아서 큰 돌을 운반하다가 민가의 울타리를 훼손하는 사태가 벌어질 정도였다.[48]

  1395년(태조 4)에는 경복궁 앞의 육조거리, 육조거리와 동대문 및 서대문을 연결하는 대로, 그리고 종각에서 남대문으로 연결하는 도로가 대로로 건설되었다. 아직까지는 중로(中路)·소로(小路)에 대한 도로폭 규정과 도로 개설은 확정되지 않았다. 후술하듯이 이에 대한 자세한 규정은 태종조에 확정되고, 세종조에 규정에 맞게 개설된다.

  태조대의 한양 건설은 일반적 도시 건설 과정에서 보이는 위치 선정—도시 설계—도시 건설—도시 입주(遷都)의 순서가 아니라 건설과 천도가 뒤바뀐 상태에서 이루어졌다. 그만큼 매우 급하게 천도가 이루어진 셈이다. 그러므로 궁궐과 종묘, 사직, 제천시설인 원구단, 도성과 관청 건물은 대체로 고려 개경의 양식을 계승하여 건설되었다고 여겨진다. 이 시기 한양 건설의 모델은 고려의 수도인 개경이었던

---

47) 손정목, 앞의 책 337쪽 참조.
48) 『태조실록』 권10, 태조 5년 8월 임인.

것이다.

정종대 개경이어로 한양의 도시 시설은 황폐화되었다. 이러한 한양의 도시 시설은 태종의 한양 재천도로 다시금 정비되기 시작하였다. 태종은 환도하면서 태조 때 건설되었던 경복궁 대신 창덕궁을 새로 건설하였다. 창덕궁의 터는 명당혈(明堂穴)인 경복궁 터와 달리 풍수가들의 조언을 듣지 않고 태종이 환도 이전 제사를 지내기 위해 종묘를 방문했을 때 종묘 뒤쪽 향교동(鄕校洞) 동쪽에 빈터가 넓은 것을 보고 정한 것이다.[49] 창덕궁은 이궁(離宮)으로 건설되긴 했지만, 태종이 주로 거주했기 때문에 법궁으로서 기능하였다.[50] 창덕궁과 함께 이주하는 관원들의 집을 짓는 공사가 대규모로 진행되었다.[51] 1406년(태종 6)에는 공경(公卿) 이하가 정릉 주변에 집터를 마련하여 집 짓는 공사를 다투어 진행하였다.[52]

세종대에는 한양의 인구가 크게 증가하였다. 한양의 호구 수는 환도한 지 4년이 지난 1409년(태종 9)에는 11,056호였지만, 1428년(세종 10)에는 18,522호나 되었다.[53] 19년 만에 호수가 67.5% 늘어난 것이다. 인구가 증가하면서 도성 안은 민가가 빽빽하게 들어차, 어린아이들이 자신의 집을 나서서 두서너 집만 지나면 자기 집을 찾아올 수 없을 정도였다.[54] 그러므로 집터를 분급 받지 못한 사람들 사이에서 분

---

49) 태종이 창덕궁을 건설하면서 풍수지리적 논리에 의존하지 않았다는 점은 환도때 풍수설을 배척하는 것과 일맥상통하는 점이다. 이처럼 창덕궁 터가 풍수적으로 불완전했기 때문에 세종 15년(1433) 7월에는 風水家 崔揚善 등은 창덕궁을 都城의 주맥인 북부 양덕방의 承文院 터로 옮겨 지어야 한다고 주장하기도 했다.

50) 홍순민, 1999 『우리 궁궐 이야기』, 청년사.

51) 『태종실록』 권11, 태종 6년 5월 신묘.

52) 위와 같은 조.

53) 『增補文獻備考』 戶口.

쟁이 그치지 않았으며, 집들이 연이어져 있어서 한 번의 화재로 2,000여 채의 가옥이 불타기도 하였다.[55]

이처럼 도성 안에 대지가 부족했으므로 태조의 천도단계에 규정된 토지분급규모 또한 축소되지 않으면 안 되었다. 축소된 대지규모는 『경국대전』에 명문화되었는데, 이를 1395년(태조 4)의 대지 분급 규모와 비교하면 다음의 〈표 2-1〉과 같다.

〈표 2-1〉 한양 주민에 대한 대지분급규모의 변화

관품	1395년 (태조 4년)	경국대전	관품	1395년 (태조 4년)	경국대전
大君·公主		35負	5품 6품	15負 10負	8負
王子君·翁主		25負	7품 8품 9품	8負 6負 4負	4負
1품 2품	35負 30負	15負	有蔭子孫		4負
3품 4품	25負 20負	10負	庶人	2負	2負

전거:『태조실록』권 7, 태조 4년 정월 기유, 1-74.;『經國大典』戶典, 給造家地

〈표 2-1〉에서 확인할 수 있듯이 천도 단계에 비해 태종의 환도 또는 도시정비가 본격화된 세종 때 분급되는 대지 규모는 대체로 절반으로 줄었다.[56] 도성 안에 대지가 부족하자 조정에서는 도성 밖에서 대지를 구할 수밖에 없었다. 그러므로 태종 연간에 이미 남대문 밖에

---

54)『세종실록』권69, 세종 17년 9월 경오.

55)『세종실록』권31, 세종 8년 3월 기유.

56)『경국대전』호전은 세조 6년에 撰進되었기 때문에 이 給造家地 규정은 세조 이전인 세종 때 또는 태종의 한양 환도 때 대지를 분급한 사정을 전하는 것이라고 판단된다.

반석방(盤石坊)·반송방(盤松坊)을 두어 서부에 편입시켰으며,57) 세종 6년에는 동대문 밖과 수구문(水口門) 밖의 개천(開川) 하류 이북의 땅을 동부에 부속시켜 숭신방(崇信坊)과 창인방(昌仁坊)을 두었고, 개천 하류 이남을 남부에 부속시켜 예성방(禮盛坊)과 성신방(誠身坊)을 두었다.58)

이처럼 밀집된 주택들은 기와가 아니라 초가로 지어진 것이 대부분이었다. 그러므로 화재에 매우 취약했다. 1429년(세종 11) 9월 좌사간 유맹문(柳孟聞)은

우리 도성은 땅은 좁고 인구는 조밀하여, 집이 연접되고 담장이 서로 이어져 있는데, 초가가 열에 일고여덟은 됩니다. 한 번 화재가 나면 백여 호가 한꺼번에 연소(連燒)됩니다. 기와를 굽는 가마가 있긴 하지만 기와 가격이 비싸 가난하고 궁핍한 자들은 살 수 없기 때문에 우선 화재를 당한 집에 기와를 무료로 우선 공급하고, 여분이 있을 때는 초가집에 나누어 주면 3, 4년 안에 도성 안의 모든 집은 기와집으로 바뀔 것입니다59)

라고 주장하였다. 이러한 주장은 구체화되어 서민들에게 기와를 공급할 목적으로 별요(別窯) 3곳이 신설되었다.60) 별요에 의한 기와 공급정책은 성과를 거두어 1454년(단종 2)에는 도성 안에 대부분 집들이 기와집으로 변했다. 더 이상 기와를 공급할 필요성이 사라졌기 때문에 별요는 문을 닫았다.61)

---

57) 『태종실록』 권30, 태종 15년 9월 을묘.
58) 『세종실록』 권26, 세종 6년 4월 을유.
59) 『세종실록』 권45, 세종 11년 9월 계유.
60) 『세종실록』 권60, 세종 15년 5월 갑자.

도성 안 대부분이 시장과 궁궐, 민간 주거지로 채워지자, 도성 안 대지의 상품화도 진전되었다. 민간주택지는 조정에서 분급된 것이었지만, 그 소유권은 민간에게 귀속되어 임의대로 매매될 수 있었다. 특히 도시화가 진전되면서 도성 안에 위치한 대지라고 해도 대지가 위치한 장소에 따라 대지가격도 차별화되었다. 예컨대 1464년(세조 10) 도성의 중심에 원각사(오늘날의 탑골공원 지역)를 창건하기 위해 민간의 주거지를 수용하면서 조정에서는 이 지역의 대지 1속(束)당 정포(正布) 3필을 보상가로 지급하였다. 원각사 주변 대지에 대한 보상가는 다른 지역의 대지에 비해 3배에 달하는 것이었다.[62] 이 지역은 상업 중심지인 시전의 요지였기 때문에 다른 곳에 비해 비싼 것이다.

도성 안의 도로망도 환도 직후인 1405년(태종 5)에 대대적인 정비가 이루어졌다.[63] 도로가 정비된 뒤 1407년(태종 7)에는 태조 때와 마찬가지로 다시 방의 이름과 다리의 이름, 거리의 이름을 정하도록 하였다.[64] 태종 환도 후에 창덕궁이 건설되었기 때문에 도성 안의 대로도 신설되었다. 경복궁 앞의 대로와 아울러 창덕궁에서 운종가를 연결하는 도로도 왕이 다니는 길이기 때문에 대로로 건설되었다. 그러므로 도성 안의 대로는 경복궁·창덕궁에서 남쪽으로 뻗은 도로, 동대문과 경희궁을 연결하는 대로, 그리고 경복궁·창덕궁에서 뻗어나온 두 도로의 중간 지점에 종루를 설치하고 이 종루에서 다시 남대문을 연결하는 대로로 구성되어 대로망은 요(凹) 자와 정(丁) 자를 결합한 모습을 하게 된 것이다.

---

61) 『단종실록』 권10, 단종 2년 3월 신유.
62) 『세종실록』 권33, 세조 10년 6월 정유.
63) 『세종실록』 권87, 세종 21년 10월 신사.
64) 『태종실록』 권13, 태종 7년 4월 갑진.

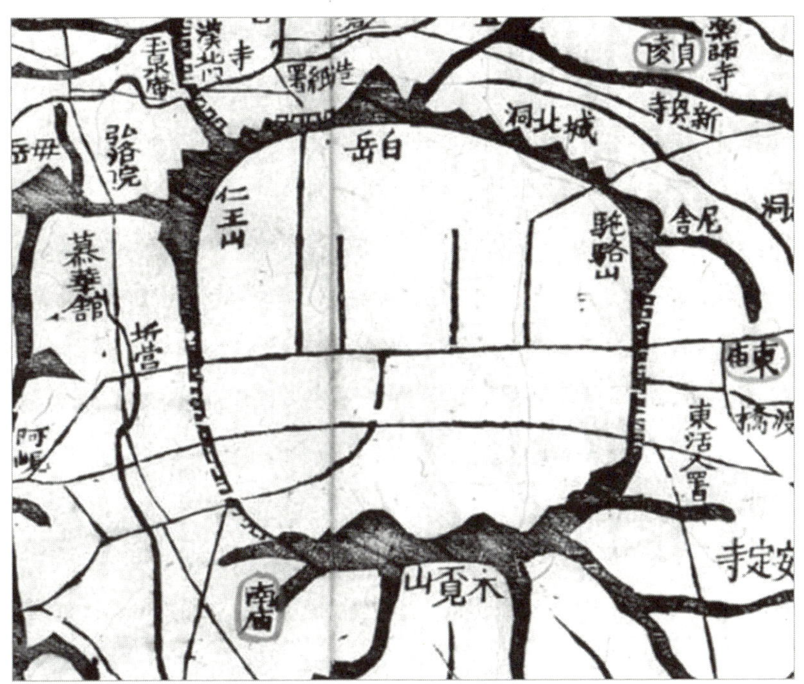

〈그림 2-1〉 『대동여지도』「경조오부」 부분

　이와 같은 도성 안 대로의 모습은 비록 19세기에 제작된 것이지만 다음의 〈그림 2-1〉 김정호의 『대동여지도』「경조오부(京兆五部)」에 잘 나타난다.

　그동안 조선시대 서울의 대로는 현재 남아있는 도로망을 기초로 하여 동대문과 경희궁을 연결하는 종로와 종각에서 숭례문을 연결하는 정(T)자형 도로로 이해되고 있다. 그러나 창덕궁에서 종로를 연결하는 도로도 엄연히 어로(御路)라는 점에서 대로로 이해되어야 한다. 이러한 인식을 그대로 드러낸 것이 바로 〈그림 2-1〉에 그려진 도성 안의 대로망인 것이다.

　태종대 도성 안 도로 폭은 어떻게 설정되었을까. 원래 『주례』에 따르면 천자(天子) 도읍의 노폭은 아홉 대의 수레가 동시에 다닐 수 있는 너비인 구궤(九軌), 제후의 도읍은 칠궤(七軌)의 노폭을 가진다고 규정되어 있다. 이때 노폭 규정을 보면 한양 도읍의 위상을 확인할 수 있을 것이다. 태종대의 논의를 보면, 태조의 도성 건설 당시에 이미 구궤·칠궤의 설이 있었다고 했는데, 어느 쪽을 기준으로 도로가 건설되었는지 불확실하다.[65] 중로(中路)와 소로(小路)에 대한 자세한 규정은 1415년(태종 15) 8월 7일에 내려진 수교(受敎)에 의해 규정되었다. 이에 의하면

『주례』 동관(冬官) 장인조(匠人條)에 근거하여 천자의 도읍은 남북으로 구궤, 제후는 남북으로 칠궤, 도성을 두르는 길은 오궤, 도성 밖에서는 삼궤의 길을 건설한다. (지금 한성의) 대로는 칠궤를 수용할 수 있는 너비다. 도성 안의 중로와 소로는 삼궤의 법에 따라, 중로는 이궤로, 소로는 일궤로 하되, 그 양쪽가의 도랑은 계산에 넣지 않는다[66]

고 하여 도성 안의 대로·중로·소로의 폭이 결정되었다.

이와 같은 도로 폭은 『경국대전』에 대로 56척, 중로 16척, 소로 11척으로 반영되었다.[67] 대로 56척의 근거는 제후의 7궤를 따른 것이고, 중로 16척은 2궤를 따른 것이다. 수레 한대가 다닐 수 있는 1궤의 너비를 8척으로 환산한 셈이다. 소로는 1궤가 통과하고도 양쪽에 한

---

65) 『태종실록』 권30, 태종 15년 8월 신미.
66) 『세종실록』 권32, 세종 8년 4월 무진.
67) 『경국대전』 工典, 橋路. 한편 17세기 후반에 쓰여진 『磻溪隨錄』에는 都城內路: 大路 36步(2步), 中路 18步, 小路 9步(1步) 로 규정되어 있다(괄호안은 溝渠 넓이).

두 사람이 통행할 수 있게 11척으로 정했다. 여기서 보면 태조 때 건설된 대로는 칠궤의 도로 폭을 충분히 수용할 수 있는 것으로 표현되고 있다. 이러한 사실과 오늘날 광화문 앞의 육조거리의 도로 폭을 통해 추측해 보면, 태조 때 건설된 대로는 구궤의 폭으로 건설되었다고 봐야 할 것이다. 앞서 『태종실록』의 찬자(撰者)들이 태조 때 건설된 도로 폭에 대해 구궤·칠궤설이 있었다는 수준으로 태조 때의 대로 폭을 얼버무린 것은 한양이 『주례』에 어긋나게 태조 때 천자의 도읍 규모로 건설되었기 때문이었을 것이다.

반면 환도 이후 건설된 창덕궁 앞의 도로는 대로였지만, 경복궁 앞 도로보다 폭이 좁은 칠궤의 폭으로 건설되었다. 태조 때 건설된 대로와 규모면에서 차이가 나게 된 것이다. 동일한 대로이면서 노폭의 차이가 발생한 것은 태조 때와 태종 때 도시 건설의 모델이 달랐기 때문이라고 생각된다. 태조 천도 단계의 한양은 개경을 모델로 하여 건설된 것으로 보이는데, 고려시기 개경은 제후의 도읍이 아닌 황도(皇都)의 위상을 지닌 도읍이었기 때문이다.[68] 반면 태종 환도 때 한양은 『주례』의 원리에 충실하게 제후의 도읍을 모델로 삼아 건설되었음을 확인할 수 있다.[69]

환도 이후 대지의 부족 문제로 인해 많은 주택들이 도로를 침범하여 건설되었다. 그러므로 1407년(태종 7)부터 도로 정비의 필요성이 제기되었다.[70] 그러나 많은 민가들을 헐어야 하는 부담 때문에 태종 때

---

68) 박용운, 1996 『고려시대 개경연구』, 일지사.

69) 『서울육백년사』에는 태종 환도시에 태조 때 건설된 大路를 그대로 계승했다고 파악하고 있지만, 기왕에 건설된 도로는 그대로 이용한 것에 불과하다. 새로 개설된 도로는 제후도시에 맞는 도로 폭을 지니고 있었다.

70) 『태종실록』 권13, 태종 7년 4월 갑진.

에는 전면적으로 시행되지 못하였다. 이 문제는 1426년(세종 8)에 이르러 비로소 해결될 수 있었다. 그 계기는 이 해 2월 15일과 16일 양일간에 도성 안에 큰 불이 나서 경시서(京市署)·전옥서(典獄署)와 행랑 175간을 비롯하여 중부·남부·동부에 걸쳐 서울 안의 2400여 호의 민가가 불탄 사건이었다. 조정에서는 도성 내 방화 대책의 하나로 도로망의 확보 및 기존 도로망의 정비를 서둘렀다.

도로 폭에 대한 규정은 1415년(태종 15)에 마련되었지만, 실제로 이 규격에 따라 도로가 정비된 것은 그보다 10여 년이 지난 후였다. 1428년(세종 10) 윤4월에는 금화도감(禁火都監)이 많은 인가를 헐어 도로를 개설하였다. 이때 헐린 민가가 만여 채에 달할 정도로 대규모 도로정비와 개설사업이 이루어졌다.[71]

도성 안의 대표적인 중로는 돈화문에서 종로 3가의 궁궐길, 이화방 1, 2계의 경계 즉 종로4가에서 종묘를 서쪽으로 끼고 내려가다가 다시 창경궁을 끼고 북상하여 혜화문에 이르는 길(오늘날 서울대 의대와 창경원 사잇길), 구리재길(을지로 입구에서 광희문), 남산 아래 진고개길(오늘의 충무로 신세계백화점 앞에서 광희문), 사직단 입구에서 세종로를 건너 중학동을 거쳐 청진동에 이르는 길, 소공동 입구에서 서소문에 이르는 길 등이었다.[72] 이러한 과정을 거쳐 마침내 세종 때에 이르러 전체적인 도로 체계가 확립되었던 것이다.

한양의 도시 위상을 상징적으로 보여 주는 것은 제천의식이 거행되는 원구단과 제천의례에 대한 대응이었다. 원구단은 태조 때 건설되었는데, 고려의 제도를 따라 천황대제(天皇大帝)와 오방오제(五方五帝:

---

71) 『세종실록』 권38, 세종 9년 11월 신축.
72) 손정목, 앞의 책, 332-342쪽 참조.

청·황·적·백·흑제)의 신위를 봉안하였다. 고려왕조에서는 왕이 직접 원구단에서 제사를 지내고, 천제 옆에는 건국 태조를 봉안하였다. 조선왕조 건국 이후에도 태조는 직접 제사를 행했지만, 태종 때에는 유신(儒臣)들이 명나라에 대한 사대주의적 관념에서 제천(祭天)은 천자가 행하는 일로서 제후인 국왕이 거행하는 것은 예의가 아니라는 의견 때문에 직접 제사를 지내지 못하는 경우도 있었다. 사대명분론에 기초한 제천의례 폐지론은 세종대에 일반화되어 결국 원구단의 제사가 완전 폐지되기에 이른다.73)

이상에서 보듯이 한양의 도시 모델은 3단계를 거쳐 변하였다. 태조의 한양은 고려의 수도인 개경이 모델이었고, 태종의 한양은 개경을 모방한 황도(皇都)를 『주례』에 입각한 제후도시로 변화시킬 수 있는 원칙을 확립하고, 이를 시행하기 시작한 단계였다. 제후도시로 전환하는 과도기적 위치라고 볼 수 있다. 세종대의 한양 정비는 한양을 중화체제 내의 제후도시로 재정립하는 과정이었다. 한양이 제후도시로 위상을 정립하면서 태종대까지 행해졌던 제천의식도 폐지되었던 것이다.

---

73) 서울시사편찬위원회, 1977 『서울육백년사』 참조. 원구단의 제천의례가 다시 재개된 것은 세조 2년(1456)이었다. 세조는 황폐화된 원구단을 새로 쌓게 하고 직접 제천의례를 드렸을 뿐만 아니라 원구단의 제사를 주관하는 관서로 圜丘署를 설치하였다. 그러나 세조 때 일시 부활된 조선 독자의 제천의식은 성종 때 다시 폐지되어 이후 대한제국 성립으로 稱帝建元할 때까지 복구되지 못하였다.

4. 한양 주민의 성격

한국사에서 수도는 단순한 행정도시가 아니라 지배집단의 거주지라는 특성을 지녔다. 수도 주민의 편성 방식은 특정한 정치적 조건하에 이루어지는 것이 일반적이다. 신라와 고구려의 도성이 형식적으로 부방제(部坊制)로 구획되었지만, 실제는 유력 부족의 거주지를 원형으로 삼았으며, 신라의 경우 관계(官階)를 경위(京位)와 외위(外位)로 구분하여 왕경인(王京人)에 의한 독점적 지배체제를 형성하였다. 고려의 중앙귀족층도 개경을 중심으로 관직의 세습과 수조권 분급을 통해 토지와 인민을 사적으로 지배한, 순수관료라기보다는 개경이라는 수도를 영역적 기반으로 가진 지배층이었다. 이러한 사례들은 국가의 기본 체제와 수도 주민의 구성원리가 직접적인 관련이 있음을 보여 주는 것이다.[74]

이와 같은 수도 주민의 특성이 새로운 왕조의 수도로 건설된 한양에는 어떻게 적용되고 있었을까. 1394년(태조 3)의 천도 당시에는 각 관청마다 관원 2명씩만 머물게 하고 분도평의사사(分都評議使司)를 두고 개경의 사무들을 처리토록 하였다.[75] 새로운 왕조에 협조했던 개경의 모든 주민이 한양 천도 행렬에 참여하였다. 개경에서 한양으로 이주한 사람에 대해서는 대지(垈地)를 분급하여 주택을 짓게 하였다. 신도 한양에는 개경에서 이주한 사람들이 거주했고, 원래 한양에 거주하던 주민들은 양주군으로 강제 이주되었다.[76] 다만 한양에 원래

---

74) 임용한, 1994 「조선 초기 한성부의 기능강화와 주민재편 작업」, 『서울학연구』3, 198~199쪽.

75) 『태조실록』 권6, 태조 3년 10월 신묘.

76) 『태조실록』 권6, 태조 4년 6월 무진.

거주하던 품관(品官)들에게는 집터를 분급하여 한양에 거주하도록 조처하였다.77)

구왕조의 수도인 개경을 버리고 새로운 도읍을 건설한 이유 중의 하나가 개경에 구왕조의 지지자들이 여전히 많다는 점 때문이라고 한다면, 한양에 이주한 자들은 대부분 새로운 왕조의 지지자들이었을 것이다. 특히 경기 지역 내에만 설치되고 또 현직 관료에 한해 지급하는 것을 골자로 한 과전법(科田法)이 고려 말 문란한 토지제도의 개혁 차원뿐만 아니라 새로운 왕조에 협조적인 세력들의 경제적 기반을 확보하기 위한 조치로서 고려 말 조준과 이성계 등 역성혁명 세력에 의해 강력히 추진되었는데, 천도 당시 개경 주민의 한양 강제이주 정책도 이와 동일한 맥락에서 이해될 수 있을 것이다.

많은 신하들의 반대와 아직 도시 기반시설이 완공되지 않았음에도 불구하고 태조가 서둘러 천도를 감행한 것은 구왕조의 지배세력이 그대로 남아있는 개경의 경제기반을 약화시키고, 새로운 왕조의 지지자들로 구성된 도시를 건설함으로써 새 왕조의 권력기반을 극대화하기 위한 조치였다. 그러므로 새로운 왕조의 도읍에는 신왕조에 대한 협력 여부를 따져 입주시켰을 것이다.

주지하듯이, 조선왕조는 재지사족층인 사대부들에 의해 건국되었다. 이들은 개경을 근거지로 삼은 고려의 중앙귀족층과는 수도 서울을 운영하는 입장이 크게 달랐다. 역성혁명파는 개경에 있는 고려의 중앙귀족들의 영향력을 축소시키고, 자신과 동류인 재지사족을 한양에 흡수하는 정책을 펼쳤다. 즉 첨설직(添設職)과 향리 정비를 통해 구세력을 제거하고, 천거제·숙위제(宿衛制) 등을 통해 재지사족을 상경

---

77) 『태조실록』 권12, 태조 6년 11월 무오.

시켜 과전(科田)을 지급하고, 서울 주민으로 거주하게 한 것이다. 본격적인 것이 바로 수전품관(受田品官)의 숙위제도였다.[78] 이는 기존세력의 반대와 한양 천도의 지연으로 제대로 시행될 수 없었지만, 이러한 시도들은 새로운 왕조의 수도로 건설된 한양 주민을 신왕조에 협조적인 세력을 중심으로 재편하려는 조치였던 것이다.

이와 같은 정황에 기초하여 정도(定都) 초기 한양 주민을 평가한다면, 한양 주민들은 일반 민(民)과는 달리 신왕조와 특수한 관계를 맺은 사람들이었다고 볼 수 있다. 그러나 이들은 정종 때 개경으로 다시 돌아갔다. 개경으로 돌아간다는 소식을 듣고 한양 주민들은 서로 기뻐하여 손에 손을 잡고 이고지고 개경으로 돌아가는 길에 합류하고 있었고, 조정에서는 주민의 개경 이주를 막기 위해 성문을 지키기도 하였다.[79] 정종의 개경이어는 신왕조에 협조적인 주민들로 구성되었던 한양 주민의 성격에 변화를 초래하였다.

태종의 한양 환도 때에도 태조 때와 마찬가지로 개경의 주민들을 한양으로 이주시켰다. 그러나 태조 때와 달리 한양에 거주하던 사람을 소개시키는 조치도 없었으며, 개경의 주민들에게도 강제적인 이주방식을 채택하지는 않은 것으로 보인다. 물론 관원과 그 가족들은 강제 이주시켰으나, 상인이나 서민들은 강제성을 부여하기보다는 적극적인 유인책을 통해 한양 이주를 촉진하였다. 이를 위해 태종은 개경의 시장을 금지하였다.[80] 대부분의 개경 주민들은 시장을 통해 생필품을 구매해야 하는 도시민이었기 때문에 이들은 일상생활을 영위

---

78) 임용한, 1994 앞의 논문, 230쪽 참조.
79) 『정종실록』 권1, 정종 원년 2월 정묘.
80) 『태종실록』 권17, 태종 9년 3월 병오.

하기 위해서도 시장이 열리는 한양으로 이주하지 않으면 안 되었다. 개경의 시장금지 정책은 한양 환도가 이루어진 이후에도 5년간 더 지속되다가 1409년(태종 9)에 이르러 개경 인구가 날로 줄고, 도시가 점차 황폐화될 지경에 이르자 비로소 시장개설을 허가하였다. 5년간 의 개경의 시장금지 정책은 한양에 인구를 유인하는 데 상당한 성과 를 거둔 것으로 보인다. 세종 때 한양의 인구는 도성 안 17,015호, 도 성 밖 성저십리(城底十里) 지역은 1,779호로 총 18,794호에 달하였다. 반면 구도인 개성은 4,819호에 불과하였다.[81] 환도 이후 20년 남짓 기간 동안 한양과 개성의 인구가 4배의 차이를 보이고 있다. 이는 신 왕조의 한양이주 정책이 매우 성공적이었음을 보여 주는 것이다.

한편 국가가 민을 지배하는 방식도 왕도의 주민과 향촌민을 달리 했다. 향촌민에게는 군역(軍役)과 전세(田稅)·공납(貢納) 및 요역(徭役) 을 부과한 반면, 도성민들에게는 군역과 공물·전세가 면제되었고, 도성의 유지관리를 위해 노동력을 제공해야 하는 방역(坊役)을 부과 하였다. 또한 도성민들에게는 전세 대신에 대지와 가옥에 대한 세가 부과되었다.[82]

이처럼 조선왕조 내에서 향촌민과 도성민의 지위가 달랐다. 그러 므로 호구의 등급을 나누는 기준도 도성민과 향촌민에 따라 다를 수 밖에 없었다. 전국의 호구는 크게 대호·중호·소호·잔호(殘戶)·잔 잔호(殘殘戶)로 구분된다. 향촌에서는 전결수의 다과에 따라 50결 이 상은 대호, 30결 이상은 중호, 10결 이상은 소호, 6결 이상은 잔호, 5 결 이하는 잔잔호로 구분되었지만, 한성부에서는 가옥의 규모에 따

---

81) 『세종실록 지리지』 京都 漢城府, 舊都 開城留後司.

82) 柳馨遠, 『磻溪隨錄』 田制 上.

라 40간 이상은 대호, 중호는 30간 이상, 소호는 10간 이상, 잔호는 5간 이상, 잔잔호는 4간 이하로 구분되었던 것이다.[83]

조선 초기 도성 안의 주민들은 어떻게 구성되었을까. 1450년(세종 32) 양성지(梁誠之)에 따르면,

> 서울의 문무백관과 수전유음(受田有蔭)·성중애마(成衆愛馬)·전함 각품(前銜各品)과 생원·진사 등의 호는 도성위(都城衛)라 칭하고, 각사(各司)의 이전(吏典)과 제색장인(諸色匠人)·공사천구(公私賤口) 등 잡호(雜戶)는 도성군(都城軍)이라 칭한다[84]

고 말하고 있다. 즉 서울 주민은 도성위와 도성군으로 크게 분류되고 있다. 물론 이에 포함되지 않은 한량자제·생도 등이 있긴 했지만 큰 비중을 차지하는 것은 아니었을 것으로 보인다. 이로써 보면 같은 도성민 내부에서도 도성위로 편제되는 지배층의 부류와 도성군으로 편제되는 피지배층의 부류로 차별이 있었다. 이들 중에서 도성위로 편제되는 세력은 조선왕조 개창에 적극적으로 협력했던 세력으로 새로운 왕조의 지배층으로 편제되었으며, 평천민과 서리 및 장인들로 구성된 잡호 층은 조선왕조 건국에 적극 협조한 지배층의 하예층(下隸層)으로서 피지배층을 구성한 것이다. 이러한 도성군도 기본적으로 궁궐을 수비하는 세력이기 때문에 앞서 보았듯이 향촌민과는 다른 대우를 받았던 것이다.

한성부 주민은 향촌민과 차별되었을 뿐만 아니라 한성부 주민 내

---

83) 『세종실록』 권67, 세종 17년 3월 무인.
84) 『세종실록』 권127, 세종 32년 정월 신묘.

부에도 차별이 존재하였다. 초기의 한양 주민은 도성 안에 거주하는 주민과 도성 밖에 거주하는 주민, 즉 성저십리의 주민으로 구분된다. 도성 안의 행정 편제는 방제(坊制)로 구획되었고, 성저십리 지역은 일반 향촌과 마찬가지로 면리제(面里制)로 편제되었다. 물론 세종조에 이르면 도성 안의 인구 증가로 인해 도성 밖에도 서부 반석방·반송방, 동부에 숭신방·인창방을 두어 주민을 통제하였다. 같은 한성부 소속이지만 방제에 편입된 주민과 면리제에 의해 편제된 주민 사이에는 일정한 차별이 존재했다. 면리제에 의해 편제된 성저십리의 주민들은 한성부에 소속되어 있으면서 동시에 고양군과 양주군에 소속되어 있었다. 그러므로 이들은 도성 주민이 부담인 방역과 함께 향촌민이 부담하는 전세와 군역, 공납의 의무까지도 지고 있었다. 이와 같은 이중적 부담이 이들에게 가해졌기 때문에 성저십리 주민들은 거세게 반발하였다.[85]

이 문제는 한양 주민의 특질에서 비롯되는 것이다. 도성 내부에 거주하는 주민들은 대부분 개경에서 이주한 사람들로서 신왕조와 특별한 관계에 있는 사람들인 반면, 성저십리 주민들은 고려의 남경 시기부터 한양에 거주하던 이른바 원주민들이었다. 이들 원주민들은 한양 도성이 축조되면서 대부분 성 밖으로 쫓겨나 양주군과 고양군에 소속되었지만, 다만 도성과 10리 이내에 거주한다는 이유로 한성부의 통제를 받고 있었던 것이다. 이 문제의 해결은 1473년(성종 4) 고양군·양주군에 속해 있던 성저십리 내의 주민들을 한성부의 동부·서부·남부·북부에 편입시켜 고양·양주군에서 부과되는 각종 부역을 면제하는 조치를 취함으로써 비로소 해소되었다.[86] 이는 『경국대

---

85) 『세종실록』 권95, 세종 24년 정월 기축.

전』에도 반영되어 성저십리 주민은 경역(京役)을 지도록 규정되었다.[87] 요컨대 한양 천도를 계기로 개경에서 이주한 초기 주민과 원래 한양에 거주하던 주민 간의 차별은 한양 천도 80년이 지나야 비로소 법적으로 해소되었던 것이다.

고대 왕경의 주민들은 일반 주민과 달리 특권을 지닌 지배층들이었다. 예컨대 삼국시대 경주의 왕경민(王京民)은 초기 6부족 연맹체의 구성원들 즉 지배층 집단을 모집단으로 형성되었으며, 통일신라 이후에는 주변 가야 등의 지배층을 경주에 거주하도록 함으로써 지배 세력으로 편입하는 정책을 펼쳤다는 점은 이와 같은 왕경민의 특수한 지위를 잘 알려준다.[88] 요컨대 고대적 지배는 혈연에 기초한 신분적 차별이 공간적 차별로 동시에 관철되고 있음을 보여 주는 것이다. 조선왕조에서 고려시대까지 존속하였던 향(鄕)·소(所)·부곡(部曲)과 같은 신분적 차별이 동시에 공간적 차별로 연계되는 경우는 법제적으로 나타나지 않는다. 일부 천역(賤役)에 종사하는 백정(白丁) 마을이나 광대(廣大) 등이 집단적인 마을을 구성하여 살고 있었으나, 이는 법제적인 것은 아니다. 그러나 한양의 도시 주민을 구성하는 과정에서 이와 같은 신분적 차별이 공간적 차별과 연계되는 원리가 관철된 것으로 보인다. 조선왕조 한양에 신왕조에 협조적인 주민을 강제 이주시키면서 일반 향촌민과는 다른 특권을 부여하였다는 것은 이러한 사정의 반영인 것이다. 이러한 한양 주민에 대한 특권은 한양이 왕도로서 기능하는 한에서만 주어지는 것이었다. 조선 후기 서울이 왕도

---

86) 『성종실록』 권37, 성종 4년 12월 갑진.

87) 『경국대전』 戶典 徭賦.

88) 淺野 充, 1992 「古代日本, 朝鮮における國家形成と都市」, 『朝鮮史硏究會論文集』30.

로서의 성격에서 벗어나 상업 도시로 변모해가면서 서울 주민들에 대한 이와 같은 차별적 통제원리도 점차 약화되어 갔다.[89]

5. 중화체제와 한양의 위상

조선왕조의 수도인 한양은 한꺼번에 도읍으로 건설된 것이 아니었다. 고려 말 조선초의 파란 많은 정치적 사건에 휩싸이면서 한양이 동아시아 체제하의 왕도로 정립되는 과정은 4단계에 걸쳐 이루어졌다. 각 단계마다 한양 도시건설의 사상적 토대와 도시 모델은 동일한 것이 아니었다.

고려 후기의 남경천도설은 풍수도참의 원리에 전적으로 의존한 것이었다. 개경의 지기(地氣)가 쇠하였기 때문에 길지(吉地)인 남경으로 천도해야 한다는 것이다. 태조 즉위와 동시에 결정된 한양 정도(漢陽定都)는 이와 같은 고려 후기 이래의 풍수적 도읍관(都邑觀)의 영향을 받은 것이었다. 그러나 실제 한양 천도가 이루어진 1394년(태조 3)의 논의는 고려 후기의 논의와는 일정한 거리가 있다. 이때는 풍수도참의 영향력이 점차 퇴조하고 유교적 역성혁명론과 조세운송의 편의성 등 경제적 합리주의가 천도의 명분으로 제시되었다.

1차 왕자의 난을 거치면서 개경으로 옮긴 정종(定宗)과 2차 왕자의

---

89) 한양이 조선 후기 상업 도시로 전환하면서 주민에 대한 행정 편제 방식도 변모하였다. 원래 坊役의 응역단위로 조직되었던 인적 결사로서의 契가 공식성을 띠는 한성부의 최말단 하위 행정 단위로 재편되었는데, 이는 한성부 주민 전체의 동질성을 전제로 한 것이었다. 종전의 한성부 주민을 도성 밖과 안에 따라 차별적으로 통제했던 체제가 와해된 것이다. 이에 대해서는 본서 7장 참조.

난을 거치면서 즉위한 태종은 개경과 한양이라는 두 개의 수도를 갖는 일국양경체제(一國兩京體制) 밑에서 국가를 통치하였다. 즉 왕과 관료들은 개경에 거주하였지만, 종묘와 사직 등 국가의 주요 상징시설은 한양에 위치한 것이다.

1405년(태종 5) 태상왕인 태조의 강력한 요청에 의해 태종은 다시 한양 환도를 결행하였다. 환도를 결정한 사상은 풍수적 논리가 아니라 철저하게 유교적 이념에 기초한 경제적 합리주의였다. 풍수의 논리는 태종에 의해 적극적으로 배척되었다. 그 까닭은 풍수적 길지 선정의 논리는 서적이나 주장하는 사람에 따라 각각 달랐기 때문이다. 예컨대 고려 후기의 풍수설에서는 남경이 가장 좋은 길지로 꼽혔지만, 환도를 앞둔 시기 풍수가들은 개경이 가장 좋은 길지이고, 그 다음 좋은 곳이 한양이라는 논리를 펼쳤던 것이다. 이러한 풍수적 논리는 중세적 합리주의 사상인 유교적 이념과 배치되었고, 이 때문에 태종은 적극적으로 배척하였던 것이다. 태종은 한양 환도 이후 창덕궁을 새로 건설하면서 시전 행랑을 건설하는 등 태조 단계에 완비되지 못한 도시 시설들을 추가로 건설하였는데, 이때는 태조 때와 달리 『주례』의 제후 도읍에 맞는 체제를 원칙적으로 수용하고 있었다. 태종의 한양은 개경을 모방한 황도라는 위치에서 제후도시로 전환하는 과도적 위치였다고 평가할 수 있다.

세종대는 조선왕조 개창 이념으로서 유교 이념이 확고히 정착되고, 국력도 여유가 있게 됨으로써 한양에 대한 유교적 명문에 맞게 한양의 도시 위상이 재조정되었다. 도성을 전부 석성으로 교체한다던가, 중로·소로의 폭을 제후의 도읍에 맞게 조정하여 개설하거나, 마침내 제천의식을 폐지하는 사업 등이 그것이었다. 이와 같은 세종대의 한양 정비는 한양을 중화체제 내의 제후도시로 재정립하는 과정인 것이다. 한양이 중화체제 속에서 제후도시로 자리매김된다는 것은 인격천(人格天)으로서의 하늘과 그 대리자인 중국의 천자, 그리고 그 위임을 받아 민을 다스리는 제후의 위계 속에 한양이 위치한다는 것을 의미한다.

한양은 조선왕조를 개창한 세력에 의해 철저한 계획에 기초하여 건설된 것이다. 한양을 건설할 때 마스터플랜을 입안한 자는 삼봉(三峰) 정도전(鄭道傳)이었다. 그는 철저한 유학자로서 불교적 세계관을 배척하고 유교적 우주관에 기초하여 왕도를 구상하였다. 물론 한양은 유교적 우주관에 전적으로 의지하여 건설된 것은 아니다. 자연적 지형조건의 한계를 극복할 수 없었기 때문에 한양의 건설에는 신라 말 고려초에 도입되어 고려시대에 상당한 영향력을 발휘했던 풍수지리설의 영향도 강하게 미쳤다. 이와 같은 두 가지 요소 중에서도 가장 중요한 영향을 미친 사상은 유교적 이념이었다. 그러므로 건설 초기 한양의 도시 구조는 당대인들의 유교적 우주관·군주관·민본관 등을 직접 확인할 수 있는 소재이기도 하다.

유교적 군주관·민본관·우주관 등은 관념차원에서 제시된 것이다. 이러한 추상적 이념이 구체화되는 것은, 이 이념을 현실에서 실현해야 하는 의무를 지닌 군주가 거주하는 도읍이다. 그러므로 중세 전제군주체제하 도성은 이와 같은 우주관·군주관·민본관 등이 복합적으로 반영된 실체로서 의미를 지니는 것이다. 한양의 공간구성과 유교적 이념과의 관계를 해명하는 것은 추후 서울 도시사 연구에서 중요한 과제의 하나일 것이다.

3
조선 후기 서울의 인구 추세

1. 서울 인구사 연구와 인구자료

조선시대 인구 추세에 대한 연구는 역사학자보다 인구학자들에 의해 주로 이루어졌다.[1] 인구학자들은 호구 자료에 나타나는 호당 인구수의 증감률과 호와 구의 증감 추세가 일치한다는 점을 근거로, 조선시대 호구 자료를 충분히 신뢰할 만한 자료라고 평가하였다. 그리고 호구 자료에 대한 인구학적 수정을 통해 조선 후기 인구의 증감 추세나 절대 인구수를 도출하였다.[2] 그 중에서도 권태환·신용하, 은기수는 인구사에서 일반적으로 인정되는 전근대 인구 증가율이 10

---

1) 대표적인 연구를 들면 다음과 같다. 권태환·신용하, 1977 「조선왕조 인구추정에 관한 일시론」, 『동아문화』14; 방동인, 1984 「인구의 증가」, 『한국사』13, 국사편찬위원회; 토니 미셸, 1980 「조선시대 인구 변동과 경제사」, 『부산사학』17; 은기수, 1997 「한성부 서울의 인구재구성」, 『서울의 전통이해-인구와 도시화』 서울학연구소.

2) 방동인은 조선 후기 호구 통계 자료 그 자체를 가지고 직접 인구 변동 추세를 연구하였다.

년의 기간 동안에 1% 내외라는 가정을 받아들인 다음, 최초의 근대적 인구센서스였던 1925년의 『간이국세조사(簡易國勢調査)』의 신뢰도를 100%로 설정하였다. 이 두 가지 가정을 전제로 과거 조선시대의 연평균 인구 증가율을 0.1%―0.11%(은기수), 또는 0.14%(권태환·신용하)로 설정하여 과거 특정 시점의 인구를 산출한 다음, 그로부터 호구 자료에 나타난 인구 증감률을 적용하여 실제 인구수의 증감 추세를 추정하였다. 서울의 인구 추세만을 다룬 은기수는 조선 후기 서울의 인구는 17세기 후반에 이미 30만 명 가까이에 도달하였고, 그 이후 19세말까지 부분적인 증감이 없지 않았지만 대체로 정체적인 인구 현상을 보이고 있다고 결론을 내렸다.[3]

다른 한편 토니 미셸은 인구 통계에서 신뢰도를 가늠하는 지표로 호당 평균 인구수라는 점을 중시한다. 그는 앞의 두 연구에서 호 통계보다 인구 통계를 중심으로 인구 증감 추세를 분석한 것과 달리, 인구 통계보다는 호 통계 자료의 신뢰성이 매우 높다는 점을 전제로 하여, 호구 통계에서의 인구수를 무시하고, 호 수에다가 미리 가정된 평균 가구원 수를 곱하여 실제 인구수를 추정하였다. 그는 1925년 『간이국세조사』 당시의 전국 평균 호당 인구수가 5.34명이었다는 점을 전제한 후, 이를 토대로 조선 후기 호구 자료의 누락률을 23%로 추정하였다. 누락된 호구 통계를 합친 다음, 조선시기 가구당 평균 인구수를 7.95명으로 산정하고, 이 숫자를 호 통계에 곱하여 실제 인구수를 추정하였다. 그는 이러한 방법을 통해 1600-1670년까지는 완만한 증가기, 1670-1676년은 인구 감소기, 1676-1696은 인구 증가기, 1698-1700년은 인구의 급격한 감소기, 1700-1732년은 급격한 증가기,

---

3) 은기수, 앞의 논문 참조.

1732-42년은 인구 감소기, 1742-1810년은 인구 정체기, 1810-1818년은 인구 급감기, 1818-1850년은 완만한 증가, 1850년 이후는 인구의 급격한 증가기로 추정하였다. 그의 연구는 은기수와 달리 절대 인구수를 추정하는 데 목적을 두기보다는 인구의 증감 추세를 설정하는 데 목적을 둔 연구였다. 그러므로 서울에 대해서는 인구를 20만으로 추정하고, 지방 상업 활동이 상대적으로 활발했기 때문에 서울의 도시화가 진전될 수 없었다라고 단편적인 언급을 하는 데 그쳤다.[4]

이러한 역사 인구학자들의 연구와 달리 역사학자들은 조선시대 호구 통계 자료의 신뢰성에 대해 강한 의문을 제기하면서 그 이용에 매우 신중한 편이다. 조선시대 호구 통계라는 것은 국가가 주민들의 조세와 부역을 징발하기 위한 기초자료로 작성된 것이고, 명분적으로는 국왕에게 바치는 백성의 수, 즉 '헌민수(獻民數)'의 의미를 지닌다. 그러므로 호구통계는 실제 인구 증감과는 무관한 통계라고 이해하는 것이다. 필자도 물론 호구자료의 통계적 이용에 신중해야 한다는 입장이다. 그러나 인구 추세나 절대인구수를 추론할 만한 적절한 자료가 없기 때문에 어쩔 수 없이 이 호구 통계 자료를 이용할 수밖에 없다. 다만 여기에서는 당대의 현실에 대한 구체적인 통찰 없이 통계 자료에 대한 수정만으로 인구 증감 추세를 도출하고자 하는 역사 인구학자들의 전도된 연구 방법보다는 당대 서술 자료에서 나타나는 여러 가지 인구 자료를 함께 고려함으로써 실제적인 절대 인구수와 인구 증감 추세를 도출해 보고자 한다.[5]

---

4) 토니 미셸, 앞의 논문, 31쪽.
5) 전근대 중국의 인구를 연구한 허핑티는 "인구 증가율을 인구연구의 시발점으로 삼는 경향이 많으나 제도사에 대한 지식이 충분치 못하면 그 계산은 오류일 가능성이 많다"고 하여, 인구학자들의 연구를 경계하고 있다. 그는 자신의 연구를 인

그러므로 여기에서는 당시 문헌 자료에서 나타나는 인구 현상과 최대한 상응할 수 있도록 주어진 통계 수치를 수정하였다. 필자의 수정 원칙은 그 동안 연구자들이 행했던 여러 방법을 상호 점검하여 가장 현실성 있는 추세를 찾아내도록 하는 것이다. 이를 위해서 우선 가장 정밀하게 인구 추세의 변동을 살필 수 있는 지역을 한정하지 않으면 안 된다.

대상 지역으로서 가장 적합한 곳이 서울 지역인데, 그 이유로 다음의 세 가지를 들 수 있다. 첫째 한성부는 전국의 호구를 관장하는 아문이었으므로 다른 지역보다 철저하게 서울 지역의 호구를 조사했다. 그러므로 서울의 호구 통계는 다른 지역에 비해 완성도가 높다. 둘째 서울의 호구 자료가 다른 지역에 비해 매우 다양하고 일관되게 존재한다는 점이다. 한성부에서 공식적으로 집계한 호구 자료가 조선 초기부터 1910년까지 존재하며,[6] 17세기 이후부터 19세기 후반까지 한성부 지역의 호구단자와 준호구 등의 고문서 자료가 수백 건이 수집되어 학계에 보고되었다.

또한 근대적인 인구 자료로서 1925년『간이국세조사』의 인구 통계, 그리고 1926-1930년의 경성부 주민의『간략생명표(簡略生命表)』까지 남아 있다. 이러한 인구 자료 상황은 이들 자료를 잘 구사하면 다른 지역에 비해 정확한 인구 추세를 도출해 낼 수 있는 좋은 조건이

구학적 연구가 아니라 사회경제사 연구라고 분명히 규정하고 있다(허핑티, 정철웅 옮김, 1994『중국의 인구』, 책세상 참조).

6) 여기에서 다루는 시기는 1669년 이후의 호구 통계다. 조선 후기 한성부 호구 통계 자료 현황을 보면, 1669년부터 시작되지만, 1717년-1777년까지는 매 3년마다 통계가 잡혀 있으며, 1777년 이후에는 1801년-1804년을 제외한 매년의 호구 통계가『일성록』에 기록되어 있다. 여기에서는 매년 호구 통계를 토대로 작업하는 것보다 일관된 것을 확인하기 위해 3년마다의 호구 통계를 중심으로 살펴보았다.

아닐 수 없다. 셋째 호구 통계 자료를 보완할 수 있는 각종 문헌 자료가 다른 어떤 지역에 비해 풍부하다는 점이다. 이와 같은 장점에도 불구하고 서울의 인구 추세를 상정할 때, 도시 지역이기 때문에 출산율사망률 등 이른바 자연적인 요인에 의해 인구 증감이 좌우되는 향촌과 달리 인구 이동이라는 사회적인 요인의 영향력이 높다는 점을 항상 감안하지 않으면 안 된다.

이러한 점들을 염두에 두고 여기에서는 당대 연대기 자료에서 언급되는 인구 상황을 개괄적으로 살핀 다음, 호구단자에 대한 분석을 통해 호적 자료의 시기별 완성도에 대한 이해를 추구하고자 한다. 기왕의 연구에서는 1669년부터 1910년 사이 호구 통계의 신뢰도를 모두 동일하게 설정하고 있다. 그러나 조선 후기 사회의 역동성을 조금이라도 이해하는 역사학자라고 한다면, 240년의 전 기간에 동일한 신뢰도를 상정한다는 것이 얼마나 무모한 것인가를 금방 이해할 것이다. 본 연구에서는 1669년부터 1909년까지를 일정한 시기로 구분하여 각 시기마다 서로 다른 신뢰도를 부여함으로써 실제 인구수와 인구 추세를 확인하고자 한다. 또한 1925년『간이국세조사』의 인구 통계는 여기에서 추정한 수정 방법의 타당성을 점검하는 방편이 될 수 있을 것이다.

2. 호구 통계 자료의 성격

1) 서술자료와 호구 통계 자료의 신뢰도

『증보문헌비고』나『비변사등록』,『조선왕조실록』등의 자료에서도 호적 조사의 신뢰도를 나타내는 기록은 적지 않다. 이를 통해서 조선 후기 서울 호구 통계 자료의 신뢰도를 이해하도록 하자.

1666년(현종 7) 정부는 호구장적법(戶口帳籍法)을 명확히 하고, 매우 엄격하게 호구를 조사하였다. 한 명이라도 호적에 누락되는 가호(家戶)는 모든 가족을 변방으로 강제 이주시키는 형벌[全家徙邊]로 처벌하였다.[7] 이때의 호적 조사가 매우 정밀한 것이었다는 점은 30년 후인 1705년(숙종 31)의 평가에서도 확인된다.[8] 그러므로 이 시기의 호구 자료의 완성도는 매우 높았던 것으로 추정된다.

한편, 1675년(숙종 1)에는 오가통사목(五家統事目)을 반포하여 호적 조사의 완성도를 높였으며, 같은 해에 허위 기록 행위에 대한 처벌 규정이 강화되었고, 1678년(숙종 4)에는 군안(軍案)과 역안(役案)을 비교하여 양정을 수괄하는 양정사핵정역사목(良丁査覈定役事目)을 반포하여 호적 조사의 완성도를 높이고자 하였다. 이와 더불어 1681년(숙종 7)에는 여자의 입적법(入籍法)을 명확히 규정하였다. 미혼 여자의 누락이 많기 때문에 이를 시정한 조치다. 이로써 보면, 1670년에서 1700년 사이의 호구 조사도 비교적 높은 완성도를 지닌 것으로 평가된다.[9]

18세기 초에는 17세기 후반에 비해 호적 조사의 완성도가 낮아졌다. 1705년(숙종 31)의 기록은 1666년에 비해 호적 조사가 매우 해이해졌다고 말하고 있다.[10] 또한 1711년(숙종 37) 양역변통사목(良役變通事目)이 완성되고, 이때 이정법(里定法)도 시행되었다. 이정법의 시행은 양

---

7) 『增補文獻備考』 中, 권161, 戶口考, 882~890쪽.

8) 『비변사등록』 56책, 숙종 31년 정월 17일. "左議政 李日 我國戶籍 甚虛疎矣 自丙午(1666)申飭之後差勝 而亦已年久 漸至解弛 多數漏落."

9) 『增補文獻備考』 中, 권161, 戶口考 882~890쪽.

10) 주 8) 참조.

정의 수괄이 그 전에 비해 해이해질 수밖에 없는 요소로 작용하였을 것이다. 1729년(영조 5)에는 오가통신명구제절목(五家統申明舊制節目)을 반포하여 그 동안 해이해진 호적 조사에 대해 완성도를 높이고자 했지만, 그 전에 비해 완성도가 높아진 것 같지는 않다. 왜냐하면 1734년(영조 10)의 기록에 의하면, 흉년의 호구 감축은 당연한 일인데도 과거의 호구수를 그대로 보고하는 관행을 질책하고 있기 때문이다.[11] 특히 '호구증(戶口增)'이 수령칠사(守令七事)에 포함되었기 때문에, 이 시기 수령들은 실제 호구수보다 허호(虛戶)로 호구를 증액하여 보고하였다. 또한 한성부 주민들에 대한 방역(坊役)으로 부과된 장빙역(藏氷役)이 1741년(영조 17)을 계기로 부역의 성격을 완전히 상실하고 정부 재정을 토대로 연강민(沿江民)을 대신 보내어 얼음을 빙고(氷庫)에 저장하는 일[藏氷]을 하게[雇立] 하는 제도로 변하면서,[12] 호적 조사도 더욱 해이해진 것으로 보인다. 호에 대한 정확한 파악을 전제로 하는 요역 제도가 돈을 주고 인부를 고용하는 고립제(雇立制)로 바뀌었기 때문에, 지방관이나 한성부 차원에서 정확하게 호구를 파악하지 않아도 노동력 징발에 큰 문제가 없게 된 것이다.

한편 균역법이 시행된 1750년(영조 26)을 계기로 다시 호구 조사의 완성도는 떨어지게 된다. 많은 기록에서도 균역법 이후에 호적법이 붕괴되었다고 말하고 있다.[13] 호적 조사의 현실적 필요성은 무엇보다도 균역을 비롯한 각종 공적 부담을 공정하게 부과하는 데 있었다.

---

11) 주 9)와 같음.

12) 본서 6장 참조.

13) 『일성록』 고종 11년 10월 30일. "自均布以後 列邑守宰 只以錢布之趁限收納爲先
務 至若簽籍 全屬於相忘之域 都案磨勘 不過是借錄虛名 官不知某民之應何役 民
不知其身爲何軍."

그러나 균역법의 시행과 군총제(軍摠制)와 동포제(洞布制)·결포제(結布制)·호포제(戶布制) 등의 공동납적 군포 징수 관행은 호적의 내용을 실제 인구와 거의 상관없게 만드는 계기가 되었다.[14] 이에 따라 18세기 후반 이후의 호구 통계의 완성도는 18세기 전반에 비해 더 떨어지게 된 것이다.

이 시기 호구 통계의 완성도는 어느 정도였을까. 1753년(영조 29) 조정에서는 한양 5부 호적에서 누락된 호가 1만 호에 가깝다고 얘기하고 있다.[15] 호구 통계상 1753년 한성부의 호수는 34,953호였으므로, 당대의 평가에서도 호 파악의 완성도는 71.4% 정도로 설정하고 있다. 이러한 비율을 염두에 둘 때, 호 파악의 완성도는 1750년대 70—75% 정도로 추정할 수 있을 것이다. 또한 1770년에는 허호누적(虛戶漏籍)과 같은 적폐(積弊) 기록 등 호적 조사의 해이에 대한 기록이 자주 등장한다. 또한 이 시기에는 처녀들은 호적에 등록하지 않는 일도 매우 많았다.[16] 1681년에는 여자의 입적을 명확히 하였지만, 백여 년이

---

14) 군역은 원래 身役으로 개별 良丁에 부과되는 것이다. 그러나 조선 후기 신분제 변동에 따라 군역을 부담할 양인 농민이 감소하게 되자, 중앙정부에서는 각 군현별 군역응역자의 증감에 관계없이 군역부담총액을 할당하여 군현에 배정하였고, 각 군현은 이를 다시 面里에 총액으로 배정하였다. 이러한 종액제적 군포부과에 대응하여 면리차원에서는 군포납부에 공동의 책임을 지는 동표제, 결포제, 호포제 등의 방식으로 대응하였다. 그러므로 군현의 차원에서는 전체 양인호의 증감이나 이동에 관심을 두지 않게 되어 호적제도가 부실화되는 원인이 된 것이다. 이와 같은 조선 후기 군역의 공동납 관행에 대해서는 김용섭, 1984 「軍役制 이정의 추이와 戶布法」, 『증보판 한국근대농업사연구』, 일조각; 고동환, 1991 「19세기 부세운영의 변화와 그 성격」, 『1894년 농민전쟁연구 1』, 역사비평사 참조.

15) 『비변사등록』 125책, 영조 29년 정월 16일. "我國則籍法甚疎 而近來尤不致意 所謂式年成籍 太半虛漏 雖以漢城府言之 五部民戶之見漏者 殆近萬戶 京如此則外方亦可推知."

16) 『戶籍事目』(규 12318: 甲午式 1774년으로 추정). "近來人不畏法 處女之不入籍者甚多."

지나자 미혼 여성은 호적에 입적하지 않는 것이 일반화된 것이다.

19세기 전반 호구 조사의 신뢰도는 어떠했을까. 이 시기 호구 조사의 사정을 알려주는 정약용의 『경세유표(經世遺表)』에서는 "호와 구에 일정한 액수가 있다. 지금의 호적 조사는 실제 인구 증감을 반영하는 것이 아니라 관습적인 보고일 뿐"[17)이라고 하여, 호적 자료는 미리 산정된 정액(定額)을 적당히 가감하여 맞추는 것에 불과할 뿐, 실제 인구의 증감을 반영하지 못하였다는 점을 지적하고 있다. 이처럼 호적 자료가 실제 인구의 증감을 반영하지 못했기 때문에, 정약용은 『목민심서』에서 핵법(覈法)이 아닌 관법(寬法)으로 호적을 조사해야 한다고 주장하였다.[18) 이처럼 19세기 전반의 호구 통계 자료가 실제 인구의 증감과 무관하다는 점은 현재 남아있는 서울의 호구 통계 자료에서도 어느 정도 확인할 수가 있다. 후술하는 〈표 3-3〉의 19세기 전반 호구 통계는 호와 구의 통계 수치가 매우 작은 변동 폭을 가지면서 동일하게 변동되는 것으로 나타나고 있다. 이는 정약용이 언급한 바처럼 일정한 액수를 상정하고, 이를 기초로 일정한 율을 대비하여 산출해낸 결과로 해석된다.

이와 같이 일정한 액을 상정하고 약간의 변동만을 호적에 기록하는 호구 조사 방법은 적어도 민적법(民籍法)이 반포되는 1909년 이전까지 계속된 것으로 보인다. 1909년 민적법의 반포 이후에는 당연히 호구 조사의 완성도도 높아진 것으로 판단된다. 왜냐하면 1909년의 민적 조사는 그 이전 징세 목적으로 시행된 호적 조사와 달리, 공적 부담과 무관한 것이었기 때문에 민인들의 협조가 높았기 때문이었다.[19)

---

17) 『經世遺表』 13권 地官修制, 戶籍法.
18) 『牧民心書』 제6부 戶典六條, 戶籍.

　　이상에서 살펴본 바처럼 조선시대 각종 문헌기록에 나타난 호구 조사의 신뢰도에 대한 서술은 1666년 이후 점차 시기가 내려올수록 그 완성도가 낮아지는 추세였다.

2) 한성부 호구단자와 호구 통계자료의 신뢰도

　　현재 서울대학교 규장각에는 한성부 준호구·호구단자 등 호적자료 수백 건이 소장되어 있고, 이 자료들은 규장각에서 간행한 『고문서(古文書)』 8, 9, 10권에 실려 있다. 이 호구 기록을 잘 분석하면, 미흡하나마 시기별 호구 자료의 완성도를 추측하는 데 도움이 된다.[20]

　　호구단자를 살펴보면, 15세 미만 남녀 인구가 입적된 경우는 매우 예외적으로 나타난다. 또한 앞서 서술 자료에서 언급되었듯이 미혼 여성의 입적 사례도 거의 나타나지 않는다. 이러한 사정은 동일한 가호의 일련의 호구단자에서 금방 확인할 수 있다. 예컨대 한성부 서부 황화방(皇化坊) 소정릉동계(小貞陵洞契) 이하진(李夏鎭)의 호구단자의 경우, 1675년 호구단자(552)에는 당시 16세인 아들이 있었으나, 호적에는 입적되지 않았다.[21] 그러나 1678년 호구단자(553)에는 19세 아들이 결혼한 상태로 처와 함께 입적되고 있다. 그리고 1732년 북부 순화방(順化坊) 사재감계(司宰監契) 임동량의 준호구(884)에는 17세인 아들

---

19) 1909년의 民籍法과 1910년의 民籍統計에 대한 자세한 설명은 이헌창, 1997, 『民籍統計表의 해설과 이용방법』, 고려대 민족문화연구소 참조.

20) 본고에서는 호구단자 기록의 일반적인 추세를 밝히는 데 주력하기로 한다. 호구단자에 나타난 한성부 주민의 가호 구성과 호적작성의 변화 등에 대해서는 별고로 다룰 예정이다.

21) 괄호안의 숫자는 규장각 간행 『古文書』 8, 9, 10권의 戶口單子·准戶口에 붙여진 일련번호다.

이 기록되지 않았지만, 1738년 호구단자(885)에는 혼인한 23세 아들이 처음 기록되고 있다. 이러한 사례는 무수하게 발견된다. 이는 당시 호적 조사에서 15세 미만의 아동 누락률과 15세 이상의 미혼 여성의 누락률이 매우 높았음을 의미한다. 여성만이 아니라 15세 이상의 남성도 미혼일 경우 누락되는 경우가 많았다는 점은 주목해야 할 것이다.

호구단자와 준호구에서 15세 미만 아동과 미혼 여성의 호적 등재의 시기별 추이를 살펴보면, 17세기 후반에는 등재율이 비교적 높으며, 18세기 전반에도 드물지만 등재되는 경우가 적지 않다. 그러나 18세기 후반이나 19세기 이후는 15세 미만이 호적에 등재되는 경우는 매우 드물다. 이와 같은 한성부 호구단자의 사례를 통해서도, 앞서 서술 자료에서처럼, 우리는 호구 조사의 신뢰도가 시기가 내려올수록 점차 낮아지고 있음을 확인할 수 있다.

3) 1925년 『간이국세조사』와 1928년 경성부 주민의 『간략생명표』

그 동안 연구에서는 1925년 『간이국세조사』 인구 통계의 신뢰도를 100%로 설정하고, 이를 토대로 조선시대 인구 변동을 추정해 왔다. 기왕의 연구에서 이 통계의 문제는 1925년 당시 경성부의 권역이 조선시대 한성부의 권역에 비해 축소되었다는 점일 뿐이었다.[22] 그러므

---

22) 조선시대 한성부에 속했던 성 밖 지역의 坊으로 편제되었던 지역은 1911년 행정개편으로 용산면(용산방)·서강면(서강방)·숭신면(숭신방)·두모면(두모방)·한지면(한강방과 둔지방)·은평면(연은방과 상평방)·인창면(인창방)·연희면(연희방)의 8개면으로 재편되었다. 이 8개면 중에 용산면·둔지면·두모면·인창면·숭신면의 각 일부 지역만 경성부 행정 구역으로 편입되고 나머지 대부분 성 밖 지역은

로 은기수는 1925년 당시 경기도에 편입되었던 과거 한성부 지역의 조선인 인구수를 산출하여 1925년 과거 한성부 권역 안의 인구를 360,344명으로 추산하고, 이를 기준으로 연평균 인구 증가율 0.1% 내지 0.11%를 적용하여 조선시대 한성부의 절대 인구수를 산출하였다.

그러나 과연 1925년 『간이국세조사』의 통계 수치를 100% 완성도를 지닌 통계로 인정할 수 있을 것인가. 물론 모든 연구자들이 공통적으로 지적하고 있듯이, 이 조사는 우리 역사에서 최초로 실시된 근대적인 인구 통계 자료다. 그러나 제목에서 암시되듯이 이때의 조사는 간이조사에 지나지 않는 것이다. 이러한 점을 간과하고, 최초의 근대적 인구센서스라는 점만을 강조하여 인구 통계의 신뢰도를 100%로 산정하는 것은 정확한 인구 추세를 파악하는 데 큰 혼란을 가져올 우려가 있다.

1925년 『간이국세조사』와 그 이후 조선총독부에서 실시된 인구 통계와의 상관관계를 살펴보면, 1925년 통계의 완성도 정도를 추론할 수 있을 것이다. 일제 강점기 경성부의 영역은 1936년 대폭 확장된다. 1914년의 행정 구역 개편으로 경기도 고양군에 속했던 지역이 모두 경성부 영역으로 편입되었을 뿐만 아니라, 경기도 시흥군 영등포읍의 일부 지역과 김포군 양동면(陽東面)의 양화리와 염창리·목동리 일부가 경성부 영역으로 편입되었다. 이때 확장된 영역은 1911, 14년 한성부 영역에 비해 4배에 달하는 대규모 확장이었지만, 조선시대 한성부 영역에 비해 60%에 지나지 않는 것이었다.[23] 이와 같은 서울

경기도 고양군으로 편입되었다(서울시사편찬위원회, 1976, 『서울육백년사』 참조).

23) 1911, 14년 행정 구역 개편으로 경성부 영역은 36㎢로 축소되었다가, 1936년 134㎢로, 1944년에 138㎢로 확대되었다. 그러나 원래 조선시대 한성부 영역은 약 250㎢로 추산되기 때문에 1936년의 영역 확장은 조선시대 60%에 지나지 않는다(이

영역의 변동을 감안하면서 1925년 이후의 서울의 인구 추세를 보면 다음의 〈표 3-1〉과 같다.

〈표 3-1〉 식민지 시기 서울의 인구 추세

연 도	총인구	조선인	일본인	조선시대 한성부 영역의 조선인 인구수*
1925	342,626	247,404	88,875	360,344
1930	394,240	279,865	105,639	
1935	444,098	312,587	124,155	
1935**	680,245	539,535	132,232	680,245
1940	935,464	775,162	154,687	
1944	988,537	824,976	158,710	

* 1925년 조선시대 한성부 영역의 조선인 인구수는 권태환, 전광희, 은기수 , 1997『서울의 전통이해-인구와 도시화-』, 서울학연구소, 80쪽의 〈표 4-3〉에 근거하였다.
** 1935년의 수정 통계는 1936년 확대된 경성부 영역을 대상으로 추정한 인구수로서, 위의 책 109쪽의 〈표5-2〉 경성부 서울의 인구 추세 1910-1944에 근거한 것이다.

〈표 3-1〉에서 1925년의 한성부 영역의 조선인 인구가 360,344명이라는 점을 받아들인다면, 1925년에서 1944년까지 조선인 인구의 연평균 증가율은 4.36%로 기록된다. 물론 1936년의 경성부 영역의 확대로 영등포 지역이 새로 편입되어 인구 증가를 급속하게 한 요인이겠지만, 이를 감안한다고 해도 이와 같은 인구 증가는 폭발적인 것이 아닐 수 없다. 우리가 경험한 시대의 인구 통계로 연평균 4.36%의 성장률이 어느 정도인가를 확인해 보도록 하자.

주지하듯이 해방 이후 서울은 비약적으로 성장했다. 1960년의 서울 인구는 대략 250만 명이며, 1995년 현재 서울 인구가 1천만 명이

혜은, 1994, 「조선시대 이후 서울의 토지이용과 경관변화」, 『서울의 경관변화』, 서울학연구소 참조).

라고 한다면 연평균 성장률은 3.96%가 된다. 물론 이 증가율은 그동안 서울 권역의 확대로 인한 실제적인 증가율 하락 요인을 감안하지 않은 수치다. 만약 영역 확대를 감안한다면 연평균 성장률은 이보다 훨씬 낮아질 것이다. 1930년대 후반 이후 도시화의 급속한 진전으로 인해, 폭발적인 인구 증가 현상이 발생했다는 점을 인정한다고 해도, 연평균 4.36%의 수치는 너무 높은 것이라 하지 않을 수 없다. 그 원인은 여러 가지가 있을 수 있지만, 필자는 1925년 인구 통계 자체의 신뢰도에 문제가 있다고 여겨진다. 1925년 통계에서도 전국의 가구 평균 인원은 5.34명인 데 비해, 경성부 내의 가구당 평균 인원은 4.9명에 지나지 않는다. 평균 가구원 수가 호구 통계 자료의 신뢰도와 상관성이 높다는 일반적인 전제를 놓고 볼 때도 전국 인구에 비해 서울의 인구는 적어도 10% 가까이 저평가된 것으로 여겨진다.

이를 감안하면, 1925년 『간이국세조사』의 완성도에 대한 신뢰도를 90%로 설정하는 것이 타당할 것이다. 이러한 가정을 전제로, 앞서 〈표 3-1〉의 1925년 조선시대 한성부 영역 내의 조선인 수 360,344명을 수정하면, 400,382명으로 계산된다.

한편 1925년과 1930년의 『간이국세조사』의 인구 통계를 기초로 경성부 조선인의 생명표가 작성되었다.[24] 이를 토대로 경성부 조선인의 연령 구성을 보면 다음의 〈표 3-2〉[25]와 같다.

---

24) 水島治夫, 1938 『朝鮮住民ノ生命表』 近澤書店, 京城 참고로 水島治夫 교수는 1926-1930년 서울 주민의 평균 수명을 남자는 32.01세, 여자 35.07세로 계산하고 있다.

25) 〈표 3-2〉는 水島治夫, 앞의 책, 17쪽 〈計算表 1 京城府 朝鮮人 男 簡略生命表ノ計算〉, 45쪽 〈計算表 2 京城府 朝鮮人 女 簡略生命表ノ計算〉을 토대로 작성한 것이다.

〈표 3-2〉 1928년 경성부 조선인의 연령별 구성

연령	남	여	합계	비율
0-4	17,086	16,553	33,639	12.7
5-9	13,198	12,804	26,002	9.8
10-14	13,757	13,120	26,877	10.2
15-19	19,012	14,330	33,342	12.6
20-24	14,484	11,862	26,346	10.0
25-29	11,051	9,463	20,514	7.7
30-34	9,847	8,703	18,550	7.0
35-39	9,141	8,270	17,411	6.6
40-44	7,749	7,254	15,003	5.7
45-49	6,142	6,275	12,417	4.7
50-54	4,694	5,364	10,058	3.8
55-59	3,792	4,742	8,534	3.2
60-64	2,641	3,565	6,206	2.3
65-69	1,802	3,133	4,935	1.9
70-74	1,162	1,939	3,101	1.2
75-79이상	527	1,013	1,540	0.6
합계	136,085	128,390	264,475	100

전거: 水島治夫, 1938, 『朝鮮住民ノ生命表』(近澤書店, 京城).

〈표 3-2〉에서 확인할 수 있는 것은 15세 미만의 인구 구성비율이 32.7%라는 사실이다. 만약 조선시대 15세 미만의 인구 전부가 누락되었다고 가정한다면 전체 인구 구성에서 32.7%의 인구가 누락되었음을 반영하는 것이다. 15세 미만 인구가 전부 누락되고, 15세 이상의 인구 중에서 10% 정도 누락되었다고 단순하게 가정한다면, 인구 통계의 완성도는 대략 60%로 설정된다. 그러나 앞의 호구단자의 기록 예에서 확인되듯이 조선시기 호구 통계에서 15세 미만의 모든 인구가 완전히 누락된 것만은 아니었다. 여기에서는 단순한 가정이지만, 이러한 가정을 토대로 인구 파악의 최저 하한을 60%로 설정하고자 한다.

기존 연구에서도 권태환·신용하는 조선시기 인구 통계의 완성도를 40%로, 토니 미쉘은 40-50% 정도로 평가하고 있다. 물론 이들 연구는 전국의 인구 통계를 대상으로 한 것이기 때문에 서울의 인구 통계의 신뢰성은 이보다 높다고 여겨진다. 이를 감안한다면, 서울의 인구 통계의 완성도를 60% 이상으로 설정한 것은 큰 무리가 없다고 생각된다.

3. 인구의 증감 추세

1) 인구 통계 수정의 원칙

이상의 호구 통계 자료에 대한 평가를 기초로 구체적인 수정 작업의 원칙을 설정하도록 하자. 우선 한성부 호와 인구 통계의 경우는 다른 지역에 비해 훨씬 높은 60% 이상의 완성도를 갖는다는 점을 전제로 실제 인구수를 추정하기로 한다. 그러면 어떠한 원칙에 의해 호구 통계를 수정할 것인가가 문제가 된다. 여기에서 다음과 같은 네 가지 점을 완성도를 추구하는 지표로 삼았다.

첫째, 호구 통계의 완성도가 시기적으로 차이가 있다는 것을 가정한다. 즉 시기가 내려올수록 호구 파악의 완성도가 떨어지며, 시기별 완성도의 차이는 5%로 설정한다.

둘째, 호당 평균 인구수가 높을 경우에 완성도가 높고, 낮을 경우에는 완성도가 낮다는 점을 가정한다.

셋째, 호구와 인구 파악의 최저 하한을 설정하는 것이다. 호구의 경우에는 70%, 인구의 경우에는 60%를 최저 하한으로 삼는다.

넷째, 일반적으로 인구 통계에 비해 호구 통계의 완성도가 높다. 1734년(영조 10) 양역변통을 논의하는 과정에서 "가호는 숨기기 어렵지만 인구는 은닉하기 쉽기 때문에, 호전법(戶錢法)이 구전법(口錢法)보다 낫다"고 평가하고 있다.[26] 이와 같은 사정을 감안하면, 호구 통계와 인구 통계 사이에 완성도가 동일하다고 가정할 수 없다. 그러므로 여기에서는 호와 구 통계의 완성도 차이를 인정하고, 그 차이를 5%로 설정하였다.[27]

이와 같은 네 가지 원칙을 통해 수정 작업을 진행했는데, 다행스럽게도 시기별 완성도가 저하하는 경향과 호당 평균 인구수의 저하 경향은 일치하고 있다. 그러므로 이러한 네 가지 원칙은 인구 추세를 이해하는 데 유효한 원칙이라고 판단할 수 있다. 여기에서는 이 원칙과 함께 주 15) 1753년(영조 29)의 기록에서 호 파악의 완성도가 70-75%라는 점을 토대로 다음과 같이 구체적인 수정 원칙을 정하였다.

(1) 호당 인구수가 8 이상일 경우: 1669년의 호구는 90%, 인구는 85%

---

26) 『영조실록』 권37, 영조 10년 정월 乙酉. "盖家戶難隱 人口易匿 則口錢不如戶錢也."
27) 호구자료와 인구자료의 신뢰도 차이를 5%로 설정한 까닭은 1717년(숙종 43)의 두 가지 호구 통계를 기초로 한 것이다. 1717년의 한성부 호구 통계는 『度支志』, 『增補文獻備考』에 실려 있는 (A)戶 28,356, 口 185,872라는 통계와 『숙종실록』에 기록된 (B) 戶 34,191, 口 233,119의 두 종류다. 여기에서 숙종대 인구 통계를 『탁지지』·『증보문헌비고』의 기록을 원용했기 때문에, 자료의 일관성을 중시하여 (B)기록을 분석 대상에서 제외했다. 두 통계는 같은 해 한성부 호와 구에 대한 통계이지만, 상당한 차이를 보이고 있고, 현실에 가까운 수치는 (B)라고 평가된다. 여기서는 그 절대 수치의 차이보다는 (A)와 (B)가 동일한 신뢰도에 근거하여 호와 구를 조사했다고 가정했을 때, 과연 호와 구 파악의 차이는 어떻게 나타나는가라는 점이다. 戶는 (A)가 (B)의 83%, 口는 (A)가 (B)의 78%만 반영되고 있다. 동일한 신뢰도에 근거하여 조사된 두 통계 자료에서 호와 구에 대한 파악 비율이 5% 정도 차이가 난다는 점을 감안하면, 호와 구 조사의 완성도 차이를 최소한 5% 정도로 추정해도 무방하다고 생각된다.

(2) 호당 인구수가 7 이상일 경우: 1678, 1680년의 호구는 85%, 인구는 80%

(3) 호당 인구수가 6 이상일 경우: 1717, 1723년의 호구는 80%, 인구는 75%

(4) 호당 인구수가 5 이상일 경우: 1726-1756년의 호구는 75%, 인구는 70%

(5) 호당 인구수가 4.5 이상일 경우: 1759-1786년의 호구는 70%, 인구는 65%

(6) 호당 인구수가 4.5 미만일 경우: 1789년 이후의 호구는 70%, 인구는 60%

(7) 1909년 민적법 반포 이후: 1910년의 경우 호구는 80%, 인구는 70%

2) 실제 인구수 추정

이러한 수정 원칙을 조선시대에 작성된 호구통계에 적용하여 호구와 인구 통계, 평균가구원수, 연평균 증가율을 산출하면 다음의 〈표 3-3〉이다.

〈표 3-3〉 조선 후기 서울의 인구 추세

번호	연도	호 통계	인구 통계	호당 평균 인구수	수정 호구	수정 인구	수정 호당 평균 인구수	기준구간 연평균 인구 증가율
1	1669	23,899	194,030	8.11	26,554	228,270	8.6	-0.97
2	1678	22,740	167,406	7.36	26,753	209,257	7.82	0.43
3	1717	28,356	185,872	6.55	35,445	247,829	6.99	1.05
4	1720	30,723	191,838	6.24	38,404	255,784	6.66	1.22
5	1723	31,859	199,018	6.24	39,824	265,357	6.66	0.25
6	1726	32,747	188,597	5.76	43,663	269,424	6.17	-0.41
7	1729	32,372	186,305	5.76	43,163	266,150	6.17	3.63
8	1732	35,768	207,733	5.8	47,691	296,761	6.22	-3.37
9	1735	33,836	187,756	5.55	45,115	268,223	5.95	1.16

10	1738	35,576	194,432	5.47	47,435	277,760	5.86	-0.77
11	1741	34,886	189,985	5.45	46,515	271,407	5.83	-1.32
12	1747	34,153	182,584	5.34	45,537	260,834	5.73	-0.46
13	1750	34,652	180,090	5.2	46,203	257,271	5.57	-1.11
14	1753	34,953	174,203	4.98	46,604	248,861	5.34	4.18
15	1756	38,108	197,452	5.18	50,811	282,074	5.55	-2.09
16	1759	36,467	172,166	4.72	52,096	264,870	5.08	2.18
17	1762	39,926	183,782	4.6	57,037	282,742	4.96	1.91
18	1765	39,344	194,634	4.95	56,206	299,437	5.33	-1
19	1768	38,770	188,884	4.87	55,386	290,591	5.25	1.27
20	1771	38,497	196,219	5.1	54,996	301,875	5.49	0.23
21	1774	38,531	197,558	5.13	55,044	303,935	5.52	0.07
22	1777	38,593	197,957	5.13	55,133	304,549	5.52	0.94
23	1780	38,742	203,641	5.26	55,346	313,294	5.66	0.72
24	1783	42,281	208,090	4.92	60,401	320,138	5.3	-2.04
25	1786	42,786	195,731	4.57	61,123	301,125	4.93	1.63
26	1789	43,861	189,706	4.33	62,659	316,176	5.05	0.06
27	1792	43,910	190,041	4.33	62,729	316,735	5.05	0.26
28	1795	43,890	191,501	4.36	62,701	319,168	5.09	-1.96
29	1798	44,945	193,783	4.31	63,779	300,972	5.06	3.52
30	1800	45,105	193,765	4.3	64,436	322,942	5.01	1
31**	1805	45,663	203,726	4.46	65,233	339,543	5.21	0.19
32	1807	45,707	204,886	4.48	65,296	341,477	5.23	0.36
33	1810	45,833	207,115	4.51	65,476	345,192	5.27	0.2
34	1813	45,946	208,336	4.53	65,637	347,227	5.29	-0.02
35	1816	45,748	208,182	4.55	65,354	346,970	5.31	0.09
36	1819	45,827	208,724	4.55	65,467	347,873	5.31	-0.86
37	1822	45,617	203,395	4.46	65,167	338,992	5.2	0.05
38	1825	45,609	203,675	4.47	65,156	339,458	5.21	0.01
39	1828	45,623	203,731	4.47	65,176	339,552	5.21	0.02
40	1831	45,636	203,837	4.47	65,194	339,728	5.21	0.003
41	1834	45,644	203,856	4.47	65,206	339,760	5.21	0.01
42	1837	45,648	203,925	4.47	65,211	339,875	5.21	0
43	1840	45,655	203,921	4.47	65,221	339,868	5.21	0.01
44	1843	45,661	203,986	4.47	65,230	339,977	5.21	0.04
45	1846	45,666	204,208	4.47	65,237	340,347	5.21	-0.03
46	1849	45,672	204,017	4.47	65,246	340,028	5.21	0.01
47	1852	45,678	204,053	4.47	65,254	340,088	5.21	0.04
48	1855	45,678	204,302	4.47	65,254	340,503	5.22	0.65
49	1858	45,828	208,338	4.55	65,469	347,230	5.3	-0.48

50	1861	45,828	205,342	4.48	65,469	342,237	5.23	-0.44
51	1864	47,565	202,639	4.3	67,950	337,732	4.97	0.75
52	1867	45,605	207,271	4.5	65,150	345,452	5.3	-0.04
53	1870	45,928	207,062	4.5	65,611	345,103	5.26	-1.6
54	1873	45,734	197,377	4.3	65,334	328,962	5.04	0.17
55	1876	44,607	198,372	4.5	63,724	330,620	5.19	-0.2
56***	1878	44,406	197,200	4.4	63,437	328,667	5.18	-0.12
57	1882	44,269	196,464	4.4	63,241	327,440	5.18	0.1
58	1885	44,320	197,074	4.5	63,314	328,457	5.19	-0.71
59	1888	43,476	192,933	4.4	62,109	321,555	5.18	0.04
60	1891	43,535	193,159	4.4	62,193	321,932	5.18	0.21
61	1900	42,454	196,898	4.6	60,649	328,163	5.41	-0.38
62	1903	42,821	194,659	4.6	61,173	324,432	5.3	0.59
63	1907	46,374	199,325	4.3	66,249	332,208	5.02	2.62
64	1910	55,463	233,590	4.2	69,328	359,369	5.18	0.72

전거: 『조선왕조실록』·『일성록』·『탁지지』·『증보문헌비고』.
  * 기준 구간 연평균 인구 증가율은 수정된 인구를 기준으로 기준 시점 사이의 연평균 인구 증가율이다. 예컨대 1669년 -0.97%는 1669년에서 1678년까지 총 10년간의 연평균 증가율을 나타낸 것이다. 이하 모두 동일한 방법으로 표시하였다.
  ** 1801년에서 1804년까지의 호구통계는 누락되어 있다. 원래 1803년, 1806년의 호구통계를 실었어야 하나, 1805년, 1807년의 호구통계를 실었다.
  *** 1878년의 호구통계는 원래 1879년의 호구통계를 실어야 하나, 1879년의 호구통계는 호 43953, 구 168427이며, 1880년은 호 44263, 구 188953으로 1년 전후의 호구통계와 심한 차이를 보인다. 그러므로 1878년의 호구통계를 기준으로 인구증감추세를 분석했다.

〈표 3-3〉의 수정된 호구통계에 의하면 서울의 호는 1669년 2만 6천여 호에서 1717년 3만 5천여 호, 1765년 5만 5천 호, 1816년 6만 5천여 호, 1864년 6만 8천 호 수준으로 증가한 것으로 나타난다. 17세기 후반에서 18세기 초반까지 50년 동안 1만 호의 증가, 18세기 초반에서 18세기 중엽까지 50년 동안 2만여 호의 증가, 그리고 18세기 후반에서 19세기 초반까지는 1만 호 수준의 증가를 보이고, 19세기 초반에서 19세기 중엽까지 50년 동안 호수의 증가는 매우 미약하게 나타난다. 이러한 수정된 호의 수치가 실제를 제대로 반영하는지를 점검하기 위해 당시 서술 자료를 통해 살펴보도록 하자.

호에 대한 자료는 18세기 전반 5만 호, 18세기 후반 8만 호라는 두 가지 기록이 남아 있다. 1718년(숙종 44) 서울에서 전염병의 대유행으로 사망자가 많았는데, 이 사망자 수를 추산하는 과정에서 한성부 호구가 5만 호라는 자료가 제시된다. 전염병으로 대호에서는 십여 명, 소호에서도 수 명이 사망했는데, 이를 가호당 평균 2명씩 사망했다고 가정하고, 전체 5만 호에서 10만 명이 사망했다고 추산하였다.[28] 18세기 후반의 자료는 박지원의 소설 「광문자전(廣文子傳)」[29]과 이덕무(李德懋)가 쓴 「성시전도시(城市全圖詩)」[30]의 기록인데, 두 기록 모두 한양의 호수를 8만 호로 파악하고 있다.

이와 같은 수치를 그대로 신뢰하기는 어렵다. 이 수치는 당시 사람들의 보편적 관념을 반영한다는 점에서 의미가 있지만, 현실보다 과장되었을 소지가 크다. 그러나 터무니없는 과장은 아닐 것이다. 〈표 3-3〉에서 수정된 한성부의 호구 수는 1717년 3만 5천여 호, 1765년 5만 6천여 호, 1798년 6만 3천여 호였다. 이 수치는 당시 사람들의 관념하고 있는 수치에 비해 25-30% 정도 낮은 수치다. 서술 자료의 과장을 감안한다면 〈표 3-3〉의 수정된 호구 수는 실제 호구 수에서 그다지 벗어난 수치는 아닐 것이라고 여겨진다.

한편 서울의 인구는 1669년 22만 명 수준에서 1720년대에 25만 명, 1760년대 30만 명, 그리고 1860년대 34만 명, 1910년에 33만 명 수준

---

28) 『비변사등록』 71책, 숙종 44년 10월 15일. "藥房都提調 李 所計(중략)今年疾疫無前 都下死亡相繼 大戶死亡至十數人 小戶數人 統計爲戶二人 都下五萬戶當爲十萬人 (중략) 都下如此 外方無不皆然 或有全家沒死者."

29) 박지원, 廣文子傳(이우성, 임형택 편, 『이조후기한문단편집』 하, 일조각). "且吾朝而歌呼入市中 暮而宿富貴家門下 漢陽戶八萬爾 吾逐日而易其處 不能盡吾之年壽矣."

30) 李德懋, 「城市全圖詩」. "八萬餘家統五部 四十九坊控三市."

을 나타낸다. 이러한 추정은 18세기 후반 서울 인구가 30만 명 수준이라는 기왕의 연구와 합치하고 있다.[31] 다만 호구 자료에서 보듯이, 19세기 이후의 호와 인구 통계는 일정한 비율을 전제로 동일하게 변동하고 있는데, 이는 정약용이 언급한 바처럼 실제 인구 증감과 전혀 무관하게 장부상으로만 집계한 결과로 여겨진다. 적어도 19세기 이후의 호구 통계는 그 신뢰성이 매우 의심스러운 것이라 하지 않을 수 없다. 그러므로 호구 자료만을 토대로 하여 19세기 이후의 인구수를 추정하는 것은 매우 위험한 것이다.

〈표 3-3〉에서 수정된 인구수를 기초로 인구 증감 추세와 호구의 증감 추세, 그리고 연평균 인구 증가율을 그림으로 나타내면 〈그림 3-1〉, 〈그림 3-2〉, 〈그림 3-3〉과 같다. 〈그림 3-1〉과 〈그림 3-2〉의 인구와 호구 추세에서 보듯이 서울의 인구는 19세기 중엽까지는 꾸준한 증가 추세를 보이고 있다. 다만, 인구의 연평균 증가율은 〈그림 3-3〉에서 보듯이 시기에 따라 변동이 많았다.

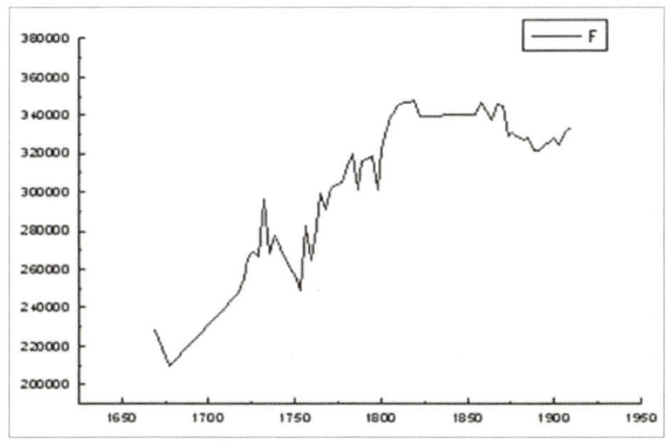

〈그림 3-1〉 서울의 인구 증감 추세(1669-1910)

---

31) 권태환, 신용하, 1977 앞의 논문 참조.

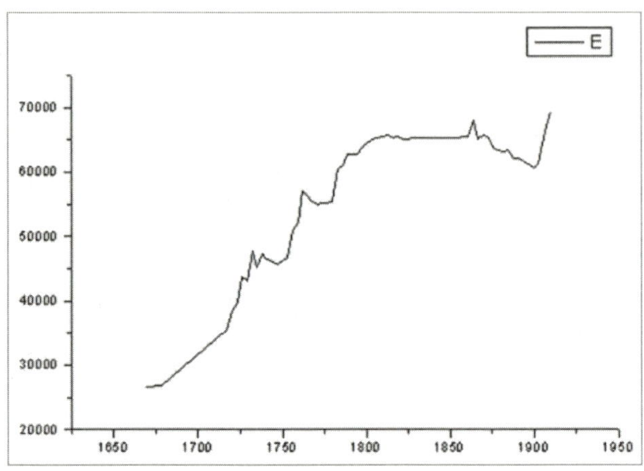

〈그림 3-2〉 서울의 호 증감 추세(1669-1910)

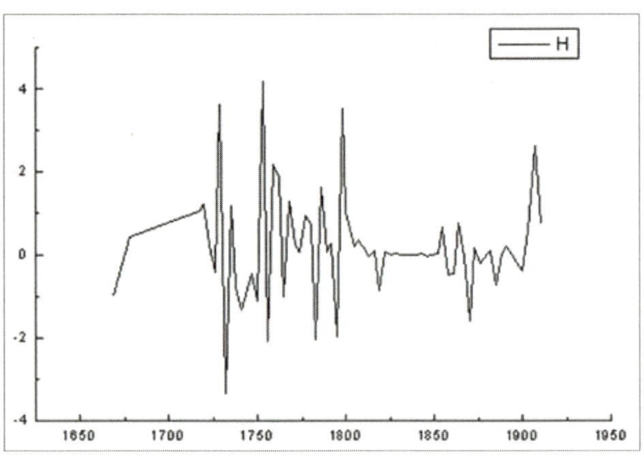

〈그림 3-3〉 서울의 연평균 인구 증가율(1669-1910)

수정된 통계에서 호당 평균 가구원 수를 살펴보면, 시기적으로 점차 하향 추세를 나타내고 있다. 즉 1669년에는 8.6명, 1678년에는 7.82명, 1717년에 6.99명, 1720년에서 1732년에는 6.2명, 1735년에서 1756년 사이에는 5.5명, 1756년 이후에는 대체로 5.2명 내외로 나타난다. 이와 같이 수정된 인구 통계에서 호당 인구수가 차이가 나는 것은 원래 호구 통계 자료를 수정하면서 이 차이를 고려하지 않았기 때문에 나타나는 결과다. 일반적으로 호당 인구수가 시기가 지나도 큰 변화가 없다는 점이 인구 통계의 상식이라는 점을 감안한다면, 이러한 호구 통계의 수정 작업의 적절성을 의심하게 만드는 요인이 될 수도 있다. 그러나 이러한 현상은 다른 한편에서는 호구 통계 수정상의 문제라기보다는 실제 호구 구성의 변화를 반영하는 것으로도 해석될 여지가 많다. 예컨대 1750년(영조 26)의 다음과 같은 기록은 한성부의 호구 구성의 변화를 알려주는 흔치 않는 기록이다.

> 서울의 호구 중에는 대·중호(大中戶)가 당연히 많고, 소호나 잔독호(殘獨戶)는 적어야 마땅하나, 한성부에서 조사한 것을 살펴보니 잔독호가 18000여 호이고, 대·중 호는 2천 호에 불과하다.[32]

한성부의 호구는 대호·중호·소호·잔호(殘戶)·독호(獨戶)로 구분되었다. 조선 전기에는 가옥의 규모를 기준으로 대호(40간 이상), 중호(30간 이상), 소호(10간 이상), 잔호(5간 이상), 잔잔호(4간 이하)로 구분하였다.[33] 그러나 조선 후기에는 호당 가구원 수를 기준으로 호구를 구분한 것으로 보인다. 예컨대 영조시기 양역변통에 대한 논의과정에서

---

32) 『비변사등록』 121책, 영조 26년 5월 25일. "京城戶口中 大中戶 當爲數多 小殘獨戶 當爲數少 而以京兆考出而報 觀之 則殘獨 至於一萬八千餘戶 大中戶則董過二千餘戶."

33) 『세종실록』 권 67, 세종 17년 3월 戊辰. 한성부와 달리 지방은 田結의 다과에 따라 대호(50결 이상), 중호(30결 이상), 소호(10결 이상), 잔호(6결 이상), 잔잔호(5결 이하)로 구분되었다.

지돈녕(知敦寧) 이종성(李宗城)은 한성부 호구 구분의 기준을 다음과 같이 말하고 있다.

> 옛날 호별로 역을 내게 할 때에는 다만 빈부만 따지고 인구수는 따지지 않았습니다. 당나라, 송나라 이래의 9등의 법도 도성에는 물력으로, 향촌에는 전답으로 헤아려 부유한 자를 상호(上戶)라 하고, 빈잔한 자를 하호(下戶)라 칭하였으며, 9등의 분등도 빈부의 차이를 참작하여 역을 내는 다소를 정하였을 뿐, 우리나라에서 말하는 대·중·소·잔의 인구만 헤아려 붙인 것과는 같지 않았습니다. 지금은 대호·중호로 자손은 많지만 지극히 가난한 자가 돈 내는 것은 특히 많고, 소호·잔호로 사람은 적은데 매우 부유한 사람이 돈 내는 것은 가장 적으니 천하에 고르지 못함이 이보다 심한 것은 없습니다.[34]

종전에는 빈부에 따라 구분하여 가호별로 역을 부과했는데, 오늘날에는 인구수에 따라 대·중·소·잔 호를 구분한다는 것이다. 그렇기 때문에 가난하지만 자손이 많아 대호가 된 집안은 역을 많이 부담하게 되고, 부자이지만 자손이 적은 가호는 역을 적게 지기 때문에 불공평이 심화된다는 것이다.

조선 전기 가옥 규모를 기준으로 했던 가호 구분 기준이 어떠한 이유로 가구원 수로 변화되었을까. 자료의 부족으로 정확한 이유를 알 수는 없다. 다만 조선 후기에는 인구 증가에 따라 같은 울타리 안의 주택이라고 할지라도 세 들어 사는 자들이 많았고, 이들 세입자들도 협호(挾戶)로 구분하여 독립호로 파악하였다. 한 울타리 안에 여러

---

34) 『영조실록』 권 71, 영조 26년 6월 癸巳.

호구가 거주하는 현실에서는 가옥 규모만으로 대·중·소·잔·독호를 구분하는 것은 더 이상 의미가 없었을 것이다.

이러한 점들을 고려하여 생각한다면, 대호의 평균 가구원 수는 1718년(숙종 44) 전염병으로 대호에서 사망한 자가 십수 인이 된다는 기록에서 보듯이,35) 최소 10명 이상의 가구원으로 구성되었을 것이다. 대호의 구성은 단혼 소가족 형태가 아니라 형제나 아들·조카 등을 모두 포함하여 구성된 대가족 형태의 호구로 이해된다. 이 형태의 호구 구성은 조선 전기의 보편적인 호구 구성이었다.36) 규장각에 남아 있는 한성부의 호구단자·준호구 등에서도 17세기 후반의 경우에는 이러한 대가족 형태의 호구 구성이 다수 발견된다. 그러나 18세기 중엽에 이르면 주 32)의 기록에서 언급되듯이 대호와 중호는 2천 호로 전체 호의 5%에 지나지 않는다. 잔호는 대부분 단혼 소가족을 기본 단위로 하는 자연호 상태의 가족호로 이해된다. 즉 호주 부부와 직계 자손 및 노비호를 합한 호구로 구성되는 것이다. 그리고 독호는 1인 가족과 노비를 포함한 구성으로 이해되며, 협호는 주호에 예속된 호라기보다는 그야말로 협방살이의 개념으로 이해되어야 할 사례가 많다. 도시화된 한성부의 경우는 주호에 대한 예속성은 나타나지 않고 세 들어 사는 호구를 협호로 표현하고 있음이 준호구나 호구단자에서 확인된다.37)

---

35) 주 28) 참조.

36) 이영훈, 1976 「조선 전기의 토지 소유와 농업 경영」,『한국사 7 —중세사회의 발전(1)』276-281면, 한길사.

37) 규장각 간행의 『고문서』 583번에는 星湖 李瀷의 조카인 李廣休가 戸主로 기록되어 있고, 그 사촌인 李用休, 즉 李家煥의 부친은 挾戸로 기록되어 있다. 이광휴와 이용휴가 사촌지간으로서 예속적인 관계일 수 없다. 도시 지역인 한성부 호적에서 협호는 말 그대로 잠깐 더부살이하거나 세입자를 표현하는 용어로 이해된다.

  17세기 후반에서 18세기 후반에 이르기까지 수정된 통계에서 평균 가구원 수의 경향적 하락 양상은 바로 이러한 호구 구성의 변화도 반영하는 것으로 이해되어야 할 것이다.[38] 즉 1750년 대·중 호가 2,000호에 불과하고, 잔·독 호가 18,000호로 구성된다고 보면, 이는 대·중 호의 편성이 점차 사라지고, 단혼 소가족 형태의 호구 편성이 일반화되고 있음을 반영하는 것이다.

3) 인구의 증감 추세

  〈표 3-3〉의 수정된 인구 통계를 토대로 계산한 1669년에서 1910년까지 연평균 인구 증가율은 0.19%다. 이는 권태환·신용하의 1392-1910년 동안 전국 인구의 연평균 인구 증가율 0.22%에 비해 다소 낮다. 그러나 1925년 한성부 영역의 조선인 인구 400,382명으로 계산하여 1669년에서 1925년까지의 연평균 인구 증가율을 계산하면 0.22%가 된다.[39] 세계사적으로 전근대사회의 연평균 인구 증가율이 0.1% 내외라는 점을 감안하면, 조선 후기 서울의 인구 증가는 매우 역동적인 것이었다.

  조선 후기의 한성부 인구 증가와 전국 인구 증가를 비교해보자.

---

38) 호당 평균 가구원 수의 경향적 하락 추세가 실질적인 호구 구성의 변화를 반영한다고 했을 경우, 여기에서 수정 원칙으로 삼았던 호당 인구수에 따라 완성도가 달라진다는 점은 재고될 소지가 없지 않다. 다만 본 연구에서는 호당 평균 가구원 수의 추이와 함께 서술 자료에서 나타나는 호적 파악의 완성도에 관한 자료를 결합시켰기 때문에 실제 인구 증감 추세를 도출하는 데는 큰 모순이 없다고 생각한다.

39) 은기수의 추산처럼 1925년 경성부 조선인 인구수를 360,344명으로 가정하면, 1669년에서 1925년 사이의 연평균 인구 증가율은 0.18%가 된다.

신용하·권태환의 연구에서 전국 인구는 1669년 1천 3백만여 명, 1800년에 1천 8백만여 명, 1910년에 1천 7백만여 명으로 추정하였다.[40] 1669년에서 1800년까지의 연평균 인구 증가율은 0.26%이며, 1669년에서 1910년까지의 연평균 인구 증가율은 0.12%다.

한성부의 경우는 〈표 3-3〉에 보듯이 1669-1800년 사이의 연평균 인구 증가율은 0.26%이며, 1669-1910년 사이는 0.19%다. 일반적으로 향촌에 비해 도시의 인구 증가율이 높다는 점을 감안하면, 1669-1910년간 전국보다 서울의 연평균 인구 증가율이 높게 나타나는 것은 당연한 현상이다. 다만 18세기 서울과 전국 인구의 연평균 증가율이 동일하다는 점은 본 연구의 결과가 전국 통계에 비해 다소 저평가된 것이거나 또는 신용하·권태환의 연구가 높게 평가된 것으로 여겨진다.

그리고 1669-1910년의 연평균 인구 증가율 추정에서 감안해야 할 점은 앞서 언급했듯이 19세기 서울의 호구자료의 신뢰성이 그 이전 시기에 비해 매우 낮다는 점이다. 이러한 자료상의 한계가 신용하·권태환의 연구와 차이를 낳게 하는 요인으로 보인다. 여기에서 추정한 18세기의 인구 증가율이 전국 인구 증가율과 유사하다는 점은 적어도 본 연구의 결과가 18세기를 대상으로 할 경우 신뢰성이 높다는 점을 반영하는 것이다.

이제 수정된 통계를 근거로 30년을 기준으로 시기별 인구 증감 추세를 살펴보도록 하자.

(1) 1669-1678년

이 시기는 대체로 호구와 인구 파악의 완성도가 높은 시기로 여겨

---

40) 신용하·권태환, 앞의 논문 〈부표 4〉 연도별 조선시대 인구 추정치 1392-1910.

진다. 이 시기의 인구는 1670년(현종 11, 庚戌), 1671년(현종 12, 辛亥)의 경신대기근(庚辛大饑饉)에 의해 급격한 인구 감소가 나타나는 시기다. 그러므로 연평균 인구 증가율도 -0.97%라는 매우 급격한 인구 감소율을 보이고 있다.

(2) 1678-1717년

이 시기의 연평균 인구 증가율은 0.43%로 비교적 높은 편이다. 1695년(숙종 21, 乙亥)과 1696년(숙종 22, 丙子)의 이른바 을병대기근(乙丙大饑饉)이라는 재난으로 한성부 지역에는 상당한 인구 손실이 있었다. 예컨대 1670년 연강산저민(沿江山底民)이 5천 호 수준이었는데,[41] 1699년(숙종 25)의 경우는 도성 밖 사산(四山) 주변과 경강(京江) 주변의 인구인 연강산저민이 1천 호 이상이 감소하였다.[42] 17세기말의 급격한 인구 감소는 1700년을 거치면서 점차적으로 회복되어 1717년에 이르면 1678년 수준을 훨씬 상회하는 것으로 나타난다. 이는 곧 17세기 최말기의 급격한 인구 감소와 18세기 초반의 전례 없는 인구 증가가 있었음을 확인시켜 주는 것이다. 인구의 급격한 감소에서 증가로 반전될 때 인구 증가율이 전례 없이 높아지는 것이 보편적인 인구 현상이다. 그러므로 바로 이전 시기 -0.97%라는 급격한 인구 감소에서 인구가 서서히 회복되고 있음에도 인구 증가율은 0.43%로 매우 높게 나타난 것이다.

한편 이 시기 인구 증가는 서울이라는 특수한 조건에서 기인한 것

---

41) 『藏氷謄錄』 권2, 庚戌(현종 11) 12월 초 10일.

42) 『비변사등록』 권50, 숙종 25년 12월 4일. "漢城府 啓曰 每年 內藏氷之役 本府主管 而例於沿江山底居民等處 (중략) 今年則民戶減損 (중략) 則所減之數 將過千戶."

도 많은 것으로 보인다. 당시 소빙기(小氷期) 기후 재난으로 인한 흉년과 전염병의 유행으로 많은 주민들이 유민화되었는데, 지방 군현에서는 자기 고을 출신에 대해서는 진휼을 실시했지만, 왕도인 서울에서는 모든 지역 주민들에게 진휼이 실시되었다. 그러므로 17세기말 서울에는 전국 각지의 유민들이 대거 몰려들었던 것이다.[43] 요컨대 이 시기 서울 인구의 증가는 사망과 출생이라는 자연적 요인이 아니라 외부로부터의 유입된 인구에 의해 나타난 것이다.

(3) 1717-1747년

연평균 인구 증가율은 0.17%로 나타난다. 18세기 전반기의 서울 인구 추세는 매우 완만하지만 꾸준하게 증가하였다. 그러나 국지적인 측면에서 보면 인구 증감의 기복이 심하였다. 예컨대 1718년(숙종 44)에 서울에서는 흉년과 전염병으로 거의 10만 명의 인구 손실이 있었던 것으로 이해되고 있다.[44] 물론 이 수치가 과장된 것이긴 해도, 1718년의 상당한 인구 손실이 있었음은 분명하다. 이러한 급격한 인구 손실은 1720년대에 곧 바로 회복되었다. 1727년(영조 3) 영조는 서울의 인구가 날로 늘어 도성 밖에는 무덤 쓸 자리도 없다고 얘기하고 있다.[45]

---

43) 17세기말 유민의 서울 집주 현상에 대해서는 고동환, 1998, 『조선 후기 서울상업 발달사 연구』, 지식산업사, 38-40쪽 참조.

44) 주 28) 참조.

45) 『영조실록』 권11, 영조 3년 5월 庚辰. "命改定都城禁標 從都民等上言也 (중략) 上令廟堂稟處 大臣諸臣皆言其不可 上曰近來生齒蕃盛 郊外無一片空閑之地 今從民願則朝家恩澤 當及於白骨 許令沙川爲限."

(4) 1747-1777년

연평균 인구 증가율은 0.52%로 매우 높다. 그러나 이 기간의 초기인 1753년까지는 1731년 이후의 인구 감소 추세가 지속되었다. 이 기간 중 1732, 1743, 1752년에 금주령이 내려지고 있는데, 이는 흉년으로 인한 식량 부족에 기인한 것으로 이해된다. 1750년에 실시된 균역법도 결국에는 이와 같은 인구 감소 추세에 대한 정부의 대응조처로 해석될 수 있을 것이다. 1753년 이후에야 서울의 인구는 매우 급격한 증가 추세로 돌아서게 되는데, 이 무렵 18세기 전반을 휩쓸었던 전염병이나 기근 등, 인구 감소 요인이 모두 해소되었다. 영조 후반기는 이러한 안정적인 인구 성장을 바탕으로 건실하게 경제가 성장한 것으로 평가된다.

(5) 1777-1807년

이 기간은 정조 치세기로, 영조 후반기의 인구 성장을 계승하여 안정적인 성장세를 지속한 시기였으며, 연평균 인구 증가율은 0.38%였다. 안정적 성장 속에서 '여항 문화(閭巷文化)'와 같은 도시 문화가 출현하고,[46] 후술하는 여러 가지 도시 문제가 발생하였다. 다만 이 시기에도 전염병이나 기근들이 간헐적으로 지속되긴 했지만, 경제 성장은 이러한 인구 감소 요인을 모두 흡수하고도 안정적인 인구 성장을 기록할 정도였다.

(6) 1807-1837년

이 시기의 연평균 인구 증가율은 -0.016%로서, 인구 추세는 전반적

---

46) 본서 5장 참조.

인 정체 속에서 매우 완만한 감소를 나타내고 있다. 이 시기는 1809, 1810년의 혹심한 기근과 1811년 홍경래 난, 그리고 1821년의 콜레라 유행 등 엄청난 인구 감소 요인이 있었는데, 이러한 기근이나 평안도에서 일어난 반란은 통계상에서는 서울의 인구 증감에 큰 영향을 미치지 않은 것으로 나타난다. 정약용이 1821년 콜레라의 유행으로 서울 도성 안에서 죽은 자가 13만 명이라고 기록하고 있음에 비해,[47] 호구 통계상에서는 1819년에 비해 1823년의 인구가 5,329명이 감소한 것으로 기록되었다. 물론 이 3년 동안의 연평균 인구 증가율은 -0.86%로 비교적 높은 감소율을 기록하고 있기는 하나, 이 수치는 정약용이 말한 정도의 인구 감소치를 반영하기에는 매우 부족한 것이다. 이러한 사실은 두 가지로 해석될 수 있는데, 하나는 19세기 호구 통계가 이미 실제 인구수를 반영하고 있지 않다는 점을 나타내는 것이고, 다른 하나는 이와 같은 인구 감소 요인을 곧 바로 회복할 수 있는 경제력을 보유한 시기임을 보여 준다는 점이다.

(7) 1837-1867년

1837-1867년 사이의 연평균 인구 증가율은 0.05%로 매우 정체된 인구 상황을 나타낸다. 1860년 북경 함락, 1862년 임술민란, 1866년 병인박해와 병인양요 등 매우 불안한 사회 정세가 지배했던 이 시기에는 서울의 인구 이동이 매우 심했을 것으로 판단된다. 이를 반영해서인지 모르지만, 1858년에서 1864년까지는 -0.4% 내외의 비교적 높은 인구 감소율을 기록하고 있다.

---

47) 『牧民心書』 愛民, 六條 寬疾.

(8) 1867-1907년

이 시기는 연평균 인구 증가율이 -0.1%를 기록하였으며, 1874년 갑신정변, 1882년 임오군란, 1894년 농민전쟁, 청일전쟁, 1904년 러일전쟁 등 정변과 전쟁이 계속된 시기였다. 뿐만 아니라 1879년(고종 16)에는 서울에 괴질(怪疾)이 크게 번져 6만여 명이 사망하였다는 기록도 있다.[48] 이 시기에는 연이은 전쟁과 전염병의 유행으로 서울 인구가 감소하였던 것이다.

이상에서 각 시기별 특징적인 인구 추세를 살펴보았다. 각 시기별 인구 증감 추세를 개관하면, 〈그림 3-1〉에서 보듯이 17세기 후반의 인구 감소기, 17세기 말에서 18세기 초반까지는 급격한 인구 증가기, 18세기 전반은 완만한 인구 증가기, 18세기 후반은 지속적인 인구 증가기, 18세기말에서 19세기 전반까지 인구 정체 속의 매우 느린 인구 증가기, 19세기 중엽은 인구 정체기, 개항 이후 20세기 초는 인구 감소기라고 설명할 수 있다.

4. 서울 인구 추세 연구와 그 한계

조선 후기 인구 추세에 대한 논의는 기왕에 존재하는 호구 통계 자료에 대한 해석이 가장 중요한 관건이 된다. 여기에서는 기왕의 연구에서 조선 후기 호구 자료의 신뢰도를 모두 동일하게 설정한 것과

---

48) 『梅泉野錄』 제1권 上(1894년 이전) ⑦. 서울의 괴질 만연. 8월 중 서울에서는 괴질이 크게 번져 사망자가 무려 6만 명이나 되었다. 이때 前領府使 金炳學도 사망하였다.

다르게, 각종 연대기에 나타난 서술 자료, 구체적인 호적 자료인 호구단자와 준호구류, 그리고 근대적 인구 자료인 1925년의 『간이국세조사』와 1926-1930년의 『간략생명표』 등의 자료를 활용하여, 조선 후기 호구 통계 자료의 신뢰도를 시기에 따라 달리 설정하였다. 시기별 신뢰도의 차이를 구하는 가장 중요한 기준으로 호당 평균 인구수를 설정하고, 호 통계와 인구 통계의 신뢰도 차이를 5%로 설정하였으며, 최저 신뢰도를 인구는 60%, 호구는 70%로 설정한다는 가정을 토대로 인구 변동 추세를 도출하였다.

그 결과 1669년에서 1910년간의 서울 인구는 1669년 22만 명 수준에서 1720년대에 25만 명, 1770년대 30만 명, 그리고 1820년대 35만 명, 1870년대에 33만 명, 1900년대 33만 명 수준으로 파악되었다. 연평균 증가율은 시기에 따라 변동이 매우 다양했지만, 전체적인 인구 성장 추세를 본다면 17세기 후반의 인구 감소기를 거쳐, 17세기 말에서 18세기 초반까지는 급격한 인구 증가기, 18세기 전반은 완만한 인구 증가기, 18세기 후반은 지속적인 인구 증가기, 18세기 말에서 19세기 전반까지 인구 정체 속의 매우 느린 인구 증가기, 19세기 중엽은 인구 정체 속의 매우 느린 인구 감소기, 개항 이후 20세기 초는 인구 감소기라고 설명할 수 있다. 이와 같은 서울의 인구 추세는 17세기 후반 이후 서울의 인구가 증가하고, 도성 외부로 도시 공간이 확대되고, 상업 도시로 성장했다는 기왕의 연구와도 부합되는 것이라고 할 수 있을 것이다.[49]

본 연구는 한성부에서 보고한 호구 통계자료에 대한 수정을 통해

---

49) 조선 후기 서울의 인구 증가와 상업 발달 양상에 대해서는 고동환, 1998 『조선 후기서울상업 발달사 연구』, 지식산업사 참조.

조선 후기 인구 추세와 그로부터 비롯된 사회현상을 설명하고자 한 것이다. 그러나 서두에서 밝혔듯이 호구 통계가 지니는 불완전성으로 본 연구의 결론도 상당한 한계를 지닌 것이라고 하지 않을 수 없다. 그러므로 본 연구는 거시적인 안목에서 조선 후기 인구 추세를 조망하고자 한 것으로 매우 제한적인 의미만을 지니는 것임을 미리 언급해 둔다.

4
조선 후기 서울의 도시 구조 변화와 도시 문제 발생

1. 도시 발달의 사회 경제적 배경

1960년대 이후 조선 후기 사회경제사 연구는 우리 역사를 '내재적 발전론'의 시각에서 체계화하는 데 가장 중요한 기여를 한 연구였다. 그러나 이와 같은 사회경제사 연구는 사회경제가 운용되던 공간인 도시와 농촌에 대한 구분을 무시한 채 진행되었기 때문에, 조선 후기 사회 변동에서 차지하는 도시 경제 요소가 끼친 영향을 제대로 평가하지 않은 약점을 드러낸 것이었다.[1] 이와 더불어 이미 70년대부터 자본주의 맹아론에 입각한 여러 연구들은 주로 개별적인 사례를 통해 전체 사회의 '발전'과 '변동'을 증명하고자 한 것으로, 구조적인 관점이 결여된 '부조적 수법(浮彫的手法)'의 한계를 지녔다고 비판을 받았으며,

---

[1] 조선 후기 사회경제사 연구에서 도시와 농촌을 구분해야 한다는 점에 대해서는 이태진, 1992 「조선 후기 양반사회의 변화 ―신분제와 향촌사회 운영구조에 대한 연구를 중심으로―」, 『한국사회발전사론』, 일조각 참조.

최근에는 식민지 근대화론의 관점에서 한국사에서 자본주의체제는 이식될 수밖에 없는 것이라는 근본적 비판에 직면하기도 했다.[2]

1960년대 이후 사회경제사 연구가 지닌 한계들을 극복하기 위해서는 내재적 발전론에서 구축된 '발전'과 '변동'을 기반으로 하면서도 조선 후기 사회 경제의 구조와 그 구조가 어떻게 운영되었는지에 대해 심화된 연구가 필요하다. 요컨대 60년대 이후 정열적으로 추구되었던 자본주의 맹아론의 시각과 단절하는 것이 아니라 이에 대한 비판적 계승의 관점에서 조선 후기 사회 경제사를 진전시켜야 하는 것이다.[3]

조선 후기 사회 경제사 연구의 주된 관심은 성리학적 지배 이념과 그러한 지배 이념이 구체적으로 실현되는 향촌사회에 두어져 있었다. 서울도 이러한 인식의 연장선 속에서 이해되어 왔다. 서울은 도성으로 둘러싸인 조선왕조의 왕도(王都), 군사 · 정치 · 문화의 중심지, 성리학을 지배 이념으로 한 조선왕조 지배 체제의 중심지 등으로 이해되기 십상이었다. 그러나 실제 17세기 후반 이후 서울은 향촌사회와는 사회 운영 원리가 질적으로 다른 상업 도시로 그 성격이 변화하고 있었다.[4]

여기에서는 18세기 서울이 상업 도시로서 성장하게 된 배경을 17세기 후반 이후 사회 경제의 변화 과정에서 찾아보고, 이러한 배경을 토대로 인구 구성, 도시 공간, 상업 구조의 측면에서 서울의 도시 구조가 어떻게 변모하였으며, 도시 구조의 변화 결과 나타나는 도시 빈

---

2) 이러한 한국사의 근대로의 이행에 대한 제반 관점에 대해서는 고동환, 1997 「근대화논쟁」, 『한국사시민강좌』20, 일조각 참조.
3) 고동환, 1995 「상품유통경제의 발전」, 『한국역사입문2 ―중세편』, 한국역사연구회.
4) 고동환, 1994 「朝鮮後期 서울의 商業都市로의 成長」, 『東洋都市史 속의 서울』, 서울시정개발연구원.

민 문제, 환경 문제, 각종 범죄의 만연 등 도시 문제의 양상들을 살펴보고자 한다. 이를 통해 조선 후기 서울의 도시화 양상에 대한 이해가 심화될 수 있을 것이다.

1) 농민 경제의 성장과 금속 화폐의 유통

17세기 조선 사회는 두 차례에 걸친 전란을 겪으면서 중세적 사회 체제가 전면적으로 동요되고 있었다. 정부는 전란의 피해를 복구하면서 전전(戰前)의 사회 질서를 회복하려는 의도에서 각종 사회 대책을 마련하였다. 당시 시급한 과제는 농업 생산의 원상 회복과 국가 재정의 확충이었다. 국가 재정의 확충을 위하여 정부는 양전(量田)에 의한 전결(田結)의 수괄(搜括)과 조세원의 확대, 진폐전(陳廢田)의 개간과 궁방전(宮房田)·관둔전(官屯田)의 설치 운영을 추진하였고, 농민 경제를 안정시키기 위해 선진적인 농업 기술을 보급하고, 부세제도에 대한 개혁을 시도하였다. 공물 방납의 폐단을 시정하기 위해 대동법을 점진적으로 실시하였으며, 농민층의 유리 도산에 따른 군포 부담의 편중 현상을 타개하는 방안으로 양역변통론·호포론을 꾸준히 제기하였다. 그런가 하면 농촌 사회의 분해, 평·천민층의 신분 상승이나 토지 이탈 등에 따르는 사회 불안, 농민 저항에 대처해서는 명분론(名分論), 강상윤리(綱常倫理)에 입각한 사회 통제 장치, 예컨대 향약·호패법·오가작통법 등을 통해서 사회 기강을 유지해 가려고 하였다.[5]

이러한 정책적 뒷받침과 더불어 이 시기에는 이앙법의 전국적 보

---

5) 金駿錫, 2003 『조선 후기 정치사상사연구』, 지식산업사.

급, 수리 관개 시설의 확충 등 농업 생산력의 발전이 두드러졌고, 폐경지의 기경과 개간의 진전으로 경지 면적이 급속히 증가하였으며, 단위 면적당 수확량이 크게 증대되었다.[6] 이 시기 농업 발전에서 중요한 의의를 가지는 것은 경지 면적의 확대와 미곡 생산의 증대, 그리고 면화·담배·인삼 등의 상품 작물 재배가 촉진되어 상업적 농업이 진전된 것이었다. 예컨대 15세기 『금양잡록(衿陽雜錄)』에 42종에 불과했던 벼 품종은 19세기 초 『임원경제지(林園經濟誌)』에는 69종이 기록되고 있다. 농업에서의 상품생산의 발전으로 대표적인 주곡 작물인 벼 품종도 크게 늘었던 것이다.

17세기 이후 농업에서의 상품 생산의 발전은 농업과 밀접히 결합되어 있었던 농촌 가내 수공업과 전업적 수공업의 발전을 촉진하였다. 특히 한산의 모시, 강화도의 화문석, 길주·명천의 베, 평양·안주의 비단, 진안·장수·삼등의 담배처럼 특산지가 형성되는 현상은 이 시기 농업 생산력의 발전과 상업적 농업의 진전에 따른 사회적 분업이 확대된 결과였다. 이와 같은 농민 경제의 성장으로 농가 경제의 잉여가 발생하고, 이것이 상품화됨으로써 농가 경제에서 맹아적 이윤이 축적되어 농민적 상품 화폐 경제가 활성화되고 있었다.[7] 이러한 현상은 농촌 장시의 확대와 농촌 장시와 장시간에 연계가 강화되는 현상으로 나타나고 있었다.[8]

이처럼 17세기 이후 생산이 복구 발전되고 사회적 분업이 확대된 데 기초하여 상품 생산과 교환이 발전하였으며, 이에 따라 화폐에 대

---

6) 金容燮, 1989 『增補版 朝鮮後期 農業史硏究 2-農業과 農業論의 變動』, 일조각.

7) 홍희유, 1989 『조선상업사(고대·중세편)』, 과학백과사전종합출판사.

8) 한상권, 1981 「18세기말 19세기초 場市發達에 대한 기초연구」, 『韓國史論』7.

한 사회적 요구는 더욱 높아지게 되었다. 이와 관련하여 16세기 말부터 은화(銀貨)가 부분적으로 유통되기 시작했는데, 정부에서는 이러한 상황에 대응하기 위해 은화 통용 금지령을 완화하고 은광(銀鑛)을 개발하는 한편, 일본과의 무역을 통하여 왜은(倭銀)을 대량으로 수입하였다. 임란 이후 효종대에 이르기까지 약 60여 년간에 걸쳐 30-40여 곳의 은광이 개발되었으며, 1687년(숙종 13)에는 전국적으로 약 70개의 은광이 개발되었다. 18세기에는 은광 외에도 금광과 동광이 계속 개설되었다.9) 그러나 은화는 거래 때마다 질과 양을 계산해야 하는 덩어리 형태의 칭량화폐(稱量貨幣)로만 쓰였으므로, 일반적인 가치 척도나 유통 수단으로서의 기능은 매우 제한된 것이었다. 이 시기 은화는 주로 개별적 상인이나 부자 그리고 관청의 고리대 자본으로 이용되었을 뿐 상업자본으로 이용되는 비율은 매우 적었다. 은화는 대외 무역에서는 다른 나라들 특히 청나라와의 거래에서 일반적 지불 수단과 구매 수단으로서 매우 큰 기능을 담당하였으나, 국내 유통 분야에서는 대부분 축재 수단으로 퇴장됨으로써 큰 기능을 수행하지 못하였던 것이다.10)

이처럼 화폐 수요가 증대되는 현실 속에서 은화가 일반적인 유통 수단으로서의 기능을 수행할 수 없었으므로 동전(銅錢)이 주조되기 시작하였다. 1633년(인조 11) 상평청에서 상평통보(常平通寶)를 처음으로 주조하였으며, 1634년(인조 12)에는 안동·대구·전주·공주·개성 등지에서, 1635년(인조 13)에는 수원과 해주에서도 동전이 주조되었다. 정부에서는 전국 각지에서 주조된 동전의 유통을 촉진시키기 위하

---

9) 柳承宙, 1993 『朝鮮時代鑛業史硏究』, 고려대 출판부, 211쪽.

10) 홍희유, 1989 『조선중세수공업사연구』, 252쪽, 지양사 복간본.

여, 공물 값을 동전으로 지출하거나, 각 관청 소속 노비신공을 동전으로 수취하는 정책을 취하였다. 또한 『용전사목(用錢事目)』을 반포하여 동전을 매개로 거래하는 전시(廛市)를 따로 설치하기도 하였다. 그러나 이와 같은 정부의 동전 유통 노력에도 불구하고 1636년(인조 14) 병자호란으로 동전 유통은 일시 중단되었다. 병자호란 이후 1650년(효종 1)에는 청나라 돈 15만 문을 수입하여 평양·안주 등 상업이 발전하였던 서북 지역에 통용하였고, 이를 계기로 서북 지역에는 동전이 유통되기 시작하였다.

17세기 중엽에 이르러 동전 유통의 사회적 기반은 확고하게 형성되었다. 정부는 1678년(숙종 4) 4월 1일부터 호조·상평청·진휼청·어영청·사복시·훈련도감 등에서 상평통보를 주조하여 동전 400문을 은 1냥의 비율로 유통시키도록 하였다. 상평통보의 전국적 유통은 오랜 기간에 걸친 쌀·무명·베 등 현물 화폐의 지배를 물리치고, 금속 화폐가 지배적 자리를 차지하는 새로운 시기를 열어놓았다.[11] 1678년부터 1852년(철종 3)에 이르는 기간에 『만기요람(萬機要覽)』과 『증보문헌비고(增補文獻備考)』에 보이는 화폐 주조 횟수는 모두 24회에 달하였다. 17세기 후반에는 1회 주조량이 40-50만 냥 규모였고, 1727년(영조 3)에도 50만 냥 정도를 주조하였다. 1751-52년 사이에는 100만 냥을 목표로 했으나, 총 60만 7천 냥의 동전이 주조되었다.[12] 18세기 전반에 이르면 화폐 유통이 법적으로 금지된 함경도와 평안도의 변경 지역까지 화폐가 유통되었다.[13] 18세기 조선 사회 전역은 상품 화폐 경제

---

11) 元裕漢, 『朝鮮後期 貨幣史研究』, 韓國研究院.
12) 홍희유, 1989 『조선상업사(고대·중세편)』, 과학백과사전종합출판사.
13) 『비변사등록』 81책, 영조 3년 5월 10일. "小臣待罪南兵營時 錢貨只行於北靑以南 而今過十餘年後得聞 則轉入流行磨天以北云."

의 강한 영향력 아래 놓이게 된 것이다.

화폐 유통은 상품과 화폐 관계의 지속적 발전을 보장하였을 뿐만 아니라, 농민을 비롯한 생산자 대중을 상품 화폐 관계에 침윤되게 하여 농민 몰락과 고리대 수탈의 강화를 초래하는 등 해체기에 도달한 조선 사회에 커다란 변동을 일으켰다. "돈이 사용되면서 민간에서는 곡식을 소중히 여기는 기풍이 사라져 봄이면 곡식을 사들이고, 가을이면 곡식을 파는 것을 일삼음으로써 가난한 사람들은 살길을 잃고 동서로 떠돌아다니면서 유리걸식하는 것을 면치 못하는 현상"이 일반화되어갔다.[14] 요컨대 화폐경제의 영향력은 농민층 분해를 촉진하고, 부(富)의 무한한 축적을 가능케 함으로써 도시의 발달을 추동하는 요인이 되었던 것이다.

2) 대동법의 시행과 요역(徭役) 고립화(雇立化)의 진전

17세기 초에서 18세기 초까지 근 100년간에 걸쳐 점진적으로 시행된 대동법은 개별 가호에 부과하여 징수하던 현물 공물을 전결에 부과하여 화폐 기능을 하던 쌀과 면포로 대체 징수한 것이었다. 이 제도에 의하여 정부는 수십만 섬의 쌀을 농민들로부터 수취하였고, 이 중 대부분은 궁방과 중앙 각 관청에서 요구되는 물품을 조달하는 공인(貢人)들에게 넘어갔다. 대동미를 받은 공인들은 중앙과 지방 관청에서 요구되는 각종 수공업 제품들을 비롯하여 자연 토산물을 민간

14) 『승정원일기』 359책, 숙종 20년 7월 27일. "自行錢以來 利穀之規 絶無於閭閻 春貿秋販 轉換爲事 故貧餒者 亦無聊仰之地 東奔西竄 未免流乞之徒 匹夫匹婦 不得其所者 良以此也."

에서 구입하여 각 관청에 납입하였다. 이처럼 대동법의 운영 과정에서 각종 생산물의 상품화가 촉진되었기 때문에 이 시기 상품 화폐 경제는 크게 활성화될 수 있었다.[15]

그러나 대동법이 조선 사회에 끼친 영향은 상품 화폐 경제의 발달을 촉진하는 점에 그친 것만은 아니었다. 대동법은 그 동안 각종 역역(力役)으로 부과되었던 노동력 징발 체제의 변동도 초래하였다. 이미 16세기부터 군역(軍役)이나 장인역(匠人役)·악공역(樂工役) 등에서 납포화(納布化)가 진전되면서 노동력의 직접 징발에 의한 요역 운영 체제가 변질되고 있었지만,[16] 17세기에도 산릉역(山陵役)·궁궐영조역(宮闕營造役)·산성수축역(山城修築役) 등 대규모 토목 공사를 비롯하여 서울 주민에게 부과되었던 방역(坊役)인 장빙역(藏氷役)·운부역(運負役) 등은 여전히 노동력 징발에 기초한 요역 체제로 운영되었다. 그러나 이러한 노동력 징발에 기초한 요역제는 17세기 후반 대동법의 전국적 실시를 계기로 점진적으로 급가고립제(給價雇立制)로 전환하여 갔다.[17] 예컨대 1736년(영조 12) 경기도 양주군에서는 능행(陵幸) 때 치도조교(治道造橋)의 역에 동원한 인부들을 종전처럼 무상으로 징발하지 않고, 이들 각 1명당 1두씩의 미곡을 지급하고 있었다.[18] 이것은 지

---

15) 대동법에 대해서는 공물 방납의 폐해를 시정하여 농민 부담을 경감시키고, 현물 대신 화폐 기능을 하는 쌀과 면포를 수취함으로써 상품 화폐 경제가 발달하는 계기가 되었다는 점을 강조해 왔다. 대동법에 대해서는 다음의 연구가 참고된다. 한영국, 1978 「대동법의 실시」, 『한국사』13, 국사편찬위원회; 김옥근, 1984 『조선왕조재정사연구』, 일조각; 고석규, 1985 「16, 17세기 공납제개혁의 방향」, 『한국사론』12, 서울대 국사학과; 德成外志子, 1987 「조선 후기의 공물무납제」, 『역사학보』113; 최완기, 1990 「대동법 실시의 영향」, 『국사관논총』12.

16) 李泰鎭, 1968 「軍役의 變質과 納布制의 실시」, 『韓國軍制史(近世朝鮮前期編)』, 육군사관학교; 윤용출, 1986 「15·16세기의 徭役制」, 『釜山史學』13 참조.

17) 윤용출, 1998 『조선 후기의 요역제와 고용노동』, 서울대출판부 참조.

방의 각종 요역도 미포(米布)를 통해 조성된 재원을 바탕으로 점차적으로 급가고립화되는 방향으로 전환되고 있음을 보여 주는 사례인 것이다.

이와 같은 각종 요역의 고립화 현상은 당시 전국적 상품 화폐 경제의 중심지였던 서울에서 극명하게 나타나고 있었다. 17세기 중엽까지 연강민(沿江民)과 방민(坊民)을 직접 동원하여 이루어지고 있었던 장빙역은 1663년(현종 4)부터 선혜청과 병조의 재원을 바탕으로 급가고립제로 운영되었다. 그러므로 겨울철에 대부분의 도시 빈민들은 장빙역에 고립되어 품삯을 받음으로써 생계를 보장받을 수 있게 되었던 것이다.[19] 뿐만 아니라 18세기 전반에 이르면 각종 태운역(駄運役)·운부역(運負役)·부지군역(負持軍役)·도로수치역(道路修治役) 등도 방민의 노동력을 직접 징발하던 체제에서 각각 마계(馬契)·운부계(運負契)·절초전(折草廛)·훈조계(燻造契) 등의 공인계(貢人契)가 결성되어 정부로부터 돈을 받거나 독점적 판매권의 대가로 역을 행하는 제도로 바뀌게 된다.[20]

이와 같이 대동법 실시는 공물의 화폐납이라는 측면에 그치지 않고 노동력 직접 징발 제도를 해체하는 결과도 초래하였다. 그러므로 대동법은 국가의 농민에 대한 인신지배라는 중세적 지배 형태의 일각을 한쪽에서 허물면서, 인간과의 관계도 화폐를 매개로 한 관계로 전환시키는 계기로 작용하였다. 이러한 것은 노동력의 상품화를 촉진하였을 뿐만 아니라, 궁극적으로는 조선 사회 내에서 도시의 발달

---

18) 『비변사등록』 99책, 영조 12년 2월 27일.

19) 본서 6장 참조.

20) 고동환, 1998 『조선 후기 서울상업 발달사연구』, 지식산업사, 258~288쪽 참조.

을 촉진시킨 중요한 원인이 되었다. 역역(力役)의 금납화로 인해 마련된 재원을 바탕으로 각종 역역 체제의 고립화(雇立化)를 정착시킴으로써 특정 직업이 없는 도시민들도 품을 팔아 최소한의 생계를 보장받을 수 있는 조건이 마련되었던 것이다. 그러므로 영조는 "대동법 이후 도민(都民)들이 이로써 살아갈 수 있게 되었다"21)고 말했던 것이다. 요컨대 대동법은 17세기 후반 이후 서울 주민들을, 노동력으로 직접 징발당하는 방민(坊民)이라는 중세적 속박에서 풀려나 모든 것을 화폐를 매개로 운영되는 도시민으로 전환시키는 토대를 만들었다는 점에 중요한 의미를 지니는 것이었다.

2. 서울의 도시 구조 변화

1) 인구 구성의 변화와 상업 인구의 증가

17세기 후반 이후 서울의 인구가 증가하면서 서울의 인구 구성도 크게 달라지고 있었다. 대동법 실시 이전인 1638년(인조 16) 서울 주민은 주로 종실(宗室), 부마(附馬), 사대부, 의(醫)·역(譯)·서도(胥徒)·시민이 중심이었던 것으로 이해되고 있다.22) 즉 대동법 실시 이전에는 상업 도시로서의 주민보다는 행정·군사·정치 중심지로서 그 특성에 들어맞는 주민 구성을 갖춘 것으로 이해되는 것이다. 그러나 대동법

---

21) 『비변사등록』 139책 영조 36년 8월 30일. "傳曰 (중략) 故相金堉大同之後 都民因此賴活矣 雖然昔之貴者或賤 昔之賤者或貴."

22) 『비변사등록』 5책, 인조 16년 8월 13일.

실시 이후에는 서울 주민들이 다양한 일거리를 확보할 수 있었기 때문에 서울 인구의 구성이 매우 다양해졌다. 19세기 초반 서울 주민의 구성을 보여 주는 자료를 보면 다음과 같다.

서울 주민들 중에서 직임자(職任者)는 봉록을 받아서 살며, 서리는 초품(稍稟)으로 살고, 예군오자(隷軍伍者)는 군포를 받아서 살고, 영세 소상인들은 조그만 이익에 의지해서 살고, 수공업자는 힘들여 제조하여 생계를 유지한다. 그러나 아침에 모였다가 저녁에 흩어지고 여기저기 떠돌아다니면서 농사도 짓지 않고, 옷감을 짜지도 않고 먹고사는 무리[閑雜之類]가 무려 수십만이나 된다. 공인(貢人)·시인(市人)은 서울 주민 중에서 가장 생활이 안정된[根着] 자들이다.[23]

도성 안 주민들 중 부리(府吏)·서도(胥徒)·군인·졸오(卒伍) 등은 모두 넉넉하게 먹고 사는 자들이며, 기타 유민(遊民)은 좌판행상하여 입에 풀칠을 한다. 또한 각 전(廛)의 시정(市井)은 공물(貢物)로 살아가고, 한강 주변에 거주하는 사람들은 오로지 조운선이 도착했을 때 세곡(稅穀)을 각 창고에 운반하여 품삯을 받아서 살아간다.[24]

19세기 초 서울 인구는 직임자·서리·공인·시전 상인·군병·영세 소상인·수공업자·한잡류(閑雜類)로 구분되고 있다. 이 중에서 농사짓거나 옷감을 짜지 않아도 먹고 사는 한잡류들이 수십만 명에 달하였다. 이들 한잡류들은 두 번째 인용문에서 확인되듯이 유민(遊民)이

---

23) 『비변사등록』 213책, 순조 25년 11월 21일.
24) 『승정원일기』 1970책, 순조 9년 8월 29일.

나 또는 장사하거나 등짐을 져서 생계를 유지하는 노동자들이었다.

그러면 시전 상인을 비롯한 상업 인구수는 과연 어느 정도였을까. 구체적인 자료가 없기 때문에 단편적인 자료를 통해 추정하는 수밖에 없다. 우선 시전 상인의 경우를 살펴보면, 어물전 상인은 17세기 말 243명이었지만, 18세기 초에는 300여 명으로 증가했으며,[25] 18세기 전반 육의전 중의 하나였던 백목전(白木廛) 상인 수는 400여 명에 달하였다.[26] 그리고 18세기 전반 성 내외 무뢰한잡인(無賴閑雜人)·군병마후배(軍兵馬後輩)가 설립한 절초전(切草廛) 상인은 3-4천 명에 달하였으며, 엽초전(葉草廛) 상인은 3-40여 명에 불과하였다.[27] 또한 1744년 창설된 도자전(刀子廛)의 경우는 창설 때 참여한 20여 명의 장인들과 시전 상인들이 연합하여 창설한 시전이었다.[28] 또한 도성 내 12개 곳에 있었던 상전(床廛) 상인들은 18세기 후반 400-500명을 헤아리고 있었으며,[29] 잡철전(雜鐵廛) 상인은 100여 명,[30] 신철전(新鐵廛) 상인은 500-600여 명 정도였다.[31] 조선총독부 중추원에서 시행한 한말시기 시전에 관한 조사에 따르면, 육의전에는 600명에서 1,200명 정도의 상인이 있었다고 한다.[32]

이러한 단편적인 자료에서 보듯이 시전 상인의 수는 시전의 성격에 따라 매우 다양했다. 18세기에는 시전이 급격히 증대하여 120여

---

25) 고동환, 1992 「18세기 서울의 魚物流通構造」, 『韓國史論』28 참조.

26) 『승정원일기』 772책, 영조 10년 정월 25일.

27) 『승정원일기』 724책, 영조 7년 6월 10일.

28) 『비변사등록』 178책, 정조 15년 1월 7일.

29) 『비변사등록』 173책, 정조 12년 9월 4일.

30) 『비변사등록』 173책, 정조 12년 11월 25일.

31) 『일성록』, 정조 12년 9월 8일.

32) 「六矢廛都家規則與任員」, 『商業に關する調査書』(국사편찬위원회 소장자료).

개나 헤아리게 있었고, 이들 시전은 전일적인 단일한 조합을 형성하는 것이 아니라 각기 독립적인 동업조합으로 조직되어 있었다. 육의전이 아닌 일반 시전의 경우에도 각전 조합의 상인 수가 대개 수십 명에서 수백 명에 달했다.[33] 그러나 세력 없는 소소한 시전인 경우에는 상인의 수가 십여 명 규모였다. 그러므로 1개 시전 당 평균 상인 수를 대략 50여 명으로 추정한다면, 18세기 후반 평시서 시안에 등록된 시전의 수가 총 120여 개였으므로 시전 상인의 수는 대략 6천여 명 내외로 추정할 수 있다. 한 가족의 구성원을 5인으로 가정하면, 대체로 3만 명 정도의 인구가 시전 상인과 관련된 인구로 파악된다.

『일성록』 정조 10년 12월 14일조 기사에는 70여 개 시전 상인의 수가 자세히 기록되어 있다. 70개 시전 중에 육의전을 비롯한 50개 시전 상인의 수는 총 2,072명이었고, 나머지 20개 시전의 경우는 대표자 이름만이 기록되어 있다.[34] 18세기 후반 전체 시전의 수가 120여되었으므로, 50개 시전의 상인수가 2천여 명이었다는 점은, 비록 50개 시전이 육의전을 비롯한 유력한 시전이었다는 점을 감안해도, 18세기 후반 시전 상인의 수는 최소 4천 명 이상이었음을 쉽게 추측할 수 있다. 『일성록』에 기록된 상인 수는 평시서 시안에 등록된 시전조합의 정식 조합원이었을 것이다. 18세기에는 시안에 등록된 정식 조합원이 아닌 경우에도 정원 외로 시전조합에서 새로 가입자를 받아들여 영업을 허가하는 경우가 많았으며, 시전조합원의 미성년 아동들도 '아동출시(兒童出市)'라 하여 시전에서 영업하는 경우가 많았

---

33) 변광석, 1993 「18세기 平市署의 市廛運營과 市廛體系의 변질」, 『부대사학』17, 412쪽.
34) 『일성록』 정조 10년 12월 14일.

다. 그러므로 『일성록』에 기록된 상인 수보다 실제 상인수는 훨씬 많았을 것이다. 18세기에 시전에서 영업한 실제 상인의 수는 6천 명 이상은 되었을 것으로 추정해도 크게 무리가 없을 것이다.

시전 상인 외에도 시전에서 물건을 떼어다가 일반 소비자에게 판매했던 영세 소상인층을 합하면 상업 인구는 크게 늘어날 것이다. 예컨대 어물전 상인은 18세기 초 300여 명으로 헤아리고 있었지만,[35] 이현(梨峴)과 칠패(七牌)를 무대로 중간 도매업을 하는 중도아(中都兒)들이 있었으며, 또한 중도아에게 어물을 떼어다가 동네 골목을 돌아다니면서 판매하는 '호창행매지류(呼唱行賣之類)'들인 어물 행상도 있었다.[36] 이처럼 시전에서 물건을 떼어다가 동네를 돌아다니면서 판매하는 행상층은 어물류나 미곡류 등 일용 소비품을 판매하는 시전에는 대부분 존재하였다.

18세기 후반 공인의 수도 900여 명을 헤아리고 있다.[37] 그리고 주로 쇠고기를 판매함으로써 생계를 이어갔던 성균관 전복(典僕)들의 숫자도 1724년(영조 즉위) 5천 명[38]에서 점차 증가하여,[39] 1736년(영조 12)에는 거의 1만 명에 달하고 있었다.[40] 또한 돼지고기를 판매했던 저육전(猪肉廛)도 판매처가 17세기 말 6-7곳에 불과했으나, 18세기 전반에는 7-80여 곳으로 늘었다.

---

35) 고동환, 1992 「18세기 서울에서의 어물유통구조」, 『한국사론』28.

36) 『各廛記事』 地, 乾隆 46년(1781) 辛丑 4월 일. "壁巷僻村之結假家坐賣人 及街路上擔戴行賣之類 毋論男女 不貿本廛 而皆趨梨峴七牌."

37) 『일성록』 정조 10년 12월 14일.

38) 『비변사등록』 76책, 영조 즉위년 9월 28일.

39) 『비변사등록』 100책, 영조 12년 9월 8일.

40) 『비변사등록』 135책, 영조 34년 8월 28일.

서울 주민들 중 관원은 몇 명이었을까. 17세기 후반의 경우 1품관에서 9품관까지의 문무관리 595명, 녹사 45명, 서리 475명, 조예(皂隷)와 종 3,005명, 소사 985명 등 총 5,105명으로 추산되고 있다.[41] 17세기 후반 관원 가족은 25,000여 명으로 추산된다. 그러나 관원의 가족 외에 노비를 합하면 이보다 훨씬 늘어날 것이다. 1663년『북부장호적(北部帳戶籍)』에서 문무 관리인 양반이 소유한 가내 노비는 각 호당 평균 7.2명이었다.

서울의 인구 중에는 군역의 고립화에 따른 각종 군역에 종사하는 인구들도 상당수였다. 훈련도감 군병의 숫자는 19세기 초 각종 원역(員役)을 포함하여 7,600명 수준이었고, 금위영은 1,800명, 어영청은 4,500명이었으며,[42] 호위청은 1,772명, 용호영은 1,160명이었다.[43] 여기에 상번입역하는 총융청과 수어청의 군인 수를 합하면, 18세기 이후 서울의 군인 숫자는 적어도 2만 명 이상에 달하는 것으로 이해된다. 이들 중에서도 도성의 방어를 담당하는 훈련도감 군인들은 대부분 군역의 대가로 군포를 받아 생계를 꾸려가거나, 또는 영세 소상인으로, 그렇지 않으면 각종 토목 공사의 역군으로 품을 팔아 생계를 유지하는 도시 하층민으로 존재하였다. 또한 서울에는 앞서 언급했듯이 대형 토목 공사나 고립화된 각종 요역, 그리고 하역 운수업 등에 품을 팔아먹고 살아가는 품팔이 노동자층도 많았다.

이들보다 하층에는 이른바 거지들이 존재하였다. 1827년(순조 27) 12월 추운 겨울 거지들을 구휼하기 위해 조사한 자료에 따르면 동부

---

41)『磻溪隨錄』권19, 祿俸制度.

42)『萬機要覽』軍政編, 訓練都監, 御營廳, 禁衛營.

43) 崔孝軾, 1995『朝鮮後期 軍制史硏究』, 신서원 참조.

효경교에 45명, 중부 광통교 주변에 69명, 서부 남대문 밖 반송방 지역에 12명 등 총 124명의 거지가 조사되었다.[44] 조사 자료가 선전관(宣傳官) 조존중(趙存中)의 조사 당시에 있었던 거지 숫자만을 기록한 것이기 때문에 실제 거지의 수는 이보다 훨씬 많았을 것으로 생각된다. 이들 거지들도 독자적인 조직을 갖추고 있었고, 이중 두목인 경우는 서울 안에서 일정한 영향력을 지니고 있었다. 예컨대 한문단편 「개수(丐帥)」에서 보이는 거지 두목은 당시 서울 안의 권세가조차도 초빙하기 어려운 용호영 군악대를 삼청동에 초치하여 거지들끼리 잔치를 벌일 정도였다.[45] 도시의 하층을 구성하고 있었던 영세 소상인이나 날품팔이 노동자, 또는 거지들은 대부분 17세기 후반 이후 서울로 유입된 유민들이었다.

또한 경강변(京江邊)이 상업 중심지로 변모되면서 경강변 수만 명의 인구도 대부분 상업을 통해 생계를 이어가고 있었다.[46] 이렇게 볼 때 1781년(정조 5) '도하민(都下民) 중에서 각사이예(各司吏隷)를 제외하면, 상업으로 살아가는 자가 10명 중 8, 9명'라는 장령(掌令) 구수온(具修溫)의 얘기는 당시 서울 인구 구성의 특징을 잘 드러내는 표현이 아닐 수 없다.[47] 18세기 서울 인구를 30만 명 내외로 추정한다면,[48] 25만 명 가량은 시전 상인, 공인, 하급 군인, 성균관 전복 등 상업에 종사하거나 또는 수공업이나 품을 팔아 생계를 이어가는 사람이었던 것이다.

---

44) 『戴廳時日錄』 순조 27년 12월 25일.

45) 이우성, 임형택 譯編, 1978 「丐帥」, 『李朝漢文短篇集 하』, 일조각.

46) 고동환, 1998, 앞의 책 참조.

47) 『정조실록』 권 12, 정조 5년 11월 己亥. "掌令 具修溫上疏曰(중략) 都下之民 本無農作之業 故各司吏隷外 率皆貿遷販貴興利資生者十之八九 盖四方之物輻湊都下 故方其賤也人得以貿之 方其貴也人得賣之 貿遷有無 朝夕食利者 此實都民生涯之本也."

48) 본서 3장 참조.

이처럼 상업 인구가 도성 인구의 주류를 차지하면서 공인과 시전 상인이 서울 주민의 중심[都民之根本]이라는 인식이 널리 공유되었다. 심지어 17세기 후반 윤휴(尹鑴)는, 시전 상인들의 사주를 받고 그들의 이익을 옹호하려는 입장에서 말한 것이지만, 시전 상인을 '나라의 근본'이라고까지 말할 정도였다.[49] 이와 같은 윤휴의 언급이 시전 상인의 중요성을 강조하기 위한 수사(修辭)라는 점을 감안해도, 농민을 나라의 근본으로 여겼던 성리학 이념에서 볼 때 커다란 변화가 아닐 수 없다. 수사적 표현이긴 하지만, 농민보다 상인을 나라의 근본으로 표현한 것은 이 시기 서울이 유교적 정치의 중심인 왕도에서 상업 도시로 변모되고 있음을 상징한다고 보아도 무방할 것이다.

18세기 서울의 상업 도시로의 성장은 도시 외관만이 아니라 도시민의 성격에 질적 변화를 초래하였다. 특히 대동법은 도시 구성원의 계층과 직업을 다양하게 분화, 고정시켰고, 그 결과 봉건적 권력의 구속을 벗어난 상인, 수공업자와 임노동자층이 출현하였으며, 이들이 18세기 이후 서울 주민의 대부분을 차지하게 된 것이다.

2) 도시 공간의 확대와 경도(京都)-사도체제(四都體制)의 형성

17세기 후반 이후 서울에 몰려든 인구들은 주로 상업이 번성했던 경강 지역이나 도성 외부에 집단 거주하였다. 예를 들면 서울과 인접한 통진·김포·양천·부평 고을 사람들이 경강에 정착하여 한 마을을 이루고 살았지만 서울의 호적에는 편입되지 않아 화외지민(化外之民)으로 규정되고 있는 사례[50]나, 현종 연간 1만 3천여 명의 기민(饑

---

49) 『숙종실록』 권7, 숙종 4년 1월 丁酉.

民) 진휼을 위해 용산에 진휼창을 새로 설치하는 사례[51]는 유민들이 경강에 집중적으로 거주하고 있었음을 보여 주는 것이다.

이와 같이 외부 유입 인구의 도성 밖 집주로 인해 서울의 도시 공간이 도성 외부로 확대되고, 도성 밖 인구가 차지하는 비중도 높아졌다. 조선 전기인 1426년(세종 8) 도성 안의 호수가 1만 6921호, 인구는 10만 3328인이며, 성 밖 10리 지역에는 호수가 1,601호, 인구가 6,044인이었다.[52] 도성 밖 인구 비율은 5.5%에 불과했다. 그러나 조선 후기인 1789년 『호구총수(戶口摠數)』에는 도성 안은 22,094호, 112,371명, 도성 밖은 21,835호, 76,782명이었다. 조선 전기에 비해 도성 안 호구는 5천 호 남짓 늘었지만, 도성 밖은 2만 호가 늘었고, 인구도 도성 안은 9천 명 남짓 늘었지만, 도성 밖 인구는 7만 명 정도 늘었다. 조선 후기 도성 밖의 인구 비율도 호구가 전체의 49.7%였고, 인구는 40.6%를 차지하였다.[53] 조선 후기 서울 인구 증가의 대부분은 도성 밖 인구의 증가인 셈이다.

도성 밖 인구가 늘면서 도성 밖 지역에 방이 신설되었다. 17세기 후반 남부에는 두모방·한강방·둔지방이, 서부에는 서강방·용산방이 신설되었고, 1788년(정조 12)에는 북부 지역에 상평방·연희방·연은방을, 동부에 경모궁방이 신설되었다. 새로 방이 신설된 지역들은 대부분 유민들이 집단적으로 거주한 경강 지역이었다.[54]

---

50) 『영조실록』 권89, 영조 33년 5월 癸丑. "三江御使 洪良漢(중략) 通津金浦陽川富平等邑 流民來住沿江 自成一村 見漏帳籍 或生弊端 請令京兆 搜括入籍 上曰是化外之民也 旣令括屬京籍 四邑守令拿處."

51) 『비변사등록』 30책, 현종 12년 정월 25일.

52) 『세종실록』 권40, 세종 10년 윤4월 기축.

53) 본서 2장 참조.

54) 본서 6장 참조.

한편 도성 외부에 정착할 수 없었던 유민들은 서울 외곽의 새로운 상업 중심지로 성장하였던 누원(樓院)이나 송파(松坡) 등지에 정착하기도 하였다.[55] 그러므로 17세기 후반 이후 계속된 인구 이동은 서울 인구뿐만 아니라 경기도 인구의 증가를 가져온 한 요인이기도 하였다.[56] 이는 서울과 경기 지역과의 연계성을 강화하는 방향으로 작용하였다.[57] 예컨대 성중(城中)이나 근교(近郊)에 거주하는 자로 선발해야 마땅한 호위삼청(扈衛三廳)의 군관들 중에도 파주·교하·양주 등 서울과 하루나 이틀 걸리는 곳에 거주하는 자들도 있었다는 사실에서 서울과 경기 지역이 긴밀하게 연계되고 있음을 확인할 수 있다.

서울의 공간 확대와 경기 지역과의 연계성 강화로 인해 서울 외곽의 도시들도 번성하였다. 특히 임진·병자 양란을 겪으면서 서울에 대한 수비가 강화되면서 강화부(江華府)가 1618년(광해군 10)에 부윤(府尹)으로 승격하고, 1627년(인조 5)에 유수부(留守府)로 승격하였으며, 광주(廣州)도 원래 광주목이었지만, 1577년(선조 10)에 부윤으로 승격하고, 1795년(정조 19)에 유수부로 승격하였으며, 수원(水原)도 원래 도호부에서 화성 축조를 계기로 1793년(정조 17)에 유수부로 승격하였다. 이로써 조선 초기부터 구도(舊都)를 관할하는 직임으로 유수부를 설치하였던 개성부와 함께 사도(四都) 체제가 확립되어 전국은 8도(道)와 4도(都)로 구분된 행정 지명을 지니게 된 것이다. 이들 사도(四都)에는 외직(外職)이 아닌 경직(京職)인 유수(留守)를 두어 조정에서 특별히 관리하였다.[58]

---

55) 『비변사등록』 107책, 영조 16년 12월 18일.
56) 양보경, 1994 「서울의 공간확대와 시민의 삶」, 『서울학연구』, 창간호 참조.
57) 고동환, 1997 「조선 후기 京畿地域 場市網의 확대 ―서울시장권과의 연계성을 중심으로―」, 『韓國 古·中世의 支配體制와 農民』, 지식산업사 참조.

이들 사도는 서울의 외곽 방어를 맡는 군사적 기능을 주로 하면서 서울에 비상시 필요한 곡식을 저장하거나 유사시에 사용할 수 있는 미곡이나 동전을 저장하는 기능도 하고 있었다. 그러나 이와 같은 군사적 기능 못지않게 상업적 중요성도 컸다. 광주는 송파장이 위치한 지역이었고, 개성은 서울과 의주를 잇는 우리나라에서 가장 중요한 상품 유통 경로의 중간에 위치하였으며, 정조대에 계획 도시로 건설된 수원도 18세기 말 이후 상업 유통의 중심지로 성장하였다.[59] 이들 도시들은 전국적 시장권의 중심지인 서울을 배경으로 한 것으로서 배후 상업 도시의 성격을 가지는 것이었다. 18세기 말 경도-사도 체제의 성립은 곧 서울과 경기 지역과의 연계 관계가 그만큼 긴밀해짐을 의미하는 것으로서, 17세기 후반 이래 서울 확대의 최종적 성과로서의 의미를 지니는 것이었다.[60]

3) 상업구조의 변동

17세기 후반 이후 상품 화폐 경제의 발달, 서울의 인구 증가를 바탕으로 한 상업 도시화가 진전되면서 서울의 상업 구조 또한 크게 변화되었다.

우선 17세기 후반을 계기로 서울의 중심적 상업 기관인 시전 제도

---

58) 『大典會通』 吏典 京官職.

59) 崔弘奎, 1991 「朝鮮後期 華城築造와 鄕村社會의 諸樣相 ─正祖代의 水原地方문제와 『觀水漫錄』을 중심으로─」, 『國史館論叢』30 참조.

60) 京都-四都의 지리적 공간은 오늘날 수도권 영역과 대체로 일치하고 있다. 다만 휴전선으로 남북이 단절되었기 때문에 오늘날의 수도권은 개성이나 강화부로 확대되지 못하고 인천 쪽으로 확대되었다. 수도권의 공간은 이미 18세기 말에 확정되었던 것이다.

가 정비되기 시작하였다. 17세기 전반의 시전이 주로 국가에 대한 의무 부담을 중심으로 운영되었다면, 17세기 후반 이후의 시전은 일반 주민들을 대상으로 한 상거래를 중심으로 운영되었다. 그 결과 1706년을 전후하여 평시서 시안에 각 시전이 주관하는 물종이 자세히 기록되기 시작하였고, 이를 계기로 시전 상인의 금난전권(禁亂廛權)도 더 명확한 권리로 성립할 수 있었다. 이와 같이 17세기 후반에서 18세기 초 시전 제도가 크게 정비되고, 금난전권이 확립된 까닭은 비시전계 상인이 성장하여 시전 상인의 유통권을 위협했기 때문이었다.

18세기 초 물종별로 시안 등록이 이루어지고, 금난전권이 강화됨에 따라 유통의 독점권을 보유한 시전 상인의 이익은 더욱 커졌다. 그러므로 비시전계 상인들도 이러한 특권을 확보하기 위하여 신전(新廛) 창설을 시도하였다. 그 결과 18세기 전반기에는 소소한 물종에도 대부분 시전이 창설되었다. 17세기 후반에도 신전 창설이 많았지만, 이때 창설된 시전들은 대부분 미전이나 어물전·생선전 등 도성민들의 일용 소비품을 판매하는 시전들로서, 이미 있었던 도성 안의 본전(本廛) 외에 대부분 도성 밖에 설치된 것이 특징이었다. 그러나 18세기 전반에 설치된 시전들은 수공업자에 의해 설치된 시전이거나 또는 사상(私商) 세력들이 평시서나 권세가와 결탁하여 설립한 시전이 대부분이었다. 18세기 전반 시전 설치의 목적은 상품 거래를 통해 이익을 보는 것보다 오히려 비시전계 상인에 대한 금난전권의 행사를 통해 이익을 얻기 위한 것이었다. 그러므로 이 시기에는 영세 소시민들의 자유로운 상행위는 크게 억제될 수밖에 없었다. 정부에서는 이러한 문제를 해결하기 위해 18세기 중엽부터 지속적인 통공정책(通共政策)을 추진하였다. 소민 보호를 위해 취해졌던 통공정책은 상인들의 강력한 반발로 대부분 실패하였다. 그러므로 18세기 전 기간에 걸쳐 시전의 수는 꾸준히 증가하여 17세기 전반 30여개에 불과했던 시전이 18세기 말에 이르면 120여개로 늘어났다. 통공정책은 육의전을 제외한 모든 시전의 금난전권을 부정했던 1791년(정조 15) 신해통공(辛亥通共)에 이르러 비로소 성공을 거둘 수 있었다.

18세기 상업 구조의 변동에서 시전 제도 자체의 변화보다 더 중요한 것은 서울의 상가가 확대되고, 시전이 아닌 점포상업(店鋪商業)과 사상들에 의해 전개된 난전 상업(亂廛商業)이 활성화된다는 점이었다. 서울의 상가는 조선 초기에 건설된 종로의 시전 상가가 유일한 것이었으나, 17세기 후반에 남대문 밖의 칠패(七牌) 시장, 18세기 중엽에 이현(梨峴) 시장이 출현하여 18세기 후반에는 3대시(三大市)로 확대되었고, 19세기 전반에는 소의문(昭義門) 밖 시장까지 합하여 4곳의 상가가 형성되었다. 시전 상업 외에 난전 상업도 활발하게 전개되었다. 난전은 정부의 허가 없이 장사하는 상업으로서 그 형태는 매우 다양했다. 18세기에 나타난 난전 유형을 보면, 물건을 들고 다니며 판매하는 것[手持物販賣]이 합법적으로 허용된 군병들의 난전, 외방 향상(鄕商)과 선상(船商)이 시전을 거치지 않고 상품을 직접 서울의 소비자에게 유통시키는 난전, 수공업자들이 직접 제조 판매하는 난전, 부상대고(富商大賈)와 세력가의 하인들이 생산지나 서울로 상품이 반입되는 중간에서 물건을 매집(買集)하여 전개하는 난전, 시전 체계 하부에 종속되었던 여객주인(旅客主人)·중도아(中都兒)가 시전 상인을 배제하고 상품을 유통시키는 난전, 그리고 자신의 독점적 유통권을 보유하지 않은 상품, 즉 다른 시전의 유통 독점권을 지닌 상품을 판매함으로써 나타나는 시전 상호간의 난전 등 매우 다양하였다. 난전 상업과 더불어 이 시기에는 시전 외에 약국·연사(煙肆)·현방(懸房)·책방 및 그림 가게 등의 점포 상업도 도심 곳곳에서 성행하였다.

뿐만 아니라 18세기 도시화의 진전에 부응하여 음식점이나 주점·색주가 등의 각종 서비스업도 번창하였다. 생계를 위해 서울로 몰려든 유민들이 서울에 집적됨에 따라 이들을 노동력으로 동원하여 이루어지는 마계(馬契)·운부계(運負契) 등의 하역 운수업(荷役運輸業)과 겨울에 얼음을 저장했다가 여름에 판매하는 장빙업(藏氷業) 등도 이 시기에 독립적인 영업 분야로 발전해 갔다. 이러한 현상은 18세기 서울 상업이 시전과 사상의 단순한 대립 구도로만 전개된 것이 아니라, 시전 상업, 점포 상업, 사상들의 난전, 그리고 각종 영업 분야로 매우 다양하게 전개되었음을 의미하는 것이다.

특히 이 시기는 교통의 발달로 전국적 시장권이 형성되기 시작한 시기였다. 이를 배경으로 하여 서울의 상권도 점차 확대되었다. 우선 서울의 상권이 도성 외곽 지역인 송파·누원 등지뿐만 아니라 광주·수원·개성·강화 등지까지 확대되었다. 이처럼 서울 상권이 확대됨에 따라 서울 내부의 유통 체계도 큰 변동을 겪지 않을 수 없었다. 원래 서울의 상품 유통 체계는 시전을 정점으로 한 상품 유통체계였다. 즉 서울에 반입되는 모든 물품은 반드시 시전 상인을 거쳐서 유통되는 특권적 상업 체제인 것이다. 그러나 도성 외곽인 송파나 누원 등지에 새로운 상품 유통 거점이 발생함으로써 사상들은 시전 상인의 금난전권이 미치지 않는 송파와 누원을 직접 연결함으로써 시전 상인을 배제하고 상품을 전국으로 유통시킬 수 있는 유통 체계를 확립하였다. 이것이 바로 사상을 정점으로 하는 유통 체계였다.

사상 체계(私商體系)의 성립은 무엇보다 시전 상인에게 종속되었던 서울의 상품 유통을 자유롭게 만들었다. 1791년 육의전을 제외한 모든 시전의 금난전권을 부정한 '신해통공(辛亥通共)'은 바로 이와 같은 유통 체계의 변화를 정부 당국에서 추인한 것임과 동시에, 사상을 정점으로 하는 유통 체계의 기반을 공고히 하는 데 결정적인 계기가 된 것이었다. 이와 같이 18세기 서울의 상업은 비시전계 상인인 사상층이 성장하면서 중세적인 시전 체계가 붕괴되었고, 이를 대체하는 사상 체계가 성립하였으며, 점포 상업이 활성화되었다. 그와 더불어 서울의 중심 상가가 1곳에서 4곳으로 확대되었으며, 서울이 관장하는 시장권 또한 경기 지역으로 확대되었다.[61] 이러한 변화는 서울의 상업 구조가 종래 각 관청에서 필요한 물자나 양반 관료의 사치품을 공급하는 특권적 시장 기능에서 점차 도시 주민의 일상적 필수품을 공급하는 도시 시장으로 그 성격이 변질되었음을 의미하는 것이다.

3. 도시 문제의 발생

1) 도시 빈민의 형성

임진·병자 양난을 겪은 조선 사회는 17세기 중엽까지도 전 지구적으로 나타났던 소빙기(小氷期) 기후 때문에 흉년과 전염병이 계속 돌았고, 그 여파로 농민들의 유리가 심화되었으며,[62] 많은 유민들이 서울로 몰려들었다. 17세기 후반 이후의 서울 인구가 크게 증가한 것은 그러한 결과다. 서울의 인구가 늘어나고, 도시화가 진전됨에 따라 주민들의 생업 또한 매우 다양해졌다.[63]

---

61) 이상 18세기 서울의 상업 구조 변동에 대해서는 본서 9장 참조.
62) 小氷期 기후현상에 대해서는 이태진, 1996 「小氷期(1500-1750)의 天體現象的 원인 ―『조선왕조실록』의 관련기록분석―」, 『國史館論叢』72 참조.
63) 본서 5장 참조.

서울에 종전에 볼 수 없었던 인간 군상들이 나타나는 것도 그러한 현상의 하나다. 18세기 중엽의 한문 단편 소설이나 한시에는 게장수·닭장수·말장수·거간·염색업자·야장(冶匠)·갖바치·약국쟁이·연희패·서리·별감·도둑·포교·경강상인이나 도고 상인, 도시의 수공업자, 그리고 경강 일대에서 미곡·시탄(柴炭)·잡화를 하역, 운반하는 도시 임노동자 등이 주인공으로 그려지고 있다.[64] 상업 도시로 전환된 서울에는 이러한 계층을 중심으로 이른바 도시 빈민층이 형성되기 시작하였다.

도시 빈민들이 가장 쉽게 먹고살 수 있는 길은 남의 요역(徭役)을 대신 지기 위하여 품을 파는 것[雇立]이었다. 인조대까지만 해도 도성 내 영건 공사에 충청·영남·호남·경기·강원·황해의 6도에서 승군(僧軍)이 징발되어 사역되었지만, 현종대(1659-1674) 이후 도성 안에서는 승군 징발이 사라졌고, 대부분 고립제에 의해 모군(募軍)이 동원되는 것이 일반적이었다.[65] 이러한 추세는 18세기 이후 더욱 확산되었고,[66] 서울 주민들 중에서도 기근과 흉년의 여파를 극복하기 위해 각종 토목 공사의 모군이 되기를 원하는 자들이 많았다.[67] 예컨대 1726년(영조 2) 서울의 축토역(築土役)에 응역한 자가 1만여 명에 달하였으나, 고가(雇價) 마련의 어려움으로 이들을 모두 수용하지 못할 정도였다.[68] 사정이 이러했으므로 정부에서도 대규모 공사에 모군을 동원

---

64) 강명관, 1994 「조선 후기 서울과 한시의 변화」, 『문학 작품에 나타난 서울의 형상』, 한샘출판사.

65) 윤용출, 1998 앞의 책 참조.

66) 『비변사등록』 145책, 영조 40년 3월 14일. "役事漸繁 募軍多入 稟得之外 皆自賑廳繼之."

67) 『비변사등록』 71책, 숙종 44년 8월 26일. "都民饑饉厲疫之餘 新穀未登 蘇息尚遠矣 聞築城之役 欲入於募軍者甚衆 山城僧軍輩 亦爭募入."

하는 것을 기민 대책으로 활용하기도 하였다. 1703년(숙종 29)에는 서울로 몰려든 기민 1만 명을 품을 주고 모집하여[雇價募立] 생계를 마련해 주자는 논의가 제기되었고,[69] 흉년으로 정조대 화성(華城) 축조를 중지하자는 논의가 비등했을 때, 정조는

> 수원부의 흉년을 구제하는 대책에 대해서는 나도 요량해 둔 것이 있다. (중략) 화성 축조 공사를 할 때에는 품삯을 날짜로 계산해서 주지 말고 짐을 단위로 해서 거리의 원근을 헤아려 차등을 둔다면, 강한 자는 넉넉히 백전을 취할 것이요, 약한 자도 제 한 몸 가리기에는 족할 것이다. 이 어찌 다만 부민(府民)뿐이겠는가. 동서남북의 적당한 거처 없이 품팔이 혹은 가게를 차려 술이나 밥을 팔아 그 있는 것을 가지고 없는 것을 바꾼다면, 이 또한 홀아비와 과부의 이익인 것이다[70]

라고 하여 화성 축조가 전국 각지의 유민들의 생계에도 도움을 줄 수 있음을 밝히고 있다.

이 같은 품팔이 노동자와 더불어 조선 후기 서울의 빈민을 대표하는 자들은 훈련도감 군병들이었다. 이들은 군병으로 근무하는 동시에 영세 소상인이나 영세 수공업자, 또는 왕십리·이태원 등의 도시 근교에서 미나리·배추 등 야채를 재배하는 상업적 농업이나, 한강 연안에서 상품과 세곡을 싣고 내리는 하역 작업과 각종 토목 공사에

---

68) 『비변사등록』 79책, 영조 2년 2월 6일.

69) 『승정원일기』 410책, 숙종 29년 3월 15일; 『숙종실록』 권38, 숙종 29년 2월 辛丑; 『숙종실록』 권38, 숙종 29년 4월 戊子.

70) 『정조실록』 권41, 정조 18년 11월 乙酉.

임시로 고용되어 노동자로 일하는 등 각종 부업을 가지고 있었다.

서울의 도시 빈민 중에는 영세 소상인층도 많았는데, 이들은 특권 상인인 시전 상인의 독점권을 뚫고 난전 상업을 영위하거나 또는 시전에서 각종 찬거리나 생선 등을 떼어다가 동네를 돌아다니면서 판매하는 행상으로, 또는 시전 상인의 하부에서 손님과 시전 상인 간의 물건값을 흥정하여 판매를 주선하는 여리꾼(餘利軍)으로 살아가기도 했다.[71]

경강변에는 배로 운반된 쌀 등의 조세나 상품들을 하역 운반하는 층들이 집단 거주하였다. 이들 중에서 조금 부유한 자들은 말을 가지고 운송업에 종사하였지만, 그렇지 못한 자들은 지게 하나만을 가지고 생계를 이어가야 했다. 이들은 고가로 1태(駄)당 2전씩을 받아, 아침과 저녁을 모두 마포 시장에서 사서 먹는 계층으로서,[72] '하루 일하지 않으면 사흘 먹을 것을 잃어버리는' 처지에 놓인 품팔이 노동자였다.[73] 이러한 계층들은 한강이 얼어붙어 배가 들어오지 않는 겨울철에는 한강의 얼음을 떼어 동빙고나 서빙고에 저장하는 장빙역에 품을 팔아 생계를 유지하였다. 얼음의 채취는 동·서빙고와 가까운 저자도 근처에서 음력 12월이나 1월 중에 새벽 2시경에서 해뜨기 전까지 실시하였고, 채빙(採氷)하는 공정과 저장하는 공정, 채빙된 얼음을 빙고까지 운반하는 공정이 분리되어 있었다. 벌빙과 저장은 매우 중요했으므로 숙련공들이 담당하였는데, 이들을 채빙공(採氷工)·저장공

---

71) 본서 5장 참조.

72) 『正祖丙午所懷謄錄』 禁軍 辛大昌所懷. "江民資生之道 專靠於馬背 而一駄之雇價 不過二錢 朝夕買食於麻浦之市."

73) 위의 책, 禁軍 崔德禹所懷. "江郊殘民 赴役十里 將失一日之業 一日失業 必失三日之食也."

(貯藏工)으로 불렀으며, 특별한 기술이 없는 자들은 주로 채취된 얼음을 빙고까지 운반하는 운빙 작업을 담당하였다. 한겨울에 얼음을 채취하여 빙고까지 수 킬로미터를 운반하는 노동은 빈민들에게 매우 위험한 것이었다. 작업 과정에서 동상을 입는 것은 다반사였고, 얼어 죽는 자들도 많았다. 그러므로 정부에서도 빙고의 관원들을 동원하여 강변에 장작을 피워 동상을 예방하거나 또는 의약을 상비하여 다친 사람을 구제하는 등의 조치를 취했다. 그렇다고 따뜻한 겨울이 이들에게 유리한 것만은 결코 아니었다. 겨울이 따뜻하여 한강이 얼지 않았을 때는 한강 상류에서 얼음을 채취하여 빙고까지 운반해야 했으므로 평상시에 비해 여러 배에 달하는 노력이 들어가기 때문이었다.[74]

이들 외에도 대규모 토목 공사의 임노동자로 동원되는 모군들이 있었다. 이러한 임노동자 중에는 걸톱장이·끌톱장이 등 전문적인 기술을 가진 토목 노동자들이 패(牌)를 구성하여 조직적으로 공사에 동원되는 자들이 있었는가 하면, 단순 비숙련 노동에 고용되는 모군이나 운송을 전담하는 담군(擔軍; 운송담당), 좌우포도청 소속의 별계군(別契軍; 향도군을 모아서 편성한 운송전문 잡역부), 지게꾼 조직 등이 있었다. 모군들은 30명을 1패로 하는 작업조로 편성되었고, 모군패에는 십장(什長)에 해당하는 등패(等牌)가 임명되는 등 독자적인 조직도 갖추고 있었다.

모군의 노동 시간은 일조 시간에 한정되었으므로, 동절기와 하절기에 따라 작업 시간은 큰 차이가 있었다. 모군의 품삯은 18세기 중엽까지는 현물로 지급되었지만, 18세기 후반에는 화폐로 지불되었다. 18세기 후반 일역부(日役夫)의 하루 품삯은 25문, 즉 2전 5푼으로 통용

---

74) 본서 6장 참조.

되었는데, 이 액수는 농업 임노동자나 훈련도감의 용병보다 나은 편이었으며, 일가족을 부양할 만한 액수였다. 품삯은 일당의 형태인 계일급고(計日給雇) 방식으로 5일 간격의 후불제로 지급되는 것이 일반적이었고, 도급제적 지불 방식은 19세기 이후 단기간 공사에서 단순 잡역 모군들에게 주로 적용되었다. 모군들에게는 작업 도구가 공사장에서 지급되는 것이 관례였다. 모군들은 생산 도구를 비롯한 일체의 생산 수단으로부터 해방된 자유로운 임노동자였던 것이다.

이와 같은 자유로운 임노동자층이 형성됨에 따라 고용주와 피고용인의 관계도 점차 경제적 계약 관계로 전환되었다. 이에 따라 모군들이 품삯과 작업 조건이 맞지 않으면 저항하거나 또는 작업장을 이탈하는 사례도 자주 발생하였다. 이러한 중세 해체기의 임노동자들은 농민층 분해의 소산으로서 자본제적 생산 관계 아래 고용된 것은 아니었다. 도시 주변으로 모여든 빈민층은 자본제적 생산 관계의 본격적인 전개를 기다리는 전환기의 과도적 성격을 지닌 임노동자로서의 위상을 지니는 자들이었다.[75]

이처럼 도시 빈민들은 다양하고 복합적인 구성을 보이면서도, 기본적인 생활 양식과 사회, 경제적인 조건은 대체로 동일하였다. 이들은 주로 도성 밖, 특히 17세기 후반 이후 상업 중심지로 급격하게 성장하고 있었던 마포·용산·서강 등 경강변이나 동대문 밖의 왕십리 지역, 남대문 밖의 이태원 등지에 신흥 촌락을 형성하여 집단 거주하였다. 그렇지 않은 자들은 청계천변이나 개간이 금지된 남산·만리재 등지에 허술한 토막을 짓고 생활하였다.

도시 빈민의 최하층에는 거지들이 있었다. 이들은 광통교나 효경

---

75) 윤용출, 1998 앞의 책 참조.

교 아래서 움막을 치고 생활하였다.76) 정조 시대에 이르면 왕은 겨울철이 되면 반드시 효경교·광통교 다리 밑의 거지들에게 깔고 덮고 잘 가마니와 옷가지를 지급하는 것을 관례로 삼고 있었다. 또한 정부에서는 1732년(영조 8)에는 흉년으로 버려진 아이를 키웠을 때, 당대에 한하여 노비로 삼을 수 있도록 하는 「유기아수양사목(遺棄兒收養事目)」을 반포함으로써 유민들의 서울 정착을 지원하는 정책을 취하였다.77) 실제 1789년(정조 13) 중부에 거주하는 훈련도감 원류군(願留軍) 이상구(李尙九)는 의지할 데 없는 아동과 굶어죽기에 이른 아동 26명을 길러 혼인까지 시키기도 하였다.78) 이와 같은 정부의 정책들도 이 시기 도시 빈민이 급격하게 늘어나는 데 따른 사회 문제를 해결하기 위해 취해진 것이었다.

이들 도시 빈민들은 농민과 달리 쌀을 비롯한 각종 농산물·수공업·생활필수품 등을 시장으로부터 구입해서 생활하는 소비자였으며, 그것도 그날 벌어 그날 살아가는 계층이었다. 때문에 물가의 심한 변동, 특권 상인의 독점 행위로 인한 폐해는 이들의 생계를 직접적으로 위협하는 것이었다. 뿐만 아니라 이들은 서울 주민에게 부과되었던 각종 방역의 담당자로서 국가가 필요로 하는 재정과 노동력을 제공하였다. 그러므로 이들은 특권 상인이나 말단 관리로부터 온갖 수탈을 당하는 처지에 놓여 있었다.79) 이와 같은 도시 빈민의 형

---

76) 『漢京識略』橋梁. "京城流丐之窖 築於廣通孝經橋 每年臘寒時 自上 發遣宣傳官 看檢恤問 令該曺給米布 修窖居 俾免其凍餓以死."

77) 『비변사등록』91책, 영조 8년 4월 3일. "賑恤廳啓曰 (중략) 遺棄兒收養事目 考出 謄錄 令該廳施行事 自備局旣以覆啓 允下矣."

78) 『비변사등록』174책, 정조 13년 5월 29일. "中部居民 李京得等 上言 以爲本部居 訓局願留軍李尙九 性本仁善 心存濟活 收聚族黨無依兒十餘人及丐乞瀕死兒十六 人 同置一室 便其食衣 待期年長 次第婚娶 使之奠居."

성에 따라 서울에는 주택 문제, 환경문제, 각종 범죄의 만연 등 맹아
적인 도시 문제가 발생하였다.

2) 개간의 진전과 주택 부족의 심화

외부에서 몰려든 인구가 도성 밖에 집주하면서 서울을 둘러싸고
있는 산들이 개간되기 시작하였다. 원래 한성부에서는 도성 십 리 내
에 사산금표(四山禁標)를 정하고, 금표 지역(禁標地域)의 개간을 금하였
지만, 외부에서 몰려든 인구가 거주하기 위해서는 이들 산의 개간이
불가피해진 것이다. 17세기 후반 이후 개간이 지속되었지만, 적어도
18세기 초까지는 산지에 대한 개간은 심각한 양상은 아니었다. 한성
부에서 도성 십 리 내에 사산금표를 정하고, 금표 지역의 개간을 엄
금했기 때문이다.

그러나 1746년(영조 22)에는 만리현(萬里峴)·서빙고(西氷庫) 등지의 여
러 산이 개간되었고,[80] 1758년(영조 34)에는 국도(國都)의 안산(案山)이
었던 남산(南山)도 개간되었다.[81] 1757년(영조 33)에는 권농 정책의 시
범구역이었던 잠실(蠶室)도 개간되어 농지나 마을로 변해갔다.[82] 또

---

79) 고동환, 1999 「근대이행기 도시빈민의 존재형태와 사회문제」, 『역사비평』 봄(통
   권46).

80) 『度支志』 外篇 版籍司 四山禁標 事實.

81) 『비변사등록』 134책, 영조 34년 4월 30일. "訓練都正 具善復所啓 近來南山冒耕之
   患 特甚 宜有定界禁斷之事矣 左議政 金曰 國都案山之起耕云者 大關紀綱 誠極寒
   心 山腰山底有何區別定界乎 毋論山之內外 限山底一併嚴禁 而其犯耕者 令該軍門
   及京兆 查出姓名 付之攸司 各別嚴處."

82) 『영조실록』 권 89, 영조 33년 5월 癸丑. "三江御使 洪良漢(중략) 通津金浦陽川富
   平等邑 流民來住沿江 自成一村 見漏帳籍 或生弊端 請令京兆 搜括入籍 上曰是化
   外之民也 旣令括屬京籍 四邑守令拿處 良漢 又奏 西蠶室在漢江邊 乃是公桑重地

한 성북(城北)의 둔전 및 외남산(外南山)의 금경처(禁耕處)도 대거 개간되었으며, 나아가 탕춘대 남쪽의 산허리도 18세기 후반에 개간되었다. 정부의 금령에도 불구하고 외부 유민들이 몰래 산전(山田)을 개간하여 이미 십수 년간 경작하였기 때문에, 정부에서도 이를 다시 원상 회복할 수 없었다.[83]

서울 도성 안팎의 산지 개간은 인구 압박에 따른 것이다. 인구 압박에 따라 나타나는 또 다른 사회 문제는 주택 부족 문제였다. 조선시대 서울에서는 양반 사대부들이 적당한 거처가 없는 경우에 양반 신분을 무기로 평민의 집을 빼앗아 거주하는 경우가 많았다. 이를 일컬어 '여가탈입(閭家奪入)'이라 했는데, 이는 명백한 범죄 행위였다. 그런데 이에 대한 금지 조처는 17세기 후반 이후인 숙종대에 이르러 비로소 본격적으로 시행되었으며, 정조대인 18세기 후반에 이르러서는 이러한 사태가 거의 사라지게 되었다. 만약 평민이 자기 집을 빼앗기게 되면 반드시 한성부나 형조에 소송을 제기하여 자신의 권리를 되찾기 때문이었다. 이와 같은 '여가탈입'의 발생은 서울 내에서의 주택 부족에 기인하는 것이었고, '여가탈입'의 소멸 또한 평민들의 주택에 대한 권리 의식의 성장을 반영하는 것이 아닐 수 없다.[84]

도성 외부에 거주지를 마련하지 못한 자들은 주로 개천(開川; 청계천)변에 움막을 짓고 살아가는 자가 많았다. 이에 따라 17세기 중엽에는

而居民斫伐枯木 仍耕其地內 侍府利其地稅 亦不問 桑田幾至童濯 雖非設置本意 上曰蠶室爲后妃而設也 闕中嘗有蠶板 今聞如此 內侍之袪桑徵稅 甚於取斂之臣 特施制書有違之律 壇直刑配."

83) 『비변사등록』 190책, 정조 24년 4월 21일.

84) 고동환, 1998 앞의 책, 41~42쪽; 이근호, 2004 「17·18세기 '閭家奪入'을 통해 본 漢城府의 住宅問題」, 『도시역사문화』2, 서울역사박물관 참조.

청계천을 밭으로 만들어 채소 등을 심어 경작하는 등 '천상거민(川上居民)'이 늘어나고 있었다.[85] 18세기에는 이들 '천상거민'들이 개천 위에 밭을 경작하는 것에 그치지 않고 주택을 건설하여 거주하였으며, 이들 집도 매매되었다. 그러므로 1755년(영조 31) 청계천에 대한 대대적인 준설 사업을 시행할 때 특별히 이들 '천변조가자(川邊造家者)'에 대한 대책을 마련해야 할 정도였다.[86]

한편 서울 인구의 증가에 따라 자연스럽게 이들이 겨울철을 보내기 위해 사용하는 연료인 땔감 소비가 늘었다. 이로 인해 서울 주변의 산이 헐벗게 되었고, 그 결과 산의 토사들이 하천에 계속 퇴적됨에 따라 하상(河床)이 높아져 웬만한 비만 내려도 청계천이 범람하였다. 특히 청계천 변에 집을 짓고 사는 사람들의 피해는 연례적인 것이었다. 그러므로 이러한 문제를 해결하기 위하여 영조는 청계천에 대한 대대적인 준설 작업을 시행하게 된다. 1760년(영조 36)에 시행된 준천(濬川) 사업은 서울이 수도로 자리 잡은 이래 최대의 준설 공사로서, 서울의 면모를 대대적으로 혁신한 사업이었다. 이 사업을 계기로 청계천의 흐름이 곧아졌고, 청계천 변에 무질서하게 지은 집들을 대부분 헐어내어 하천 변을 정비하였다. 준천 사업도 결국 도시 문제에 대한 대응책의 일환이었던 것이다.[87]

하천 부지 외에도 불법적으로 도로나 공한지를 무단 점령하여 마구잡이로 불량 주택을 건설하는 경우가 많았다. 이러한 주택을 '여가(餘家)'라고 표현하고 있었는데, 18세기 중엽 이후부터 이러한 여가의

---

85) 金堉, 「城中溝渠修治啓」, 『潛谷集』 권5.

86) 『濬川事實』 濬川司節目.

87) 고동환, 1998 앞의 책 70~73쪽 참조.

철거 문제를 한성부 오부의 부관(部官) 및 준천사(濬川司) 참군(參軍)이 담당하도록 조처하고 있었다.[88] 이러한 사태의 진전은 18세기 후반에 오면 더욱 강화되어, 대로변에 불량 주택을 마구 지었기 때문에 큰 길이 좁은 골목길로 변해서, 수레도 돌릴 수 없다고 한탄할 정도였다.[89]

3) 경제 범죄의 증가

인구 증가와 도시화의 진전에 따라 서울 주민들 사이의 관계도 점차 경제 관계를 중심으로 많은 갈등들이 발생하고 있었다. 종전에는 강상윤리 등을 중심으로 발생했던 서울의 범죄 양상이 점차 경제 범죄가 주류를 차지하게 되었다. 18세기 후반 각종 범죄에 대한 처리 기록을 담은 『심리록』에 의하면, 서울의 범죄율은 인구 비율에 비해 약 6배나 높은 범죄 발생률을 기록하고 있다. 즉 통계상의 한성부 인구 비율은 전국 인구에 비해 2.6%에 불과하나, 『심리록』에 기재된 한성부 지역의 범죄심리율은 전체 범죄의 15.4%에 달하였다.

이는 도시화에 따른 전통적 사회 질서와 가치관의 급격한 해체 현상과 무관하지 않은 것이었다. 서울 지역 중에서도 경강이나 칠패 등 상업 중심지가 집중하여 인구가 가장 많았던 서부 지역의 범죄 발생률이 가장 높았다. 이들 범죄 중에서 대표적인 것은 위조 범죄였는데, 위조 대상은 각종 관문 및 인신, 홍패, 낙인 등은 물론 어보(御

---

88) 『비변사등록』 146책, 영조 40년 9월 1일.

89) 『비변사등록』 170책, 정조 11년 정월 20일. "汚穢之家 法禁至嚴 而挽近以來 日盛月滋 甚至通衢大路 轉成狹斜窄巷 尋常輪蹄 不得回旋."

寶)·전교(傳敎)에 이르기까지 매우 광범하게 나타나고 있었다.[90]

그러므로 일반 상거래가 행해지는 시장에서도 사기와 협잡, 소매치기 범죄가 매우 일상화되고 있었다. 특히 난전인들이 주된 활동 무대였던 칠패와 이현 시장의 경우 이러한 범죄가 많았다. 18세기 후반 한문소설『이홍전(李泓傳)』에는 이와 같은 사기와 소매치기가 일상화되었기 때문에 시장에 출입하는 사람들은 돈을 전장(戰場)에서 진(陣) 지키듯 하며, 물건을 시집가는 여자가 몸조심하듯 하지만, 곧잘 속임수에 걸려든다고 표현하고 있었다.[91]

한편 18세기를 거치면서 상업 중심지로 급속하게 성장해간 경강 지역에서도 경제 문제를 둘러싸고 다양한 갈등이 발생하고 있었다. 당시 사람들은 경강민들을 '소송을 즐겨 제기하는 사람들(五江好訟之民)' 이라고 표현하였으며, 심지어 경강 지역 주민 자신도 잦은 쟁송을 이 지역의 가장 중요한 폐단으로 여길 정도였다. 경강민들은 오부에 소송을 제기하여 자기 뜻대로 해결되지 않으면, 한성부나 형조로 월소(越訴)하였고, 이 단계에서도 자신의 요구가 관철되지 않으면, 국왕에게 직접 호소하는 상언과 격쟁의 방법도 동원하여, 자신의 이해를 관철하고자 하였다. 18세기 후반 정조 연간에 경강민들의 상언과 격쟁의 대부분은 상업 이윤을 둘러싼 것으로서, 18세기 이후 경강변 상업 발전을 반영하는 것이었다.[92]

경강에서 돈을 번 자들은 상당한 위세를 가지고 지역을 지배하였다. 경강의 부자들은 가난한 자들을 마음대로 침학하고, 심지어 거리

---

90) 조광, 1996 「18세기 전후 서울의 범죄상」, 『전농사론』2, 서울시립대 국사학과.
91) 이우성, 임형택 편, 1978 『李朝漢文短篇集 하』, 李泓傳, 일조각.
92) 고동환, 1998, 앞의 책, 227쪽 참조.

낌없이 살해하는 경우도 있었다. 이러한 행패에 대해서 이웃들은 아무 소리도 못하고 당하고 있을 뿐이었다. 심지어 부자들은 살인 사건을 추조(推照)하는 마당에까지 깃발을 날리면서 위세를 과시할 정도였고,[93] 이들의 행패를 단속하기 위해 파견된 한성부의 장교들을 구타하여 부상을 입힐 정도였다. 이들 부자들에게 지방관의 위엄은 더 이상 통하지 않았다. 경강 지역에서 관권보다 부자들이 지닌 돈의 힘은 훨씬 강했다.[94] 이러한 양상은 서울이 신분적 권위보다는 경제적인 힘에 의해 현실적으로 지배되고 있음을 반영하는 것이다. 인구 증가에 따른 도시화는 서울의 도시 운영 원리도 변화시켰던 것이다.

4. 도시화와 도시 문제의 성격

17세기 후반 이래 서울은 대동법과 금속 화폐의 전국적 유통을 계기로 노동력의 상품화가 촉진됨으로써 상업 도시로 전환할 수 있는 사회 경제적 토대가 마련되고 있었다. 상품 화폐 경제의 발달 과정에서 성취된 교통로의 발달은 서울과 지방을 빠르게 연결할 수 있게 함으로써 전국적인 시장권의 중심 도시로 서울을 성장시킬 수 있었으며, 소빙기 기후로 인한 각종 재난으로 유민들의 서울 집주가 가속화되어, 서울 인구의 증가와 인구 구성의 변모를 가져오게 되었다. 이러한 17세기 이래의 사회 변화는 왕과 관료들이 거주하는 정치·군사·행정 중심지라는 전통적인 왕도인 서울을 상업 도시로 전환시키

---

93) 『審理錄』 西部 林技郁獄.
94) 『公移占錄』(奎 7662), 「論報麻浦民 李文尙事狀」 "邑力旣無所施 營威又不能行."

는 요인이었다.

17세기 후반 이후 도시화의 진전으로 나타난 도시 구조의 주된 변화 양상은 인구의 급속한 증가와 도시 빈민의 형성, 그리고 도시 공간의 확대와 기능 분화로 집약된다. 도성 내부의 중심 상업 지대로서 종로 시전·이현·칠패라는 3대시의 형성과 각 시장 간의 기능도 분화되고 있었다. 도성 외부에는 해상 교통의 중심지였던 경강 지역이 서울 핵심 상업 지역과 전국 시장권을 연결하는 매개 기능을 수행함으로써 상업 중심지로 성장할 수 있었다.

또한 시전 상인들이 금난전권을 행사할 수 없는 서울 외곽에는 광주의 송파장과 양주의 누원점이 새로운 상업 거점으로 성장하였다. 이곳의 사상 세력들은 동북 지역과 삼남 지역을 직접 연결함으로써 도성 내부의 봉건적 특권 상업 체제에 대항하는 새로운 유통 체계를 형성시켰고, 18세기 말에 이르러서는 시전 중심의 상업 체제를 붕괴시키고 사상 중심의 상품 유통 체계를 확고하게 형성시킬 수 있었다.

17세기 후반 이래 서울의 도시 공간 확대와 기능 분화의 양상은 서울과 수원·광주·개성·강화를 잇는 사도(四都) 체제의 형성을 계기로 일단락된 것으로 보인다.

17, 18세기 서울의 상업 도시화의 진전은 도시 공간의 확대와 기능 분화라는 도시 외관만이 아니라 도시 주민의 성격에도 질적 변화를 초래하였다. 노동력의 상품화가 진전되면서 서울 주민들은 수시로 노동력을 징발당하는 중세적 방민에서 대부분 돈을 받아 정부의 각종 요역에 동원되는 도시민으로 전환될 수 있었다. 이 과정에서 도시민들은 상인·수공업자와 임노동자층 등으로 다양하게 분화, 고정되었고 이들 계층이 18세기 이후 서울 주민의 대부분을 차지하게 된 것이다. 이들 중에서 서울 인구의 중심은 상업 인구였다.

　서울의 인구 구성도 외부로부터 유입된 인구 증가에 따라 변모되고 있었다. 그러한 가장 대표적인 현상이 서울에 도시 빈민들이 형성된다는 점이다. 도시 빈민들은 당시 상업 도시화되었던 서울에서 영세 상업이나 품팔이 노동, 그리고 구걸 등의 형태로 생계를 유지하였다. 이들 계층의 형성과 더불어 절대적인 인구 증가는 서울에 맹아적인 도시 문제라고 할 수 있는 다양한 사회문제를 일으켰다. 18세기 서울이 직면한 도시 문제 중 가장 중요한 것은 개간 문제와 주택 부족 문제, 각종 경제 범죄의 증가 현상이었다. 국도 서울의 안산인 남산을 비롯하여, 서빙고·만리동의 고개, 그리고 잠실 등도 대거 개간되어 경지나 촌락으로 바뀌었으며, 주택 부족으로 사대부들에 의한 평민 주택의 탈취 현상인 '여가탈입' 현상의 만연, 그리고 청계천변이나 대로변에 불량 주택의 집중적인 건축 등이 이 시기 인구 증가로부터 초래되는 사회 문제였다. 뿐만 아니라 상업 도시화되었던 서울에 사기와 협잡, 위조 범죄 등 경제 범죄가 두드러지게 증가하였다. 중세적인 형벌관에서 강상윤리에 어긋나는 범죄를 가장 중요시했다는 점에서는 변함이 없었지만, 18세기 서울에서는 이러한 범죄보다는 각종 경제 범죄가 양적으로 훨씬 많이 발생하고 있었다. 이러한 것도 바로 이 시기 도시화의 진전에 따라 나타나는 도시문제의 한 단면인 것이다.

5
조선 후기 서울의 생업과 도시 문화

1. 상인과 공인의 경제활동

조선 후기 서울은 인구 증가, 상업 발달, 도시 공간의 도성 외부로의 확대 등 다양한 변화를 겪고 있었다. 이러한 변화의 결과 서울은 성곽으로 둘러싸인 국왕과 관료 집단을 중심으로 하여 운영되는 왕도(王都)가 아니라 상업 도시로 그 성격이 전환되었다. 17세기 후반 이후 서울이 겪는 이러한 변화는 도시 구조와 주민 구성, 도시 문화, 이념적 지향에 이르기까지 모든 부분에서 나타나는 변화였다. 한국 사상에서 이러한 변화가 갖는 의미는 대체로 중세적 질서의 해체와 근대적 사회 단계를 예비하는 징후로 이해되고 있다.[1]

이처럼 중세적 도시가 근대적 성격의 도시로 전환하는 과정에서 서울 주민의 구성도 달라지게 마련이다. 중세 도시에서는 국가나 왕

---

[1] 이태진, 1995 「18-19세기 서울의 근대적 도시발달양상」, 『서울학연구』4, 서울학연구소; 고동환, 1998 『조선 후기 서울상업 발달사연구』, 지식산업사 참조.

실 사무에 종사하는 인구들이 주된 것이었지만, 조선 후기 서울에는 경제 활동에 종사하면서 생계를 이어가는 사람들이 가장 주된 부분을 차지하였다. 여기에서는 이러한 경제 활동 인구의 다양한 삶이 어떻게 전개되고, 그들에 의해 향유된 문화가 어떠한 성격을 지녔는지를 살펴보고자 한다.

상업 도시로 전화된 18세기 서울은 중세적인 신분 속박에서 벗어나 모든 것이 경제적 이해관계에 따라 운영되고 있었다. 특히 새로운 사회 계층으로 출현한 도시민이었던 여항인(閭巷人)은 자신들만의 독자적인 도시 문화를 형성하였다. 18세기 서울 주민 집단의 생활과 의식에 대해서는 그동안 한문학 분야에서 많은 연구들이 축적되었다.[2] 여기에서는 이와 같은 한문학의 연구 성과를 기초로 여항 문화의 전개 양상을 고찰함으로써, 중세사회 해체기 서울의 도시 문화의 단면을 그려보고자 한다.

1) 종로의 시전 상인과 여리꾼(餘利軍)

18세기 후반 서울의 상가는 종로의 시전 상가 외에 17세기 후반부

---

2) 조선 후기 서울 주민들의 생활 문화를 다루고 있는 한문학 연구는 다음의 연구가 참고된다.
   송재소, 김명호, 정대림 외, 1983 『이조후기 한문학의 재조명』, 창작과비평사; 임형택, 1975 「18·19세기 이야기꾼과 소설의 발달」, 『한국학논집』 2; 임형택, 1978 「한문단편 형성 과정에서의 講談師」, 『한국소설문학의 탐구』, 일조각; 이창헌, 1987 「경판각 소설의 상업적 성격과 이본 출현에 대한 연구」, 『관악어문연구』 12, 서울대 국문학과; 이명학, 1983 「한문단편 작가의 연구-安錫儆의 경우」, 『이조후기 한문학의 재조명』, 창작과비평사; 이문규, 1995 「조선 후기 서울 시정인의 생활상과 새로운 지향 의식」, 『서울학연구』5, 서울학연구소; 강명관, 1997 『조선 후기 여항문학연구』, 창작과비평사; 허경진, 1997 『조선위항문학사』, 태학사.

터 형성되기 시작한 칠패 시장과 18세기 중엽에 형성된 이현(梨峴) 시장을 합하여 통칭 3대시(三大市)로 표현되고 있었다. 서울에는 3대시 외에도 가로상에 다양한 잡시(雜市)와 땔감 시장이 있었고, 도심 곳곳에 독자적인 점포를 설치하여 영업하는 점포 상업도 번성하였다. 이에 따라 서울의 상업은 시전 중심에서 점차 난전시장인 이현 시장과 칠패 시장, 그리고 점포 상업으로 다양화되어 갔다.[3]

시전 상인은 평시서 시안(市案)에 등록함으로써 특정 상품에 대한 독점적 유통권인 금난전권(禁亂廛權)을 보유하였다. 시전 상인에게 금난전권을 허용한 것은 이들이 국역을 부담하기 때문이었다. 그러나 금난전권을 보유한 시전이라고 해도 모두 국역을 부담한 것은 아니었다. 국역을 부담하는 시전을 유분각전(有分各廛)이라고 칭했던 반면, 시전의 규모가 영세하여 국역을 부담할 수 없었던 시전은 무분각전(無分各廛)이라 불렸다. 시안에 등록된 시전이라고 해도 자본력이나 영향력에서 상당한 차이가 있었던 것이다. 예컨대 국역을 가장 많이 부담하는 육의전은 자본력이나 영향력이 가장 컸다. 그러나 무분각전인 백당전(白糖廛)의 경우는 특정한 점포 없이 아동들이 엿판을 지고 길거리에서 영업하였다. 백당전처럼 점포 없이 장사하는 시전은 드물었고, 대부분의 시전은 종로 일대에 자신들만의 전방(廛房)을 가지고 영업하는 것이 일반적이었다.

종로의 시전 상가는 궁궐이나 관아, 또는 양반 사대부가에서 필요한 사치품이나 생활 용품을 판매하는 시장으로서, 대낮에 거래가 이루어졌다. 종로 중심가의 시전 건물은 2층 목조 기와집이었고,[4] 상층

---

3) 본서 9장 참조.
4) 이우성, 임형택 편, 1978 『李朝漢文短篇集 하』 馬駔傳, 일조각.

은 창고, 하층은 점포로 사용되었다. 또한 개별 시전은 여러 행랑이 연이어져 있는 건물에서 장사를 했는데, 이를 방(房)이라고 불렀다. 육의전 중에서 가장 규모가 큰 입전(立廛)의 경우는 총 1방에서 7방까지 있었는데, 각 방은 다시 10간으로 나뉘었다. 입전의 영업 구조는 각 간마다 상인이 독자적으로 영업하였다. 한 간에 2-3명의 시전 상인이 영업을 했다고 치면, 중국산 비단을 판매했던 입전에는 200명에서 150명 내외가 전방에 앉아 장사를 했다고 말할 수 있다. 입전 외에 육의전에 포함된 시전인 경우는 5방 내지 6방 정도의 규모였던 것으로 추정된다.

개별 시전들은 저마다 도중(都中)이란 독자적 조합을 구성하여 정부에 대한 국역 부담을 총괄하고, 상품 판매권을 독점하며, 도원(都員) 상호간의 친목을 도모하였다. 조합 사무소라고 할 수 있는 도가(都家)는 대부분 시전 상인이 영업 장소인 전방의 뒤에 위치하였는데, 물건을 보관하는 창고 기능도 담당하였다.

각 시전의 도원, 즉 시전 상인은 아무나 될 수 있었던 것은 아니고, 엄격한 심사에 의해 그 자격이 주어졌다. 시전 상인이 될 수 있는 가장 유리한 조건은 기존 도원의 아들이나 사위들이었다. 이들 시전 상인의 자제들은 상행위를 익히기 위해 15세가 되면 시전에 나와 일을 함으로써 부업(父業)을 이을 준비를 했다. 이를 '아동출시(兒童出市)'라고 불렀다.5) 전연 연고 없이 시전 도중에 가입한 도원들을 '판신래인(判新來人)'이라고 불렀는데, 이들이 시전 도중에 가입하기 위해서는 도중 총회의 투표를 통해 가입 여부가 결정되었다. 대부분의 시전에서는 부표(否票)가 3표 이상이면 가입이 불허되는 것이 관례였다.

---

5) 『立廛完議疑義解釋』 兒童出市(『조선봉건말기사회경제사자료집』 309쪽).

이처럼 도중에의 가입은 혈연관계가 기본이었고, 세습적인 가입 자격의 범위는 증손대까지 한정되었다. 시전의 동업 길드적인 강인한 단결력은 이와 같은 혈연 중심의 조직이었기 때문에 가능한 것이었다.[6]

그러면 서울 시전에서 어떻게 상거래가 이루어지고 있는지 살펴보도록 하자. 종로의 시전 전방 문 바로 앞에는 퇴청(退廳)이라고 하는 작은 방이 붙어 있었는데, 시전 상인은 이 퇴청에 방석을 깔고 앉아 손님을 기다렸다. 그런데 어떤 사람이 종로에 물건을 사러 와도 자신이 원하는 물건을 파는 곳을 금방 알 수 없어 종로를 배회하게 마련이다. 이때 이 손님에게 큰 소리로 무슨 물건을 사러왔는가 묻는 사람들이 있었다. 이들은 시전 상인이 아니라 아직 점포를 가지지 못한 가난한 사람들로서, 손님을 시전 점포에 이끌고 간 뒤에는 중매인이 되어 흥정을 붙여 거래가 성사되도록 도와주는 사람이었다. 이 사람들을 여리꾼이라고 불렀다.[7] 여리꾼은 시전 상인이 작정한 값보다 더 높은 가격으로 물건을 팔아주고, 그 차액을 먹었는데, 이 차액을 여리(餘利)라고 했다. 예컨대 원래 비단의 원가가 17냥이고, 시전 상인은 여기에 3냥의 이문을 붙여 20냥에 팔 생각이었다고 하자. 그런데 여리꾼이 중간에 흥정을 붙여 21냥에 비단을 판매했다면, 시전 상인에게 1냥은 더 남은 이익 즉 여리였고, 이는 상인이 아닌 흥정을 붙인 여리꾼이 먹는 이익이었다.

여리꾼은 특정 가게에 전속된 것은 아니다. 따라서 여리꾼이 자기

---

6) 고동환, 2002 「조선 후기 시전의 구조와 기능」, 『역사와현실』44 참조.

7) 여리꾼은 상점으로 손님을 불러들이는 사람이라는 의미에서 '閭入軍'이라고도 불렀다(善生永助, 『朝鮮人の商業』 商業用語).

몫을 챙기려면 주인이 작정한 가격을 먼저 알아내서 그보다 비싼 값에 팔아야 했다. 그러므로 손님이 알아듣지 못하도록 암호를 사용해 가격을 알아냈는데, 이 암호를 '변어(弁語)'라고 했다. 변어는 주로 파자(破字)의 원리를 이용하는 경우가 많았다. 예를 들어 1은 천불대(天不大), 2는 인불인(仁不人), 3은 왕불주(王不柱), 4는 죄불비(罪不非), 5는 오불구(吾不口), 6은 곤불의(袞不衣), 7은 조불백(皂不白), 8은 태불윤(兌不允), 9는 욱불일(旭不日)과 같이 사용했다. 이러한 변어는 각 시전마다 그 용례가 달랐는데, 입전(立廛)에서는 잡(帀)·사(丝)·여(汝)·강(罡)·오(伍)·교(交)·조(皂)·태(兌)·욱(旭) 자의 파자로 이 숫자를 표현하였다. 예컨대 사(丝)에서 탈차(脫此)하면 2를 표현하는 것이 되는 것이다. 여리꾼들은 탈건(脫巾) = 1, 탈여(脫女) = 3, 탈정(脫正) = 4와 같은 방식의 암호를 사용하여 손님 몰래 가격을 알아내어 그보다 높은 가격으로 흥정을 붙였던 것이다.[8]

2) 칠패(七牌)·배오개[梨峴] 시장과 위조품 범람

종로의 시전 상가와 달리 이현 시장과 칠패 시장은 주로 자유 상인인 사상(私商)들이 활동한 시장이었다. 그러므로 이곳에서는 종로 시전과 달리 새벽녘에 거래가 활발하였고, 서민들이 주로 이용하였다.[9]

서소문과 남대문 사이에서 번성한 칠패 시장은 서울의 관문인 경강 지역과 가깝기 때문에 서해에서 들어오는 각종 어물과 미곡 등이

---

8) 『立廛完議疑廷義解釋』 京城六矣廛行用邊語(『조선봉건말기사회경제사자료집』 311쪽).
9) 『京都雜誌』 市舖.

판매되는 시장이었다. 특히 경강 여객주인이 시전 상인 몰래 외방에서 신고 온 상품을 빼돌려 칠패의 중도아(中都兒)에게 넘겨주면, 중도아들이 일반 시민에게 판매하는 시장이었다. 칠패 시장은 난전 상인들에 의해 개척된 시장이었으므로, 상거래 질서 또한 종로 시전에 비해 어지러웠다. 다음과 같은 기록은 이러한 모습을 잘 알려준다.

서울의 서문에 큰 시장이 있다. 이곳은 가짜 물건을 파는 자들의 소굴이었다. 가짜로 말하면 백동(白銅)을 가리켜 은(銀)이라 주장하고, 염소뿔을 두고 대모(玳瑁)라고 우기며, 개가죽을 가지고 초피(貂皮)로 꾸민다. (중략) 소매치기도 그 사이에 끼어 있다. 남의 자루나 전대에 무엇이 든 것 같으면 예리한 칼로 째어 빼간다. 소매치기를 당한 줄 알고 쫓아가면 요리조리 식혜 파는 골목으로 달아난다. 꼬불꼬불 좁은 골목이다. 거의 따라가 잡을라치면 대광주리를 짊어진 놈이 불쑥 광주리 사려 하고 뛰어나와 길을 막아버려 더 쫓지를 못하고 만다. 이 때문에 시장에 들어서는 사람은 돈을 전장(戰場)에 진(陣) 지키듯 하고, 물건을 시집가는 여자 몸조심하듯 하지만 곧잘 속임수에 걸려드는 것이다.[10]

여기에서 서대문의 큰 시장은 바로 칠패 시장을 일컫는 것이다. 칠패 시장은 가짜 물건을 파는 소굴로서, 조직적 소매치기 범죄와 사기와 협잡도 일상화되고 있었다. 이러한 경제 범죄는 상업 도시로 발전하는 과정에서 나타나는 사회현상이 아닐 수 없었다.

동대문 안쪽 현재 광장 시장 근처에 존재했던 이현(배오개) 시장은

---

10) 이우성, 임형택 편, 1978 『李朝漢文短篇集 하』, 李泓傳, 일조각.

동북 지역에서 서울로 향하는 상품이 일차로 모이는 시장이었다. 그러므로 함경도 지역에서 운반된 북어가 팔렸으며, 다른 한편에서는 서울 근교에 상업적 농업으로 재배된 채소들이 주로 팔렸다. 이현·칠패 시장은 '동부채(東部菜) 칠패어(七牌魚)'라는 표현에서 알 수 있듯이 어물과 채소 거래에서는 규모면에서 종로의 시전을 능가하고 있었다.[11]

3) 점포 상업의 발달

18세기 서울에는 시전이나 사상들의 난전 상업 외에도 점포 상업도 발달하였다. 19세기 초에 작성된 『동국여지비고(東國輿地備攷)』에는 시전과 다른 점포 상업을 특별히 포사(舖肆)로 독립시켜 기술하고 있는데, 여기에는 현방(懸房)·약국·서화사(書畫肆)·책사(册肆)·금교세가(金橋貰家)가 기록되어 있다.

현방은 소를 잡아 고기를 판매하는 곳으로, 반인(泮人)들인 성균관 전복(典僕)들이 판매를 주관하였다. 고기를 매달아 판매하기 때문에 현방이라는 이름이 붙었는데, 중부에는 하량교·이전(履廛)·승내동·향교동·수표교 등 5곳, 동부에는 광례교·이교(二橋)·왕십리 등 3곳, 서부에는 태평관·소의문 밖·정릉동 근처 병문·야주현(冶鑄峴)·육조 앞·마포 등 7곳, 남부는 광통교·저동·회현동·의금부 등 4곳, 북부는 의정부·수진방·안국방 등 3곳이 있었고, 여기에 성균관에 소재한 현방을 합하여 총 23곳에서 푸줏간 영업을 하고 있었다.[12]

---

11) 『各廛記事』 地, 乾隆 11년(1781) 4월 일.
12) 『東國輿地備攷』 권2 漢城府 舖肆.

약국은 주로 현재 을지로 입구인 구리개[銅峴] 근처에 집중적으로 분포되어 있었다.[13] 약국은 병자에게 약을 지어주는 역할만을 한 것이 아니라 당시에는 시정인들의 약속의 장소, 만남의 장소로서도 기능하였다.[14] 그러므로 약국은 시정의 소문들이 발생하는 근원지이면서 그러한 소문이 빠르게 확산되는 공간이기도 했다. 조선 후기에 발생하는 정치적 변란 사건의 대부분에는 주모자들의 모의 장소나 만남의 장소로서 약국이 활용되는 것도 이러한 사정 때문이었다.[15]

약국과 비슷한 기능을 했던 점포가 연사(煙肆; 담배 가게)였다. 담배 가게는 강독사(講讀師)들이 청중들을 대상으로 소설을 읽어주는 장소로도 활용되고 있었다.[16]

그림 판매점인 서화사는 대광통교 서남쪽 개천 변에서 각종의 그림과 글씨를 판매하였으며,[17] 책을 판매하는 책사는 정릉동 병문, 육조 앞 등지에 있었는데, 주로 사서삼경과 백가제서(百家諸書)를 판매하였다.[18] 이 시기에는 직업적으로 책만을 판매하는 책장수도 등장하였고, 그 중의 일부는 조선 후기 한문소설의 주인공으로 등장하기도 하였다.[19]

---

13) 위와 같음.

14) 李文奎, 1995 「조선 후기 서울 市井人의 생활상과 새로운 지향 의식」, 『서울학연구』5.

15) 『영조실록』 권76 영조 28년 4월 己酉, 『정조실록』 권6, 정조 2년 7월 乙巳.

16) 김기동, 이종은 편, 1984 『韓國漢文小說選』, 銀愛傳, 교학연구사.

17) 참고로 1844년에 쓰여진 『한양가』에서 묘사되는 그림 판매점의 모습을 보면 다음과 같다. "광통교 아래 가게 각색 그림 걸렸구나/ 보기좋은 병풍차에 백자도 요지연과/곽분양 행락도며 강남 금릉 경직도며/ 한가한 소상팔경 산수도 기이하다"

18) 『東國輿地備攷』 권2 漢城府 舗肆.

19) 이우성, 임형택 편, 1978 『李朝漢文短篇集 중』 鬻書曺生, 일조각.

여러 곳에 산재한 금교세가(金橋貰家)에서는 종친 및 공주나 옹주의 옛 저택을 혼인을 앞둔 신부집에 빌려주는 것을 업으로 삼고 있었다.

4) 공인(貢人)과 공물 조달업

시전 상인과 더불어 도시 주민의 중심으로 꼽혔던 공인은 대동법 실시 이후 정부에서 필요한 물자를 조달하는 공납 청부업자로서 출현하였다. 공인은 공가의 지급 방식에 따라 원공공인(元貢貢人)·별무공인(別貿貢人)·공물주인(貢物主人)·공인계(貢人契) 등으로 구분되었다. 각 관청에서 1년 동안 마련해야 할 공물 총량을 원공(元貢)이라 했는데, 이처럼 미리 계상된 원공가를 선혜청에서 지불하는 공인을 원공공인이라 했고, 별무공인은 각 관청에서 원공 외에 추가로 마련해야 하는 물품 조달을 맡은 공인으로서, 이들에게는 호조에서 별무가가 지급되었다.[20]

한편 대동법 실시 이후 조정은 각 관청의 원역과 차인·경주인·영주인 등을 내세워 공물을 조달하도록 하였으며, 법전에서 정해진 원래의 공물 외에 추가로 발생하는 정부의 필요물자를 공물로 조달하는 사람들을 공물주인이라 불렀다. 그리고 대동법 실시 이후에도 민인들의 노동력 동원이나 특산물 진배로 부담하는 공물은 남아 있었는데, 이러한 공물들은 공인계가 결성되어 납부하는 형태로 바뀌었다. 예컨대 종이를 삼남 지역 주민에게 부과시켰던 공물은 17세기 후반에 결성된 삼남방물지계공인(三南方物紙契貢人)이 담당하였고, 경강변 주민의 노동력을 징발하여 유지되었던 운수역(運輸役)과 장빙역(藏

---

20) 김동철, 1993 『조선 후기 공인연구』, 한국연구원 참조.

氷役) 분야에도 18세기 전반에 결성된 마계(馬契)·운부계(運負契)·빙계(氷契) 등이 이러한 역을 대행하였다.

이와 같이 공인들은 정부 기관에 제공하는 물품에 따라 매우 다양한 성격을 지니고 있었다. 그러므로 이들의 경제 활동을 하나로 묶어서 설명하기는 매우 어렵다. 또한 이들은 서울을 무대로 활동하는 자도 없지 않으나, 주로 지방에서 생산되는 물품을 구매하여 정부 관청에 납품하였다. 이들은 지방에서 공인이라는 특권을 이용하여 시가보다 훨씬 싼값에 물건을 강매하여 지방의 생산자나 상인들을 수탈하는 특권 상인이기도 했다.[21]

2. 상업적 농업과 민영 수공업

1) 상업적 농업과 예덕(穢德) 선생

18세기 이후 도성 밖 산지가 대거 기경지(起耕地)로 개간되면서 교외에 상업적 농업 지대가 형성되기 시작하였다. 서울의 도시화가 급속하게 진전되면서 서울 주민의 대다수는 일용할 찬거리를 시장에서 구입해서 먹는 도시민으로 바뀌었기 때문에, 교외에 채소·과수 농업과 약초 재배업 등이 발달한 것이다. 대표적인 경우를 보면, 동대문 밖과 서대문 밖에는 미나리, 독립문 주변에서는 무·배추가 비교적 많이 재배되었다.[22] 특히 왕십리에서 무, 살곶이다리에서 순무,

---

21) 김동철, 위의 책 참조.
22) 李春寧, 1989 「서울의 農業地帶小考」, 『鄕土서울』47, 21쪽.

석교에서 가지·오이·수박, 연희궁에서 고추·부추·해채, 청파에서 미나리, 이태원에서 토란 등이 주로 재배되었다.[23] 이 밖에도 마늘·파·호박·수박·연초 등도 재배되고 있었다.[24]

상업적 근교 농업은 미곡 농사보다 훨씬 많은 이익을 가져다주는 것이었다. 19세기 초 우하영(禹夏永)에 의하면 "2마지기 논에 미나리를 심으면 벼 10마지기 심어서 얻는 이익을 올릴 수 있고, 2마지기 밭에 채소를 심으면 보리 10마지기를 심는 것과 같은 이익을 올릴 수 있다"고 하였다.[25] 또한 정약용도 "서울 안팎과 번화한 큰 도시에 파밭·마늘밭·배추밭·오이밭 따위는 논 4마지기의 땅에 수백 냥의 이익을 얻을 수 있으며, 이러한 채소 농업은 가장 비옥한 논의 벼농사에 비해 10배 이상의 이익을 올릴 수 있다"고 말하고 있다.[26]

이와 같이 상업적 근교 농업의 수익성이 벼농사에 비해 최소한 5-10배 정도에 달하였기 때문에 도성 밖의 둔전이나 미개간지들이 대부분 채소밭으로 변해 갔다. 원래 채소밭과 연초밭들은 도성 외부를 비롯하여 각 능의 재실(齋室) 근처에 집중되어 있었지만,[27] 18세기 이후에는 도성 내외에 채소밭이 늘어났으며, 그 규모 또한 대규모로 경영되고 있었다. 예컨대 1725년(영조 1) 살곶이벌에 있었던 사복시(司僕寺) 둔전(屯田)도 채소밭으로 경영되었는데, 이곳에는 민호 200여 호가 채소 경작만으로 생계를 유지할 정도였다.[28] 또한 어영청 관할의 동

---

23) 朴趾源, 『燕巖集』 別集, 穢德先生傳.

24) 『漢京識略』 各洞.

25) 禹夏永, 『觀水漫錄』 輕稅勸農之策.

26) 丁若鏞, 『經濟遺表』 地官修制 田制十一, 井田議 三.

27) 『비변사등록』 99책, 영조 12년 2월 19일.

28) 『비변사등록』 77책, 영조 원년 3월 9일.

대문 밖의 채소밭이 있었으며,29) 도성 외부의 사포서(司圃署) 관할의 채소밭은 30여 결에 달할 정도로 대규모였다.30) 이들 도성 외부의 채소밭이 민간이 아닌 사복시·사포서·어영청 등 관청에서 경영하는 것이긴 해도 이러한 정황은 서울 근교의 채소 농업의 발전상을 잘 보여 주는 것이라 하겠다.

이러한 상업적 농업은 도성 밖뿐만 아니라 도성 안에서도 이루어지고 있었다. 그러므로 1744년(영조 20)에 편찬된 『속대전(續大典)』에는 "경성 안에서 화전(花田; 화초밭) 및 내농포(內農圃)·근전(芹田; 미나리밭)을 제외하고 기경하는 자는 장(杖) 100에 처한다"는 규정을 신설하여 도성 내의 상업적 농업을 억제하고자 하였다.31) 그러나 이 조처는 도성 안에서 상업적 농업을 영위하던 사람들의 반발을 불러일으켰다. 정부에서도 1748년(영조 24)에는 민가에서 대대로 경작하던 토지에 대해서는 계속 경작을 허용하고, 다만 신전경작(新田耕作)만을 금하도록 함으로써32) 기존에 도성 안에서 상업적 농업을 영위했던 자들을 인정하지 않을 수 없었던 것이다.

한편 이 시기에는 채소 농업뿐만 아니라 홍화(紅花; 잇꽃)·자초(紫草; 지치)와 같은 약초도 상업적으로 재배되었다. 홍화는 독립문 주변에서 재배되었는데, 이 일대를 홍화동으로 불렀고, 충정로에서 만리동으로 넘어가는 고개 이름이 약고개라 했는데 약초 재배가 성행한 까

---

29) 『비변사등록』 138책, 영조 36년 5월 16일. 濬川司節目.

30) 『비변사등록』 168책, 정조 10년 정월 5일. "司圃署外圃貢人 以爲本署劃給田畓三十餘結 以爲各殿各宮 各樣菜蔬供上矣."

31) 『續大典』, 戶典 田宅.

32) 『영조실록』 권68, 영조 24년 11월 甲寅. "舊制禁都城四標內起耕 上以民家世耕之田不宜混禁 以致失業 命京兆只禁新田 勿禁舊耕."

닭이었다.

18세기에는 상업적으로 과일나무를 전문적으로 재배하는 층들도 생겨났다. 인왕산 기슭 누각동이나 이화동에는 살구나무, 교북동에는 살구·복숭아·감나무, 창신동에는 복숭아·앵두나무, 세검정에는 자두나무가 많았고, 동숭동에는 잣나무가 많아서 잣골이라는 이름이 전해지고 있다.33) 뿐만 아니라 18세기에는 각종 화초나 분재를 취미로 삼는 사람들이 늘어남에 따라 이들을 전문적으로 길러 판매하는 자들도 생겨났다. 34) 이와 같이 17세기 후반 이후 서울은 도시 공간이 확대됨과 아울러 도시 근교의 상업적 농업이 매우 활성화되고 있었던 것이다.

이 시기 상업적 농업에 관련된 대표적인 인물이 박지원의 소설에 등장하는 예덕(穢德) 선생이었다.

예덕 선생은 종본탑(宗本塔) 동편에 살면서 매일 마을의 똥을 져 나르는 것을 업으로 삼았다. 그래서 마을 사람들이 그를 불러 엄행수(嚴行首)라고 불렀다. (중략) 왕십리에서 무, 살곶이다리에서 순무, 석교에서 가지·오이·수박, 연희궁에서 고추·부추·해채, 청파에서 미나리, 이태원에서 토란 같은 것들이 나오는데, 밭은 상상전(上上田)에 심고 모두 엄씨의 똥을 써서 가꾸어내는 것이다. 그래서 엄행수는 매년 육천 전을 벌기에 이른다.35)

---

33) 최완기, 1995 『조선시대 서울의 경제생활』, 서울학연구소, 33쪽.
34) 姜彝天, 『漢陽詞』 城北城南業賣花.
35) 이우성, 임형택 편, 1978 『李朝漢文短篇集 하』 穢德先生傳, 일조각.

예덕 선생은 서울 도성 안 민가의 똥을 수거하여 근교의 채소 등 상업적 농업을 영위하는 사람들에게 제공하는 일을 업으로 삼던 인물이었다. 박지원은 이러한 천한 인물을 '선생'이라고 존칭함으로써 경제적 이익을 추구하는 당시의 풍조를 긍정적으로 묘사하고 있는 것이다.

2) 민영 수공업과 장인(匠人)·장방(匠房)

조선시대 서울은 국내 최대의 소비 도시이기도 했지만, 다른 한편에서 국가에서 필요한 주요 수공업 제품을 조달하는 생산 도시이기도 하였다. 15세기 후반 『경국대전』에 등록된 서울의 관영 수공업장은 총 30여 개소였다. 이에 소속된 장인 수도 2800여 명이었고, 이들은 30여 개 수공업장에서 129종의 일을 맡고 있었다. 종이나 그릇 등 넓은 작업 공간이 필요한 분야는 도성 밖에서 제조되었지만, 음식이나 의복·장신구·기구 등은 대부분 궁궐이나 도성 안 종로 근처에서 제조되었다.[36]

이와 같은 관영 수공업 체제는 무기 화약류나 도자기의 제조 분야를 제외하고는 17세기 이후 점차 동요되어 해체되기에 이른다. 1785년(정조 9)에 편찬된 『대전통편(大典通編)』에 의하면 30여 개의 관영 수공업 가운데서 사섬시·전함사·소격서·사온서·귀후서 등의 관아 자체가 없어지고, 또 내자시·사도시·예빈시·제용감·전설사·장원서·도화서·사포서·양현고 등 10개 관아에 속해 있던 작업장에는 장인이 한 명도 없었고, 그 밖의 작업장에서도 명목은 있었으나

---

36) 崔完基, 1995 『朝鮮時代 서울의 經濟生活』, 서울학연구소, 49쪽.

실제 장인은 거의 없었다. 이러한 변화는『대전통편』이 간행된 18세기말 시점이 아니라『속대전(續大典)』이 간행된 1744년경에 이미 현실화되고 있었다고『대전통편』에는 특기하고 있다.[37]

관영 수공업이 해체된 이후 수공업자들은 시장에 판매하기 위해 제품을 생산하였다. 민영 수공업으로 전환한 것이다. 민영 수공업은 대동법 실시 이후 크게 발전하였다. 서울의 민영 수공업의 구체적인 모습을 알려주는 자료는 거의 없다. 다만『동국여지비고(東國輿地備攷)』의 장인조(匠人條)에서는 서울의 수공업자로 금장(金匠)·은장(銀匠)·옥장(玉匠)·두석장(豆錫匠)·목수(木手)·석수(石手)·소목장(小木匠)·대정(大丁)·조주장(造主匠)·관곽장(棺槨匠)·모의장(毛衣匠)·안장장(鞍粧匠)·주자장(鑄字匠)·숙수(熟手)·각수장(刻手匠)·장책장(粧冊匠)·칠장(漆匠) 등을 꼽고 있으며, 그들의 작업장인 장방(匠房)으로 금방(金房)·은방(銀房)·옥방(玉房)·두석방(豆錫房)·능라방(綾羅房)·주피방(周皮房)·궁방(弓房)·시방(矢房)·사모방(紗帽房)·각대방(角帶房)·도자방(刀子房)·안경방(眼鏡房)·석경방(石鏡房)·모의방(毛衣房)·필방(筆房)·입방(笠房)·연죽방(烟竹房) 등을 기록하고 있다.

이들 수공업장의 위치는 대부분 종로 주변이었다. 예컨대 은방의 도가는 백목전 도가의 남쪽과 내어물전 북쪽의 향도정동 두 곳에 있었으며, 두석방의 도가는 월내전(月乃廛) 남쪽에 있었다.[38] 여기서 보듯이 서울의 민영 수공업자들은 독립적인 작업장을 소유한 채 제품을 생산했다. 또한 은방이 은을 판매하는 백목전 도가 근처에 있었다는 사실로 보건대 수공업자들과 상인은 어느 정도 밀접한 관계를 맺

---

37)『大典通編』工典 京工匠.
38)『東國輿地備攷』권2, 漢城府 匠房, 匠人.

고 있음을 짐작할 수 있다.

한편 관영 수공업장에 소속된 장인들은 이 시기에 시전을 결성하기도 했다. 공조 소속의 이엄장(耳掩匠)은 이엄전(耳掩廛)을, 공조 소속의 야장(冶匠)은 잡철전(雜鐵廛)을 직접 운영하였다. 이 밖에도 와서(瓦署)에서도 사장(私匠)들이 기와를 구워 민간에 판매하였고, 조지서(造紙署)의 지장(紙匠)들도 국가에 납품하는 것 말고도 소비자에 판매하기 위해 종이를 생산하였다. 공조의 모의장, 상의원의 유장(柳匠)이나 도자장 등도 합법적으로 수공업 생산품을 생산하여 사적으로 판매할 수 있는 권리를 획득하였으며, 공조의 수철장(水鐵匠)은 전국적인 범위에서 솥의 생산과 판매를 독점하였다.[39]

3. 경강변 각종 영업의 발달

1) 노동력 상품화와 품팔이 노동

17세기 후반 이후 대동법 실시와 금속 화폐의 전국적 유통은 노동력의 상품화를 촉진시킴으로써 농촌에서 유리된 농민들이 도시에 정착할 수 있는 여러 가지 여건을 마련하였다. 이러한 사실은 다음 한문소설의 기록에서도 잘 나타나고 있다.

서울은 온갖 장인들과 장사치들이 모여드는 곳인 만큼 대체로 물건을 살 수 있는 수많은 전방이 줄줄이 벌여 있고 바둑처럼 깔려 있

---

39) 宋贊植, 1973 『李朝後期 手工業에 관한 研究』, 서울대 출판부, 44~45쪽.

다. 어떤 사람은 손으로 품팔이하여 생계를 유지하는 자도 있으며, 어깨와 등을 파는 자도 있거니와 뒷간을 치는 자, 칼을 갈아 소를 잡는 자, 자신의 얼굴을 예쁘게 꾸며서 몸을 파는 자도 없지 않으니 천하의 사고팖이 극도에 이르렀다 하겠다.[40]

조선 후기 한문소설에 비친 서울은 노동력만이 아닌 성(性)까지도 상품화될 정도로 상업화된 도시였다. 이처럼 상업 도시로 성장하면서 서울의 생활은 화폐 경제가 모든 것을 지배하였다. 이와 같이 서울의 상품 화폐 경제가 극도로 발달하게 되면서 서울 주민의 생업도 그 전에 비해 훨씬 다양해졌다. 이와 같은 사정을 단적으로 보여 주는 것은 『흥부전』에 기록된 흥부 아내와 흥부의 품팔이 모습이다.

흥부 아내는 이 말에 순종하여 서로 나가서 품을 팔기로 하더라. 용정(舂精)하여 방아 찧기, 술집에서 술 거르기, 초상난 집의 제복 짓기, 대사 치르는 집의 그릇 닦기, 굿하는 집의 떡 만들기, 시궁발치의 오줌치기, 해빙 때면 나물 캐기, 봄보리를 갈아 보리 놓기, 이렇듯 온갖 일에 품을 팔고, 흥부는 이월동풍에 가래질하기, 삼사월에 부침질하기, 일등 전답의 무논(水畓) 갈기, 이집 저집 돌아가며 이엉 엮기, 궂은 날에는 멍석 맺기, 시장 갓에 나무 베기, 곡식 장수의 역인(驛人) 서기, 각 읍 주인들의 삯일 가기, 술밥 먹고 말짐 싣기, 닷 푼 받고 말편자 박기, 두 푼 받고 똥재치기, 한 품 받고 비매기, 식전이면 마당 쓸기, 이웃집의 물 긷기, 전주 감영의 돈 짐 지기, 대구 감영의 태전 지기, 이렇듯 온갖 일을 해도 살 길이 막연한지라[41]

40) 김기동, 이종은 편, 1984 『韓國漢文小說集 』柳光億傳, 교학연구사.

여기서 보듯 흥부와 아내는 계절에 따라 다양한 일거리에 품을 팔면서 생계를 유지하였다. 노동력 상품화의 진전으로 18세기 이후 서울은 특정한 재산이나 기술이 없어도 품만을 팔아서 생계를 유지할 수 있는 도시로 변모된 것이다.

특히 17세기 후반 이후 외부에서 몰려든 유민들이 집단적으로 거주했던 경강 주변 주민들은 기술이나 직업 없이 품을 팔아 살아가는 사람들이 대부분이었다. 이들은 경강에 도착한 선박에 실린 짐을 하역하여 운송하는 일에 품을 팔아 생계를 유지하였다. 한강이 얼어 배가 다니지 못할 때는 한강의 얼음을 채취하여 빙고에 저장하는 데 동원되어 생계를 이어갔다. 여름철 이들이 받는 품삯은 한 바리[駄] 당 2전씩이었다. 이들은 품삯으로 아침과 저녁을 마포 시장에서 사서 먹었다.[42] 초기 근대 사회의 노동자들이 그렇듯이 토지로부터 유리되어 도시로 몰려든 자들은 가정을 꾸릴 여유가 없었다. 그러므로 아침과 저녁 식사도 집안에서 해결하지 못하고 시장에서 해결해야만 했던 것이다. 이들은 하루 벌어 하루를 살아가는 날품팔이들이었다. 당시 자료에는 이들을 '하루 일하지 않으면 사흘 먹을 것을 잃어버리는 사람[一日失業 必失三日之食]'이라고 묘사하고 있다.[43]

---

41) 위의 책, 興夫傳 참조.

42) 『正祖丙午所懷謄錄』, 禁軍 辛大昌所懷. "江民資生之道 專靠於馬背 而一駄之雇價 不過二錢 朝夕買食於麻浦之市."

43) 위의 책, 禁軍 崔德禹所懷, "江郊殘民 赴役十里 將失一日之業 一日失業 必失三日之食也."

2) 하역 운수업과 마계 · 운부계(運負契)

조선시대에는 서울을 끼고 도는 한강 지역, 즉 광나루에서 양화진까지의 한강 지역을 경강(京江)이라 불렀다. 경강은 전국 해운교통의 중심지였으므로 17세기 후반 이후 상업이 번성하였다. 특히 선박의 집중으로 물동량이 많았기 때문에, 외부에서 몰려든 빈민들이 여러 영업에 종사하면서 생계를 꾸려갈 수 있었다. 이에 따라 이 지역 인구도 급증했다.44) 경강 중에서도 용산에는 군량을 보관했던 군자감과 삼남대동창, 그리고 다른 아문들의 창고도 많이 설치된 곳이었다. 때문에 이 지역 주민들은 창고까지 조세곡을 하역 운반하거나 다른 물자의 운수업에 종사하는 사람들이 많았다.

물자의 운수역은 원래 서울 오부 방민(五部坊民)의 노동력을 직접 징발하여 수행하는 방역(坊役)이었으나, 17세기 초 경강민에게만 부과되는 역으로 변하였다. 그러나 이러한 노동력 직접 징발 체제는 17세기 후반을 계기로 물납세로 변화되었다. 18세기 초 운수역은 마계 · 운부계 등의 공인계(貢人契)가 결성되어 담당하였다.

운부계는 주로 사람의 등이나 지게를 이용하여 경강에 도착한 조운선에서 세곡을 부려 각 아문의 창고까지 운반하는 작업을 담당하였고, 마계는 정부의 공용 물자를 말을 이용하여 운반(駄運)하였다. 운부계는 품삯이 풍족하여 부를 축적할 수 있었던 반면, 마계는 정부에서 지급하는 품삯과 경강민에게 걷는 물납세를 합해도 경비를 감당

---

44) 경강변 인구는 1789년 『戶口總數』의 기록에 의하면 3만 5천여 명이었다. 이는 전체 서울 주민 20만 명 중의 17.5%를 차지하였다. 그러나 이 지역이 주로 외부에서 이주한 자들이 집단 거주한 지역으로 無籍之類가 많았음을 감안할 때 정부의 공식 인구 통계에 비해 경강변 실제 거주 인구는 훨씬 많았을 것이다.

할 수 없었다. 그러므로 마계는 재정 부족으로 파산할 지경에 이르자, 운부계에서 마계를 흡수하였다.

마계의 운영권까지 장악한 운부계인들은 경강변의 각종 화물의 하역 운부역을 독점하였다. 운부계인들은 자신들이 공인이라는 점을 근거로 경강변 빈민들의 일반 화물의 하역 운송업까지 독점하였던 것이다. 용산 운부계의 운부 도고(運負都賈)는 이렇게 출현하였다. 그러나 이러한 용산의 운부 도고에 반대하여 용산 이외의 마포나 서강, 망원·합정 등 다른 지역 주민들이 여러 차례 국왕에게 격쟁과 상언을 올렸다. 운부 도고를 둘러싼 분쟁이 매우 치열하게 전개된 것이다. 결국 도고 영업은 혁파되었고, 용산 이외의 지역에서도 하역 운수업을 영위할 수 있게 되었다. 이와 같은 하역 운수업의 자유 경쟁 체제도 19세기 이후에는 붕괴되어, 경강의 부호와 도성 내의 유력자들에 의해 모두 독점되기에 이른다.[45]

3) 민간 장빙업과 장빙 도고(藏氷都賈)

원래 겨울에 얼음을 저장하고 여름에 나누어 주는 일은 빙고(氷庫)에서 담당하는 일이었다. 정부에 소속된 빙고는 동빙고·서빙고와 궁궐 안의 내빙고(內氷庫) 2곳 등 네 곳이 있었다. 각 빙고에서는 한강에서 얼음을 채빙하여 얼음을 저장하는 일을 경강민에게 부역으로 부과하였다. 이를 장빙역이라고 했는데, 이 장빙역도 17세기 후반 이후 점차 물납세로 전환되었고, 18세기 후반에는 하역 운수역과 마찬가지로 공인계인 빙계가 창설되어 경강민들에게 품삯을 지급하고(給

---

45) 이상 馬契, 運負契에 대해서는 고동환, 1998 앞의 책 267-289쪽 참조.

價雇立] 얼음을 저장하는 제도로 바뀌었다.

얼음은 한강변 저자도 근처에서 음력 12월이나 1월 중 오전 2시경에서 해뜨기 전에, 길이 1척 5촌, 폭 1척, 두께 5-7촌 정도로 잘라서 한 장씩 떠내었고, 이렇게 채취한 얼음을 지게나 수레를 이용하여 빙고까지 운반하였다. 빙고에서는 채취한 얼음을 차례대로 배열하고, 틈마다 얼음 조각을 삽입하여 조그마한 틈도 없게 한 다음, 위에 빈 가마니 여러 장을 덮어 외부의 공기가 유통되지 못하게 막음으로써 얼음이 녹는 것을 방지하였다. 얼음을 채취하는 채빙공과 빙고에 저장하는 저장공은 기술이 필요했기 때문에 숙련 노동자를 고용했지만, 운반에는 품팔이 노동자를 고용하였다. 장빙업은 빈민들이 겨울철에도 살아갈 수 있는 일거리를 제공한 영업이었던 셈이다.

이와 같은 관영 빙고를 중심으로 이루어진 장빙업은 원래 여름철에 왕실과 고위 관료들에게 나누어 주기 위한 것이다. 그러나 조선 후기에 이르면 민간에게 얼음을 판매하기 위해 이루어지는 민간 장빙업도 성행했다. 18세기 이후에는 민간인 가정에서도 육류와 어물의 소비가 늘면서, 현방이나 생선전에서의 얼음 수요가 늘었을 뿐만 아니라, 냉장선의 일종인 빙어선(氷魚船)이 출현하였기 때문에 민수용 얼음 수요가 크게 증가하였던 것이다. 당시 민수용 얼음의 수요는 관수용에 비해 네 배에 달할 정도로 광범위했다. 그러므로 민수용 얼음을 저장하는 창고인 사빙고도 18세기 후반에는 30여 곳으로 늘었지만, 이곳에서 조달되는 얼음은 여름 한철 얼음 수요를 충당하기에는 턱없이 모자랄 정도였다.

이처럼 얼음 수요가 많았으므로 민간 장빙업은 많은 이익을 남겼다. 18세기말의 자료에 의하면 한 해에 1만 냥을 투자하여 십여만 냥의 이익을 남길 수 있었다. 장빙업이 이처럼 막대한 이익을 볼 수 있었으므로, 민간 장빙업에는 '고위관직을 거친 자[曾經顯職者]'거나 '양반으로서 이익을 추구하는 데 익숙한 자[班戶之慣於牟利者]' 등 상당한 세력을 가진 자들이 참여하였다. 실제 18세기 후반 유력한 장빙업자인 강경환(姜慶煥)은 양반으로서 강희맹(姜希孟)의 후손이었다. 뿐만 아니라 이러한 장빙업을 독점하기 위한 분쟁도 치열하게 전개되었다.[46]

4) 주인영업(主人營業)과 선운업(船運業)

18세기 이후 경강 지역의 상업을 장악한 세력은 다양하였다. 대표적인 상업 세력으로는 선상을 접대하고 상품의 매매를 주선한 대가로 구문을 받았던 경강 여객주인층(旅客主人層), 조세곡(租稅穀) 운송을 전담하였던 경강선인층(京江船人層), 우월한 수송 능력을 토대로 지역적 가격차를 이용하여 상품 유통을 전개했던 경강선상층(京江船商層)이 있었다.

경강 여객주인들의 최초 영업지는 마포였다. 여객주인들은 외방의 선상(船商)에게 자금을 제공함으로써 주인권을 획득하고 있었다. 선상들은 자금 부족을 메꾸거나 또는 부채를 갚기 위해 자신을 여객주인에게 방매(放賣)하였으며, 방매한 선상(船商; 客商) 자신은 물론 그 후손도 주인에게 예속되었다. 이처럼 여객주인권의 발생은 여객상고(旅客商賈)와 주인 사이에 개별적인 계약을 통해 성립하였다. 이는 곧 주인권이 경제적 권리로 성장하는 근거가 되었다. 여객주인권은 또한 매매·상속·양도가 자유로운 재산권으로, 법적으로도 보호받았다. 만약에 선상들이 주인이 아닌 다른 사람에게 상품 판매를 위탁할 경우,

---

46) 이상 藏氷業에 대해서는 본서 6장 참조.

형조나 한성부에서는 선상들을 '주인의 명령을 어기고 배반한 죄[橫叛主人罪]'로 처벌하였다.

이와 같이 성립된 경강에서의 주인·객상 관계는 18세기 이후 상품 유통에서 필수적인 요소로 자리잡게 되었다. "포구에 주인이 있는 것은 온 세상에 통상적인 규칙[有浦有主 一世之通規]"이라는 표현처럼 포구에서 여객주인이 없으면 매매에 곤란을 받을 정도였다. 이처럼 여객주인이 상품 유통에서 차지하는 위치가 필수적인 요소로 변하자 여객주인이 소유한 선상에 대한 지배권도 점차 강화되었다. 주인권의 권리 내용도 상품 거래를 중개하여 구문을 얻는 것에서 상품에 대한 주인층의 독점적 판매권으로 변모하였다. 이제 선상들은 싣고 온 상품을 시세 여부와 관계없이 무조건 주인을 통하여 매매하지 않으면 안 되었던 것이다.

한편 18세기 중엽 여객주인의 존재가 필수적인 것으로 자리잡게 되면서 여객주인권도 개별 상고와 주인 사이에 성립하던 데서 점차 한 개 군현이나 면 전체의 상고를 대상으로 주인권을 획득하는 방식으로 변하였다. 한 지역 전체의 선상과 선인에 대한 지배권을 행사하는 지역 주인권이 성립한 것이다. 지역 주인권의 성립을 계기로 점차 주인권의 성립 과정에서도 봉건 권력이 개입하게 되었다. 여객주인층들은 권력과의 결탁을 공고히 하면서 선상들이 싣고 온 상품에 대한 독점권을 기초로 가격을 마음대로 조종하는 도고 상인으로 성장하였다.[47]

경강의 선운업자들도 17세기 후반 관선 조운 체제가 쇠퇴하고 임운상납제도(賃運上納制度)가 확대되면서 많은 자본을 축적할 수 있었

---

47) 고동환, 1992 「포구상업의 발달」, 『한국사시민강좌』9, 일조각 참조

다. 이들은 평상시에는 전국 각지의 사복(私卜) 운송이나 무곡(貿穀) 활
동에 참여하다가 세곡 운송 시기가 되면 경강에 모여 세곡을 운송하
였다. 17세기 대동법의 실시로 조세곡 운송량이 늘면서 경강 선운업
은 비약적 발전의 계기가 마련되었다.[48] 조선(漕船)이 아닌 경강선에
의해 운송되는 세곡은 18세기 중엽 대체로 호남이 10만여 석, 호서가
6만여 석으로 총 16만여 석 규모였다. 경강선인의 세곡 운송 주도권
은 1789년 주교사(舟橋司)의 설치를 계기로 더욱 강화되었다. 주교사
에서는 경강대선(京江大船) 80여 척을 소속시켜 추첨으로 윤번제에 의
해 호남과 호서 지역의 직납읍(直納邑)의 세곡을 전담케 하였다. 주교
사 설치는 1760년 복구된 영남 조운과 더불어 조세곡 운송의 모든 과
정을 국가 기관에서 관할하는 체제를 성립시켰다. 즉 영남 조운은 선
혜청에서, 양호 지역의 조운은 호조에서, 양호 지역 직납읍은 주교사
에서 관할하게 된 것이다.[49] 경강선인들은 주교사 소속을 계기로 세
곡 운송에서 받는 선가(船價)만이 아니라 각종 전선(戰船)·병선(兵船)·
조선(漕船)의 퇴선(退船)을 독점적으로 불하받았다. 이들은 퇴선을 목
(木) 30필로 불하받은 뒤, 약간의 비용을 들여 개조한 뒤에 한 척당
700냥에서 800냥을 받고 판매하여 막대한 이익을 남겼다. 경강상인
들은 축적된 상업자본을 토대로 조선업에까지 진출하였던 것이다.[50]
　한편 이들은 선운업자이면서 한편으로 무곡 선상의 역할도 하였으
므로 세곡 운송 과정에서 방납(防納)을 통하여 막대한 부를 축적하였
다. 경강선인들은 조세곡을 곡가가 비싼 지역에 가서 판매한 후, 곡

---

48) 崔完基, 1989 『朝鮮後期 船運業史研究』, 일조각 참조.

49) 고동환, 1998 앞의 책 363~376쪽 참조.

50) 姜萬吉, 1972 「京江商人과 造船都賈」, 『朝鮮後期 商業資本의 發達』, 고려대 출판
　　부 참조.

가가 싼 경강 근처에서 구입하여 상납함으로써 이익을 남겼던 것이다. 경강선상층은 또한 우월한 항해술을 기반으로 전국을 무대로 활약하였다. 그들은 신속한 수송 능력과 정보 능력을 기초로 지역 간 시가의 차이와 최대 소비 시장인 서울에서의 도고 활동을 통하여 많은 이익을 보고 있었다.

18세기 후반에는 이와 같은 여객주인업·선운업·선상업 등은 권력 가문과 결탁한 상인들에 의해 통합되어 갔다. 이들은 강상대고(江上大賈)라고 불리는 경강상인으로서 상업 자본을 가장 크게 축적할 수 있었던 상인들이었다.

4. 여항인(閭巷人)의 형성과 여항 문화

1) 경화사족(京華士族)과 경제적 이익의 추구

18세기 서울은 상업 발달로 인해 중세의 왕도(王都)에서 점차 상업도시로 전환하였다. 성호(星湖) 이익(李瀷)은 이와 같은 서울의 분위기를 다음과 같이 말하고 있다.

> 서울은 몸이 귀하고 집이 부유한 자가 모인 곳이다. 그렇기 때문에 선비가 농사에 힘쓰지 않고, 부녀자가 길쌈하기를 부끄럽게 여기고 복식을 화려하게 꾸미며, 혼인과 상례에 막대한 비용을 쓴다. 그렇지 않은 것을 사람들은 치욕으로 여긴다. 서울에 가까운 지방에 사는 가난한 자들까지도 모두 서울의 이러한 풍습을 따른다.[51]

17세기 후반 이후 경제적 풍요는 서울 주민들을 사치 풍조에 젖게 만든 것이다. 경제적 풍요에 더하여 화폐 경제의 성숙은 점차 서울의 도시 운영 기조를 변모시켰다. 특히 18세기 후반에는 서울은 화폐 경제가 모든 것을 지배하는 도시로 변하였다. 남공철(南公徹1760-1840)은 이러한 사정을 "서울은 돈으로 생업을 삼으며, 팔도는 곡식으로 생업을 삼는다(生民之業 京師以錢 八路以穀)"라고 표현하였으며,[52] 1842년 가짜 암행어사 행세를 하다가 붙잡혀 포도청에 끌려온 한 죄수도 "서울은 지방과 달라서 돈이 있으면 안 되는 일이 없는 곳(京中異於鄕中 有錢則無事不成)"이라고 하여 상업 도시로서 서울의 분위기를 실감 있게 표현하고 있었다.[53]

돈이 모든 것을 지배하는 도시였기 때문에 서울에서 나타나는 주요한 갈등도 대부분 경제적 이해관계를 둘러싼 것이었다. 18세기 서울 주민들 사이에는 이러한 문제를 해결하려는 의도에서 국왕에게 직접 호소하는 상언(上言)과 격쟁(擊錚)이 매우 빈번하게 이루어졌다.[54] 당시 사람들은 상업 지역으로 발달했던 경강 사람들을 '소송하기를 즐기는 경강 사람들(五江好訟之民)'이라고 표현하고 있었고,[55] 경강 지역 주민 자신들도 경제적 이해관계를 둘러싸고 소송을 자주 벌이는 것을 이 지역의 가장 중요한 폐단으로 여기고 있었다.[56]

---

51) 『星湖僿說』 3권, 天地門, 嶺南俗.

52) 南公徹, 『金陵集』 권10, 擬上宰相書.

53) 『右捕廳謄錄』 권2, 壬寅(1842) 3월 29일, 罪人 崔東旭 年三十三 供草.

54) 한상권, 1996 『朝鮮後期 社會와 訴怨制度』 일조각 참조.

55) 『正祖丙午所懷謄錄』 "至於西部 則坊內甚廣 兼管五江好訟之民 日不暇給如無."

56) 『正祖丙午所懷謄錄』 禁軍 崔德禹 所懷. "臣旣生長於江干之村 習知江民之弊 請以耳目之所記覩 仰陳以沿江之弊有三 (중략) 其三曰 江民之好爭訟也 (중략) 嘵嘵爲利 惟知一金 必爭奪之道 事無巨細 輒至號籲頁 自歸迫隘 以敗厚風 塡日法庭 訟

이처럼 모든 사회 세력이 경제적 이해관계에 민감했기 때문에 부상대고들이 권력층을 통해 그들의 이해관계를 상업 정책에 반영하는 일도 많았다. 그동안 청부(淸富)를 가장 이상적인 부의 형태로 인식했던 고위 관료층들도 이러한 경제적 이익의 추구에 본격적으로 가세하였다. 대표적인 사례가 시전 상인의 영업권을 옹호한 윤휴(尹鑴)의 사례와 경강선인들의 세곡 조운의 이익을 옹호한 김양심(金養心)의 경우였다.

1678년(숙종 4) 윤휴는 시전 상인의 돈을 받고 정초군(精抄軍)의 상업 행위 금지를 주장하여 시전 상인의 이익을 옹호하였다고 하여 젊은 신료들의 비난을 받았다.[57] 1760년(영조 36) 대사간 김양심은 경강선인(京江船人)들을 위해 영남 조운의 폐해를 의도적으로 과장하는 상소를 올렸다. 1760년은 경강선인들이 담당했던 영남 지역 세곡 운송을 조운제로 개혁한 때였다. 경상감사 조엄(趙儼)이 조운선 60척을 건조하고 창원 마산창과 진주 가산창(嘉山倉)을 설치함으로써 영남 조운이 실현된 것이다.[58] 그러므로 그동안 영남 지역 조세곡 운송을 전담함으로서 많은 이익을 얻었던 경강선인들이 대사간 김양심을 사주하여 영남 조운제의 폐해를 과장하는 상소를 올리게 했던 것이다. 이러한 사정이 밝혀지자 김양심은 관직에서 추방당하는 처벌을 받았다.[59]

이처럼 부상 대고와 고위 관료층의 결탁에 의해 경제적 이익을 추

者不絕 無時閭港官差相續 公私搖貼 莫此爲甚."

57) 『숙종실록』 권7, 숙종 4년 5월 丁酉.

58) 영남조운제의 실시과정에 대해서는 고동환, 1998 앞의 책, 361쪽 참조.

59) 『비변사등록』 157책, 영조 51년 정월 8일. "江上富民之以船爲業者 擧皆失利 此輩欲借臺臣之口 沮敗漕船之法 厥惟久矣(중략)今此 養心之疏 遽有京船主 復舊之請 身爲臺臣 不顧國家之利害 而聽富民之私囑者 豈爲負國恩而辱臺閣極矣 請大司諫 金養心 削去仕版 上并從之."

구해가는 것은 18세기 이후 일반적인 경향이었다. 그러므로 이이현(李
宜顯 1669-1745)은 "재상 명관으로 여항 사람들과 결탁하지 않은 이가 없
는데 그 관계가 친척보다도 밀접하다"고 당시 사정을 전하고 있다.[60]

특히 이 시기에는 17세기 이래 서울에 누대로 거주하면서 서울의
상업적 번성을 체득한 세력들이 권력을 장악하고 있었다. 이들은 이
른바 경화사족이라고 불리는 층들로서, 권력과 동시에 상당한 부를
축적한 세력이었다.[61] 이들의 부의 기초는 종전처럼 권력을 이용한
토지겸병이 아니라 상업 유통 과정에서 발생하는 이윤이었다. 이들
은 서울의 평민들에 의해 전담되었던 공물 청부업을 매득하여,[62] 자
신의 하인을 통해 차명으로 경영하기도 했는데,[63] 이러한 사실은 조
선 후기 공물 주인권의 매매문기 분석을 통해서도 확인되고 있다.[64]
이와 같은 경화사족층이 경제적 이권에 개입한 구체적인 사례로서
홍계희(洪啓禧)의 경우를 들 수 있다.

　행사직(行司直) 홍계희는 이(利)를 보고 의(義)를 잊어서 초납(招
　納)의 권력을 드러내고, 겉으로는 뇌물을 통하여 몰래 벼슬을 파는
　길을 열었으니, 조정을 무너뜨려 어지럽힌 것이 이미 오래입니다. 이

---

60) 李宜顯 ,『陶谷集』권28, 雜著.

61) 京華士族의 형성과정과 그들의 지향에 대해서는 유봉학, 1996『연암일파의 북학
　　사상연구』, 을유문화사 참조.

62)『비변사등록』99책, 영조 12년 5월 17일. "大同設立之初 貢物之役 專屬都下閭閻
　　者 意固有在 而近來紀綱解弛也 人不知事目之可畏 貴勢之家 往往買得貢物 今若不
　　爲禁斷 則畢竟貢物 必將盡歸於兩班."

63)　禹夏永,『千一錄』권10 漁樵問答. "今之所謂邸人貢人廛基懸房等名色 俱是中人
　　以下之生理 而名以士族者 初不相關矣 近年以來 公卿士夫之家 甘爲借名潛買牟取
　　其利."

64) 이병천, 1983「朝鮮後期 商品流通과 旅客主人」,『經濟史學』6.

리처럼 탐하고 쥐처럼 훔쳐서 문득 가계를 이루었습니다. 해사(海槎)와 호번(湖藩)에서 제 마음대로 남의 물건을 거저 빼앗았고 남성(南城)과 기성(騎省)에서 닥치는 대로 농간하였으며, 민장(民狀)을 억눌러 양포(良浦)의 장시(場市)를 옮겼으며, 남주(南州)의 옥답(沃畓)은 7백 리나 이어져 있다고 일컫고 있습니다. 동호(東湖)의 상선은 대부분 삼부자(三父子)의 표호(標號)가 있는 선박이며, 광진(廣津)의 정사(亭榭)는 그 참람하고 사치함을 극진히 하여 산을 뚫고 포(浦)를 파서 사람들의 이목을 놀라게 하였습니다. 또 서울 집을 지을 때 토목을 크게 일으켜서 여염집을 철거하고 섬돌 아래를 널리 개척하여 웅장하고 넓게 차지하였으며, 용마루와 서까래가 이어 뻗쳐서 탑동(塔洞)과 사동(寺洞)의 두 동 사이가 거의 모두 홍씨의 집이 되었습니다.[65]

위의 지적은 1758년(영조 34) 정언(正言) 박지원(朴志源)이 상소한 것이다. 홍계희는 토지를 겸병하고, 포구 상업의 이익을 위해 장시를 옮기고 있으며, 나아가 경강인 두모포[東湖]의 상선까지 소유하여 적극적으로 상행위에 나서고 있었던 것이다. 뿐만 아니라 대규모 저택을 도성 안에 건설하였고, 광나루의 경치 좋은 곳에 누정을 짓고 있다. 이와 같은 그의 호사는 바로 장시와 포구 상업을 독점하는 상업적 이익이 뒷받침됨으로써 가능한 것이었다.

---

65) 『영조실록』 권91, 영조 34년 3월 癸丑. "行司直 洪啓禧 (중략) 見利忘義 顯示招納
之權 傍通貨賂 潛開賣鬻之徑 其爲壞亂朝政 厥惟久矣 狼貪鼠竊 恣意乾沒 發槖金
而占賊續之土地 勒民狀而移良浦之場市 南州沃畓 或稱七百里連營 東湖販舶 至有
三父子標號 廣津亭榭 極其僭侈 穿山掘浦 駭人耳目 又於京第 大興土木 撤去閭舍
開拓庭除 雄跨廣呑 甍桷聯亙 塔寺兩洞之間 幾盡爲洪氏之宅矣."

2) 여항인의 형성과 여항인의 의식 세계

서울의 상업 도시로의 성장은 도시 외관만이 아니라 도시민의 성격에 질적 변화를 초래하였다. 특히 다양한 직업을 지닌 사람들이 서울에 거주하게 됨으로써 도시 구성원의 계층과 직업이 다양화되었는데, 이 중에서도 가장 두드러지게 독자적인 자기 세계를 드러내 보였던 계층이 '위항인(委巷人)'·'시정인(市井人)'으로도 불렸던 여항인이었다.

원래 여항(閭巷)이라는 말은 위항(委巷)·여정(閭井)·여염(閭閻) 등과 같은 뜻으로 사용되면서 사대부가 아닌 자들이 사는 골목을 의미하는 말이었다. 여항의 뜻을 더 분명히 하기 위해 『조선왕조실록』에서 여항의 용례를 살펴보면 첫째 궁가(宮家)·조가(朝家)·공가(公家)와 반대되는 민간의 개념으로 사용되거나,[66] 둘째 공간의 위계를 나타내면서 성궁(聖躬)·조정에 이어 여항과 향읍(鄕邑)이라고 하는 구분으로서 서울의 도시 지역을 지칭하는 의미로 사용되고 있었다.[67] 이러한 용례에서 보듯이 여항의 뜻은 도시 지역에서도 궁궐이나 관가가 아닌 일반 민간인들이 살아가는 동네를 지칭하는 것으로 이해된다. 그러므로 여항인이라고 할 때는 양반 사대부층이 아니라 중인 이하 하급 관리나 상인 및 평천민들을 지칭하였다. 여항인의 주축은 신분적으로 사대부에서 한격 떨어지는 넓은 의미의 중인 계층이었다.

18세기 이후 서울에서의 중간 계층이 어떠한 자들인지 알려주는 정확한 자료는 없다. 다만 정조는 중인(中人)으로 편교(騙校)·계사(計

---

66) 『영조실록』 권40, 영조 11년 12월 庚午. "燕京有錢 不用於公家 只用於閭巷賣買."

67) 『영조실록』 권36, 영조 9년 12월 庚午. "抑多崇儉 亦有本末 舉本而遺末 使本末不相須 則治不成焉 夫聖躬 一國之本也 宮闕也 朝廷也 閭巷也 鄕邑也 卽其末耳."

土)·의원(醫院)·역관·일관(日官)·율관(律官)·창재(唱才)·상지(賞技)·사자관(寫字官)·화원·녹사(錄事)를 꼽고 있으며, 중인과 비슷한 부류인 시정(市井)을 액속(掖屬)·조리(曹吏)·시전 상인[廛民]들이라고 규정하고 있다.[68] 시정과 중인은 사회적으로 동일한 계층에 속해 있으면서 호상 출입하는 처지로서, 통상 '우대사람[上村人]'으로 불렸다.[69]

중인과 시정이 서울의 중간 계층의 중핵을 구성하는데, 이들을 구체적으로 보면, 역관이나 의관 등 기술직 중인과 각사 서리나 겸종 등의 경아전층, 대전별감·무예별감 등의 액예(掖隸) 집단, 군영장교·포교 등의 군교 집단, 승정원 사령·의금부 나장 등의 관서 하예 그리고 시전 상인 등이었다.

이들 중간계층의 수는 어느 정도였을까. 18세기 서울에는 기술직 중인은 1700여 명, 경아전도 1500명, 군영 장교의 수는 4005명,[70] 그리고 시전 상인이 6천여 명이었으므로,[71] 이 시기 중간 계층은 30만 서울 주민의 5%를 차지하고 있었다.

기왕의 연구에서 여항인은 신분 및 직업적 동질성에 기초한 집단, 즉 경아전과 기술직 중인을 중핵으로 한 중간 계층이라고 규정되어 왔다.[72] 그러나 여항인의 규정을 이와 같이 신분적·직업적 규정으

---

68) 『弘齋全書』 49권, 名分.

69) 이능화, 1938 「李朝時代의 京城市制」, 『稻葉博士還曆記念滿鮮史論叢』. "六矢廛 市井(商人曰市井-原註) 社會的階級 與吏胥相出入 世稱上村人 世傳其業."

70) 강명관, 1992, 「조선 후기 서울의 중간 계층과 유흥의 발달」, 『민족문학사연구』2, 창작과비평사 참조.

71) 본서 4장 참조.

72) 閭巷人 또는 委巷之士에 대한 정밀한 규정에 대해서는 대부분의 연구자들이 사대부 계층이 아닌 중인층으로 설정하는 데 모두 견해를 같이 하고 있다. 다만 구자균(『조선평민문학사』, 민학사, 1974, 195쪽)이 위항인에 대해 서얼층을 포함시킨 데 반하여, 허경진(『조선위항문학사』, 태학사, 1997, 1장 위항인은 누구인가)

로 제한한다면 18세기 후반 서울의 도시화를 배경으로 나타난 도시 문화의 한 양상을 제대로 이해할 수 없다. 왜냐하면 이러한 경아전과 기술직 중인층은 조선 전기에도 존재했기 때문이다. 그러므로 이 시기에 여항인들이 자신들만의 독자적인 문화를 형성할 수 있었던 배경을 직업과 신분 규정으로만 이해해서는 불완전하다. 여항인의 성격을 규정할 때 이러한 직업적·신분적 규정에 더하여 상업 도시화한 서울을 배경으로 성장한 도시인이라는 요소를 가장 핵심적 요소로 꼽지 않으면 안 될 것이다.

여항인들이 자신들의 정체성을 도시민으로서 규정했음은 그들이 남긴 자료에서도 잘 나타난다. 예컨대 천수경(千壽慶)과 함께『풍요속선(風謠續選)』을 편찬한 장혼(張混)은 평생지(平生誌)에서 생태평(生太平)·거경도(居京都)·행렬의관(行列衣冠)·조해문자(粗解文字)·천학일구(泉壑一口)·화목천주(花木千株)·득심교(得心交)·축호서(蓄好書)를 청복팔품(淸福八品)으로 꼽고 있다.73) 장혼은 여덟 가지의 깨끗한 복으로 태평시대에 서울에 살며 의관의 대열에 끼어 문자를 알고 샘물 흐르는 경승지에서 화목을 가꾸고 마음의 친구를 사귀며 좋은 책을 수장하고 있다는 점을 들고 있는 것이다.

여기서 주목해야 할 점은 태평 시대에 서울에 거주한다는 점이다. 과거의 사대부들이 벼슬을 버리고 낙향하여 산천경개가 뛰어난 곳에 은둔자적하는 은일적(隱逸的) 삶을 이상적인 삶의 형태로 상정하고 이

은 서얼층을 제외한 중인층을 대상으로 삼고 있다. 그리고 강명관(『조선 후기 여항문학 연구』 1997, 창작과비평사, 50~51쪽 참조)은 이러한 중간 계층이라는 신분적 규정을 넘어서서 이들은 경아전과 기술직 중인이라는 직업적 동질성을 지닌 부류로 이해하면서, 중간 계급이라는 계급 의식의 동질성까지 지적하고 있다.

73) 張混,『而已广集』권14, 平生誌.

를 추구했던 것과는 매우 다른 지향을 보이는 것이다.

은일적 삶이 지주적 경제를 토대로 한 것이었다는 점에서 도시적 부를 기초로 한 여항인들의 삶과는 거리가 있는 것이었다. 그러므로 여항인들은 사대부들이 정치적 좌절 등의 이유로 낙향하고자 하는 의식에 대해서도 매우 비판적이었다. 여항 시인이었던 박영석(朴永錫; 1734-1801)은 당쟁을 혐오해 낙향한다는 사대부들을 토지 겸병으로 구축된 경제적 토대 위에 향촌사회를 무단지배하는 토호적 삶을 지향하는 것이라고 비판하고 있다.74)

여기서 보듯이 18세기 후반 여항인의 의식 세계는 전형적인 사대부의 미덕이라고 할 수 있는 귀거래사적 지향이 포기되고, 서울에서의 현실적 삶을 긍정하는 의식으로 채워져 있었던 것이다. 이러한 의식이야말로 여항 문화가 기왕의 양반 문화와 다른, 도시적 성격을 표현하는 주된 측면이었다. 여항인은 무엇보다 18세기 상업 도시 서울이 배출해 낸 도시인이었던 것이다.

여항인들은 실무 행정을 맡고 있었던 하급 관리들과 상인층이 주축이었다. 이들은 경화사족의 겸인(兼人)·차인(差人) 또는 호조 등의 재정아문의 서리 등으로 행세하면서 상당한 부를 축적할 수 있었다.75) 그러나 이들은 관료로 출사할 길은 막혀있었다. 그러므로 이들은 주로 시사(詩社)를 열어 노래와 시를 읊는 문화를 즐기고 있었다.76) 이와 같이 출사길이 막혀 있다는 조건은 여항 문화를 형성하는 중요한 요소였다. 공명(功名)에의 길이 막혀 있었기 때문에, 그들은

---

74) 朴永錫, 『晩翠亭遺稿』, 「送人鄕居說」.

75) 유봉학, 1990 「日錄 〈公私記攷〉에 나타난 19세기 書吏의 생활」, 『奎章閣』13.

76) 『昭代風謠』, 序(吳光運). "委巷閭竇 往往鐘靈 (중략) 惟我國閭井之人 恨於國制 科擧無所累其心 生於京華 又無方外孤節之病 得以遊閒 詩社歌詠文化."

축적한 부를 바탕으로 자신만의 독자적인 문화를 만들어갔던 것이다.[77]

여항인들에 의해 추구되는 가치도 사대부들이 지녔던 성리학적 가치와 질적으로 달랐다. 이들의 세계관은 18세기 중엽에 성립된 새로운 문학 장르인 한문 단편이나 또는 새로운 대상을 읊고 있었던 한시류에서 잘 나타나고 있다. 이들의 작품 세계는 치부(致富), 남녀 간의 애정 갈등, 군도(群盜) 형태의 민중 저항 등을 중요한 내용으로 하고 있었다. 한문 단편의 공간적 배경 또한 상업 도시 서울인 경우가 대부분이었다.[78] 이들 작품에서 그려지는 의식들은 충·효·열의 봉건적 강상윤리에 매몰되지 않고 인간의 자연스러운 본능과 감정을 인정하면서 인간성 자체를 긍정하는 의식이었다. 한문 단편에서는 재상이 결혼식을 올리자마자 청상과부가 된 자신의 딸을 남몰래 개가시키는 과정을 소재로 삼거나,[79] 정욕을 도덕적인 규범으로 억제될 수 없는 인간 본성임을 인정하고, 나아가 남성만이 아니라 여성의 정욕도 인정하고 있었다.[80] 그리고 상업 활동을 통한 부의 축적을 긍정적으로 묘사함으로써, 신분적 규범보다는 상업적 신용, 근면성 등의 가치가 더 중요한 것임을 드러내고 있다. 한문 단편을 통해 여항인들은 경제인으로서 새로운 인간 유형을 창조하고 있는 것이다. 또한 한문 단편 속에는 무전무전농(無田無佃農)으로 전락한 사람들의 저항을

---

77) 『里鄕見聞錄』, 浣巖 鄭來僑, 浣巖集 序, 六化李相國撰. "委巷之士 惟其窮而賤焉 故凡一切功名營利 無所撓其外 而汨其中易乎 全其天而於所業嗜 而且專其勢然也."

78) 임형택, 1978 앞의 논문 참조.

79) 『靑邱野談』 권6, 「憐孀女宰相囑窮弁」(이우성, 임형택 譯編, 1978, 『李朝漢文短篇集 (중)』, 孀女).

80) 『雪橋別集』 권1, 漫錄(이우성, 임형택 譯編, 1978, 『李朝漢文短篇集 (중)』 深深堂閑話).

긍정적으로 묘사하는 경우도 있었다. 지배 이데올로기 중심의 이념도 여항인들의 의식 속에서 점차 약화되고 있었던 것이다.[81]

여항인들이 이처럼 경제 활동과 인간 본성을 긍정하는 새로운 의식에 도달하게 된 까닭은 이들이 서울이라는 상업 도시에 살고 있었기 때문이었다. 비록 유교 사회의 굴레가 완고한 것이었지만 도시적 삶이 그들로 하여금 이와 같은 자유로운 의식을 지니게 한 것이다.

3) 여항 문화의 전개

유교적 강상 명분이 점차 퇴조하는 사회 분위기 속에서 새로운 세계를 추구했던 이들 여항인에 의해 향유된 여항 문화도 독특한 것이었다. 여항인이 주로 거주했던 곳은 백련봉 서쪽에서 필운대 근처인 북부 지역이었다. 이 지역 여항인들은 의기(義氣)로 서로 사귀고 남에게 베풀기를 좋아하며, 약속을 중히 여겼다. 이들 중에는 시인 문사들이 많았다. 이들은 시절마다 서로 모여 다니며 임천(林泉)과 운월(雲月)의 즐거움을 다하고 언제나 시편(詩篇)이 많음을 자랑하는 등 주로 문예 활동과 유흥을 중심으로 독자적 문화를 형성하였다.[82]

여항인들이 형성시킨 여항 문화의 양상은 크게 문화 예술적 욕구의 증대와 유흥 문화의 발달로 대변된다. 여항인들의 문화 예술적 욕구는 다양한 생활 취미를 추구하는 데서 잘 나타난다. 18세기 서울에

---

81) 이명학, 1983 앞의 논문; 이문규, 1995 앞의 논문 참조.

82) 『里鄕見聞錄』, 西軒 林俊元(『浣巖集』). "京城民俗 有南北之異 鍾街以南至木覓下 是南部也 多商賈富人 好利纖嗇 以鞍馬第宅 侈靡相高從 白蓮以西至弼雲 是北部 也 類皆貧戶遊食之民 然往往有任俠之徒 意氣交遊 好施子已 然諾救菑恤患 詩人 文士 時節相追逐窮 林泉雲月之樂 動有篇什 誇多鬪麗 豈亦有風氣使然者歟."

는 집안치레를 위한 그림 시장이 광통교 근처에 형성되었는데, 백자도(百子圖)나 행락도(行樂圖)·경직도(耕織圖)·소상팔경(瀟湘八景)·산수도 등이 많이 팔렸다.[83] 이와 같이 집안치레를 위해 그림을 구하고자 하는 욕구는 여항인들 사이에 하나의 유행처럼 번져갔다. 그러므로 당대 최고의 화원이었던 김홍도의 그림을 구하기 위해 사람들은 김홍도의 집 문 앞에 비단을 쌓아 두고 그림을 독촉하였고, 이러한 사람들이 김홍도의 집에 가득 찼기 때문에 김홍도는 잠을 자거나 밥을 먹을 여유도 가지지 못할 지경이었다.[84]

또한 가옥·기맹(器皿)·거마(車馬)·복식 등의 사치가 사회 문제로 대두되고 있었으며, 소나무나 매화 분재 따위에 광적인 취미를 보이는 사람도 있었다.[85] 그리고 서민들 사이에 골동품 수장과 감상 취미가 발생하고, 이런 수요에 응해 분재나 골동품의 중개상도 출현하였다. 당시의 골동품 수장과 감상 취미에 대해 박지원은 다음과 같이 말하고 있다.

무릇 서화고동(書畵古董)에는 수장하는 사람과 감상하는 사람 두 부류가 있다. 감상할 줄은 모르면서 한갓 수장만 하는 사람은 부유하여 많이 수장했다는 소리를 듣기 위해 자신의 귀만 믿는 자다. 감상은 잘하면서도 수장할 수 없는 사람은 가난하기는 해도 자신의 눈

---

83) 『한양가』(宋申用 校註本). "광통교 아래 가게 각색그림 걸렸구나/ 보기좋은 屛風 次에 百子圖 瑤池宴과/ 郭汾陽 行樂圖며 江南 金陵 耕織圖며/ 閑暇한 瀟湘八景 山水도 기이하다."

84) 『豹菴遺稿』 권1, 檀園記. "世俗莫不驚士能之節技 嘆今人之莫及 於是求者日衆 至於縑素堆積 督索盈門 至不暇於寐啖焉."

85) 趙秀三, 『秋齋紀異』 愛松老人, 『壺山外記』.

을 저버리지 않는 자다. 우리나라에도 수장가가 있기는 하다. 그러
나 서적은 모두 중국 복건성 건양(建陽) 지방에서 찍은 방각본(坊刻
本)이고, 서화는 강소성 금려(金閭) 지방에서 만든 가짜다. 밤톨 껍
질 같은 빛깔의 화로를 곰팡이가 피었다고 여겨 갈아 없애려 하고,
대장경이나 경전의 종이가 더러워졌다 해서 씻으려 한다. 엉터리 물
건을 보고는 값을 올리며, 진품은 버려두고 수장할 줄 모르니 그 또
한 슬플 뿐이다.[86]

당시의 서화골동의 취미가 유행이어서 가짜마저도 높은 가격에 구
입해두고 이를 자랑하는 당시의 세태에 대해 꼬집고 있는 것이다.
이 시기 도시민들 사이에는 바둑·화훼·서책·고검(古劍)의 수장
등 새로운 감각의 생활 취미가 발생하고 있었다.[87] 바둑을 잘 두었던
춘곡(春谷) 유찬홍(庾纘洪; 1629-1697)의 경우를 살펴보자.

유찬홍은 소시 적에 기개가 호방했고, 술 마시기를 좋아하고 시를
잘 지었다. 그는 여러 공경대부들과 어울렸다. 제공(諸公)이 그의 소
문을 듣고서 다투어 그를 불러 상좌에 앉히고 바둑 두는 것을 보자
고 청하여 하루도 빈 날이 없었다. 아래로는 여항의 부호들이 모두
주식(酒食)을 거창하게 차려 놓고 그를 불렀다. 그가 바둑을 두면 주
위에 관전하는 사람들이 둘러싸서 담장을 이루었고, 발을 포개고 보
며 진종일 떠나지 못하는 사람도 있었다.[88]

---

86) 朴趾源, 筆洗說(김혈조 옮김, 1998 『그렇다면 도로 눈을 감으시오』, 학고재, 244쪽).
87) 朴趾源, 金神仙傳.
88) 『里鄕見聞錄』, 春谷 庾纘洪(『柳下集』 권9, 庾述夫傳).

여기서 보듯이 바둑 하나만의 기예로 공경대부는 물론 여항의 부호들에게까지 대접을 받을 수 있었을 뿐 아니라, 이러한 고수의 바둑을 관전하기 위해 여항인들은 발을 포개어 볼 정도로 바둑 취미가 성황이었다.

이러한 새로운 감각의 생활 취미 외에도 이들 여항인에 의해 형성된 문화 중에 가장 주목되는 것은 유흥 문화의 형성이었다. 술과 매음을 영업 종목으로 하는 색주가가 홍제원, 남대문 밖, 탑골공원 뒤, 수은동 등에 번성했고, 음식업도 번창하였다. 예컨대 군칠이라는 음식점에는 평양과 개성의 특미가 서울 음식점의 메뉴로 등장하였고, 밤에는 불을 켜 놓고 영업을 하기도 하였다. 음식은 생리적 욕구를 해결하는 정도가 아니었다. 18세기 후반경 서울의 주점들은 수십 가지 안주를 제공했던 바, 술보다 안주에 젊은이들이 몰려 술값으로 패가망신하는 경우가 허다했고, 쇠고기와 어물의 절반 이상이 주점의 안주로 소비되어 서울 시민의 찬거리 값이 폭등하기도 했다. 이와 같은 상업적 외식업의 발달은 인구의 밀집과 유동을 전제로 한 도시 특유의 현상인 것이다.[89]

또한 시정의 기방(妓房)도 이 시기에 본격적으로 나타났다. 원래 기녀가 제공하는 각종 춤과 기악, 성악 및 성적 서비스는 궁정과 관료를 위한 것이었으나, 18세기 경에는 상인과 여항인이 새로운 수요 소비층으로 등장하면서 시정에 기방이 출현한 것이다. 여항 문화로서의 기방은 기녀의 예능·술·성을 판매하는 곳이자, 도시민의 사교장이며 도박장이기도 했다. 일종의 복합적인 유흥 공간이었던 셈이다. 기방의 주고객은 상인·서리·액예·역관 등 여항인으로 이들은 실

---

89) 강명관, 1992 앞의 논문 참조.

제 기녀의 지배자였으며, 독특한 기방 문화를 조성한 주역이었다. 이러한 유흥 문화의 번성에 짝하여 왈자패들도 형성되고 있었다.

평소부터 김홍연(金弘淵)의 행적을 잘 아는 사람의 말을 들으면 그는 왈자였다. 왈자란 민간에서 부랑방탕하고 세속적이지 않은 사람을 일컫는 말인데, 소위 검사(劍士)·협객 따위를 말한다. 젊어서는 말타기와 활쏘기를 잘해서 무과에 급제했으며, 힘이 호랑이를 때려잡고 양쪽 겨드랑이에 두 기생을 끼고 몇 길 되는 담벼락을 뛰어넘을 만했다. 녹록하게 벼슬길에 나가기를 즐겨하지 않았고, 집이 본디 부자여서 재물을 흙을 퍼다 쓰듯 하여 한편으로 고금의 유명한 글씨와 그림·칼·거문고·골동그릇·기화이초(奇花異草)를 사서 모았다. 자기 마음에 드는 것을 만나면 천금도 아끼지 않았다.[90]

여기서 보는 김홍연은 여항인들의 생활 취미를 그대로 보여 주고 있다. 왈자란 주로 유흥과 관련된 집단으로서 폭력성을 띤 개인의 성향과 함께 모종의 동질적인 부류로서 검사·협객 등의 사회집단을 지칭하는 것이었다.[91] 그러므로 이들은 양반 사대부층과 기질이 다른 인간 유형으로서, 기술직 중인의 일부인 북경 역관이나, 각사 서리나 겸종 등의 경아전층, 그리고 대전별감·무예별감 등의 액예와 군영장교·포교 등의 군교, 승정원 사령·의금부 나장 등의 하예층과 시전 상인층을 모두 포괄하고 있었다. 이들은 바로 여항인의 핵심적

---

90) 朴趾源, 髮僧菴記(김혈조 옮김, 1998 『그렇다면 도로 눈을 감으시오』, 학고재, 307쪽).

91) 고석규, 1999 「18, 19세기 서울의 왈짜와 상업문화 —시민사회의 뿌리와 관련하여—」, 『서울학연구』13 참조.

계층과 동일한 부류의 인물들이었다.[92]

한편 유흥 문화와 더불어 18세기 후반에는 많은 놀이가 행해졌다. 당시 행해진 놀이로는 유산(遊山) 놀음 · 선유(船遊) 놀음 · 산대(山臺) 놀음 · 승전(承傳) 놀음 · 촉유(燭遊; 中村의 夜會) · 수유(受由) 놀음 · 화류(花柳) 놀음 등 매우 다양했다. 또한 행락 문화도 발달했는데, 주요한 행락처로는 서울 일대의 누정뿐만 아니라 인왕산 아래 필운대의 살구꽃 구경, 북둔의 복사꽃, 동대문 밖의 버들, 천연정의 연꽃, 탕춘대 밖의 수석 등이 꼽혔으며,[93] 이 밖에도 세심대 · 수성동 · 옥류동, 북악 아래의 삼청동 · 옥류동 · 유란동 · 백련봉, 북부 안국방의 화개동, 성균관 근처의 송동, 혜화문 밖의 북사동, 남산 아래의 산단, 창덕궁 서쪽의 몽답정 등 수많은 곳이 도시민들의 유흥지로 등장하였다.[94]

18세기 서울 도시민에게 거의 일상화되어버린 행락은 도시 특유의 문화 현상이었다. 행락은 부와 여가의 결합으로 발생한 오락 문화이다. 절대 다수의 농민이 토지에 긴박되어 있던 것과 대조적으로 도시민은 수공업과 상업의 발달로 생활에 필요한 소비재를 시장에서 공급받음으로써 가혹한 노동으로부터 자유로워짐에 따라 상당한 시간적 여유를 누릴 수 있었다. 여기서 창출된 여가와 부가 결합해서 행락 문화가 조성된 것이다.[95]

---

92) 강명관, 1992 앞의 논문 참조.

93) 柳得恭, 『京都雜誌』 遊賞.

94) 『한양가』(宋申用 校註本). 놀이처 어디멘고 樓臺江山 좋을시고/ 朝陽樓 夕陽樓며 明宣樓 春水樓와 /紅葉亭 老人亭과 松石園 生花亭과/暎波亭 春草亭과 壯猷軒 夢踏亭과/ 弼雲臺 上仙臺와 玉流洞 桃花洞과/ 창의문밖 내달아서 탕춘대 세검정과 玉川庵 石逕樓와 漢北門 津寬이며/ 景江亭 내달아서 滄浪亭 앞 구경과/ 足閑亭 濯纓亭과 別營 안 挹淸樓다.

95) 이상 유흥 문화의 발달에 대해서는 강명관, 1992 앞의 논문 참조.

　　이와 같이 유흥 문화가 번성하면서 점차 유흥의 상업화 경향이 강화되었다. 서울 여항인의 생활 취미 내지 유흥 문화의 발전이 제 나름의 기예를 파는 일을 업으로 하는 예능인들을 출현시켰다. 특히 산대놀이나 판소리, 그리고 도시적 음악인 세악(細樂) 및 줄풍류가 발달하였다. 산대놀이는 원래 궁정과 관에서 주관하는 것이었으나, 18세기에 와서 궁정과 관은 공식적으로 손을 떼었다. 이로 인해 산대놀이는 위축된 것이 아니라 시정으로 활발히 진출하여 서울 시민이 가장 선호하는 관람 오락으로 발전한 것이다. 이 중에서도 판소리와 산대놀이, 사당패의 공연이 가장 인기가 있었다. 다음의 〈그림 4-1〉은 사당패의 줄타기 곡예인 어름과 탈놀이가 행해지는 시장풍경을 그린 것이다.

　　이와 같은 유흥의 상업화 현상은 곧 상품 화폐 경제의 원리가 예술부문에도 적용된 것이라고 해석된다. 요컨대 서울 여항인의 도시민적 향락 소비 생활이 예술의 상품적 수요를 창출한 것이다.[96]

〈그림 4-1〉 시장에서 사당패의 연희(『甘露幀』 238면)

한편 이야기꾼들의 활동도 전문적인 예능으로 발달하고 있었는데, 당시 이야기꾼의 활동 양상은 강담사(講談師)·강창사(講唱師)·강독사(講讀師)의 세 가지 유형으로 구분된다. 강창사는 판소리 광대를, 강독사는 길거리에서 청중을 상대로 이야기책을 낭송하던 전기수(傳奇叟) 같은 부류를, 강담사는 담화조로 하는 이야기꾼이었다.[97] 대표적인 사례를 들면 전기수의 경우를 들 수 있다.

전기수는 동대문 밖에 살고 있다. 언문소설책을 잘 읽는데 이를테면, 「숙향전」·「소대성전」·「심청전」·「설인귀전」 같은 것이다. 읽는 장소를 매달 초하루는 제일교 아래, 초이틀은 제이교 아래, 그리고 초사흘은 배오개에, 초나흘은 교동 입구, 초닷새는 대사동 입구, 그리고 초엿새는 종각 앞에 앉는다. 이렇게 올라갔다가 초이레부터는 다시 내려온다. (중략) 워낙 재미있게 읽는 까닭에 청중들은 겹겹이 담을 쌓는다. 그는 읽다가 가장 간절하여 매우 들을 만한 대목에 이르러는 문득 읽기를 멈춘다. 청중은 하회가 궁금해서 다투어 돈을 던진다. 이것을 일컬어 요전법(邀錢法)이라고 한다.[98]

이러한 시정에서의 상설적 공연 형태의 출현은 유동 인구가 밀집하는 가로가 형성되는 것이 필수적인 요건이다. 인구의 증가와 도시민의 경제력이 관람 오락을 발전시킨 동력이었던 것이다.[99]

---

96) 임형택, 1983, 「18세기 예술사의 시각 ―유득공 作 「柳遇春傳」의 분석―」, 『이조 후기 한문학의 재조명』, 창작과비평사 참조.

97) 임형택, 1975 「18·9세기 「이야기꾼」과 소설의 발달」, 『고전문학을 찾아서』, 문학과지성사.

98) 趙秀三, 『秋齋紀異』, 傳奇 『壺山外記』, 아세아문화사, 1974.

이러한 여항 문화는 당대의 서울 시정의 풍속을 그려냈던 혜원 신윤복의 그림을 통해서도 확연하게 드러나고 있었다. 신윤복의 『혜원풍속도첩(惠園風俗圖帖)』은 여속(女俗)이나 노골적인 남녀의 애정 표현을 자신의 예술 세계로 끌어들여 중세 말기 변모하는 도회 모습의 단면을 잘 보여 준다. 이 그림첩의 주제들을 살펴보면, 「쌍륙삼매(雙六三昧)」·「수하투호(樹下投壺)」 등은 한량들의 놀이 문화를, 「연당야유(蓮塘夜遊)」·「주유청강(舟遊淸江)」·「쌍검대무(雙劍對舞)」·「연소답청(年少踏靑)」·「상춘야흥(賞春野興)」·「휴기답풍(携妓踏楓)」은 기방 풍속이나 기생을 데리고 행락에 나선 양반층과 한량들의 모습을 포착한 것이다. 「월하정인(月下情人)」·「월야밀회(月夜密會)」·「야금모행(夜禁冒行)」·「노중상봉(路中相逢)」은 남녀 간의 밀애를, 「삼추가연(三秋佳緣)」·「소년전홍(少年剪紅)」·「춘색만원(春色滿園)」·「기방무사(妓房無事)」는 노골적인 성희를 암시하고 있다. 여속을 심도 있게 다룬 것들로 무당을 찾은 「무녀신무(巫女神舞)」, 빨래터의 「계변가화(溪邊佳話)」, 개울에서 미역 감는 「단오풍정(端午風情)」, 절에 다니는 여인들의 회사(回寺)나 상사(上寺)의 풍습의 「니승영기(尼僧迎妓)」와 승려에게 주머닛돈을 꺼내 놓는 여인들의 모습을 그린 「노상탁발(路上托鉢)」 등이 있다.

〈그림 4-2〉의 「주사거배(酒肆擧杯)」는 주모 한 사람을 놓고 포졸·나장·유생·아전이나 한량 등이 서로 눈 실랑이를 하는 모습과 그 광경을 물끄러미 쳐다보는 기둥서방을 배치하였다. 「유곽쟁웅(遊廓爭雄)」은 한 기생을 놓고 한판 벌이는 노소의 싸움 장면을 담은 것이다. 이들 풍속도에 등장하는 사람들은 넓은 양태의 갓에 중치막이나 포 차림의 한량층 외에 중인 잡직·악사 그리고 홍철릭에 황초립을 쓴

---

99) 강명관, 1992 앞의 논문 참조.

<그림 4-2> 신윤복의 『혜원풍속도첩』 중의 「주사거배(酒肆擧盃)」

궁중 잡직의 별감이나 전립군모를 쓴 의금부 나장이나 패랭이를 쓴 역졸이나 보부상, 부민층 등 대부분 여항인들이었다.[100] 신윤복 자신이 도화서 화원이었다가 쫓겨난 이른바 여항인의 한 부류였기 때문에 자신 주위의 일상적인 일들을 소재로 삼아 『혜원풍속도첩』을 그려낼 수 있었던 것이다.

이와 같은 신윤복의 풍속화는 서울 도시민으로서의 공감대를 지녔던 다수의 경화사족, 여항인층의 수요에 부응하여 그려진 것으로서 도시의 대중 속에 공감대를 형성하고 있었다. 이 풍속화는 당시의 풍

---

100) 이상 신윤복의 『혜원풍속도첩』에 대한 설명은 이태호, 1996 『조선 후기 회화와 사실 정신』, 학고재, 252~253쪽 참조.

속을 매우 사실적으로 그려내고 있다는 점이 특징으로, 신윤복은 사실주의적 미의식에 철저한 화가였던 것이다. 그 자신이 여항인의 일원이기도 했기 때문에 이와 같은 신윤복의 사실주의적 서정은 여항인들의 미의식을 반영하는 것이기도 했다.

이와 같은 사실주의적 미의식은 단지 회화 분야에만 국한된 것은 아니었다. 박지원이 쓴 『순패(旬稗)』 서문(序文)에는 이 시기 사실주의적 경향을 잘 표현하고 있다.

소천암(小川菴)이 국내의 속요·민속·방언·속기(俗技) 등 여러 가지를 기록했다. 심지어는 종이연의 계보와 아이들의 수수께끼도 풀이하여 짓기까지 하였다. 좁은 고샅길 가난한 마을에 무르녹게 익은 인정과 동태, 거리의 문 옆에서 몸을 파는 여자, 소 잡고 요리하는 숙수(熟手), 어깻짓으로 아양 떠는 은근짜, 손바닥을 치면 밑진다고 맹세하는 장사치에 이르기까지 모아서 기재하지 않은 것이 없으며 제각각 조목에다 꿰어 놓았다. 말을 가지고는 도저히 분변하기 어려운 것도 붓으로 표현하였고, 미처 생각하지 못한 것도 책을 펴들기만 하면 곧바로 나왔다. 무릇 닭이 우는 소리, 개가 짖는 소리, 벌레가 목을 빼는 모습, 달팽이가 기어가는 모습 등, 실제 소리와 모습을 그대로 표현하였다. 그리고 이를 십간(十干)으로 배열하여 그 책 이름을 '순패(旬稗)'라고 하였다.[101]

이와 같이 속요·민속·방언·속기는 물론이고, 종이연의 계보와

---

101) 朴趾源, 『旬稗序』(김혈조 옮김, 1998 『그렇다면 도로 눈을 감으시오』, 학고재, 80쪽).

수수께끼의 풀이, 여항인들의 동태까지도 채집 대상으로 삼아 사실적으로 기록한 태도는 중세 말기에서 근대로 이행하는 과도기에 철저한 자기 문화에 대한 인식, 이른바 주체적인 문화 의식을 바탕으로 형성되는 것이었다. 성리학적 관념론을 뛰어넘어 사실을 있는 그대로 이해하고자 하는 이와 같은 사실주의적 인식의 심화는 여항인들의 생생한 도시 체험을 바탕으로 한 것이었다.

물론 여항인만이 이러한 인식을 독점한 것은 아니었다. 당대 최고의 권력과 부, 지식을 소유했던 경화사족층들에게도 이와 같은 사실주의적 현실 인식이 나타나고 있었다.[102] 이러한 여항인과 경화사족층의 이와 같은 사실주의적 인식의 심화는 18세기 서울의 도시화가 만든 인식의 전환이었던 것이다.

---

102) 유봉학, 1998 「조선 후기 풍속화 변천의 사회·사상적 배경」, 『진경시대 2』, 최완수 편, 학고재 248쪽. 유봉학 교수는 이러한 사실주의의 추구를 이 시기 경화사족층의 새로운 사상적 지향에서 찾고 있다. 그는 18세기 이후 京鄕으로의 사회적 分岐가 심화되는 가운데 조선 사회를 이끄는 위치에 있었던 서울의 경화사족들이 기존의 朱子主義的 義理之學을 반성하고 名物之學이나 經濟之學을 추구하게 되었으며, 급변하는 사회경제적 현실을 직시하면서 조선의 문화 자존 의식을 반성하고 북학론을 주장하고 실천하는 움직임에 기초하여 이러한 사실주의적 인식과 조선 문화의 개성에 대한 자각이 가능했다고 설명하고 있다. 그러나 이 시기 사실주의의 심화를 경화사족층의 영향하에서 전개된 것으로만 설명하는 것은 당대의 다양한 문화와 사상 경향을 단순화할 위험성이 있다. 여항 문화의 영향력을 무시한 해석인 것이다. 성리학적 관념론을 극복하는 데 중요한 것은 도시민으로서 도시 체험이며, 이러한 도시 체험을 가장 전형적으로 표현하고 있는 것은 경화사족이라기보다는 여항인층이었다. 그러므로 경화사족의 사실주의적 인식의 심화는 여항 문화에 자극을 받은 경화사족에서 나타나는 새로운 사상 경향으로 해석하는 것이 합당하지 않을까 생각한다.

5. 도시민과 상업적 도시 문화

대동법 실시 이후 각종 요역의 고립화(雇立化)가 진전됨에 따라 외부에서 유입된 유민들도 서울이라는 도시 속에서 품을 팔아 생계를 이어갈 수 있는 기반이 마련되었다. 그 결과 서울 인구가 증가하였고, 인구 구성도 상업 인구 중심으로 재편되었다.

상업 발달에 따라 서울 주민의 생업은 매우 다양했다. 서울의 상가도 종전 종로 한 곳에서 이현·칠패로 확대되었다. 종로의 시전 거리에는 호객 행위로 생계를 삼는 여리꾼이, 난전이 펼쳐진 이현·칠패 시장에서는 위조품을 사고파는 사기꾼과 소매치기들이 활개를 쳤다. 뿐만 아니라 당시 서울에는 도심 곳곳에 약국이나 푸줏간·책방·그림 가게 등 점포 상업도 활성화되고 있었다. 특히 약국이나 담배 가게는 당시 사람들이 휴식처의 구실도 톡톡히 하고 있었다. 상업 도시로 전환되면서 서울에는 유흥업도 성행하였다. 주점과 음식점·색주가 등이 번창하였다.

조선 후기 서울에는 도성 안팎에 채소·약초·과일 등을 재배하는 상업적 농업도 성행했다. 이러한 채소밭에 민가의 인분을 제공하는 예덕 선생은 일 년에 6천 푼을 벌 정도였고, 연암 박지원은 이 사람을 선생이라고 존칭함으로써 당시 경제적 이익을 좇는 실용적 풍토를 긍정적으로 묘사하고 있었다. 서울은 또한 수공업 생산의 중심지이기도 했는데, 조선 후기에는 관영 수공업 체제가 붕괴되고 민영 수공업이 발달하면서 각종 장인들이 자신의 독자적인 장방(匠房)에서 민간에게 판매를 목적으로 수공업 제품을 제조하였다. 이러한 인구들 가운데 최하층에는 소매치기나 도둑, 거지 등이 있었다. 이와 같은 도시 빈민의 형성은 이 시기 서울이 지닌 특징적인 모습의 하나였다.

조선 후기 서울의 변화를 가장 잘 나타내는 또 다른 지역은 경강 지역이었다. 경강 지역은 전국적 교통 운수의 중심지로서 급속하게 상업 중심지로 전환되어갔다. 이곳에서는 유력한 양반들의 자본과 경강변 빈민들의 노동력이 결합하여 영위되는 하역 운수업과 장빙업이 성행하였는데, 장빙업에서 벌어들이는 이익은 당시 다른 영업과 비교될 수 없을 만큼 막대했다. 또한 경강에서는 여객주인업과 선운업, 그리고 선상업을 통해 막대한 부를 축적한 강상대고(江上大賈)들이 출현했는데, 이들은 궁방이나 권세가와 결탁하여 조선 후기 최대의 상업 자본가로 성장한 세력이었다.

이와 같이 조선 후기 서울 주민들의 생업은 매우 다양했고, 그들의 경제 활동은 매우 역동적인 것이었다. 이러한 경제적인 역동성은 서울의 도시 문화를 변하게 했다. 즉 종래 성리학적 지배 이념 중심의 왕도 문화가 경제적 이해관계를 중시하는 상업 도시 문화로 바뀌었던 것이다.

이러한 사회 분위기의 변화를 기반으로 서울에는 권력과 부를 동시에 장악한 경화사족층이 종전과 달리 상업적 이윤을 추구해 갔으며, 이러한 지배층의 상업 이윤 추구 과정에서 부를 축적한 중인층들도 성장하여 이른바 여항인층을 형성하였다. 이들 여항인들은 기술직 중인을 중핵으로 하여 형성되긴 했지만, 이러한 신분적, 직업적 규정에 더하여 이들의 역사적 성격을 규정지었던 또 다른 중요한 요소는 도시민이었다는 점이었다. 여항인들은 18세기 상업 도시 서울이 배출해 낸 새로운 인간 유형으로서, 양반 사대부층과 기질이 완연히 달랐다. 그들은 도시적 삶을 즐길 만한 경제적 부와 시간적 여유, 그리고 일정한 지식을 소유한 계층이었던 것이다.

이들을 중심으로 18세기 이후 서울에는 독자적인 여항 문화가 형성되었다. 여항인들에 의해 향유된 문화는 종전 충·효·열의 유교적 강상윤리에 의해 지배되는 것이 아니라, 서울이라는 도시적 삶을 긍정하는 바탕 위에서 인간의 본성을 긍정하고 상업 활동을 통한 부의 축적도 인정하는 등 양반 사대부들의 문화와는 질적으로 다른 모습을 보여 준다. 이러한 여항 문화의 양상은 크게 문화 예술적 욕구의 증대와 유흥 문화의 발달로 대변된다. 바둑·서화·그림 등의 다양한 생활 취미와 더불어 기방을 중심으로 전개된 유흥 문화와 놀이 문화 등이 이러한 여항 문화의 중요한 단면이었다.

이러한 여항 문화는 여항인층의 경제적 이익을 추구하는 것과 결합되면서 유흥의 상업화 경향을 심화시켰다. 단순히 문화적 향유가 소비적 향락만이 아니라 경제 활동의 일환으로서 전개되고 있는 것이다. 또한 여항인들에 의해 추구된 새로운 문화 예술 경향은 당시 사회에 대한 사실적 인식을 심화시킴으로써, 중세 말기에서 근대로 이행하는 과도기에 철저한 자기 문화에 대한 자각, 이른바 주체적인 문화 의식을 고양시킨 것이기도 했다. 이러한 문화 양상은 18세기 서울의 상업 도시화를 배경으로 나타난 도시 문화의 한 단면을 보여 주는 것이며, 동시에 중세적인 사회 체제의 해체와 새로운 사회 단계를 예비하는 징후를 표현하는 것으로 평가될 수 있을 것이다.

6
조선 후기 서울 주민의 역제(役制) 변화

장빙역(藏氷役)의 폐지와 장빙업(藏氷業)으로의 전환

1. 방역(坊役)과 『장빙등록(藏氷謄錄)』

조선시대 군현의 향촌민들에게는 조용조(租庸調) 세제에 기초한 전세(田稅)·군역(軍役)·공물(貢物) 등 각종 조세와 노동력을 직접 징발하는 요역(徭役)이 부과되었지만, 한성부 주민들에게는 전세, 군역, 공물은 부과되지 않은 대신, 가대세(家垈稅)와 도시를 유지하고 운영하는 데 필요한 방역(坊役)이 부과되었다. 방역은 한성부 주민들의 노동력을 직접 징발하여 수행된 요역(徭役)으로, 대표적인 것이 좌경(坐更)·도로수치역(道路修治役)·공용운수역(公用運輸役)·부지군역(負持軍役)·송목습충역(松木拾蟲役)·장빙역(藏氷役) 등이었다.[1]

조선시대 노동력 수취 체제로서의 요역제는 16세기에 신역제(身役制)의 원칙이 무너지면서 포역제(布役制)로 변질하였고, 17세기에 이르

---

[1] 김동철, 1988 「18세기 坊役制의 변동과 馬契의 성립 및 都賈化 양상」, 『韓國文化研究』1(김동철, 1993 『朝鮮後期 貢人研究』, 한국연구원 再收) 참조.

러 납포제(納布制)의 확립과 대동법의 전국적 실시를 기반으로 고립제(雇立制)로 변동되었다. 기왕의 연구를 통하여 차비군(差備軍)과 조모군(造墓軍), 중앙 관부의 조예(皂隷)와 나장(羅將), 조군(漕軍) 그리고 대규모 공사인 산릉역(山陵役), 축성역(築城役), 영건역(營建役)에서의 변화가 확인되고 있다.[2]

이와 같은 다양한 요역 분야에 대한 기존의 연구에도 불구하고 개별 역제의 구체적인 운영 실태를 제대로 이해하지 못하고 있다. 그 까닭은 역제의 구체적인 운영을 밝혀줄 수 있는 집중적인 자료가 아직까지 연구되지 않았기 때문이다. 그러므로 구체적인 역제의 운영 실태는 물론, 요역제와 사회 구조 변동을 유기적 관련 속에서 이해할 수 없었다.

본장에서는 이러한 문제들을 해명하기 위해 규장각에 소장되어 있는『장빙등록(藏氷謄錄)』(규 12902) 1-4권을 집중적으로 분석하였다.『장빙등록』은 장빙(藏氷)과 반빙(頒氷)에 관한 각종 사실들을 병자호란이 일어난 해인 인조 14년(1636)부터 영조 30년(1754)까지 예조 전객사(典客司)에서 기록한 책이다. 이 자료에는 정부가 겨울철에 어떻게 서울 주민의 노동력을 징발하여 얼음을 채취하고, 이를 빙고에 저장했다가 다시 왕실과 고위 관료들에게 나누어 주었는지가 자세하게 기록되어 있다. 이 자료 덕택에 서울 주민이 장빙역을 어떻게 감당하였는

---

2) 조선 후기 요역제의 변동과 고립제의 발달에 대해서는 다음 연구가 참고된다. 姜萬吉, 1976「朝鮮後期 雇立制發達-差備軍과 造墓軍등의 雇立化를 중심으로」,『韓國史研究』13(『朝鮮時代商工業史研究』1984, 한길사에 재수록); 姜萬吉, 1977「朝鮮後期 雇立制度發達 —皂隷 羅將을 중심으로」,『世林韓國學論叢』1(『朝鮮時代商工業史研究』, 1984, 한길사에 재수록); 崔完基, 1986「朝鮮後期 漕役의 變通과 船人의 雇立」,『李元淳教授華甲紀念史學論叢』(『朝鮮後期船運業史研究』, 1989, 일조각 재수록); 尹用出, 1998『조선 후기 요역제와 고용노동』, 서울대 출판부.

지를 구체적으로 알 수 있게 되었다. 현재 개별 역제에 관한 자료의 부족으로 심화된 연구가 더 이상 이루어지지 못한다는 점을 염두에 둔다면, 『장빙등록』이 사료로서 지니는 가치는 매우 소중한 것이다.

장빙역은 각 빙고에 따라 부역의 내용과 노동력 수취 대상이 달랐을 뿐 아니라, 시기에 따라 변화가 무쌍하였다. 대부분의 방역은 18세기 이후 주민들의 노동력을 강제 징발하여 수행하는 방식을 폐기하고, 정부로부터 돈을 받고 노동력을 제공하는 공인계(貢人契)가 결성되어 수행하게 된다. 이 과정에서 방역은 부역(賦役)으로서의 성격을 상실하였다.[3] 장빙역도 예외가 아니었는데, 다만 얼음이라는 특성 때문에 관청만이 아니라 광범한 민간 수요가 있었다는 점이 차이였다. 그러므로 빙계인(氷契人)들의 장빙역 수행은 민역(民役)을 대체하는 동시에 민간 판매를 목적으로 하는 영업 부분으로 전화되었다. 이 과정에서 빙계와 민간 장빙업 간의 경쟁은 불가피하였다. 조선 후기 부역제로 운영되던 장빙역은 18세기 후반 개인 사업자들이 상업 이윤을 목적으로 운영하는 장빙 영업으로 전환된 것이다.

이와 같은 역(役)의 업(業)으로의 전환은 조선 사회 모든 부분에서 한꺼번에 나타나는 것은 아니다. 이와 같은 변화가 장빙역에서 가장 먼저 발생한 까닭은 장빙역이 상업 도시화되었던 서울을 배경으로 운영되고 있었기 때문이다. 그러므로 장빙역의 해체와 장빙업의 발달 과정을 통해 우리는 중세 국가의 대민지배가 상품 화폐 경제의 발달에 따라 어떻게 변동하는가, 나아가 도시 상업 발달과 역제의 변동은 어떤 관계에 있는가를 살펴볼 수 있을 것이다.

---

3) 김선호, 1987 「17~18세기 공인집단의 형성과 그 확대(2)」, 『역사과학』 1987년 2호.

2. 빙고 제도(氷庫制度)와 빙고의 종류

1) 빙고 제도의 운영- 장빙(藏氷)과 반빙(頒氷)

우리나라에서 장빙 기록은 삼국시대 초기부터 나타난다. 『삼국유사』에는 28년(신라 유리왕 5)에 장빙고를 만들었다는 기록이 있고,[4] 『삼국사기』에는 505년(지증왕 6) 11월에 처음으로 소사(所司)에 명하여 얼음을 저장케 했다는 기록이 보인다.[5] 삼국시대에는 얼음을 저장하고, 이를 관리하는 기관으로 빙고전(氷庫典)이라는 기구가 있었고, 여기에 관원으로 대사(大司)와 사(司)를 두었다.[6]

한편 고려시대에는 삼국시대와 마찬가지로 국가에서 주도하여 얼음을 저장하였는데, 겨울에 얼음을 저장한 다음, 입하절(立夏節)을 계기로 얼음을 내어 왕실이나 관청, 또는 귀족들에게 나누어주는 것을 규례로 삼았다.[7] 민간인들의 장빙은 금지했지만, 최이(崔怡)가 1243년(고종 30)에 백성들을 동원하여 서산(西山)의 빙고에 얼음을 저장한 것으로 보아,[8] 권세가일 경우에는 장빙할 수 있었던 것으로 보인다. 이처럼 권세가에 의한 사빙(私氷)이 행해지자 1297년(충렬왕 23)에는 일반인들도 장빙할 수 있도록 하였다.[9] 고려시대에도 얼음을 뜨거나 또는 입춘에 빙고의 문을 열면서 추위를 주관하는 북방의 신에게 사한

---

4) 『三國遺事』 권1, 紀異 第一 第三 弩禮王.
5) 『三國史記』 권4, 新羅本紀 4 智證麻立干.
6) 『東史綱目』 圖下 諸小各司條.
7) 『高麗史』 世家 권6, 靖宗 丙子 2년 (1036) 4월 壬子.
8) 『高麗史節要』 제16권, 고종 30년(1243) 12월.
9) 『高麗史』 世家 권31, 忠烈王 23년(1297) 6월 癸卯.

제(司寒祭)를 올렸는데,[10] 이러한 전통은 조선시대까지 계속 이어져 내려왔다.

조선왕조에서도 한양을 서울로 정한 이후, 고려의 빙고 제도를 본받아 동빙고와 서빙고를 건설하였다. 동빙고는 국가 제사용 얼음을, 서빙고는 왕실용 얼음과 고위 관료들에게 나누어 줄 얼음을 저장하였다. 동빙고와 서빙고의 설립 연대는 정확치 않으나, 1405년(태종 5) 육조(六曹)의 분직(分職) 때 빙고를 예조에 속하게 한 것으로 보아, 동·서빙고는 1405년 이전에 이미 건립된 것으로 추정된다. 궁궐에 있는 내빙고(內氷庫)는 세종대 예조판서 신상(申商)이 여름철에 어육(魚肉)이 썩지 않도록 대비하자고 청하여 비로소 건립되었다.[11]

빙고(氷庫)는 종5품 아문으로 예조에 소속된 관청이었다. 관원은 제조(提調) 1원(員), 종5품 별좌(別坐), 종6품 별제(別提), 정8품 별검(別檢), 종8품 별검(別檢) 등이 있었으며,[12] 장빙을 담당할 부서로서 감역부장(監役部長)과 벌빙군관(伐氷軍官) 등이 있었다.[13]

조선시대 장빙에서 반빙의 전 과정을 1년 단위로 살펴보면 다음과 같이 정리할 수 있다. 우선 11월 초에 예조에서 장빙사목(藏氷事目)을 반포하여 장빙에 필요한 모든 조치들을 취하였다.[14] 장빙사목을 반포한 후 12월 초에는 장빙군마련사목(藏氷軍磨鍊事目)을 반포하여 장빙에 필요한 장빙군을 각 관사에 나누어 부담시켰다.[15] 12월 3일에는

---

10) 『東國李相國集』 40권, 釋道 疏 祭祝 「開氷司寒祭祝」.

11) 『세종실록』 권83, 20년 11월 癸卯.

12) 『經國大典』 吏典 京官職 從五品衙門 氷庫.

13) 『大東野乘』 2권, 庸齋叢話 8권.

14) 『세조실록』 권44, 13년 11월 己巳 藏氷事目. 장빙사목은 조선 전기와 조선 후기의 것이 크게 다르지 않다. 조선 후기에 매년 반포된 장빙사목은 『藏氷謄錄』에 대부분 실려 있는데, 거의 동일한 내용을 담고 있다.

장빙에 앞서 한강의 수신(水神)인 현명(玄冥)에게 사한제(司寒祭)를 지냈고,16) 사한제가 끝난 뒤에 두모포와 저자도 사이 한강에서 두께가 네 치 가량이 된 얼음을 채취하였는데, 이를 벌빙(伐氷)이라 하였다. 채취된 얼음을 동빙고나 서빙고 또는 내빙고까지 운반하는 역을 운빙역(運氷役)이라고 하였다. 크게 벌빙과 운빙으로 이루어진 장빙 과정은 빙고의 별제 두 사람과 감역부장·벌빙군관이 감독 아래 이루어졌다. 감독관들은 칡끈을 얼음에 동여매어 넘어지는 것을 방지하고, 강변에는 장작을 피워 얼어 죽는 사람이 없도록 조치하였으며, 의약을 상비하여 다친 사람을 구제하였다.17)

만약 날씨가 따뜻하여 한강이 얼지 않을 때는 기한제(祈寒祭)를 올렸는데, 한강에 얼음이 얼지 않을 경우, 동·서빙고의 얼음은 한강 상류에서 경기도민을 부역으로 동원하여 벌빙하거나 또는 계곡의 하천에서 채취하였고, 내빙고의 얼음은 경회루에서 채취하기도 하였다.18) 장빙역은 한강의 얼음이 얼지 않은 따뜻한 때가 훨씬 고역이었다. 상류에서 채취한 얼음을 빙고까지 운송해야 하는 운빙역이 몇 배나 힘들었기 때문이다. 또한 겨울에 시일이 촉박하여 얇게 언 얼음을 저장했다가도, 날씨가 추워지면 두껍게 언 얼음을 채취하여 다시 저장하기도 하였다.19)

---

15) 『藏氷謄錄』 권1, 丁丑(1637) 12월 초 3일 藏氷軍磨鍊事目.

16) 『謄錄類抄』 2 祭享, 辛亥(1672) 12월 28일(국편 『各司謄錄』 64권, 310쪽). “今十二月二十五日 大臣備局堂上引見時 上曰司寒祭 例於臘月後三日行之 而藏氷官 仍爲出去矣 近來則司寒祭 必行於藏氷臨時 設令藏氷在於立春之後 則司寒祭亦可行之於此時乎 今後則依五禮儀 司寒祭行之於應行之日 而藏氷官則一從江水堅厚出去可也.”

17) 『大東野乘』 2권 庸齋叢話 8권.

18) 『藏氷謄錄』 권2, 壬子(1672) 正月 16일, 같은 책, 壬子 正月 21일.

조선 후기 빙고의 구조나 얼음을 어떻게 벌빙하여 장빙했는지를 자세하게 알려주는 자료는 없다. 다만 1908년 대한제국 농상공부 수산국에서 편찬한 『한국수산지(韓國水産志)』에는 당시 민간 장빙업자들이 건설한 빙고의 구조와 더불어 빙고에 얼음을 저장하는 방법을 자세히 기록하고 있다. 다음의 〈그림 6-1〉은 한말 빙고의 도면이다. [20]

〈그림 6-1〉에서 보면 빙고는 한강 가에 지하로 땅을 깊게 파서 얼음을 저장할 공간을 만든 다음, 바닥에 얼음이 녹은 물이 나갈 수 있는 배수로를 뚫고, 지상으로는 지붕을 설치하고, 지붕의 한 면에 문을 설치하였다. 또한 얼음의 저장 방법에 대해서는

> 얼음은 추운 겨울 야간 오전 2시경에서 해뜨기 전까지 시간에 채취한다. 음력 12월이나 1월 중에 하며 일정치 않다. 얼음을 채취하는 방법은 우선 도끼로 수면을 나눈 다음 길이 한 자 다섯 치, 폭 한 자로 나누어 채취한다. 얼음의 두께는 한강 얼음이 두껍게 얼 때는 한 자 남짓에 달하는 경우도 있지만, 보통은 일곱 치 정도면 좋은 것으로 친다. 그러므로 얼음 1매의 무게는 대략 5관목(貫目)이며, 얼음 3매를 1부(負; 지게)라고 하므로, 한 지게는 15관목에 상당한다. 얼음을 채취할 때와 저장할 때 인부를 고용하는데, 채빙공 및 저장공은 경험이 있는 자를 사용하였다. (중략) 빙고에 얼음을 저장하는 방법은 채취한 얼음을 빙고 안에 배열하여 그 접합부의 간격에 얼음 조각을 삽입하여 조그마한 틈도 없게 한 다음 순서대로 쌓는다. 빙고

---

19) 『謄錄類抄』 22 雜令, 庚戌(1670) 2월 초2일(국편 『各司謄錄』 66권, 315쪽). "上曰 今番藏氷之時 日氣和暖 皆以薄氷 苟充其數 而至於東氷庫則乃是祭享所用 若或不潔 則尤爲未安 卽今日寒如此 江氷堅合云(중략)東氷庫及內氷庫 急急募民改藏事."

20) 農商工部 水産局, 1908, 『韓國水産志』 1권, 354쪽.

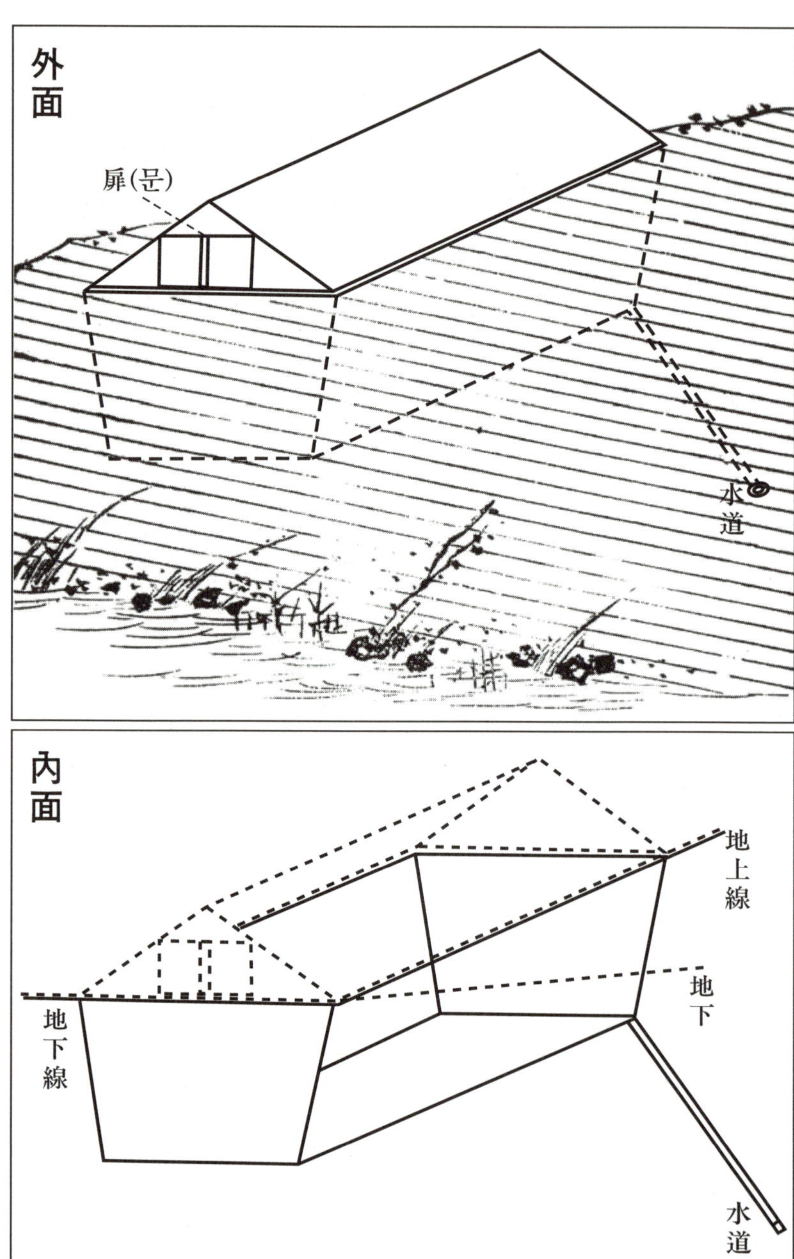

〈그림 6-1〉 한말 시기 빙고의 구조

안 전체가 하나의 커다란 얼음 덩어리가 되게 만든 후에 그 위에 빈 가마니 여러 장을 덮어 외부의 공기가 유통되지 못하게 막음으로써 얼음이 녹는 것을 방지한다.[21]

라고 설명되어 있다. 여기서 보면 얼음 채취는 새벽 2시에서 해뜨기 전에 하였고, 얼음 한 덩어리[1정(丁)]는 길이 45cm, 폭 30cm, 두께 21cm 정도이며, 무게는 18.75kg을 규격으로 하였다.[22] 그리고 채빙 공정과 저장 공정이 분리되어 이를 전담하는 숙련공인 채빙공과 저장공이 있었다. 또한 얼음이 녹는 것을 방지하기 위해 얼음과 얼음 사이를 완전히 메워 빙고 안의 얼음을 완전히 하나의 덩어리로 만들어 저장하였다. 조선 후기 얼음 채취와 저장 방법은 이와 같은 한말의 방법과 크게 다르지 않았을 것이다.

장빙이 끝난 후, 이듬해 춘분이 되면 빙고의 문을 여는데 이때도 사한제를 지냈다. 춘분 이후에는 궁궐과 각 관청에 얼음을 제공하였다. 6월 1일부터 9월 말일까지는 정2품 이상의 문무관료, 삼사(三司)의 장관, 승지, 종친에게 이틀 간격으로 얼음을 나누어 주었다.[23] 이 밖에 활인서(活人署)의 병자들과 의금부·전옥서의 죄수들에게도 얼음을 나누어 주었다.[24] 만약에 얼음의 보관 상태가 나빠 얼음이 모자랄 경우는 반빙(頒氷) 대상과 기간을 단축하거나, 사흘이나 나흘로 간격을 조정하기도 했다.[25]

---

21) 農商工部 水産局, 1908, 『韓國水産志』 1권, 351~356쪽.
22) 1尺을 1902년 개혁된 일본의 曲尺으로 이해하여 1곡척=30.3cm로 환산하였고, 貫은 3.75kg을 기준으로 삼았다.
23) 『장빙등록』 권1, 戊寅(1638) 5월 초 5일.
24) 『경국대전』 禮典 頒氷.

한편 얼음을 나누어 줌에 따라 빙고가 점차 비게 되면, 얼음이 빨리 녹는 것을 막기 위하여 빙고 안팎을 풀잎으로 싸야 했다. 이러한 작업은 녹는 것을 방지하는 목적만이 아니라 올 겨울에 새로 장빙을 하기 위해 빙고를 수리하는 작업까지 겸하는 것이었다. 그러므로 8월 중순경에 동·서빙고에서는 이에 필요한 빙고개복초예취군(氷庫蓋覆草刈取軍)을 지정하였다. 이 작업은 동빙고 20명, 서빙고 35명 총 55명의 예취군이 17일 동안 동원되는데, 고립제로 이루어졌다.[26] 이 과정을 끝으로 장빙과 반빙의 모든 과정은 일단락되었다.

2) 빙고의 종류와 규모

조선 후기 관영 빙고는 동빙고, 서빙고 그리고 내빙고 2곳을 합하여 모두 4곳이었다.[27] 각 빙고의 규모는 시기에 따라 달랐다. 전란이나 흉년이 들 경우 빙고의 건물 수인 채[梗: 梗이라 쓰고 채로 읽었다][28]를 수시로 감축하였기 때문이다.

동빙고는 두모포에 소재하여 국가 제사용 얼음을 저장하였으며, 봉상시(奉常寺)에서 관할하였다. 동빙고는 14칸의 1채였는데, 한 칸의 규모는 서빙고보다 배나 되어 규모가 매우 컸다.[29] 동빙고에는 한성

---

25) 『장빙등록』 권1, 戊寅(1638) 5월 초 5일.

26) 위의 책 권1, 壬午(1642) 8월 12일. "東氷庫牒呈內節 今年東西氷庫蓋覆草蘭刈取軍 東氷庫二十名 西氷庫三十五名 合五十五名 以十七日赴役價 兵曹餘丁價布乙 移送于宣惠廳 宣惠廳秋等作米以題給鴨島 今八月二十日爲始 赴役刈取爲乎矣."

27) 『비변사등록』 129책, 영조 31년 11월 30일. "京城藏氷有四 東西氷庫則在江上 其二則在闕內 一則紫門監主之 一則漢城府主之 東西氷庫則自惠廳給米 紫門則自兵曹給木 惟京兆所主 則稱以戶氷."

28) 『만기요람』 財用篇 5 藏氷 總例. 건물 한 채, 두 채 할 때 채라는 뜻이다.

부 남부 주민이 소속되어 장빙역을 수행하였다.

서빙고는 한강 하류 둔지산 기슭에 있었는데, 왕실용과 문무 정2품 이상 관리에게 나누어 줄 얼음을 저장하였다.[30] 서빙고의 규모는 시기에 따라 달랐다. 임란 이전에는 8채였다가 임란 직후에 6채로 줄었고,[31] 병자호란 이후에는 3채로 줄었다가, 이후 인조 22년(1644)에 4채, 인조 23년(1645)에 5채로 늘었다가,[32] 조선왕조시대 가장 참혹한 기근이라고 일컬어지는 경신대기근(庚辛大饑饉)이 닥친 첫 해인 1670년(현종 11)에 다시 4채로 줄었다.[33] 그러나 그 후 지속적으로 증가하여 19세기에는 6채로 정착되었다. 각 채의 크기는 사재감이 주관하는 채만 9칸이었고, 나머지는 모두 12칸이었다.[34]

서빙고의 장빙역을 책임진 아문은 각 채마다 달랐다. 이를 주채관(主梗官)이라고 했다. 주채관 예하에 다시 장빙역을 수행하는 각 관청과 한성부의 남부를 제외한 중·동·서·북부 주민이 서빙고 각 채에 소속되어 장빙역을 수행하였다.[35]

주채관과 주채관에 소속된 각 관청도 아문의 성쇠에 따라 수시로 변동하였다. 서빙고의 채수와 주채관의 시기별 변동을 보면 다음

---

29) 『장빙등록』 권1, 甲辰(1664) 11월 17일. "奉常寺(중략) 東氷庫專掌主管 而本梗間 架之廣闊 有倍於西氷庫大梗."

30) 『만기요람』, 財用篇 5, 藏氷條 西氷庫.

31) 『장빙등록』 권1, 丁丑(1637) 11월 18일.

32) 위의 책 권1, 丙戌(1646) 11월 16일 藏氷事目. "丙子亂後 每年藏氷三梗是白如乎 甲申年加設一梗 乙酉年又加一梗爲白有昆 今以五梗磨鍊擧行爲白齊."

33) 위의 책 권2, 庚戌(1670) 12월 초8일.

34) 위의 책 권1, 丙子(1636) 7월 29일.

35) 위의 책 권1, 癸卯(1663) 12월 23일 漢城府事目. "西氷庫五梗良中 工曹平市署司 僕寺司宰監軍器寺等 五司各主一梗 名之曰主梗官 而其他各司 從殘盛分屬於五梗 爲白遣 各部中 中部屬於工曹 東部屬於平市署 北部屬於司僕寺 西部屬於司宰監."

〈표 6-1〉과 같다.

〈표 6-1〉 서빙고의 채수와 주채관의 변동

시기	채수	주채관	전거
임란전	8	군기시, 군자감, 예빈시, 내자시, 내섬시, 사섬시, 사재감, 제용감	용재총화
임란후	6	공조, 제용감, 사복시, 평시서, 군기시, 사재감	병자 7월 29일
병란후	3	사복시, 공조, 평시서	정축 12월초3일
1644년	4	사복시, 공조, 평시서, 불명	갑신 12월초7일
1645년	5	공조, 사복시, 군기시, 사재감, 평시서	병술 12월 16일
1670년	4	위의 5司 5년에 한 번씩 응역을 면제받음	경술 12월초8일
19세기	6	군자감, 군기시, 예빈시, 내섬시, 사재감, 제용감	만기요람

전거의 일자는 모두 『藏氷謄錄』의 일자를 표시한 것임.

한편 대궐 내에 있는 내빙고는 2곳으로 대궐의 북쪽과 남쪽에 있었다. 북쪽 빙고는 한성부에서 담당했으므로 한성부채(椵), 남쪽 빙고는 자문감(紫門監)에서 담당했으므로 자문감채라고 했다. 내빙고도 병자호란을 겪으면서 1채로 감축되었다가, 다시 인조 23년(1645)부터 2채로 복구되었다.[36] 그 후 정조 13년(1789)에 대궐내의 내빙고를 양화진으로 옮기면서, 내빙고는 혁파되었다.[37]

빙고의 규모를 알기 위해 각 빙고에 저장된 얼음 양을 보면 다음의 〈표 6-2〉와 같다.

〈표 6-2〉에서 보면 관영 빙고의 총저장량은 대체로 20만 정 내외

---

[36] 『謄錄類抄』 乙酉(1645) 12월 26일(국편 『各司謄錄』 64권, 398쪽).

[37] 『만기요람』, 財用篇 5 藏氷 內氷庫. "正宗己酉(1789) 又減五千丁 永除江民伐氷之役 出置楊花津."(運輸有弊 戶曹筵稟出置)

〈표 6-2〉 각 빙고의 1680년, 1808년 얼음 저장 현황(단위:丁)

빙고 연도	내빙고		동빙고	서빙고				합계
	한성부채	자문감채		공조	군기시	평시서	사재감	
1680년	18,084	11,573	35,592	45,394	33,434	41,352	38,360	223,789
	26,957			158,540				
1808년	40,000		10,244	134,974				185,278

전거: 『藏氷謄錄』 권2 庚寅(1680) 11월 27일, 『萬機要覽』 財用篇 5 藏氷

였다. 1680년에 비해 1808년의 얼음 저장량이 줄어든 것은 정부의 얼음 수요가 줄었기 때문이 아니라, 후술하듯이 18세기 이후 민간 장빙업의 성행에 따라 관영 빙고에서 얼음을 저장할 필요성이 그만큼 줄었기 때문이다.

한편 1454년(단종 2) 사대부들에게 장빙을 할 수 있도록 허용한 이후,[38] 관영 빙고가 아닌 사빙고(私氷庫)도 성종조부터 한강 연안에 건설되기 시작하였다.[39] 성종 연간에는 성종의 친형인 월산대군(月山大君)이 양화진에 사빙고를 설치하였고,[40] 같은 시기에 진산군(晉山君) 강희맹(姜希孟)도 합정 지역에 사빙고를 설치하였다.[41] 빙고의 설치와 얼음 채취가 상당한 물력을 투입해야 가능했다는 점을 염두에 두면, 사빙고를 두고 여름에 얼음을 사용할 수 있는 자는 월산대군이나 강희맹처럼 종실이나 고위 관료 등 극히 제한된 범위의 인사들이었을 것이다.

---

38) 『단종실록』 권11, 2년 5월 己巳. "自今依古制 大夫以上及各司能藏氷者勿禁 且諸 道物膳進上諸邑 近水無弊可藏者 監司磨鍊以啓 從之."

39) 『비변사등록』 171책, 정조 11년 8월 18일. "私氷庫 自成廟朝 以特敎創開 人多效 嚬 廣而無禁者 爲其魚舟肉肆之賴 以不至不傷也."

40) 『승정원일기』 1589책, 정조 9년 9월 5일.

41) 『일성록』 정조 10년 9월 27일. 北部幼學 姜慶煥 原情.

이처럼 15세기 후반 권세가들에 의해 한강 연안에 건설되기 시작한 사빙고는 18세기 이후 민간에서의 얼음 수요가 급증하면서 30여 곳으로 크게 증가했다. 조선 후기에는 돼지고기나 쇠고기와 생선을 판매하는 현방(懸房)과 저육전(猪肉廛), 생선전 그리고 어선에서의 얼음 수요가 크게 늘었다.[42] 그러므로 30여 개 사빙고의 얼음만으로는 민간에서 필요한 얼음 수요를 충당할 수가 없었을 것이다.[43]

3. 장빙역의 변화

얼음을 저장하고 반빙하는 과정에 부과되는 각종 역은 크게 한강에서 얼음을 채취하는 벌빙역과 채취한 얼음을 빙고까지 운반하여 저장하는 운빙역, 여름에 각 관청과 정2품 이상 관원 등에게 나누어 주는 반빙역(頒氷役),[44] 그리고 빙고의 수리와 관리를 담당하는 역으로 구분되었다. 이들 각각의 역은 각 빙고에 따라 그리고 시기에 따라 부담 대상과 노동력 동원 방식이 달랐다.

---

42) 『正祖丙午所懷謄錄』(서울대 출판부 영인본), 155쪽. "在前江上私氷 無處無之 許多漁船肉廛 擧皆取用於斯."

43) 위의 책, 152쪽. "從前水上水下之置氷庫者 殆近三十處 猶患不足矣."

44) 겨울에 얼음을 채취하여 빙고까지 운반하는 노동과 여름에 빙고에서 각 관청이나 대궐 또는 고위 관료에게 나누어 주는 노동은 주로 수레나 우마 또는 지게를 이용하였다. 그러므로 이 둘은 사료상 모두 載氷役, 또는 負氷役으로 표현하고 있다. 이 글에서는 이를 구분하기 위하여 전자는 운빙역, 후자는 반빙역으로 사용하였다. 또한 장빙역이라 할 때 협의적으로는 벌빙과 운빙만을 지칭하지만, 광의적으로는 협의의 장빙만이 아니라 반빙역과 빙고의 수리, 관리역까지도 모두 포괄하여 사용하기도 한다.

1) 병자호란 이전의 장빙역

조선 전기 벌빙과 운빙역의 부과 대상은 시기에 따라 달랐다. 태종조에는 경기 지역 백성을 동원하여 수행하였다. 이 방식이 민폐를 일으키자 각 영(領)의 대장(隊長)·대부(隊副)와 각 관청의 노예로 하여금 담당하도록 하였다.[45] 그러나 이 조치는 오래 지속되지 못하였다. 세종조에도 여전히 경기도나 또는 충청, 강원도민에게 연호역(烟戶役)으로 장빙역을 부과하고 있다. 경기 등 지방 백성들은 장빙역을 수행하기 위하여 얼음이 어는 때를 기다리면서 한강 가에서 여러 날 유숙해야 했다. 그동안 당하는 추위와 굶주림은 이들에게 참을 수 없는 고통이었다.[46] 이러한 폐단을 없애기 위해 성종조에는 상경 입번하는 상번군에게 장빙역을 부과하였다.[47] 그러나 상번군은 얼음의 채취와 운반에 익숙하지 않았으므로 대부분 강변 민인들이 채취한 얼음을 구입하여 장빙역을 수행하였다.[48] 상번군에게 장빙역을 부과했지만, 실제는 강변 민인들에게 돈을 주고 얼음을 구입하였으므로, 15세기 후반부터 장빙역이 고립화(雇立化)될 수 있는 기반이 조성되었던 것이다.

한강에서 얼음을 채취하여 빙고에 저장하는 벌빙과 운빙역은 겨울 한철에 노동력을 집중적으로 동원하여 이루어지는 것이기 때문에, 경기 지역 주민이나 상번군에게 부과하여 해결하였지만, 빙고에 저장된 얼음을 나누어 주는 반빙역과 빙고를 유지 관리하는 역은 노동력이 항상 필요한 분야였다. 그러므로 반빙역을 위해서는 따로 이에 필요

---

45) 『태종실록』 권27, 14년 2월 戊申.
46) 『세종실록』 권83, 20년 11월 癸卯.
47) 『성종실록』 권34, 4년 9월 癸巳.
48) 『大東野乘』 제2권, 「庸齋叢話」 8권.

한 역부인 빙부(氷夫)를 설정하지 않을 수 없었다. 동빙고에는 10명, 서빙고에는 40명의 빙부가 있었다.[49] 이들에게는 1명당 1결의 위전(位田)을 지급하였고, 위전은 자경무세지(自耕無稅地)로 경작하였다.[50] 위전과 더불어 보인(保人)도 지급하였다. 보인은 동거하는 족친 중 1인을 다른 역에 충족시키지 않는 것으로 대체하였다.[51] 그 후 다시 40명의 빙부를 더 획정하였으며, 운빙과 반빙을 위해 수레를 끄는 거자(車子)도 비치하였다. 거자는 전세를 운반할 때를 제외하고는 다른 역에는 징발할 수 없도록 규정하였다. 그만큼 얼음 운송이 중요했기 때문이다.[52]

빙부들에게 위전과 보인이 지급되었다고 해도, 그들이 지는 역은 그에 비해 훨씬 무거웠다. 그러므로 대부분의 빙부들은 보다 헐한 역으로 투속하거나, 유망하는 경우가 많았다.[53] 특히 임진왜란과 병자호란을 겪으면서 빙부들의 유망은 가속화되었고, 빙부들의 위전도 제대로 관리되지 못하였다.[54]

임진왜란과 병자호란 이후에 반빙역은 빙부가 아닌 빙고에 부과되었고, 빙고에서는 빙고 주채관에서 지급하는 3명에 해당하는 군목(軍木)을 받아 빙고 주변의 주민들에게 고가(雇價)를 지급하여 운영하였다. 상번군에게 부과되었던 벌빙과 운빙역은 각 관청의 역과 한성부

---

49) 위의 책, 兵典 雜類.

50) 『경국대전』, 戶典 諸田.

51) 위의 책, 兵典 給保,

52) 『승정원일기』 32책, 인조 9년 3월 25일. "臣 考諸大典 東氷庫軍十名 西氷庫四十名 定送氷夫 而續錄時 又爲定給四十名 一名給田一結 自耕無稅 且給同其人一保 又有氷庫車子 故氷庫車子 只用於輸入田稅時云 盆重氷庫也."

53) 『譯註 經國大典』, 註釋篇, 氷夫.

54) 『上言謄錄』(규 12898) 丁酉(1657) 10월 초5일. "南部西氷庫接 忠義衛 韓宗白上言 氷庫位田 亂前 耕食之處 久遠陳荒 一樣納稅 事極冤痛."

주민의 방역으로 변하였다.[55] 이와 같이 장빙역이 각 관청의 역과 방역으로 바뀐 시기는 확실히 알 수 없으나, 군역에서 방군수포제(放軍收布制)가 정착되는 16세기 이후라고 여겨진다.[56]

2) 서빙고의 장빙역

서빙고의 장빙역은 빙고 각 채마다 주채관과 그 예하에 소속된 각 관청의 전복(典僕), 그리고 한성부의 중부·동부·서부·북부 주민들의 노동력을 징발하여 수행하는 것이 원칙이었다. 그러나 실제에서는 노동력의 직접 징발보다는 강변 주민들을 품삯을 주고 동원하여 장빙역을 수행하게 하는 것이 일반적이었다.

예조에서는 12월 초에 반포하는 『장빙군마련사목』에 서빙고 각 채의 주채관과 그 예하에 소속된 관청이 부담하는 장빙군의 숫자를 규정하고 있다. 각 관청에서는 『장빙군마련사목』의 규정에 따라 장빙군을 내면, 서빙고에서는 이를 빙고 각 채별로 나누어 장빙역을 부과하였다.[57] 서빙고 각 채마다 할당된 장빙군 수는 빙고가 3채일 때는 각 채당 20명, 5채일 경우는 각 채당 15명씩이었다.[58]

---

55) 『승정원일기』 32책, 인조 9년 3월 25일. "特進官李景稷所啓 小臣兼帶氷庫提調 故敢陳氷庫之弊 氷庫乃國家莫重之事 故藏氷時 各司合力爲之 及其供上之時 本庫獨當 本庫 旣無典僕 事事無形 自三月以後 日日供上 乃十丈 雖以二駄載運 一朔至於六十駄 該曹只給三名 以三名之軍木 豈能償六十駄之價乎."

56) 이태진, 1968 「朝鮮前期 軍事制度의 동요」, 『韓國軍制史』(近世 朝鮮前期篇) 참조.

57) 『장빙등록』 권1, 壬午(1642) 11월 6일 藏氷事目. "各楝每一間 各司軍人計名分定 藏氷."

58) 위의 책, 권1, 乙卯(1639) 12월 18일 藏氷軍磨鍊事目; 같은 책 권1, 丙戌(1646) 12월 16일 藏氷軍磨鍊事目.

각 관청에 장빙군을 분정하는 기준은 각채원근대소급각사잔성(各梗遠近大小及各司殘盛)이었다.[59] 즉 빙고와 벌빙처와의 거리, 빙고의 크기, 각 관청의 재정 형편 등을 참작하여 장빙군을 정했던 것이다. 각 관청에서는 분정된 장빙군의 숫자에 따라 필요한 전복을 조발하지 않고, 이들에게 일정량의 쌀을 거두어 납부하였다.[60] 각 관청에서 납부한 쌀을 기초로 서빙고에서는 연강민(沿江民)들을 품삯을 주고 고용하여 장빙역을 수행하게 하였다. 1623년(인조 1)의 경우를 보면 각 관청에서는 장빙군 한 명당 쌀 10석을 내고, 빙고에서는 연강민에게 얼음 1정당 쌀 세 되씩을 지급하여 저장할 얼음 7만여 정을 마련하였다.[61]

각 관청 장빙군 1명이 내는 쌀은 10석으로 규정되었지만, 실제 내는 양은 소속된 아문에 따라 달랐다. 권세 있는 주채관의 장빙군은 10석 내외를 냈지만, 예속 관청인 경우는 1명당 60석까지 내는 경우도 있었다.[62]

각 관청의 조건에 따라 각 관청 전복이 부담하는 양은 달랐지만, 각 관청의 장빙역은 17세기 전반부터 이미 물납세로 전환되었고, 이러한 물납을 기초로 서빙고에서는 급가고립제(給價雇立制)로 얼음을 저장하고 있었던 것이다.

한편 한성부의 남부를 제외한 동부, 서부, 중부, 북부 주민들도 서

---

59) 위의 책 권1, 癸卯(1663) 12월 13일. "各梗軍數 依前例每一梗十五名定送 而負氷軍價米 從各梗遠近大小及各司殘盛 參酌磨鍊."

60) 위의 책, 권1, 甲辰(1664) 11월 17일. "奉常寺提調意啓曰 (중략) 本寺典僕餘存者鮮少 逐朔祭物供備之外 又爲專責氷米於此輩 則勢難成形之狀"

61) 위의 책, 권1, 丙戌(1646) 11월 16일 藏氷事目. "癸亥(1623)十一月二十三日 承傳內 今此藏氷時 各司軍 每名 只出十石 每氷一丁給米三升 七萬餘丁之氷 足以取辦."

62) 위의 책, 권 1, 壬午(1642) 11월 6일 藏氷事目. "主梗之官 例於本司軍人價米分定不均 所屬各司偏受其苦 以此殘司下人 出價倍多 一名之價 或至三四十石五六十石."

빙고에 소속되어 장빙역을 수행하였다. 중부는 공조채에, 동부는 평시서채에, 북부는 사복시(司僕寺)채에, 서부는 사재감(司宰監)채에 소속되었다.[63] 1623년부터 각 관청에서는 쌀을 냈지만, 각 부는 방민을 조발하여 장빙역을 수행하고 있었다. 다만 중부 주민만은 주거 지역이 한강과 떨어져 있었기 때문에 각사의 전복과 마찬가지로 노동력을 징발하지 않고 쌀을 거두는 것이 허용되었다.[64] 그러나 1637년(인조 15)에는 동부·서부·남부·북부 주민들도 스스로 노동력을 낼 수 없을 경우, 쌀이나 면포를 내어 장빙역을 대신할 수 있게 하였다.

이에 따라 한성부 주민들의 노동력을 직접 조발하는 부역 체제도 점차 물납세에 기초한 고립제로 전환할 수 있는 계기가 마련되었다. 물론 이때의 미포 납부의 허용은 노동력을 낼 수 없는 불가피한 경우에 한해서 허용한 조치였기 때문에 대부분의 한성부 주민들은 여전히 노동력 동원을 통해 장빙역을 수행하고 있었다.

이러한 복잡한 재정의 부담 체계와 방역의 부과 방식에 기초하여 운영된 서빙고의 장빙역은 많은 문제를 일으키고 있었다. 대표적으로 주채관에서 내는 미포(米布)는 중간에 모두 낭비되어, 실제 장빙에 필요한 경비 대부분은 예속 관청이 부담해야 했다. 그러므로 예속 관청의 장빙군은 규정보다 6배나 많은 1명당 60석을 내야 했다. 1명당 쌀 60석의 부담은 웬만한 아문에서 감당할 수 없는 재정 부담이었다. 각 관청에서는 이 부담을 한성부 주민에게 전가하였다.[65] 결국 장빙

---

63) 주 35) 참조.

64) 『장빙등록』 권1, 癸卯 (1663) 12월 24일 漢城府事目. "在前藏氷之規(중략)主梗及 各司段 各出米布 中部段收米於坊民 以其米布 募得自願者 (중략) 東西北三部段 各自調發坊民 同力伐氷."

65) 위의 책, 권1, 癸卯(1663) 12월 24일 漢城府事目. "主梗米布 則太半歸於浪費 而專

역의 부담은 대부분 한성부 주민들에게 집중되고 있었던 것이다.

장빙역은 원래 도성 내외부 주민 모두에게 부과된 것이지만, 당시 사람들에게는 도성 외부의 연강산저(沿江山底) 주민들이 담당하는 것으로 인식되고 있었다.[66] 도성내 거주민들은 칙사가 서울에 왔을 때, 각종 잡역에 응한다는 구실로 장빙역에 불응하는 경우가 많았기 때문이다.

17세기 중엽까지 서빙고의 장빙역은 빙고 각 채마다, 그리고 각사와 한성부 주민 등 부담 주체에 따라 부담 방식과 부담 내용이 서로 달랐다. 이러한 체제하에서 장빙역은 대부분 연강산저 주민에 집중될 수밖에 없었던 것이다.

이처럼 매우 복잡한 재정의 부담 체계와 방역의 부과 방식에 기초하여 운영된 서빙고의 장빙역은 1663년(현종 4) 일원적인 부담 방식과 부과 체계로 개편되었다. 장빙역의 불균등한 부담의 폐단을 없앤 장빙역의 개정 내용은 한성부사목에 잘 나타나 있는데, 이를 살피면 다음과 같다.

첫째 각 관청은 장빙군을 내지 않고, 미포(米布)를 직접 주채관에 내며, 주채관은 미포로 모군(募軍)하여 장빙역을 수행하였다. 이로써 낭비되는 경비를 줄이고, 예속관청과 방민에게 미포를 전가했던 폐단을 없앴다.[67] 장빙미를 냈으므로 예조에서 반포하는 『장빙군마련

責於屬司 此所以各司難堪之弊 而各部坊民尤被其侵責."

66) 위의 책, 권1, 癸卯(1663) 12월 24일 漢城府事目. "城內居人段(중략)稱以專應勅使時 雜役不應藏氷之役 而只令城外山底及沿江之民 獨當內外藏氷之役."

67) 위의 책, 권1, 癸卯(1663) 12월 24일. "各司則各自收納米布於主梗 各部段置 收合價米於坊民 依各司例輪納於主梗 以爲自主梗 獨當募軍伐氷之地 可以大省浪費米布專責屬司及坊民之弊."

사목』도 1664년 이후부터 『장빙미마련사목』으로 바뀌었다.[68]

둘째 한성부의 각 부에서도 방민을 조발하지 않고, 각 관청과 마찬가지로 미포를 주채관에 내고, 주채관은 모군하여 장빙하였다.[69]

셋째 각 부 방민 중 면역자에게도 모두 장빙미를 내게 하였다. 원래 장빙역은 면역자를 제외하고 실응역자에게만 부과되는 것이었다. 그러나 노동력을 징발하지 않고 쌀로 걷게 되자 면역자 분포가 각 부별로 다양하여 매 호에서 내는 장빙미가 크게 차이가 났다. 응역자에게만 장빙미를 거둘 경우, 서부는 1호당 10여 두, 동부는 5두 6승, 북부는 3두 남짓, 중부는 그전부터 면역자도 모두 장빙미를 냈으므로 1호당 6승이었다.

한성부에서는 이러한 불균의 폐를 없애기 위해 한성부 원호(元戶) 21,399호 중 공주·옹주·왕자·대신호를 제외하고 1품직에서 독녀, 맹인[70]에 이르기까지 모두 장빙미를 내게 하였다. 이에 따라 서빙고에 속한 동부·서부·북부·중부에서는 317석 3두를 냈고, 동빙고에 속한 남부에서는 총 190석을 냈다.[71] 방민이 내는 장빙미는 총 507석 3두였고, 매호당 3승 5합 5작 7리를 거둔 것이다.

1663년 한성부사목에 의해 서빙고의 장빙역이 일부 잔존하였던 노동력 징발에 기초한 부역제가 완전히 폐지되었다. 서빙고의 장빙역이 물납세에 기초한 고립제(雇立制)로 수행된 것이다.

---

68) 위의 책, 권1, 甲辰(1664) 12월 초4일. 『장빙군마련사목』이 『장빙미마련사목』으로 바뀐 것은 1623년부터 관례적으로 쌀을 냈던 체제를 정부에서 공식적으로 추인한 것을 의미한다.

69) 주 68)과 같음.

70) 獨女, 盲人戶에 대한 장빙미는 숙종 43년(1717)에 영원히 면제되었다(『비변사등록』 70책, 숙종 43년 11월 30일).

71) 『장빙등록』 권1, 癸卯(1663) 12월 24일 漢城府事目.

한편 1693년(숙종 19)에는 각 관청에 장빙미를 분정하는 기준이 변경되었다. 이는 대동법의 전국적 확대 실시에 따라 정부 재정 운영방식이 변한 데 기인한 것이었다. 초기 장빙미를 부담하는 기준은 빙고 각채의 원근과 대소, 그리고 장빙미를 부담하는 아문의 재정 규모였다. 각 아문의 재정 규모를 판단하는 기준은 아문이 보유하고 있는 전복(典僕)의 수였다. 전복이 많은 아문은 전복으로부터 받아들이는 속공(贖貢)이 많았기 때문에 재정에 여유가 있는 아문(盛司)으로 인정되었다. 그러나 장부상에는 전복이 많았지만, 그 사이 전복이 도망가거나 사라져 실제 속공을 바치는 전복이 적은 아문이 많았다. 그러므로 각 관청 사이에서도 장빙미 부담의 불균 문제가 중요한 문제로 대두되고 있었다.

또한 대동법 실시 이후 각 아문 재정의 풍성함과 빈약함은 전복의 수보다 공물수가(貢物受價)에 의해 결정되었다. 재정 운영의 방식이 대동법으로 크게 변모했는데도, 장빙미는 전복의 수에 따라 부과했기 때문에, 재정에 여유가 있는 성사(盛司)가 적게 부담하고, 재정이 매우 빈약한 잔사(殘司)가 많이 부담하는 문제가 생긴 것이다. 이러한 장빙미 부담의 불균 문제는 1693년(숙종 19) 장빙미 부과 기준을 전복의 수에서 공물수가의 다과로 바꿈으로서 해소되었다.72)

1693년 이후 각사에서 부담하는 장빙미가 선혜청에서 지급하는 공물가의 많고 적음에 따라 정해졌기 때문에, 각 아문에서 장빙미를 부

---

72) 『승정원일기』 354책, 숙종 19년 12월 3일. "藏氷之役 (중략) 當初量其各司物力殘盛 有所分排矣 卽今各司殘盛 多有如前日不同者 且緣各司提調之續續陳達 變通分排 井間漸至錯亂 盛司或有役歇者 殘司或有役重者 致有不均之弊 不可不一番釐正 (중략) 計其貢物所受多寡 分等使役 則可無不均之歎矣 上曰所達誠然 聚議廟堂 均平變通可也."

담하는 주체도 전복에서 각 관청 소속의 공인(貢人)으로 바뀌었다. 이에 따라 1693년에는 삼남지계공인(三南紙契貢人)·대내수리계(大內修理契)·잡물계(雜物契) 등의 공인계에도 장빙미를 부과하였다. 대동법 시행으로 발생한 공계인(貢契人)[73]들은 공인과 달리 공물을 조달하면서 얻는 이익[貢物之利]은 있었으나 그에 상응하여 국가에 부담하는 역[貢物之役]은 없었기 때문이다.

호조에서는 이들 세 공인계를 호조에 소속시켜 장빙미를 부과하였다.[74] 이들 공인계에서 부담하는 장빙미는 총 19석으로 미미한 액수였다. 호조에서는 3곳의 공인계에서 거둬들인 19석을 평시서에 지급하였다. 원래 평시서에서 부담하는 장빙미는 총 175석이었다. 평시서에 부과된 장빙미 175석은 모두 시전 상인이 부담하였다. 평시서에 소속된 시전 상인은 동시에 한성부 오부 방민이기도 했기 때문에, 평시서에 할당된 장빙미와 오부 방민에게 부과된 장빙미를 이중으로 내야 했다. 호조에서 공인계에 부과된 19석의 장빙미를 평시서에 이전한 것은 바로 이와 같은 시전 상인의 이중부담을 줄여 주려는 의도였던 것이다.[75]

1693년 장빙미 부담 기준이 변경됨에 장빙미의 실질적 부담자는 오부 방민과 시전 상인 및 공인이 되었다.[76] 그러므로 이후의 각종

---

73) 김선호, 1985 「공인계의 발생에 대하여」, 『역사과학』 1985년 3호 참조.

74) 『비변사등록』 47책, 숙종 19년 12월 4일. "紙契 有貢物之利而無貢物之役 (중략) 自今爲始 紙契令屬於戶曹 作一貢物 今此藏氷米 亦爲磨鍊徵納."

75) 『장빙등록』 권3, 甲戌(1694) 10월 29일. "今年藏氷之期不遠 故自戶曹三南紙契 大內修理契 雜物契 合米十九石磨鍊以送 而以此些少之米 雖有斗斗分給 勢難遍及於各司 (중략) 而但平市署所定氷米 每年一百七十五石之多 而皆責於市民 市民家戶氷米之外 又有此役 其爲疊役呼冤 有甚於各司 今此戶曹抄送氷米十九石 劃給於平市署 以除一分之弊何如 傳曰允."

자료에는 장빙미를 내는 자를 방민(坊民)과 시전 상인 그리고 공인으로 표현하는 것이 관례였다.77)

방민과 시전 상인 및 공인들에게 거두었던 장빙미는 흉년이나 역이 번중하다는 이유로 면제되는 경우가 많았다.78) 1694년(숙종 20) 이전에 면제되는 경우가 그렇게 많지 않았지만, 면제될 경우 방민에게서 걷는 장빙미 507석은 진휼청에서 담당하는 것이 관례였다.79) 그러나 1694년 이후 오부 방민의 장빙미는 흉년이나 국가의 경사를 이유로 빈번하게 면제되었는데,80) 이때 장빙미는 호조와 진휼청에서 분반하여 담당하였다.81) 호조에서 장빙미를 부담하는 재원은 세곡 수봉 과정에서 발생하는 잉여 미곡이었다.82)

1717년(숙종 43)에는 다시 장빙미 부담 방식을 바꾸었다. 그전에는

---

76) 1693년에 마련 규식은 변경되었지만, 실제 실행된 해는 숙종 20년(1694)부터였다 (『비변사등록』 47책 숙종 19년 12월 11일).

77) 『비변사등록』 60책 숙종 36년 5월 8일. "藏氷米 坊市民一年所出之數 爲五六百石 凶年則自賑廳出給矣(중략)藏氷米 各司貢物主人所納之數 與坊民所納稍多."

78) 『장빙등록』 권4, 癸丑(1733) 11월 30일. "每年藏氷米 五百六石 均排收捧於都民 自是流來舊制 而中間或因年凶 或因國家言凶之時 蕩減戶米 自賑廳戶曹分半上下 者 已至四十餘年."

79) 『비변사등록』 35책, 숙종 5년 1월 23일; 같은 책 36책, 숙종 8년 11월 25일; 같은 책 38책, 숙종 10년 1월 3일 참조. 다만 숙종 15년(1689)에는 한성부 四山의 枯松 을 판매한 돈으로 장빙미를 납부하고 있다(같은 책 43책, 숙종 15년 11월 23일).

80) 『度支志』 外篇 版籍司 氷政 事實. "肅宗二十年甲戌十二月 本曹判書李世華所啓 臣曹剩米留意儲置 出給氷便 以除都民氷米之弊何如 上曰依爲之 是後或因年凶蠲 免 或因邦慶限年蠲免."

81) 주 78) 참조.

82) 『비변사등록』 48책, 숙종 20년 12월 7일. "臣曹(戶曹-인용자) 流來剩米 自臣受任 之初 欲移施於都城之民 所出氷米 留意儲置 而所謂剩米 雖非各倉元會之物 其本 則亦是國穀也 (중략) 今當藏氷之節 有貢物衙門 應出之米外 民戶所收 則以此米 計給氷梗 以除民間出米之弊何如 上曰依爲之."

호조와 선혜청에서 공물가를 각 관청에 지급하면, 이를 받은 각 관청에서는 공물가를 공인에게 지불하고, 공인들에게 다시 그 중의 일부를 다시 장빙미로 거둬어 빙고에 지불하였다. 그러나 이러한 장빙미 부담 방식은 공인은 물론 각 아문의 불만을 고조시켰다. 왜냐하면 매년 공물가의 수가 상황이 다름에도 부담은 변동이 없었으므로, 공물가를 적게 받은 공인과 아문에게는 크게 불리했던 것이다.

정부에서는 이러한 폐를 없애고 장빙미를 공평하게 부과하기 위하여, 선혜청·호조에서 공인에게 지급하는 총 공물액 16만 6770여 석 중 매 석당 5합 8작 8리를 미리 떼어내어 장빙을 주관하는 주채관에 지급하였다.[83] 호조와 선혜청에서 공가를 지급하기 전에 장빙미를 미리 제하여 빙고에 지급하였던 것이다. 이로써 장빙미 부담의 불균 폐단이 제거되었으며, 나아가 재정 운영의 일원화와 간편화를 도모할 수 있었다. 이 사례는 대동법의 시행을 계기로 중앙 재정이 점차 통합되고 있음을 보여 주는 중요한 실례이기도 하다.

한편 흉년 등의 이유로 종종 면제되기는 했지만, 방역으로 부과되었던 장빙미는 여전히 유지되고 있었다. 그러나 이러한 장빙역도 1741년(영조 17)에 법적으로 완전히 폐지되었다.[84] 장빙역이 그동안 너무 자주 면제되었다는 것과 현재 백성들이 곤핍하다는 것이 이유

---

83) 『장빙등록』 권4, 丁酉(1717) 8월 초6일. 各司氷米惠廳戶曹上下定式. "甲午(1714) 八月 臣閔 待罪本職 入侍次對 請於惠廳及戶曹一年所給貢物 都數十六萬六千七百 七十餘石中 每石除出五合八勺八里零 以準氷米之數 自惠廳與戶曹 宜爲移送事 陳達蒙允 而適有氷米減除之令 姑未擧行矣 今年則減除之限已過 西氷庫負氷軍價 依 甲午年定奪 期移送之意 分付惠廳及戶曹 何如 令日依."

84) 『度支志』, 外篇 版籍司 氷政 傳敎. "英宗 十七年 辛酉 十二月 傳曰近來氷米部官 每以請免爲事 坊民作爲應免之事 三十年之間 納米者不過數次 而都民困乏 未有甚 於近日 自今以後 氷米自戶曹惠廳上下 永減民役."

였다. 이후 장빙역은 호조·선혜청에서 지급하는 장빙미로 얼음을 구입하거나 또는 이를 대행하는 계인(契人)들이 돈을 받아 수행하였다.[85] 18세기 후반 동서빙고에 저장되는 얼음 구입 가격은 1,150석인데, 그 중 496석은 한성부에서 내고, 나머지 654석은 선혜청·호조에서 지급하였다.[86]

이상에서 보았듯이 서빙고의 장빙역은 17세기 전반 부역제와 물납세제에 기초한 고립제가 병존하다가, 1663년을 계기로 물납세제에 기초한 고립제로 완전히 전환하였다. 그리고, 1741년을 계기로 부역의 성격을 완전히 상실하고 정부 재정을 토대로 겨울에 연강민을 품삯을 주고 고용하여 장빙하거나, 여름에 민간 장빙업자에게 얼음을 구입하는 무빙제(貿氷制)로 바뀌었다.

3) 동빙고의 장빙역

동빙고의 주채관은 봉상시였다. 봉상시에서는 한성부의 남부 주민을 동원하여 장빙역을 수행하였다. 봉상시는 병자란 이후 1660년까지 봉상시의 장빙미 70석과 병조의 상역가포(償役價布) 116필로 남부민들을 역정(役丁)으로 징발하여 수행하였다.[87] 병조에서는 가포로 보목(步木) 1동 30필, 상목(常木) 35필을 지급하였고, 남부민들은 1필당

---

85) 『續大典』, 戶典 徭賦. "都民出役用坊役事目(以乾隆甲子(1744)事目刊行者施行 東西氷庫坊役氷米永減 自本曹惠廳 每當貢物出給時 每石除出五合零 待藏氷期 至移送氷庫 以資貿氷).

86) 『度支志』, 外篇 版籍司 氷政 式例.

87) 『장빙등록』 권1, 癸卯(1663) 12월 24일 漢城府事目. "在前藏氷規式 (중략) 東氷庫段 只一梗 而奉常寺爲主梗 南部屬焉 奉常寺則以米募軍 南部則受出兵曹所給步木一同三十匹 常木三十五匹 收木一匹 勒給坊民 使之伐氷."

얼음 50정을 납부하였다.[88] 서빙고에 소속된 방민과 달리 남부민들은 가포를 받긴 했지만, 이는 일반적 고립가에 훨씬 못 미치는 수준이었다. 그러므로 서빙고에 소속된 방민보다 역이 훨씬 무거웠다.[89] 1660년 이전 동빙고의 장빙역은 외형상 물납세에 기초한 고립제라는 형식을 가졌지만, 실제는 부역제가 혼합된 형태로 운영된 것이다.

그러므로 한성부 남부 주민의 장빙역도 서빙고의 장빙역이 물납세로 전환된 1663년(현종 4)에 노동력 징발 대신 남부 주민에게 장빙미 190석을 부과함으로써 물납세로 전환되었다.[90] 또한 1714년(숙종 40)에는 봉상시의 장빙미 70석이 선혜청의 공가 중 일부로 대체되었다.[91] 서빙고의 각사 장빙미를 호조와 선혜청의 공물가에서 지급하는 것과 같은 맥락의 변화였다.

1741년(영조 17)에는 서빙고 소속 방민이 졌던 장빙역이 폐지된 것과 마찬가지로 남부민이 내는 장빙미 190석도 혁파되었다. 1741년을 계기로 동빙고의 장빙역도 부세로서의 성격을 완전히 상실하게 된 것이다. 이로써 동빙고에 대한 장빙역도 서빙고와 마찬가지로 선혜청과 병조에서 값을 지급하고給價, 이를 기초로 돈을 주고 연강민을 고용하여 장빙하거나, 후술하듯이 빙계인에게 얼음을 구입하여 저장하는 무빙제(貿氷制)로 운영되었다.[92]

---

88) 위의 책, 권1, 壬午(1642) 11월 초6일 藏氷事目.

89) 위의 책, 권1, 癸卯(1663) 12월 24일. "南部則屬於東氷庫 調發役丁 而役重有倍於他部云."

90) 위의 책, 권1, 癸卯(1663) 12월 24일 漢城府事目. "東氷庫 雖有兵曹所給之價布 其價太半不足乙仍于 不足之價 則不得不責徵於坊民是白如乎 今年段備邊司計除兵曹所給價木之外 米一百九十石加磨鍊."

91) 『萬機要覽』財用編 5 藏氷 東氷庫. "肅宗甲午(1714)以後 加定各貢時 氷米條七十餘石 除置惠廳."

4) 내빙고의 장빙역

　내빙고의 장빙역은 한성부채와 자문감채에 따라 그 부담 대상과 방식이 달랐다. 자문감채는 병조에서 내는 보목(步木) 2동(同) 38필, 수목(收木) 1동 22필 반, 상목(常木) 2동을 연강산저민(沿江山底民)에게 강제로 지급한 뒤에, 보목은 1필당 얼음 50정, 수목은 1필당 40정, 상목은 20정씩 빙고에 납부하도록 하였다. 1663년(현종 4) 이후에는 병조에서 상목 대신 상목 4필당 보목 1필로 환산하여 지급하도록 하여, 상목 2동 대신에 보목 25필을 지급하였다. 상목 대신 보목을 지급한 경우(常木代步木)는 1필당 얼음 80정을 납부하도록 하였다.[93]

　이처럼 자문감채의 경우는 장빙역을 수행하는 대가로 병조에서 면포가 지급되었으나, 그 액수는 미미한 수준이었다. 돈을 받고 장빙역을 담당하는 자들은 대부분 연강산저민들이었다. 그러나 얼음 20정당 보목 1필의 품삯을 지급한다고 해도 모군(募軍)에 응하는 사람이 없었다. 병조에서 지급하는 품삯이 실제 품삯에 비해 너무 낮았을 뿐만 아니라, 자문감채에 얼음을 납부할 때 검사가 까다로워 조그마한 흠이 있어도 받지 않았기 때문이다.

　평소 장빙역의 품삯은 얼음 20정당 보목 1필이었으나, 자문감채에서 연강산저민들에게 지급한 대가는 얼음 50정 또는 80정당 보목 1필로 품삯보다 훨씬 낮은 가격이었다. 그러므로 자문감채에서 품삯을 지급 받은 연강산저민들이 다른 사람을 대신 시켰을 경우, 실제 품삯과의 차액을 부담해야 했다. 연강산저민은 후술하듯이 한성부채

---

92) 주 85), 86) 참조.
93) 『장빙등록』 권1, 癸卯(1663) 12월 24일 漢城府事目.

의 장빙역을 담당할 뿐만 아니라, 동·서빙고의 장빙역도 담당하였고, 다시 자문감채의 모자라는 장빙의 품삯(藏氷雇價)을 부담해야 했던 것이다.94)

이처럼 연강민에 대한 부담이 가중되자 1663년 예조에서는 상목 대신 보목을 지급하는 경우는 납부해야 할 얼음을 1필당 80정에서 50정으로 감하하는 조치를 취하였다.95)

병조의 가포(價布) 1필당 얼음 50정을 납부하는 것은 한강변에 있는 동빙고나 대궐 안에 있는 자문감채의 경우 똑같이 적용되었다. 한강에서 동빙고까지 거리는 1리에 불과했지만 내빙고까지 거리는 10여 리나 되었기 때문에, 내빙고에 응역하는 자들이 불만이 많을 수밖에 없었다. 더구나 말을 소유하지 못한 주민은 말을 돈을 주고 빌려서 운반해야 했으므로 부담이 더 컸다. 그러므로 내빙고 한 채를 장빙하면 부자들도 파산하여 굶주리는 일이 다반사였다. 부자의 경우가 사정이 이러했기 때문에 가난한 사람들이 내빙고 장빙역에 동원되었을 경우, 대부분 남부여대(男負女戴)하여 도망가지 않을 수 없었다.

이러한 사정을 감안하여 1686년(숙종 12)에 동빙고의 1필당 50정보다 부담이 낮게, 내빙고의 경우는 1필당 40정으로 감액하였다.96) 이

---

94) 위의 책, 권1, 癸卯(1663) 12월 24일. "紫門梗段 (중략) 伐氷於江上 收納於內氷庫 爲役甚重弥不喻 其所輸來之氷 少有欠缺則退而不捧乙仍于 步木一匹良中只捧二十丁爲白良置 人無應募者是白去等 況捧五十丁八十丁者乎 其落分之價則不得不責出於山底沿江之民 旣應外氷庫及內氷庫本府(한성부-인용자)之梗 又責紫門梗落分之價 (중략) 旣曰給價而不免出納之名 致有坊民之冤."

95) 위의 책 권1, 癸卯(1663) 12월 24일.

96) 『藏氷膽錄』 권2, 丙寅(1686) 윤 4월 17일. "上言 坊民顧氷價 加下西部龍山灘項契 坊民金末叱致(중략)等 駕前上言(중략)藏氷之役 又有內梗外梗之遠近不同者 所謂 內梗則運氷之路十有餘里 外梗則不過里許是白去乙 雇氷之價 本無彼此區別之道 步木一匹良中 具以五十丈定式爲白有臥乎所 藏氷極嚴之日 有馬壯丁者段置 絡繹

러한 감액에도 불구하고 내빙고의 장빙역 고립가는 일반 품삯에 비
해 훨씬 낮은 것이었다.

자문감채와 달리 한성부채는 도성 내외의 모든 한성부 주민에게
장빙역을 부과하여 얼음을 저장하였다. 이를 호빙(戶氷)이라고 했
다.[97] 한성부 전체 주민에게 부과되었던 호빙은 17세기 중엽 이후 도
성 외부의 연강산저민만이 담당하는 것으로 변하였다.[98] 도성 안 주
민들은 다른 방역을 진다는 이유로 장빙역이 면제되었기 때문이다.

자문감채와 마찬가지로 한성부채도 장빙의 대가로 쌀 5석을 지급
하였다. 한성부채에 저장되는 얼음은 1만 8천여 정이었으므로, 1정을
장빙하는 데 지급한 쌀은 2~3작(勺)에 불과하였다. 한성부채의 경우
얼음 1정당 1푼 4리의 비용을 지불하였던 셈이다.[99] 자문감채가 1필
당 80정을 저장한다고 했을 때 1정당 2전 5푼을 지불한 것에 비하면
턱없이 낮은 가격이었다. 쌀 5석마저도 장빙역을 지는 연강산저민에
게 나누어주기에는 너무 적은 양이기 때문에 지불되지 않았다. 연강
산저민들은 품삯 없이 장빙역을 수행해야 했다.

이러한 사정은 자문감채의 경우도 마찬가지였다. 자문감채의 경우
병조에서 가포를 지급했지만, 남 대신 역을 지는 연강산저민들은 한

運氷 猶恐不及是白去等 無馬坊民 給價貰馬之間 其弊不些 如其貧不能備價者 則
男負女戴 道路纏續 遑遑汲汲 有若臨門之寇 一梗藏氷則昔年富實之價 今年貧餒食
妥 今年貧餒之價 明年流離"

97) 주 27) 참조.

98) 『藏氷謄錄』 권1, 癸卯(1663) 12월 24일 漢城府事目. "城內居人段 中部叱分 屬於西
氷庫工曹梗爲白遣 其餘四部段 稱以專應勅使時雜役 不應藏氷之役 而只令城外山
底及沿江之民 獨當內外藏氷之役爲白臥乎所."

99) 『訓局摠要』(한국학중앙연구원 소장, 국방군사연구소 영인본), 各種折價式. 價布
1필= 2냥, 米一石=五兩에 의거하여 환산하였음.

성부채와 자문감채를 구분하지 않고 동시에 응역했으므로 자문감채에서 지급하는 품삯[雇價]을 알 수 없었다. 연강산저민의 입장에서는 한성부에서 지급하는 쌀 5석이 지불되지 않는 것과 마찬가지로 자문감채에 배당된 병조의 가포를 제대로 수령하지 못하였다. 그러므로 내빙고의 장빙역은 형식상 품삯을 주고[給價雇立] 수행하는 것이었지만, 실제는 연강산저민의 노동력을 강제로 동원하는 부역제로 운영되었다. 연강산저민은 품삯 없이 일을 하고[空役] 있는 셈이었다.[100]

연강산저민이 얼음을 납부하는 호빙은 동·서빙고의 장빙역이 물납세로 전환된 1663년(현종 4) 이후에도 여전히 유지되었다.[101] 호빙의 부담은 도성 내외 주민 모두가 응역할 때는 매호당 1정씩이었으나, 연강산저민만 응역하면서 매호당 2정으로 늘었고, 연강산저민들 중에서 면역자가 증가하면서 5~6정으로 늘었다.[102] 면역자는 지속적으로 증가하였다. 이에 따라 응역호는 매호당 30여 정을 납부해도 내빙고를 모두 채울 수 없었다. 얼음 30정은 말로 운송했을 때 15바리[駄]에 달하는 양인데, 말이 없는 집에서는 말을 세내어 운반하거나 아니면 지게로 내빙고까지 운반해야 했으므로 그 고통이 훨씬 컸다.[103]

---

100) 위의 책 권2, 庚戌(1670) 12월 초10일. "所謂漢城府梗者 雖曰給價而其價卽米五石也 漢城府梗所入氷丁一萬八千餘丁 以此氷丁計其價物 則一丁之價未滿二三勻 勢難遍給於民間 故自古爲中間花消之物 其勢然也 藏氷之役 都城內外至近之處 皆不爲之 只責於沿江山底之民 而無彼無梗分定之民 混同伐氷納 而紫門之價 雖未能的知 而中間花消之弊 與漢城府梗一體云 如是之故 山底沿江之民 一樣爲空役之歸."

101) 『장빙등록』 권1 癸卯 (1663) 12월 24일 漢城府事目. "內氷庫二梗內 一則本府(한성부-인용자)主之 一則紫門主之 而本府梗段 專責於東西南北四部山底沿江居民 自是前規是白置 今亦依前擧行爲白乎矣."

102) 『度支志』外篇 版籍司 氷政 事實. "英宗 三十一年(중략)在昔城內外民人各納一丁 後以城內役繁 使城外各納二丁 又以雜頉多減 漸加至五六丁 爲城外難支之弊."

이와 같이 내빙고의 장빙역 불균 문제가 심각해지자 한성부에서는 삼강거민(三江居民)들 중에서 면제되었던 사대부는 물론 평상시 응역하지 않는 자들까지 모두 함께 역을 지도록 하였다.[104] 그러나 이러한 문제는 제대로 시정되지 않은 채 연강산저민의 장빙역 불균 문제는 지속되었다. 1743년(영조 19)의 경우 연강산저민 8,463호 중에 응역호는 3,020호에 불과하였다. 그동안 빙역을 회피한 자[氷役謀避者]가 늘어난 때문이었다. 그러므로 호빙은 처음에는 매호당 3정씩이었으나, 빙역 면제자들로 인해 6정씩 납부해도 부족하였다. 이를 해결하기 위해 정부에서는 그동안 면역되었던 각 군문 군인과 능군(陵軍)에 대해서도 모두 역을 지도록 조처를 내렸다.[105]

이러한 조처는 제대로 실행될 수 없었다. 당시 경강 지역에는 외방 빈잔민들이 서울에 올라와 집단적으로 거주하였고, 이들의 생계는 주로 품삯을 받고 대신 역을 부담하고[給價雇立化] 있었던 각종 군인역이나 마계(馬契)·운부계(運負契)·모민계(募民契) 등에 응역하는 것이었다.[106] 이러한 것은 모두 잡역 면제를 전제로 모민하는 것이었다. 특히 군문에서는 훈련도감 군병,[107] 어영청, 호위청 군병[108]과 각 능군(陵軍)[109]이라는 등의 이유로 장빙역 면제를 주장하여 이들 군병은

---

103) 위와 같은 조. "沿江山底之民 應役不應役之類 統計其數 則五千戶零 依頃日宮城曳石例 通融出役 每戶責納四五丁 則漢城府梗 可以完了矣 在前常年除不應之戶 只用應役之戶 故每戶所納數三十餘丁 而未免有懸闕之患 三十丁卽十五馱也 卽今凶年之外 又有牛疫運轉誠難"

104) 『비변사등록』 36책, 숙종 8년(1682) 12월 19일. "漢城府啓曰 每年 內藏氷庫 氷丁之役 三江居民 勿論士夫與常時不應役之類 一幷出役 自是前例."

105) 위의 책, 권4, 癸亥(1743) 10월 18일. "江郊山底居各軍門雜色及陵軍 一體納."

106) 고동환, 1998, 앞의 책 참조.

107) 『승정원일기』 965책, 영조 19년 11월 11일.

108) 위의 책, 966책, 영조 19년 11월 22일.

대부분 면역되었다. 그러므로 성외민인에 대한 장빙역은 줄지 않고, 1755년(영조 31)경에는 5~6정으로 고정되었다.[110]

이상에서 살폈듯이 내빙고 두 곳의 장빙역은 각각 그 방식이 다르게 운영되었지만, 실제 장빙역을 담당하는 자들은 모두 연강산저민(沿江山底民)이었다.[111] 때문에 1670년(현종 11)에는 한성부채와 자문감채를 나누지 말고 얼음을 연강산저민에게 균등하게 분배하여 장빙한 후에 호조에서 지급하는 미태(米太)와 병조에서 지급하는 가포(價布)를 모아들인 노동력의 다소에 따라 연강의 각 방(坊)에 평균 분배하는 방안이 제안되었다. 그러나 이 제안은 한성부의 반대로 실현되지 못하였다.[112]

내빙고의 두 채를 통합 운영하고자 하는 제안은 1755년(영조 31)에도 제기되었지만 실현되지 못하다가,[113] 1764년(영조 40)에 이르러 비로소 한성부채와 자문감채가 통합되었다.[114] 그 후 내빙고는 자문감에서 관할하고, 호조판서가 내빙고 제조를 겸했으며, 낭청(郎廳)은 선공감(繕工監) 감역(監役)이 겸하여 업무를 처리하였다.[115]

---

109) 위의 책, 981책, 영조 20년 12월 3일.

110) 『비변사등록』 129책, 영조 31년 11월 13일. "江民等所浮納 內氷一處 則此乃江民輩 雜役代自納之役 故每一戶所納者 其數各五張."

111) 『장빙등록』 권4, 癸亥(1743) 10월 18일.

112) 위의 책 권2, 庚戌(1670) 12월 초10일.

113) 『비변사등록』 129책, 영조 31년 11월 30일. "左議政 金曰 (중략) 內氷庫 不必各設兩所 自今年爲始 合爲一庫 限以二萬張 以其不足之木 則令該曹加上下 恐宜矣 (중략) 啓禧曰 (중략) 此事係是變通 自本府議于大臣 成節目啓下後 擧行何如 上曰依爲之."

114) 『京兆府志』, 工房. "內藏氷二梗 一梗本府擧行 一梗紫門監擧行矣 英宗甲申(1764) 因兼判尹 洪啓禧所啓 二梗藏氷 自該監眼同部官 一體捧上事 議政大臣定奪."

115) 『萬機要覽』 財用篇 5, 藏氷 內氷庫.

　18세기 후반 내빙고에 저장하는 얼음은 총 4만여 정이었다. 자문감채에는 1만 정, 한성부채에는 3만여 정이었다. 자문감채의 1만 정은 병조에서 지급하는 보목 5동 37필로 얼음을 구입하여 저장하였다. 자문감채의 장빙역은 동·서빙고처럼 무빙제(貿氷制)로 운영되다가 1773년(영조 49)에 이마저도 연강민들에게 부담을 준다는 이유로 완전히 폐지되었다.[116)

　자문감채의 장빙역이 폐지된 1773년 이후에도 한성부채의 3만여 정은 여전히 호빙 방식으로 얼음을 저장하였다. 연강민들이 직접 얼음을 채취하여 납부하는 자벌자납(自伐自納)의 방식으로 운영된 것이다.[117) 장빙역 중에서 가장 마지막까지 남아있는 분야가 바로 호빙이었다. 호빙은 연강민들의 가장 큰 고역이었다. 그러므로 영조는 1773년(영조 49)에는 자문감채의 무빙제를 폐지하는 것과 동시에 호빙 3만여 정을 절반으로 줄였다.[118) 이에 따라 연강민이 내는 호빙의 양도 6정에서 3정으로 줄었다.

　호빙은 연강민들의 자벌자납에 의해 한성부채에 저장하는 것이었지만, 연강민들은 빙고 관원에게 빙전(氷錢)을 내어 부담을 대신하거나 또는 자기에게 할당된 수의 얼음을 강변에서 구입하여 납부하였다. 이때 연강민들이 납부하는 돈은 1호당 3~4전 수준이었다.[119) 노동력 징발에 기초한 호빙도 실제는 18세기 중엽 이후 물납세로 전환

---

116) 위와 같음.

117) 위와 같음.

118) 위와 같음.

119) 『正祖丙午所懷謄錄』, 154~155쪽. "氷庫提調 鄭昌聖以爲 (중략) 自設此契 江民雖
　　當藏氷之際　擧有安堵之樂　雖或赴役於城內掃雪等雜役　而京兆　定爲一次之輪廻
　　故昔之三四錢徵納於氷丁　猶或不免於部隷之侵漁者　今則往來城內之役　多不過二
　　三錢之費　苦歇得失　亦自懸殊　則此尤其誣罔也."

해 갔던 것이다.

이와 같이 형식상 자벌자납이었지만, 실제는 물납세로 운영되었던 호빙은 1782년(정조 6) 빙계(氷契)의 창설을 계기로 혁파되었다.[120] 그후 1787년(정조 11) 빙계 혁파에 따라 호빙은 잠시 부활한 듯 보였지만, 1789년(정조 13) 내빙고를 양화진으로 옮기면서 호빙도 폐지되었다.[121] 이로써 동·서빙고는 물론 내빙고의 자문감채와 한성부채의 모든 장빙역이 부역으로서 완전히 폐지되었던 것이다.

양화진은 성종대부터 사빙고가 설치되었고, 18세기에는 최초의 냉장선이라고 할 수 있는 빙어선(氷魚船) 영업이 행해지는 곳으로서, 가히 장빙업의 중심지라고 할 만한 곳이었다.[122] 양화진으로 옮겨진 내빙고에는 얼음 1만 2천여 정이 저장되었다. 얼음 1만 2천여 정은 호조와 병조에서 얼음을 채취하는 데 드는 비용(浮氷錢) 420냥, 얼음을 운반하는 데 드는 비용(駄價) 640냥 8전을 분담하고, 얼음을 저장할 때의 품삯 75냥과 빙고를 수리하는 데 드는 비용인 목면 1동 20필은 병조에서 부담하였다. 양화진으로 이전한 내빙고의 얼음은 주민에게 역으로 부과하여 저장하는 것이 아니라 돈으로 구입하여 저장하는 무빙제로 바뀐 것이다.[123]

요컨대 끝까지 노동력 징발에 기초한 부역으로 남아 있던 내빙고의 호빙은 18세기 중엽 실질적인 물납세제로 전환하였고, 18세기 후반 빙계의 창설과 혁파 과정을 거치면서 완전하게 부세로서의 성격을 상실하게 되었다. 1789년 내빙고의 호빙이 혁파되면서 장빙역은

---

120) 고동환, 1998 앞의 책 296~297쪽 참조.
121) 주 37) 참조.
122) 고동환, 1998, 앞의 책 참조.
123) 『萬機要覽』, 財用篇 5 藏氷 內氷庫.

부역에서 사라졌다. 이후 장빙은 정부 재정을 기초로 연강민을 품삯을 주어 대신 시키거나[雇立] 또는 민간 장빙업자들에게 얼음을 구입하는 방식으로 운영되었다.

4. 연강민(沿江民)의 장빙역 고립(雇立)과 육계(陸契)

1) 연강민의 장빙역 고립 실태

장빙역은 앞서 언급했듯이 한강에서의 얼음 채취[伐氷]와 빙고까지의 운반[運氷], 춘분 이후 빙고를 열어 얼음을 나누어주는 반빙(頒氷), 그리고 빙고의 수리와 얼음의 녹는 것을 방지하기 위해 행해진 빙고 개복초(蓋覆草) 예취군역(刈取軍役) 등 다양한 요역으로 구성된 것이었다. 이러한 다양한 요역들은 17세기 중엽 이후 노동력을 직접 징발하여 수행되기보다는 품삯을 지급하여 수행되는 고립제(雇立制)의 형태로 수행되고 있었다.

내·외빙고의 수리와 예취군역은 조선 전기에는 예조로부터 지급받은 위전(位田)을 경작하는 빙부(氷夫)가 전담하는 것이었는데, 병자호란 이후 빙부들이 모두 흩어졌기 때문에 한강 주변 주민들에게 품삯을 지급하여 수행되었다. 빙고 개복초는 압도(鴨島)에서 채취했기 때문에, 압도 주민들이 예취군에 고립되어 이를 수행하였다.124) 이들에게 지급되는 품삯은 병조에서 충청도나 황해도 등지에서 거둔 여정125) 가포(餘丁價布) 6동 10필 반을 재원으로 하였다. 병조에서는 여정

---

124) 『謄錄類抄』4 賦役, 癸巳(1652) 8월 19일(국편 『各司謄錄』 64권 447쪽)

가포를 선혜청에 지급하였고, 선혜청에서는 이를 쌀로 바꾸어 품삯으로 지급하였다.126) 18세기 이후 방역(坊役) 대부분이 이를 담당할 공인계가 창설되어 가는 추세[設契作貢]속에서, 예취군역도 선공감 압도계공인(鴨島契貢人)이 창설되어 담당한 것으로 보인다.127)

동·서빙고의 장빙역은 앞서 보았듯이 1663년이후 물납세에 기초한 고립제(雇立制)로 이루어졌다. 그러나 품삯으로 지급된 금액이 보잘것 없어서 장빙역 고립에 응하는 자가 거의 없었다. 조정에서는 장빙기한에 맞게 빙고에 얼음을 채워놓아야 했으므로, 한강 상류의 두미진(斗尾津) 근처의 주민들에게 후한 품삯을 지급하여 장빙하는 경우도 있었다.128) 동·서빙고의 장빙역은 외형상 품삯을 지불하여 수행하는 고립제의 형태를 취하긴 했지만, 실제에서는 연강민에 대한 부역의 성격이 강하였던 것이다.

이처럼 부역의 성격을 강하게 가졌던 장빙역은 18세기 전반에 실질적인 고립제로 전환하는 것으로 보인다. 1728년(영조 4)에는 한강 주변의 가난한 백성들 가운데에는 얼음을 채취하는 데 품을 팔아 생계를 꾸려가는 사람들이 생겨나고 있기 때문이다.129)

벌빙(伐氷)과 마찬가지로 운빙역(運氷役)도 고립제로 이루어졌지만

---

125) 餘丁은 한 가호에서 3-4명의 군역지류가 있을 때, 이중 한명을 제하여 이를 여정이라고 하고, 포 1필만을 걷는 것을 말한다. (『謄錄類抄』4 賦役, 癸巳(1652) 8월 19일(국편 『各司謄錄』 64권 447쪽)

126) 주 26) 참조

127) 『貢弊』(규 15084) 권2, 繕工監鴨島契貢人.

128) 『藏氷謄錄』 권2, 己巳(1689) 12월 28일. "今次藏氷時 伐氷軍募立之數 甚爲零星 乙仍于 萬無及時完役之路 斗尾等近處水邊居民 急急盡爲調發 伐氷後優數受價之意 自本曹移文事."

129) 위의 책 권4, 戊申(1728) 10월 초8일. "李次元等(중략) 矣等俱以沿江山底窮民 他無所賴 每年藏氷募軍之時 以伐氷軍赴役受價 以爲糊口之資."

훨씬 고역이었다. 17세기 전반 연강민들은 말의 소유여부에 따라 말을 소유한 자는 내빙고, 말이 없는 자는 동·서빙고의 운빙역에 고립되었다.[130] 얼음을 채취하는 한강에서 각 빙고까지의 거리는 달랐다. 얼음을 채취하는 한강에서 동·서빙고까지의 거리는 1리가 채 되지 않았지만, 궁궐 안에 소재한 내빙고까지의 거리는 10리가 넘었다. 이처럼 운송 거리가 크게 차이남에도 운송료는 일률적으로 얼음 50정당 보목(步木) 1필로 책정되었다. 내빙고의 운빙역을 담당하는 자들의 불만이 높아지자, 조정에서는 내빙고까지의 운송료를 얼음 40정당 보목 1필로 조정하였다.[131]

한편 입춘 이후부터 빙고문을 열어 궁궐이나 각 기관에 얼음을 나누어주는 반빙 과정에서도 많은 부빙군(負氷軍)이 필요했다. 이 반빙역도 품삯을 지급하여 수행되었다. 반빙역에 고립되는 자들은 빙고 주변의 빈민들로서, 매달마다 지급되는 품삯을 받아 생계를 이어가던 자였다.[132] 이들은 매년 2월에서 10월까지 대궐 내외와 각 아문에 나누어주는 원공상(元供上) 얼음을 운반하는 것 외에, 5, 6, 7월에는 각전(各殿), 아기보모시녀청(阿只保姆侍女廳), 각궁(各宮)의 별공상(別供上) 얼음에 대한 운송도 담당하였다.[133] 원래 부빙군들은 각전(各殿)만이 아

---

130) 위의 책 권1, 丁丑(1637) 11월 17일. "東西氷庫則去江至近 運入便易 內氷庫則去江最遠 運入至難 不시(帝+口)百倍於東西氷庫(중략)東西氷庫則去江最近 故募得近江之民 負氷而輸 內氷庫則稅馬載入 亂後民力雖曰蕩然 有馬者役於內庫 無馬者役於外庫."

131) 주 96) 참조.

132) 『上言謄錄』(규 12898)乙巳(1725) 8월 28일 李次元等 上言. "其矣等 俱以江村貧殘之民 他無資生之路 載氷爲業者 已有年所矣 各殿負氷軍價 計朔上下 而庚子(1720)以後 大王大妃殿魂殿 供上氷丁 載運雇馬價木 尙不上下 特令該曺 六年未收 負氷價木上下 以爲保存之地."

133) 위의 책, 庚申(1740) 5월 18일 西氷庫 載氷軍 金碩璧等 上言. "其矣身等 係載氷

니라 각 아문에서 필요한 얼음까지 운반하였으나, 1672년(현종 13) 이른 바 경신대기근(庚辛大饑饉)의 여파로 부빙군의 품삯이 줄어들자, 빙고에서 각 아문까지의 얼음운반은 각 아문에서 독자적으로 해결하는 것으로 변하였다.[134]

부빙군에 대한 품삯도 병조에서 지급하였다. 1672년 경신대기근 때 부빙군 1명에 대한 한 달 품삯이 2필로 책정되자 응하는 자가 없었다는 사정으로 미루어 보아, 평상시 부빙군의 품삯은 매달 2필 이상이었을 것이라고 추정된다.[135] 병조에서 지급하는 부빙군의 품삯은 1720년 이후 제대로 지급되지 않았다. 이에 부빙군들은 상언을 올려 품삯의 지급을 호소하였다.[136] 이 사실은 장빙역에 고립되어 생계를 이어가는 계층이 고정되었을 뿐만 아니라 광범하게 존재했음을 의미하는 것이다.

장빙역은 1663년을 계기로 호빙(戶氷)을 제외하고 고립제로 운영되었지만, 18세기 이전까지는 연강산저민에 대한 부역의 성격을 강하게 가진 것이었다. 그러나 18세기 전반에 이르러 연강산저의 가난한 사람들이 생계수단으로 장빙역에 품을 팔아 생계를 이어가면서 장빙역은 명실상부하게 고립제로 운영되어 갔다.

之役 自二月至十月 元供上封進之外 每年五六七個月 各殿阿只保母侍女廳 各宮別供上氷丁價 自兵曹磨鍊上下者 自古詳定之規是白如乎 勿自壬寅(1722)于今十八年之間 一不上下 事雖屑越 貧民之茹痛 不得不相率泣陳爲白去乎."

134) 『謄錄類抄』22 雜令, 壬子(1672) 5월 14일(국편『各司謄錄』66권 321쪽). "本府負氷軍(중략)今則尤減其雇價 而供上及各司進排之數 一如前規 卽今以二疋之價 募得飢餒之民 應募無人 生事丁寧 自五月至八月 四朔供上之外 諸上司進排 將不能成樣 上司進排氷丁 使之各自輸致 以除一分之弊云."

135) 위와 같음.

136) 주 123), 124) 참조.

18세기 전반은 장빙역만이 아니라 산릉역(山陵役)·축성역(築城役)·영건역(營建役) 등 각종 노역에서 전문적으로 종사하는 주민들이 도시를 중심으로 형성되기 시작한 시기였다. 이른바 자신의 노동력을 상품으로 판매하는 임노동자층이 형성되어가고, 한편에서는 노동력 판매시장이 출현하고 있었다.[137]

장빙역을 수행하여 품삯을 받아 살아가는 자들은 조선 후기 농민 분해의 소산으로 광범위하게 배출되고 있었던 이농민(離農民)들이었다. 이들은 토지로부터 분리되어 서울에 정착하여 임노동을 통해 생활을 꾸려갔던 도시 하층민이었다. 장빙역의 고립제 정착의 배경에는 서울의 인구 증가, 그리고 이에 따른 빈민들의 경강 주변 집주, 서울의 상업 도시로 성장함에 따른 도시 공간 확대라는 사회 변동이 자리하고 있었다.[138]

2) 육계(陸契)의 창설과 혁파

장빙역의 고립제가 정착되면서 자연스럽게 장빙역을 공물로 삼으려는 시도가 나타나게 된다. 18세기 초에는 방역(坊役)으로 부과되었던 각종 역에는 이를 대신하는 공인계가 결성되는 추세였다. 이는 부역제가 물납세에 기초한 고립제로 바뀌는 흐름에서 나타나는 당연한 현상으로서, 특히 한성부 주민에게 부과되었던 방역(坊役)을 대신하는 노력청부공인(勞力請負貢人)들이 대거 출현하여 방역을 대체해 갔다.[139]

---

137) 윤용출, 1998 앞의 책 참조.
138) 본서 4장 참조.

1707년(숙종 33)에는 연강민에게 부과된 공용물자운수역(公用物資運輸役)을 마계(馬契)가 담당하였고,140) 1729년(영조 5)에는 운부계(運負契)가 결성되어 내수사의 교초(郊草)와 시탄(柴炭)의 운수역을 담당하였으며,141) 18세기 전반에는 각종 세곡의 하역 운수업을 전담하는 모민계(募民契)가 결성되었다.142) 1711년(숙종 37)에는 부지군역(負持軍役)을 절초전(折草廛)이,143) 1731년(영조 7)에는 도로수치역(道路修治役)을 훈조계(燻造契)가 각각 담당하였다.144) 훈조계나 절초전인들은 마계나 운부계처럼 공가를 지급받지는 않았으나, 영업을 독점하는 특권을 부여받았다.

방역의 각 분야가 공인계에 의해 수행되는 흐름 속에서 장빙역의 공물화 시도가 나타났다. 1728년(영조 4) 연강민(沿江民) 김석벽(金碩壁) 등은

고립제로 장빙역을 수행할 경우 주민들을 품을 주고 갑자기 동원해야 하기 때문에 정해진 수량의 얼음을 채워 넣기 힘들 뿐만 아니라 얼음의 품질 또한 나빠집니다. 그러므로 장빙역을 삼남지계공인(三南紙契貢人)과 마찬가지로 공물(貢物)로 삼으면 얼음질이 좋을 뿐 아니라 빙고의 수리나 반빙 등의 일을 모두 전담하여 수행할 수 있으니 공사가 모두 이익이 됩니다.145)

---

139) 김선호, 1987 「17-18세기 공인집단의 형성과 그 확대(2)」 『역사과학』 1987년4호

140) 김동철, 1993 앞의 책 123-127면 참조.

141) 고동환, 1998 앞의 책 278-288쪽 참조.

142) 田川孝三, 1979 「李朝後半期 倉庫勞動者 一例 —宣惠廳募民 場合—」, 『アシア史研究』3.

143) 이영학, 1990 『한국근대연초업에 대한 연구』, 서울대박사학위논문 43쪽.

144) 『승정원일기』 724책, 영조 7년 6월 9일.

145) 『藏氷謄錄』 권4, 戊申(1728) 10월 17일 金碩壁等上言. "在前藏氷之規 率多疎虞

고 하여 장빙역의 공물화를 요청하였다. 그러나 이러한 시도는 예조 판서와 빙고 제조(氷庫提調)가 지원했음에도 불구하고 영조의 반대로 결국 무산되고 말았다.[146]

앞서 보았듯이 한성부 채의 호빙은 상당한 고역이었다. 연강민들은 군문에 투속하여 호빙역을 기피하였다. 한강 주변에 호빙을 기피하지 못한 응역자들은 그 전에 비해 훨씬 많은 얼음을 부담하지 않으면 안 되었다. 이러한 상황에서 연강민들에게 돈을 받고 호빙을 대신 납부하는 호빙 방납업자(防納業者)가 18세기 중엽 출현하였다. 이것이 바로 육계(陸契)였다.[147]

육계는 왕십리 민인들이 결성한 것으로, 도랑이나 미나리밭에서 얼음을 채취하여 돈을 받고 강민(江民) 대신에 호빙을 납부하였다.[148] 육계는 처음부터 영업적 성격을 띤 것은 아니었다. 처음에는 동교(東郊)의 가난한 백성들이 자신의 호빙을 납부하기 위해 한강이 아닌 왕십리 근처 하천이나 미나리밭에서 얼음을 채취하여 호빙을 납부하였

不時雇民赴役 故本無誠心不擇精粗 自二月及至十月封進之際 每患不足 或至闕供之境(중략)自今爲始 藏氷之役 使其矣等 依三南紙商契例 定爲主人 替當其役 而修庫封進與凡干之役 專爲擔當擧行 則非但氷役之精一 亦無窘乏之生事之患 此實公私便利之策 從長變通事."

146) 위와 같은 조. "其矣(金碩璧-인용자)等 俱以都下有根着根幹之民 作爲主人 專爲擔當擧行 則必無疎虞之契(弊?-인용자)(중략) 本庫提調之意 亦以爲便好 依願許施(중략) 上日新創經費大縮之時 循謀利輩曲逕希望 啓無前之事乎 令廟堂更爲稟處"

147) 김갑주, 1984 「18세기 서울의 도시생활의 일양상-陸契를 중심으로」, 『동국대논문집』23.

148) 『승정원일기』 1125책, 영조 31년 11월 12일. "東西氷庫及內氷庫一處 則朝家皆有給價 而至於江民等所浮納內氷一處 則此乃江民輩雜役代自納之役 放每一戶所納者 其數各五張 而往十里居民無賴之類 結黨防納 名之曰陸契 所謂陸契之弊 固有紀極 每當寒節 或儲水成氷 或芹畓伐取 勤捧厚價於江民 給略充納於內庫 故不特所藏之氷 不潔莫甚 江民之疊納氷價 愈往愈甚 不得已千百爲群 哀訴備局."

다. 이와 같이 얼음을 채취하는 것은, 한강에서 얼음을 채취하는 것에 비해 훨씬 쉬웠으므로 왕십리 주민들이 다른 연강 주민들의 호빙까지 대행하게 되었으며 점차 영업적 성격을 띤 공인계의 성격을 띠게 된 것이다.[149]

육계에서는 하천이나 또는 도랑, 미나리밭 등지에 물을 채워 넣어 얼린 다음에 얼음을 채취했다. 그러므로 한강에서 채취한 얼음에 비해 빙질(氷質)이 좋지 않았다. 때문에 빙고에서는 품질이 나쁘다는 이유로 육계에서 바치는 얼음을 거부하기 일쑤였다. 연강민들은 자신들의 호빙역을 대행하는 조건으로 육계에 돈을 냈지만, 빙고에 납부되지 않았기 때문에 연강민의 입장에서는 빙고에서 받아들여질 때까지 여러 번 빙가(氷價)를 낼 수밖에 없었다. 이러한 폐단이 지속되자 조정에서는 1755년(영조 31) 육계를 혁파하고 연강민들이 직접 강에서 채취한 얼음을 납부하도록 하였다.[150] 육계는 마계나 운부계와 달리 정부의 공인을 받지 않은 영업 조직이었기 때문에 연강민들의 원성이 높아지자 조정에서도 쉽게 혁파를 결정했던 것이다.

육계 혁파를 계기로 대부분의 조정 대신들은 호빙을 폐지하고, 동·서빙고의 예와 마찬가지로 정부에서 비용을 내어 얼음을 구입하는 무빙제(貿氷制)로 전환할 것을 주장하였지만, 이는 병조판서 홍봉한의 반대로 실현되지 않았다.[151]

---

149) 『비변사등록』 129책, 영조 31년 11월 30일. "東郊窮民輩 貯水溪間 鑿氷以納 以
　　其便近之故 至於替納他氷而受價 此事濫觴 至於往十里民人 伐納污氷 江村民人
　　等 因此呈狀於京兆及備局(중략)上曰澗氷可禁 防納不可許也."

150) 위와 같음

151) 『度支志』 外篇 版籍司 氷政 事實. "英宗 三十一年 議罷戶氷不果行 凡藏氷時 兩
　　氷庫則惠局分米 紫門則兵曹給木 而京兆戶氷則(중략)城內外民人各納(중략)五六
　　丁 爲城外難支之弊 若依氷庫例給米(중략)朝意欲罷戶氷矣 獨兵曹判書 洪鳳漢

5. 빙계(氷契)의 창설과 장빙 도고(藏氷都賈)

동·서빙고의 장빙역은 1741년부터 호조와 선혜청에서 지급하는 미포(米布)로 모군(募軍)을 동원하거나 민간 장빙업자들에게 얼음을 구입하여 수행되었다. 이러한 상황에서는 장빙역을 대행하는 공인계로 빙계가 창설되는 것은 시간 문제였다.

기록상 최초로 확인되는 것은 언제 창설되었는지는 확인할 수 없지만, 1768년(영조 44)에 혁파된 빙계다. 추측컨대 혁파되기 2, 3년 전에 창설되었을 것이다. 이 빙계는 민간 장빙업자들의 얼음을 구입하여 사용하고 있었던 성균관 전복(典僕)과 의열궁(義烈宮) 궁속(宮屬)이 서울의 무뢰배들과 결탁하여 결성한 것이다. 빙계는 성균관과 의열궁에 얼음을 진배한다는 것을 구실로 민간 장빙업자들의 사빙(私氷)을 금지하고, 그 이익을 독점하였다.152)

이때 창설된 빙계도 후술하듯이 장빙업을 독점했으므로 장빙 도고였다.153) 이처럼 빙계가 장빙업을 독점하자, 조정에서는 법전규정에 사빙을 금하는 조항이 없다는 점을 이유로 1768년 빙계를 혁파하였다. 성균관과 의열궁에서 필요한 얼음은 종전처럼 사빙을 구입하여 사용토록 하였다.154)

以爲當初戶氷法意有在 豈可創開給價之例乎 竟不施行."

152) 『승정원일기』 1281책, 영조 44년 6월 29일. "典僕輩 托以待士 欲盡禁沿江私氷 而渠輩作弊 將設氷庫 而盡奪江民之利 豈不可痛乎 所謂氷契 典僕六七人入之 義烈宮屬只數人入之 其餘皆京中無賴輩結倘 托以進排 遍行江上 勒奪私氷 自取其利 故臣痛治之 其初則典僕輩首唱爲之 尤可過甚 卿宜痛禁之也."

153) 『비변사등록』 171책, 정조 11년 8월 18일. "曾於戊子(1768) 有怪鬼之輩 指嗾宮房 締結典僕 創出都庫矣 朝家察其奸矯其弊 竄其魁刑其徒."

154) 위와 같은 조. "典僕輩 欲奪江民氷利者 誠無狀矣 以卿之處置 故子怳然覺之矣

1768년에 혁파된 빙계는 성균관과 의열궁에 얼음을 납부할 목적으로 창설된 것으로서, 동·서빙고와 내빙고의 장빙역을 대행하는 것은 아니었다. 동·서빙고와 내빙고의 장빙역을 대행하는 공인계로서 빙계는 1773년(영조 49) 창설이 시도되었다.[155] 그러나 대신들과 호조판서의 반대로 인해 장빙역의 공물화 시도는 좌절되었다.[156]

동·서빙고와 내빙고의 장빙역을 대행하는 빙계가 창설된 것은 그로부터 9년 후인 1782년(정조 6)이었다. 연강민의 부담을 줄인다는 명분으로 한성부에서 빙계 창설을 요청하였고, 이를 정조가 수락한 것이다.[157] 정식 승인을 받은 해는 1782년이었지만, 본격적으로 빙계가 활동한 것은 1783년부터였다. 빙계가 창설된 이후 연강민들의 부담은 사라져 장빙할 때에도 모두가 안도할 수 있게 되었다.[158]

빙계의 창설로 연강민의 오랜 부담은 없어졌지만, 다른 한편 빙계는 내빙고의 얼음 17,000여 정을 무상으로 납부하는 대가로 민간 장빙업자들의 영업을 금지함으로써 장빙에 대한 독점권을 획득하였다.[159] 장빙업에서의 도고가 출현한 것이다.

處分之後 氷契者 皆破散乎 重孝曰 臣推捉首事者 刑配後 頗沮縮矣 今則處分一下 渠何敢復萌此心 皆已散落云矣 旣承下問 敢此仰稟矣(중략)下敎曰 氷契勿施云 義烈宮及太學 依前以私氷進排."

155) 『비변사등록』 178책, 정조 10년 2월 24일. "氷庫提調 鄭昌聖所啓(중략) 所謂契人之名 創自癸巳(1773) 而伊時提擧誤信人言 作此契名 不過無賴之輩 徒爲偸食之計."

156) 『승정원일기』 1344책, 영조 49년 10월 8일. "福進曰 氷丁作貢甚難矣 尙喆·仁孫亦曰 作貢決不可許之 濟恭曰 江民之弊不少矣 運氷所費 朝家若費之 則所費不過三千兩矣 弘淳曰 久弊疏通之道 實無好策 相德曰 大臣及戶判已奏 無容更議."

157) 『비변사등록』 173책, 정조 12년 9월 30일. "壬寅年(1782)分 自京兆筵稟 定奪募民設契 使之上奉御供 下除民瘼 而禁斷私氷 酌定氷價 俾作生業."

158) 『正祖丙午所懷謄錄』 154-155쪽. "又於癸卯(1783) 以氷屬部隸之加斂民戶 飭敎屢下 自設此契 江民雖當藏氷之際 擧有安堵之樂."

159) 『비변사등록』 173책, 정조 12년 9월 30일. "內氷庫舊契人 張聖民等上言(중략)內

빙계의 창설은 장빙역에서도 다른 방역과 마찬가지로 설계작공(設契作貢)이 이루어진 것을 의미한다. 그러나 빙계는 마계(馬契)나 운부계(運負契)처럼 공가(貢價)를 정부 재정에서 지급받은 것이 아니라, 무상으로 얼음을 진배하는 대신 일정한 특권을 부여받았다. 이는 부지군역(負持軍役)을 담당한 절초전(折草廛)과 도로수치역(道路修治役)을 담당한 훈조계(燻造契)의 창설과 맥을 같이 하는 것이었다.

빙계는 궁궐의 내빙고 중 한성부채의 얼음 17,000여 정을 무상으로 납부한 반면, 동·서빙고와 내빙고의 자문감채의 얼음에 대해서는 공가(貢價)를 받고 장빙역을 수행하였다.[160] 또한 한강에서 채취한 얼음을 내빙고까지 운송하는 데 드는 비용도 빙계에서는 공가로 수령하였다. 한성부채와 자문감채로 구성된 내빙고에는 18세기 후반 총 36,000여 정의 얼음이 저장되었는데, 빙계는 36,000여 정에 대한 태가(馱價)로 1,133냥을 호조와 병조에서 수령하였다.[161]

빙계에서 건설한 빙고는 8곳이었는데, 규모는 사빙고에 비해 10배나 컸다. 빙계인들은 총 1만여 냥을 투자하여 빙고를 건설하고, 8곳의 빙고에 100만여 정의 얼음을 저장하였다.[162] 관영 빙고인 동·서·내빙고의 총 얼음 저장량이 20만 정 내외에 불과했다는 점을 염

庫之氷 則使四郊八江坊民 擔當浮出 以每當抄戶之際 爲弊滋甚矣 壬寅年(1782)分
自京兆筵稟 定奪募民設契 使之上奉御供 下除民瘼 而禁斷私氷 酌定氷價　作生
業 一萬七千氷丁 無價進排 四郊八江民瘼 一朝永除."

160) 『비변사등록』 171책, 정조 11년 8월 18일. "無賴之輩(중략)誣訴京兆 創出氷契
(중략)以奉御供論之 渠以無受價自備 爲藉重之資 而馱價不脣優於載氷 雖伐氷亦
將有剩 況御氷何等重大 而創法外之都賈."

161) 『度支志』 外篇 版籍司 氷政 式例. "內氷庫所納三萬六千餘張 京民江民 設契運納
馱價一千一百三十三兩 戶兵曹分半上下."

162) 『비변사등록』 177책, 정조 14년 10월 초4일. "內氷庫舊貢人 張聖民等 上言(중
략)故更辦萬餘金 別設八大庫 積置百餘萬氷丁."

두에 두면,[163] 당시 민간의 얼음 수요가 적어도 관청의 얼음 수요보다 네 배 정도 되었음을 보여 주는 것이다.

1782년에 창설된 빙계는 성균관 전복과 의열궁 궁속 등에 의해 임의로 창설된 1768년의 빙계와 달리 한성부의 연품절목(筵稟節目)에 의해 왕의 공식적 승인을 얻은 것이기 때문에 법전인 『대전통편(大典通編)』에도 기록되었다.[164] 또한 연강민들의 호빙(戶氷)을 무가진배하는 대가로 독점권을 획득한 것이었기 때문에, 그들의 독점권은 매우 강력한 것이었다.

빙계인들은 강상의 여러 곳에 설치되어 있는 사빙고를 모두 파괴하였고, 심지어는 겨울에 고기잡이 나가는 배들이 물 위에 떠 있는 얼음을 싣는 자들에게 속전(贖錢)을 걷었고, 만약 속전을 내지 않은 자들은 범금(犯禁)으로 처벌하였다. 이처럼 빙계인들은 장빙업을 독점했기 때문에 민간 장빙업자들은 모두 실업환산(失業渙散)하지 않을 수 없었다.[165]

당시 민간의 얼음 수요는 40여 곳의 사빙고의 얼음만으로는 제대로 충당할 수 없을 만큼 큰 것이었다.[166] 얼음 수요가 급증하는 상황

---

163) 본장 〈표 6-2〉 각 빙고의 1680년, 1808년 얼음저장현황 참조.

164) 『大典通編』 工典 雜令. "以戶兵曹運氷貰錢 出給江民 募人設契擔當納氷 或有 私相賣買之弊則契任刑配"; 『비변사등록』 173책, 정조 12년 9월 30일. "內氷庫舊 契人(중략)矢徒等應募 朝令自備奉公(중략)上以筵稟節目 下以通編所載."

165) 『비변사등록』 171책 정조 11년 8월 18일. "今此氷契 禁三江之私氷 創一處之八 庫 故八江之民 皆至廢業 都下魚肉 亦皆絕貴 哀此沿江船人及滿城市民 偏被氷都 賈之害 將至於失業渙散之境 氷契之人 作奸行惡 甚至於諸處氷庫 募軍毀破 拔石 塡土 又於解氷之時 魚舟之捨載水渼者 謂以犯禁 誣訴推捉 移送法曹 或杖或贖 有百弊而無一益."

166) 『승정원일기』 1281책, 영조 44년 6월 29일. "蓋聞沿江私氷三四十處 自國初有之 云 不然 盛暑生鮮 何以得達於京江乎 上曰 然矣."

에서 모든 사빙고를 혁파하고 빙계가 운영하는 8곳의 빙고에서만 얼음을 판매했으므로 얼음 가격은 폭등하였다. 높은 가격에도 불구하여 얼음을 구하지 못한 선인(船人)들은 배에서 생선이 썩어 문드러지는 것을 보고만 있어야 했고, 시전 시민들도 얼린 고기를 조달하지 못하여 장사를 할 수 없게 되었다. 빙계의 장빙 도고로 인해 당시 사람들은 "사람들이 어육(魚肉)의 맛을 잊어버리게 되었고, 강민(江民)이 생계를 이을 방도가 없어졌다"[167]고 빙계의 폐해를 지적하고 있다.

빙계의 장빙 도고로 1년에 얻는 수익은 1년에 어느 정도였을까. 1908년 편찬된 『한국수산지(韓國水産志)』에서는 "총 15만 관(貫)의 얼음을 저장하는 데 1,400에서 1,500원(圓)의 비용이 들며, 15만 관 중에서 3분의 2 가량이 녹아 없어지고, 3분의 1인 5만 관이 상품화되며, 얼음 가격은 1관당 8전이었기 때문에 총 판매액은 4,000원이었고, 1년의 이익은 2,500에서 2,600원에 달한다"고 전한다. 『한국수산지』에서는 "한 해에 이와 같이 거대한 이익을 볼 수 있는 영업도 많지 않았다"고 언급하고 있다.[168] 한말 시기에 장빙 영업은 1년에 1.8배의 수익을 올리는 영업 분야였던 것이다.

한말의 사정이 그러하다면, 18세기 후반 빙계의 이익은 어느 정도였을까. 1년에 100여만 정을 저장하기 위해 투입된 자금은 1만여 냥이었다.[169] 1908년의 경우 겨울에서 여름까지 자연 소모분을 총저장량의 3분의 2로 계산하고 있기 때문에,[170] 이를 그대로 적용한다면 저장한 얼음 100만 정 중 여름까지 남아있는 얼음은 대략 33만 정 내

---

167) 『正祖丙午所懷謄錄』 152쪽.

168) 農商工部 水産局, 1908 『韓國水産志』 1권, 356쪽.

169) 주 162) 참조.

170) 農商工部 水産局, 1908 『韓國水産誌』 356쪽.

외였다.

이 중 1만 7000여 정을 무가진배하고, 나머지 2만여 정은 내빙고에 진배한 댓가로 태가(駄價) 1,133냥을 받았다. 그리고 앞의 〈표 6-2〉에서 보듯이 1808년 동·서빙고의 얼음 저장량은 15만 정 내외였다. 33만 정 중에서 20만 정은 동·서빙고와 내빙고에 납품한 것으로 이해된다. 이때 공가(貢價)로 1정당 1전을 수령한 것으로 보인다. 나머지 13만 정은 빙계인들이 민간에 판매한 얼음이었다.

빙계인들은 자신들의 얼음 판매 가격을 1정당 1전이라고 주장하였고,[171] 민간 장빙업자들이 저장한 사빙(私氷)은 그 크기가 빙계인들의 얼음보다 크기가 작았음에도 1정당 8전을 받고 있었다.[172]

만약 민간에 판매하는 얼음 가격도 빙고에 납품하는 가격처럼 1정당 1전씩 판매하면 동·서빙고의 공가와 함께 총 판매액은 3만여 냥이 된다. 공식적인 가격만을 받았어도 빙계인들의 1년 수익은 2만여 냥에 달했던 것이다. 1만 냥을 투입하여 총 2배의 수익을 올리고 있는 것이다. 그러나 민간에 판매하는 얼음 가격은 빙고에 납품하는 가격보다 높게 받았을 가능성이 크다. 민간에서는 사빙을 금하면서 얼음 가격이 크게 올랐다고 말하고 있기 때문이다. 민간 판매분 13만 정을 사빙의 판매 가격인 8전으로 계산하면 10만여 냥이 된다. 이렇게 계산하면 빙계인의 1년 총 수익은 11만 냥에 달한다.

빙고 설치와 장빙에 투자한 1만 냥을 제하고도 1년 사이에 적어도 2만 냥에서 많게는 10만 냥의 이익을 볼 수 있었던 것이다. 장빙 도

---

171) 『비변사등록』 173책, 정조 12년 9월 30일. "八庫之大 十倍於他庫 京外一年所需 綽綽有裕 (중략) 每丁一錢 四節通行 (중략) 駄數定價 自官定式."
172) 『비변사등록』 177책, 정조 14년 10월 4일. "私氷無定價 目今一丁氷價 至於八錢"

고의 출현으로 얼음 가격이 폭등했다는 점을 염두에 두면 빙계인들이 얻는 이익은 수만 냥을 충분히 상회했다. 1.8배의 수익률을 올리고 있었던 한말의 장빙업에 비해 18세기 후반 장빙업의 수익률은 2배에서 10배에 달할 정도로 막대한 것이었다.

여기서 보듯이 빙계인들의 주된 업무는 1만 7천 정에 달하는 호빙을 무가진배(無價進排)하고, 20만 정의 얼음을 동·서빙고에 납품하는 것보다 13만정에 달하는 얼음을 민간에 판매하는 것이 주된 것이었다. 빙계는 공인계의 외형을 띠긴 했지만, 내용에서는 민간 판매를 통해 이윤을 수취하는 기업의 성격을 지녔던 것이다. 이제 장빙역은 부역의 한 종류에서 이윤을 목적으로 영위되는 영업 분야로 발전한 것이다.

6. 민간 장빙업의 성장과 빙계 혁파

1) 민간 장빙업의 성장

조선시기 얼음의 수요처는 반드시 정부나 궁가·사대부만이 아니었다. 『용재총화』에는 하인이 없어 조정에서 나누어주는 얼음을 수령할 수 없는 재추(宰樞)집에 봉석주(奉石柱)라는 자가 일일이 찾아가 얼음을 받아 이를 저자에 팔아 이익을 남겼다는 기록이 있으며,[173] 유성룡(柳成龍)은 전해 겨울에 얼음이 얼지 않아 여름에 얼음 한 덩어리의 값이 쌀 한 말에 달하게 되자, 이를 걱정하는 무빙차(無氷箚)를 올리고 있다.[174] 이러한 사례들에서 보듯이 사적으로 얼음을 저장했

---

173) 『大東野乘』 제1권 「용재총화」 5권.

다가 여름에 판매하는 민간 장빙업은 조선 전기부터 존재하였다.

조선 전기에도 민간 장빙업이 있었지만, 장빙업이 성행하는 시기는 18세기 이후였다. 18세기 이후에는 서울이 상업 도시로 성장하였고, 이에 따라 민간인 가정에서도 각종 어물과 육류의 수요가 늘었다. 특히 이 시기에는 쇠고기를 판매하는 현방(懸房)이 23곳으로 늘어나고, 불법적으로 소를 도살하여 판매하는 곳도 늘어났다. 이뿐만 아니라 종전 대부분 건어(乾魚)나 염어(鹽魚)의 형태로 서울에 운송되어 유통되던 어물들도 생선의 형태로 유통되기 시작하였다.[175)

생선이 저리거나 말리지 않고 선어(鮮魚) 형태로 유통될 수 있었던 것은 냉장선의 일종인 빙어선(氷魚船)이 18세기에 출현함으로써 가능한 것이었다. 빙어선은 한강에서 얼음을 싣고 서해 어장에 나아가 포획된 어물들을 옮겨 싣고 다시 한강으로 들어와서 판매하는 선박이었다. 얼음을 채워 어물을 운반했기 때문에 신선도가 그대로 유지될 수 있었던 것이다. 18세기 후반에는 빙어선을 대상으로 얼음을 판매하거나, 생선 판매를 중개하는 객주인 빙어선주인(氷魚船主人)도 발생하였다. 빙어선 영업의 중심지는 경강 중에서도 망원·합정 지역이었다.[176)

18세기 중엽 이후에는 민수용(民需用) 얼음 수요가 크게 증가했기 때문에,[177) 사빙고(私氷庫)도 성종조에 개창된 이래 18세기 후반에는

---

174) 『西涯集』1, 箚「無氷箚」.

175) 1699년(숙종 25)에 한성부 禁制를 9조에서 6조로 개정하면서 특별히 生鮮亂廛 규정이 추가되는 것을 보면 생선의 유통이 17세기말 이후 서울을 중심으로 광범하게 이루어지고 있음을 짐작할 수 있다(『비변사등록』 50책 숙종 25년 9월11일).

176) 고동환, 1998 앞의 책, 249쪽.

177) 『備邊司謄錄』 171책 정조 11년 8월 18일. "大抵氷者 不可無夏署 而當署魚肉無 是則 故東西氷庫及紫門監所藏 御廚供奉朝臣頒賜 猶患不贍 則不可遍及於海上擧

크게 늘어, 수상(水上)과 수하(水下) 지역[178]에 40여 곳에 달할 정도였다.[179]

후술하듯이 민간 장빙업은 상당한 이익을 남기는 영업이었다. 그러므로 장빙업에는 강변에 거주하는 유력한 양반들이 참여하였다.[180] 이들 중에서 가장 유력한 자는 강경환(姜慶煥)이라는 양반으로서 강희맹(姜希孟)의 후손이었다. 강희맹이 합정 지역에 사빙고를 설치한 이래 이 집안에서 300여 년간 장빙업을 수행해왔던 것이다.[181]

이와 같이 강변에 거주하는 양반들이 사빙고를 설치하여 장빙 영업을 전개한 것은 오랜 것이지만, 문제가 발생하는 것은 17세기 후반기 부터였다. 이들은 강변에 사빙고를 설치하여 얼음을 채취, 저장하였는데, 양반이라는 위세를 배경으로 한강변 주민들에게 약간의 술과 음식만을 대접하고 강제로 일을 하게 하였다. 그러므로 조정에서는 한성부와 경기감영에 명하여 양반들이 이처럼 사적으로 주민들을 강제로 동원하여 장빙하는 폐단을 금하도록 하였다.[182]

網之舟 都下鼓刀之肆 故私氷庫 自成廟朝 以特敎創開 人多效嚬 廣而無禁者 爲
其魚舟肉肆之賴 以不至不傷也."

178) 水上과 水下는 물아래, 물 위라는 뜻으로 한강의 경우 조류가 올라오는 지점을
경계로 그 상류를 水上, 그 하류를 水下라고 했다. 京江을 구분하는 八江과 水
上, 水下의 구체적 내용에 대해서는 고동환, 1998 앞의 책, 222~223쪽 참조.

179) 주 166), 주 188) 참조.

180) 『正祖丙午所懷謄錄』 155쪽. "大抵私氷本是禁條 而卽今江居之曾經顯職者 班戶
之慣於牟利者 以冒法私氷爲業."

181) 『일성록』 정조 10년 9월 27일. 「北部幼學 姜慶煥 原情」 "自渠先祖 晉山君希孟
居在本洞 置此氷庫資生 今之三百餘年."

182) 『승정원일기』 368책, 숙종 22년 11월21일. "近來京外士夫之濱江而居者 率皆私
設氷庫 以爲當夏殖利之計 其於大夫伐氷之義 旣極背戾 而藏氷之役 非私家事力
所辦 故藉其尊位之勢 勒調民丁 略饋酒食 刻期督役 不計晝夜 怨苦殊切 莫敢違
逆 或有多費役錢而圖免者 目今坊役偏重 小民難支 而又有此豪强之私役 使斯民

그러나 이때 민간 장빙업자들의 폐단은 불법적으로 주민들을 강제로 동원했다는 점이었지, 사빙고를 설치하여 영업을 한 행위 자체는 아니었다. 조정에서도 민간 장빙업자들의 영업을 막을 수 없었다. 사빙을 금하는 조항은 법전에 명문화되지 않았기 때문이다. 앞서 보았듯이 1768년 창설된 빙계가 사빙을 금하자 조정에서는 빙계를 혁파하고 오히려 민간 장빙업을 보호했다. 조정에서는 민간 장빙업자들의 장빙업을 금지할 경우 수많은 얼음 수요를 모두 충당할 수 없다는 사실을 잘 알고 있었기 때문에 민간 장빙업을 옹호했던 것이다.[183]

2) 장빙 도고(藏氷都賈) 반대 운동과 빙계 혁파

민수용 얼음 수요의 급증을 배경으로 18세기이후 민간 장빙업은 크게 성장하였다. 그러나 1782년 창설된 빙계가 사빙을 금하고 장빙업을 독점하게 되자, 그동안 장빙업을 영위했던 민간 장빙업자과 빙계는 얼음 판매의 독점권을 둘러싸고 치열하게 대립하였다.

당시 민간 장빙업자의 대표 세력은 강경환이었다. 강경환은 처음에는 빙계에 동업자로 참여하였다. 독자적인 빙고가 없었던 빙계는 장빙업을 영위하던 강경환등이 소유한 사빙고를 활용할 수밖에 없었기 때문에 민간 장빙업과 동업하였던 것이다. 강경환 세력은 수천냥의 자금을 출연하여 얼음을 자신의 사빙고에 저장한 다음, 이를 민간

咸懷上之心 事之寒心 孰大於此 公法不可不嚴 民怨不可不恤 請令漢城府及京畿
監司 申飭東西江及沿江各邑 私氷庫之弊 一切禁斷 如有不顧禁令 仍踵前習者 摘
發從重科罪."

183) 『승정원일기』 1281책, 영조 44년 6월 29일. "重孝曰 旣因言端 臣敢盡達矣 臣亦
　　 從前 以私氷爲犯禁矣 今番事出之後 使律官 遍考法文 則元無私氷禁條 (중략) 藏
　　 氷不足 則朝家亦有貿用私氷之時矣 重孝曰 以此言之 則朝家不禁私氷."

에 판매하여 이익을 빙계와 나누기로 약정하였다. 그러나 1783년, 1784년에 강경환 세력은 빙계인을 배제하고 그 이익을 모두 차지하였다.

한성부 서리나 평민으로 구성된 빙계인에 비해 강경환 세력은 높은 관직을 거친 유력한 양반이었기 때문에 빙계인들은 손해를 감수해야 했던 것이다. 빙계인들은 이익은 고사하고 본전도 모두 잃어버리게 되자, 한성부에 장빙역 대행을 포기하고, 빙계를 없애겠다고 정소(呈訴)를 올렸다.[184]

이러한 정소에 대해 빙고 제조(氷庫提調) 정창성(鄭昌聖)은 빙계의 권리를 본전을 주고 빙계 영업권을 돌려받는 대신, 얼음 채취와 납부일은 빙고의 원역(員役)들이 담당하도록 하겠다고 주장하였다.[185] 빙고 제조의 주장과 달리 한성부에서는 장빙역을 다시 연강민들에게 부과하게 되면 많은 폐를 야기하게 되므로 빙계 혁파를 수용할 수 없었다. 때문에 한성부에서는 1786년(정조 10) 강경환 등 양반과의 동업 계약을 해약한 다음, 빙계로 하여금 독자적인 빙고를 새로 건설하게 하였다.

빙계인들은 처음 투자한 수천 냥의 자본의 손실에도 불구하고 다시 만여 냥의 자금을 마련하여 여덟 군데의 빙고를 새로 건설하였다. 이

---

184) 『일성록』 정조 10년 9월 7일. "氷契良人趙熙澤上言 (중략) 內庫藏氷之役 八江民戶之巨弊也 壬寅冬 四部論報 此弊於京兆 則朝家曲加變通之方 募得民人 自備私財多伐氷丁 上奉御供 下除民弊 而賣其餘丁 作爲生業事 筵稟定奪 又以禁斷私氷 毋至奪利之意 成節目 故果爲 應募作契 則從前私氷爲業之姜李兩班者 不敢生意於私氷 願爲同事 故自備數千兩 多數伐氷 臟置班戶之私窟 分利相約矣 及其癸卯甲辰 所謂班戶凌蔑契民 都吞其利 則本利俱失 負債如山 故逐年供上之役 萬無進拜之望 以此寃狀呈于京兆 納券自退."

185) 『비변사등록』 178책, 정조 10년 2월 24일. "氷庫提調 鄭昌聖所啓(중략)今則自願本價還退 臣卽自本庫推移備給原價 使之退去 契名永爲革罷 一遵舊規 伐氷進拜等役 使本庫員役及載氷軍擔當擧行矣."

들이 건설한 빙고는 사빙고에 비해 10배나 큰 규모였다.[186] 독자적인 빙고를 갖춤으로써 빙계는 비로소 얼음 저장과 판매를 독점할 수 있었다.[187] 빙계에 의해 장빙업이 독점되자 금군(禁軍) 최덕우(崔德禹)는

빙계는 도고(都賈)입니다. 빙고가 많으면 얼음 가격이 싸고, 빙고가 적으면 얼음 가격이 비싸집니다. 종전에는 수상과 수하에 빙고가 30곳이 있었음에도 오히려 부족하였습니다. 그런데 지금 빙계가 다른 모든 빙고 영업을 일체 금지시키고, 빙계가 설치한 8개의 빙고만 있으니 얼음의 양이 전에 비해 1/5로 줄어들어 얼음 가격은 올랐습니다. 얼음 가격이 오르므로 뱃사람은 얼음을 싣지 못하여 어물이 썩고, 시전 상인들도 얼린 고기를 조달하지 못하여 장차 낭패할 지경에 이르렀습니다. 그런즉 서울 주민들이 장차 어육(魚肉)의 맛을 모르게 되고, 강변 주민들이 생계를 이어갈 방도가 없어졌습니다. 빙계인들이 민역(民役)을 대신하고, 자신들의 생계의 자료로 삼는다고 하지만, 팔강민(八江民)들에게 3정의 얼음 납부는 매우 헐한 것입니다. (중략) 더구나 벌빙역(伐氷役)을 면하게 된 뒤에 다른 방역인 묘사(廟舍)·궁원(宮苑)·소설제초역(掃雪除草役), 도로·교량 보토(補土) 축사역(築沙役) 등을 담당하였으므로 강민들은 벌빙역 때보다 열 배나 힘들게 되었습니다.[188]

---

186) 주 171) 참조.

187) 『비변사등록』 173책, 정조 12년 9월 30일. "江居數三班戸 以氷爲業者 願餘契人 同事 而行之數年 所賣氷利及本錢 盡歸班戸之幻弄矣 矣徒不得支撑 納卷自退 則 自官專任契人 屬之紫門監之意 筵稟申飭 故更爲新募辦費萬財 別置八大庫 積置 氷丁 而班戸之亂賣尤甚 再致渙散 丙午(1784)秋 上言蒙恩 則班戸甚至雇人擊錚 假作民呼 誣罔天廳 自秋曹革罷契名."

188) 『正祖丙午所懷謄錄』 152쪽 「禁軍 崔德禹所懷」.

라 하여 빙계 설치 이후 얼음 가격이 올랐을 뿐만 아니라, 장빙역 면제 이후 다른 방역이 부과되어 힘들어 졌으므로 빙계를 혁파할 것을 주장하였다.

이러한 최덕우의 주장에 대해 빙고 제조 정창성은 빙계 설치 이후 얼음이 부족하여 어선과 고기파는 저자에서 고기가 썩는 일도 없었을 뿐더러, 강민들이 방역 부담이 빙역 부담보다 무겁다는 최덕우의 주장은 사실과 다르다고 주장하였다. 정창성은 금군 최덕우가 상언을 올린 것은 민간 장빙업자들의 사주를 받았기 때문이라고 왕에게 보고하였다.[189] 빙고 제조 정창성의 보고와 달리 한성부에서는 빙계 창설은 도고와 다를 바 없기 때문에 실생활에서 얼음이 부족할 우려가 많다고 보고하였다.[190]

이와 같이 의견이 대립되자 비변사에서는 양화진 이상 지역인 서강·마포·용산·한강·뚝섬 등지의 사빙고는 모두 혁파하고, 합정 이하 지역에서는 민간 장빙업자가 저장한 사빙의 판매를 허용하는 것으로 이 대립을 조정하였다.[191] 합정 지역은 조선 전기부터 민간 장빙업자들의 주된 영업지였기 때문에 이들의 영업권을 한편으로 인정한 것이었다.

비변사의 결정은 이들 두 세력의 이해관계를 적당히 절충한 것처럼 보이지만, 실제는 빙계의 독점권을 폐지하고 얼음의 자유 판매를

---

189) 『일성록』 정조 10년 9월 7일 「氷契良人 趙熙澤上言」. "班戸等 不有朝禁 暗自藏氷於私窟 欲爲奪利之奸計 指嗾江居禁軍 崔德萬 歲首詢瘼時 敢以私氷契氷 多寡懸殊 操縱權利等說 誣罔天聽之後 姜·李等 肆然亂賣 獨權其利." (여기서는 崔德萬이라고 기록되어있으나, 전후문맥으로 볼 때 『正祖丙午所懷謄錄』의 禁軍 崔德禹와 동일인이다.)

190) 『正祖丙午所懷謄錄』 155쪽.

191) 『비변사등록』 171책, 정조 11년 8월 18일. "臣鬐東 昨春以備堂承特敎與諸臣會于籌司 分掌回啓之時 豫問末議於氷契事 以合幷以下 勿爲幷禁之意 覆奏蒙允."

허용한 것이나 다를 바 없었다. 그러므로 빙고 제조 정창성은 차라리 빙계를 혁파하고, 민간 장빙업자들인 양반들에게 내빙고의 얼음을 납부하게 하면 공사(公私)가 모두 편할 것이라고 주장하였다.[192] 그러나 이 주장은 수용되지 않았다.

합정 이하 지역에서 자유로운 영업이 허용되자, 이를 구실로 민간 장빙업자들은 서강·마포·용산 등지에서도 자유롭게 얼음을 판매하였다. 이익을 침해당한 빙계인들은 1786년(정조 10) 9월 다시 상언을 올려, 자신들이 독점적 영업권을 장악하고 있는 양화진 이상 지역에서의 사빙(私氷)을 엄격히 금지해야 한다고 주장하였다. 이러한 빙계인들의 주장은 조정에서 수용되었다.[193]

빙계인의 합정 이상 지역에서의 얼음 판매 독점권이 인정되자 서강·마포·한강·용산의 삼강(三江) 지역에서도 얼음을 판매하였던 민간 장빙업자 강경환이 다시 상언을 올려 빙계의 폐해를 바로잡을 것을 요구하였다. 그러나 비변사에서는 이미 합정 이하 지역에 대해 자유로운 판매를 허용했음에도 다시 상언을 올리는 것은 사대부로서 모리(牟利)하고자 하는 것에 지나지 않는다고 하여 이 주장을 수용하지 않았다.[194]

1886년 이후 빙계인들은 합정 이상의 지역에서 얼음 판매 영업의 독점권을 강력하게 행사하였다. 이들이 독점권을 행사한 지역은 주

---

192) 『正祖丙午所懷謄錄』 155쪽. "合井以下 勿禁云云 班戶之私賣者 都在合江以下 則此爲勿禁 便是許賣 所謂契氷 自在於不攻自破之中 苟欲破氷契而許私氷 則毋寧江上班戶之私氷者 盡數抄出 使之擔當國役 一遵契人之例 則於公於私 甚爲兩便云."

193) 『일성록』 정조 10년 9월 7일. "氷契良人趙熙澤上言以爲(중략)班戶之私作氷庫 使契人失利 其所稱冤 事勢固然請捉置班戶作梗之類照法嚴治 至於契人等之憑藉權利 刁蹬氷價之弊亦爲嚴飭 從之."

194) 『일성록』 정조 10년 9월 27일.

로 삼강 지역이었다. 그러므로 삼강에서 얼음을 판매하던 민간 장빙업자들은 모두 실업환산(失業渙散)하였다. 빙계인들은 삼강 지역 여러 곳에 설치되어 있는 사빙고를 파괴하였다. 또한 강에 얼음이 풀릴 때 고기잡이배에서 물 위에 떠 있는 얼음을 버리거나 싣는 것도 범금(犯禁)했다고 하여 처벌을 받게 하거나 또는 속전(贖錢)을 내게 하였다.195) 1786년이후 빙계인들은 장빙업에서의 독점권을 확실하게 행사했던 것이다.

이제 경강에서의 얼음 판매업은 두 세력에 의해 독점되었다. 삼강을 중심으로 일반 민간 소비와 푸줏간 등에서 필요한 얼음은 빙계가 공급하였고, 합정 이하 지역에서 빙어선을 상대하는 영업은 강경 환등의 양반들이 독점하는 체제가 형성되었던 것이다.

1786년 동업 계약이 파기되고, 삼강 지역에서의 빙계인에 의한 독점적 영업권이 강화되자, 이듬해인 1787년에 동업을 했던 양반이 강변 주민 김재심(金在深)으로 하여금 격쟁(擊錚)을 올리게 하여, 다음과 같이 주장하였다.

> 무뢰배(無賴輩) 십수 인이 민역(民役)을 없앤다는 구실로 빙계를 창출하였는데, 이는 법외의 도고(都賈)를 창출한 것입니다. (중략) 지금 빙계가 삼강에서의 사빙을 금단하고, 자신들만 8개의 빙고를 건설하니 팔강(八江)의 민인들이 폐업하기에 이르렀습니다. 또한 도하(都下)의 어육(魚肉) 역시 드물게 되었습니다. 강변의 뱃사람과 도

---

195) 『비변사등록』 171책, 정조 11년 8월 18일. "今此氷契 禁三江之私氷 創一處之八庫 故八江之民 皆至廢業 都下魚肉 亦皆絶貴 哀此沿江船人及滿城市民 偏被氷都賈之害 將至於失業渙散之境 氷契之人 作奸行惡 甚至於諸處氷庫 募軍毀破 拔石塡土 又於解氷之時 魚舟之捨載水澌者 謂以犯禁 誣訴推捉 移送法曹 或杖或贖 有百弊而無一益."

성민이 장빙 도고의 피해를 입어서 실업하고, 환산(渙散)하기에 이르렀습니다. 빙계 창설 1년도 되지 못하여 모두 원망하니 이를 혁파해야 할 것입니다. 이로 인해 얼음 가격이 오르고 어물과 고기가 부패하였으니 도하 백성들이 곤란을 크게 받고 있습니다. 얼음 판매의 이익이 십수 명의 모리배에게 모두 돌아가니 이는 모두 빙고의 전매(專賣) 때문입니다. [196)]

즉 빙계는 다름아닌 장빙 도고이므로 이를 혁파하고, 팔강의 주민들이 자유롭게 얼음을 저장하여 판매할 수 있도록 허용해야 한다고 주장한 것이었다. 이와 같은 김재심의 격쟁에 이어 다시 강경환이 상언을 올렸으며, 민간 장빙업을 영위했던 다른 양반들도 여러 차례 정소를 올리자, 비변사에서는 "빙계가 이미 창설된 후에 금방 혁파하는 것은 어렵다. 특히 이는 왕의 정탈(定奪)을 받은 일이므로 비록 모든 강민이 원망하더라도 쉽게 결정할 수 없다"고 하여 유보적인 태도를 취했다.[197)]

이와 같은 비변사의 유보적인 입장은 오래가지 못했다. 양반들인 민간 장빙업자들의 압력이 컸던 것이다. 결국 비변사에서는 빙계를 혁파하도록 결정하였다. 1782년에 창설된 빙계는 영업한 지 5년 만인 1787년에 혁파되었던 것이다.[198)]

빙계의 혁파는 빙계인들의 얼음 판매 독점권을 부정한 것이었다. 이와 같은 결정이 내려지자 빙계인들이 다시 상언을 올려 빙계의 복

---

196) 『비변사등록』 171책, 정조 11년 8월 18일.

197) 위와 같음.

198) 『비변사등록』 174책, 정조 12년 9월 30일. "班戶甚至雇人擊錚 假作民呼 誣罔天廳 自秋曹革罷契名."

구, 즉 얼음 판매 독점권의 부활을 요구하였다. 즉 빙고의 구공인(舊貢人) 장성민(張聖民) 등은 상언을 올려, 빙계를 창설한 후에 민력(民力)을 쓰지 않고도 얼음 납부를 거르지 않았으며, 얼음 가격도 정해진 가격이 있어 시민들이 편하게 여겼다고 주장하고, 빙계 혁파를 주도한 양반들의 주장을 다음과 같이 반박하고 있다.

> 서너 명의 양반들이 빙계 혁파를 요구하였습니다. 이들의 요구는 3가지입니다. 첫째는 강변주민이 장빙역의 복설(復設)을 원한다는 점. 둘째 계빙(契氷)과 사빙(私氷)이 다과(多寡)가 같이 않다는 점, 셋째 빙계가 도고이므로 다른 얼음 판매업자들이 실업한다는 점입니다. 첫째의 주장은 강변 주민들이 장빙역의 복설을 원하지 않는다는 점이 명확합니다. 둘째는 빙계에서 설치한 8개의 빙고가 사빙고에 비해 10배나 크므로 사빙과 계빙의 크기가 다른 것은 명확합니다. 빙계인이 제조한 얼음(契氷)은 얼음 한 개당 1전씩을 받아 4계절 통용하고 있으므로 내외에서 모두 편하다고 합니다. 세째 얼음 판매를 독점한다는 말은 허망한 말입니다.[199]

라 하여 빙계가 오히려 도고보다는 경쟁력 면에서 사빙을 앞서고 있기 때문에 민간 장빙업자들이 빙계를 혁파하고자 한다고 주장하였다.

그리고 빙계 설치의 잇점으로 첫째 작년과 금년에 궁궐에 있는 내빙고를 양화진으로 옮길 때, 빙계에서 그 비용의 일부를 담당했다는 점, 둘째 호조에서 지급하는 얼음 구입 가격이 덜 들어간다는 점, 셋째 사빙은 정해진 가격이 없어 매년 가격이 달라 올해의 경우는 얼음

---

199) 『비변사등록』 177책, 정조 14년 10월 4일.

1정에 8전을 받았으나 계빙은 1정당 1전을 받으므로, 계빙이 싸다는 점, 넷째 공상(供上)에서 부족한 얼음은 호조의 구입가에서 영원히 제할 수 있다는 점을 들고, 이러한 이점이 있는 빙계의 복설을 요청하였다.[200] 그러나 이 요구는 수락되지 않았고 빙계의 혁파는 기정사실화되었다. 장빙업에서의 빙계의 장빙 도고가 혁파된 것이다.[201] 얼음 판매권을 둘러싼 빙계인과 민간 장빙업자와의 대립에서 양반들인 민간 장빙업자들이 승리한 것이다.

빙계 혁파 이후 연강민의 장빙역은 자연히 복구되었다. 그러나 빙계 창설 이전에 비해 연강민의 얼음 납부 액수는 크게 줄었다. 빙계 창설 이전에는 총 15000여 정을 납부했으나, 빙계 혁파 이후에는 10000여 정으로 줄었다. 또한 강민이 얼음을 직접 채취하여 납부하는 것[自伐自納]을 폐지하였다. 내빙고에 저장하는 얼음 12000여 정은 호조와 병조에서 돈을 내어, 장빙업자들에게 구입하였다.[202]

7. 장빙(藏氷) 역(役)에서 업(業)으로 전환

조선 초기 장빙역은 경기 지역이나, 강원도·황해도민에게 연호역(烟戶役)으로 부과되었으나, 16세기 이후 중앙 각사와 한성부민의 노동력을 징발하여 운영되는 방역으로 바뀌었다. 한성부 주민과 각사

---

200) 『비변사등록』 177책, 정조 14년 10월 4일.
201) 위와 같은 조. "所謂氷契 若無許多弊端 既設之後 寧有即罷之理乎 到今渠輩 雖 或稱冤朝家處分 當觀大體 既命革罷 復令與該監員役 眼同擧行 則此便更設 豈不 苟且之甚乎 上言內辭緣 置之何如 答曰允."
202) 『萬機要覽』 財用篇 5, 藏氷 內氷庫.

에 맡겨졌던 장빙역은 동빙고·서빙고·내빙고 등 빙고에 따라 그 부역대상과 방식이 달랐으며, 또한 시기에 따라 변화가 많았다.

서빙고의 장빙역은 17세기 전반 한성부 주민을 무상으로 강제입역하는 방식에서 1663년(현종 4)을 계기로 장빙미를 거두어 수행하는 물납세제에 기초한 고립제로 전환하였다. 동빙고의 장빙역도 한성부 남부주민을 조발(調發)하여 수행되다가, 같은 해 장빙미를 내는 물납세로 전환되었다. 물납세로 부과되었던 동·서빙고의 장빙역은 1741년(영조 17)을 계기로 완전히 폐지되었다. 영조 17년 이후 동·서빙고의 장빙역은 순전히 정부 재정을 기초로 겨울에 연강민들을 급가고립하여 장빙하거나 또는 여름에 민간 장빙업자에게 얼음을 구입하는 무빙제(貿氷制)로 운영되었다.

내빙고의 경우 한성부채와 자문감채에 따라 장빙 방식이 달랐다. 17세기 전반부터 자문감채는 병조에서 내는 가포(價布)를 토대로 한 고립제로 운영되었다. 그러나 한성부채의 경우는 한성부 주민의 노동력을 직접 징발하였는데, 이를 호빙(戶氷)이라 하였다. 18세기에는 장빙역에서의 고립제가 정착되면서 호빙도 내용이 변질되어 갔다. 연강민들이 얼음을 직접 채취하여 한성부채에 바친 것이 아니라, 빙전(氷錢)을 내고 이를 대신하게 하는 경우가 많았다. 이러한 상황에서 연강민들에게 돈을 받고 호빙을 대신 납부하는 영업 조직으로 육계가 창설되었다. 창설된 지 몇 해되지 않아 1755년(영조 31) 혁파되긴 했지만, 당시 얼음 납부역을 돈을 받고 대행해 주는 영업 조직이 발생했다는 사실은 노동력 징발에 기초한 부역제가 실질적인 물납세로 전환했음을 보여 주는 것이었다.

가장 늦게까지 유지된 방역으로 호빙은 1782년(정조 6) 빙계의 창설을 계기로 결국 폐지되었다. 이로써 모든 빙고의 장빙역은 부세로서의 성격을 완전히 상실하였다. 이후에는 모든 경비를 정부 재정에서 염출하여, 고립제나 무빙제의 형태로 장빙과 반빙을 수행하였다.

18세기 이후 얼음의 수요처는 궁궐이나 관청만이 아니었다. 상업도시로 서울이 발전함에 따라 광범한 민수용 얼음 수요가 있었다. 민수용 얼음은 당시 관수용에 비해 네 배 이상의 수요가 있었을 것으로 추정된다. 이처럼 얼음 수요가 많았으므로 민간 장빙업은 많은 이익을 남길 수 있었다. 그러므로 한강연안에 사빙고를 설치하여 얼음을 판매했던 민간 장빙업자들은 대부분 유력한 양반들이었다.

이와 같이 민간 장빙업이 상당한 이익을 남기고 있었으므로, 장빙업의 이익을 독점하려는 시도가 나타났다. 그것이 1782년(정조 6)에 창설된 빙계였다. 빙계인들은 호빙을 무상으로 진배하는 대신, 민간 장빙업을 금지하고 장빙업을 독점하였다. 이른바 장빙 도고(藏氷都賈)의 출현이었다. 빙계에서는 1년에 100만 정 이상의 얼음을 저장하여 십여만냥 이상의 이익을 보고 있었다고 추산된다. 이와 같은 영업 형태로 미루어볼 때, 빙계는 공인계의 외형을 띠긴 했지만, 내용에서는 민간 판매를 통해 이윤을 수취하는 기업의 성격을 지녔던 것이다. 장빙역은 부역에서 이윤을 목적으로 영위되는 영업 분야로 발전한 것이다.

막대한 이익이 생기는 장빙업을 빙계인이 독점하게 되자 민간 장빙업자들의 빙계에 대한 반대 운동도 치열하게 전개되었다. 민간 장빙업자들은 빙계와의 동업을 시도하거나 또는 연강민들을 고용하여 상언, 격쟁을 대신 올리는 방식으로 여론을 주도하여 결국에는 1787년(정조 13) 빙계의 혁파를 실현하였다. 장빙업에서 특권적인 도고 상업이 혁파되고 민간 장빙업자가 장빙업에서의 주도권을 장악하였다.

1787년의 빙계의 장빙 도고의 혁파, 1791년의 운부 도고의 혁파[203]

는 육의전을 제외한 시전의 금난전권을 폐지한 1791년의 신해통공(辛亥通共)과 일맥상통하는 것이었다. 그러나 이러한 빙계에 의한 독점의 해지가 곧 자유로운 영업의 시작이라고 보기는 어렵다. 오히려 19세기 이후에는 사상 세력에 의한 새로운 독점이 발생하여 자본과 기술력에 기반한 사상 세력이 이를 독점해 간 것으로 보인다.[204] 이른바 사상 도고(私商都賈)가 출현하여 독자적인 자본력과 기술력으로 상품 거래나 각종 영업에서의 독점권을 행사하였던 것이다.

203) 운부 도고의 혁파에 대해서는 고동환, 1998 앞의 책, 281~289쪽 참조.
204) 『승정원일기』 1912책, 순조 6년 5월 25일. "又於先朝辛亥 特下傳敎 永破榷賈 或給節目 一留京兆 一頒八江 使之復舊資生矣 曾未幾何 又爲榷賈人所奪 八江之民 多有流離之擧 其後又因摘奸郎廳草記 伊時下敎若曰 又出私榷賈 專利之徒 乘時售奸 不可不痛飭嚴禁 俾有實效 前後飭敎 非一非再 而榷賈之弊 至今不革 江民 生計 漸益凋殘."

7
한성부 행정 편제의 변화

1. 국가의 도시민 지배 방식과 행정 편제

한성부의 행정 편제에 대해서는 그동안 주로 법제적인 변화를 중심으로 연구되었다.[1] 법제적 변화만을 다뤘기 때문에 행정 편제 변화의 사회 경제적 배경이나 그 역사적 의의에 대해서는 제대로 연구되지 못했다. 십여 년에 걸쳐 방대한 인력을 투입하여 완성된『서울 육백년사』에서도 법전류 자료를 토대로 한성부 행정 편제의 상급 단위인 한성부와 오부의 행정 기능을 중심으로 다루었을 뿐, 오부의 하위 단위인 방(坊)과 방의 하위 체제였던 이(里)·동(洞)·계(契)의 생성과 변동에 대해서는 거의 언급이 없다. 부(部)·방(坊)에 비하여 이·동·계는 주민 자치 기구의 성격이 강하기 때문에 법제의 변화를 통

---

1) 법전 규정을 기초로 한성부 행정 기능과 그 변화과정을 다룬 연구로 대표적인 것은 다음과 같다. 서울시사편찬위원회, 1977 『서울육백년사』, 서울특별시; 元永煥, 1990 『朝鮮時代 漢城府硏究』, 강원대 출판부.

해서는 제대로 파악될 수 없었던 것이다.

도시의 변화는 행정 편제의 변동을 통해 완결되거나 또는 촉진된다. 이·동·계는 도시 주민을 최하위에서 파악하는 단위다. 그러므로 이·동·계에 대한 이해는 국가가 서울 주민을 어떠한 원리에 기초하여 파악하고 있는가라는 점을 드러내는 것으로서, 국가의 도시민 지배 방식을 보여 준다. 또한 이·동·계라는 최하위 행정 단위에 묶인 도시민들의 결합 원리를 통해 도시민들의 성격 또한 확인할 수 있다. 요컨대 이·동·계의 운영 원리에 대한 이해는 조선 후기 서울의 도시 구조와 성격을 이해하는 열쇠를 제공해 주는 것이다. 한성부 행정 편제의 하부 단위인 방과 이·동·계의 변화는 17세기 중엽에서 18세기 말에 이르는 시기에 집중되고 있다. 여기에서는 이와 같은 행정 편제 변동이 어떠한 사회 경제적 변화를 기초로 나타나는지를 해명함으로써, 조선 후기 서울의 도시 성격을 이해하고자 한다.

2. 한성부의 행정 기능과 그 변화

1) 한성부의 행정 조직과 기능

고려시기 개성부는 개경 주민만을 관할하는 목민관청이 아니라 경기 11개 현을 모두 통할하고 전국의 호적 업무를 관장하는 중앙아문으로서의 지위를 가졌다. 그러므로 각종 금령(禁令)의 발동, 도량형 문란에 대한 단속, 방리군(坊里軍) 단속, 노비 추쇄, 금화(禁火)와 같은 개경 주민에 대한 목민 업무는 임시기관인 도감(都監)을 설치하여 수행하는 것이 상례였다. 1390년(공양왕 2) 정도전·조준 등 역성혁명파가 집권한 이후 개성부에서 경기도가 분리되었다. 경기도는 좌우도로 구분하여 따로 관리를 두었고, 개성부는 순전히 개경 주민을 관할하는 목민관청의 위상을 가지게 되었다.[2]

　조선 초기 한성부는 고려 말의 개성부를 계승한 것으로서, 한성부 주민에 대한 각종 업무를 담당하는 행정 조직으로 출범하였다. 조선시대 한성부는 경기 지역 주민에 대한 통제 기능을 완전히 상실했기 때문에,[3] 호적·호구와 상업 관련 행정 업무가 크게 늘었다.[4]

　한성부의 직임은 조선 초기에는 정2품직인 판사(判事), 종2품직인 좌윤(左尹)과 우윤(右尹), 종4품직인 서윤(庶尹), 종5품직인 판관(判官)이 각 1인, 종6품직인 주부(主簿) 2인, 정7품직인 참군(參軍) 1인이 있었다.[5] 그러나 정치 사회 제도가 완비됨에 따라 점차 관제도 변경되었다. 1466년(세조 12)에 한성부 판사를 부윤(府尹)으로 고쳤으며,[6] 1469년(예종 1)에는 한성부윤을 한성판윤으로 다시 고쳤다.[7] 이러한 변화를 거쳐 『경국대전』에는 주부 2인을 없애는 대신, 판관을 2인으로 늘

---

2) 朴龍雲, 1996 『高麗時代 開京硏究』, 一志社; 임용한, 1994, 「조선 초기 한성부의 기능강화와 주민재편작업」, 『서울학연구』3 참조.

3) 중국의 수도 지역을 관할하는 행정부서는 도성 지역만이 아니라 도성을 포함하는 농촌부까지도 함께 통활하는 기관이었다. 그러나 元代에 이르러 도시행정만을 위한 독자적인 관아인 警巡院錄司事 등이 창설되었다. 이러한 도시행정을 전담하는 행정 기관은 원의 멸망과 함께 곧 폐지된다(山根幸夫, 1994 「中國의 中世都市」, 『東洋都市史속의 서울』, 서울시정개발연구원 참조). 고려시대의 개성부가 경기 지역을 총괄한 데 비해, 조선왕조가 창업된 뒤 개성부와 한성부는 도성 주민들의 목민관청으로서 위상을 지녔고, 경기주민에 대한 통제력은 상실했기 때문에, 한성부는 元나라의 警巡院과 유사한 행정조직으로 볼 수 있다.

4) 『태조실록』 권6, 태조 3년 6월 기묘;『태종실록』 권8, 태종 4년 9월 정사.

5) 원영환, 1981, 앞의 논문 91쪽 참조.

6) 『세조실록』 권38, 세조 12년 정월 무오.

7) 『예종실록』 권8, 예종 1년 11월 무자.

렸고, 3인의 참군을 두었다. 판윤을 제외한 좌윤·우윤·서윤·판관·주부·참군 가운데 1명은 환곡의 출납을, 다른 한 명은 도성 밖의 성저십리 지역을, 나머지 5명은 도성 안의 오부 지역을 행정적으로 관할하였다.[8]

한성부는 경도(京都)의 도시 시설을 관리하는 관청이면서 동시에 한성부 주민에 대한 목민관청이었다. 그러므로 한성부의 행정 업무도 이러한 한성부의 위상에 맞게 도시 관리 기능, 일반 행정 기능, 사법 기능이 주된 것이었다.

도시 관리 업무는 도로 청소와 무너진 다리를 수축하는 등의 도로 관리 업무와 화재 예방 업무인 금화(禁火) 업무, 그리고 길에 버려진 사망자들을 찾아 묻어주고, 변사자가 발생했을 경우 검시하는 등 공공의 위생 업무까지 담당하였다.

일반 행정 업무는 목민관청에서 일반적으로 행해지는 업무다. 대표적인 것을 들면, 호적의 작성과 호패 발행, 도망 노비에 대한 조사 보고, 주민 동태를 감시하는 오가작통제(五家作統制) 운영, 법으로 금지된 양천교혼(良賤交婚)의 감시 기능을 담당하였고, 이 밖에도 농상(農桑)의 권장, 환과고독(鰥寡孤獨)에 대한 파악과 지원, 도시 빈민에 대한 진휼로서 의창(義倉)을 운영하였다. 또한 도성 수축이나 송충이가 번졌을 때 이를 방제하기 위해 주민들의 노동력을 강제로 징발하는 요역 부과의 업무도 한성부의 주된 행정 업무의 하나였다. 그리고 한성부가 도시 지역이기 때문에 상업과 관련한 각종 부정 행위를 단속하는 업무, 예컨대 도량형을 규정에 맞지 않게 제작하여 거래에 활용하는 행위, 권력이나 위세를 이용하여 매매를 강제하는 억매(抑買)하는 행

---

8) 『문종실록』 권10, 문종 1년 10월 정축.

위를 단속하였다. 그리고 상인과 행상들에게 노인(路人)과 행장(行狀)을 발급하여 상인을 통제하였으며, 공장(工匠)들을 한성부에 등록하게 하여 수공업을 통제하는 업무도 한성부의 행정 기능 중의 하나였다. 또한 조선 건국 이후 경기 지역에만 설치된 과전(科田)에 대한 관리와 한성부 주민의 가사(家舍) 분급과 가대세(家垈稅) 징수, 서리들의 포흠 (逋欠)과 상습적 채무자에 대한 채무 이행 강제, 도망간 공사 노비에 대한 추쇄, 효자·열녀에 대한 정표(旌表), 그리고 유교적 기강에 관련된 불효·불목(不睦)·간위(奸僞)에 대한 규찰, 그리고 무당·음사(淫 祠)·도살·승려·도박·도벌(盜伐) 등 풍속에 대한 규제 등이 목민관청으로서 한성부가 행하는 행정 업무였다.

한성부 업무 중에서 또 하나 특징적인 것은 사송(詞訟) 업무였다. 조선 전기 재화는 일반적으로 토지와 노비로 구성되었는데, 노비에 대한 소송은 예조와 사헌부에서 관할하였지만, 전국에서 발생하는 토지에 관한 소송은 한성부에서 담당하였다. 한성부에서는 토지에 관한 소송 외에도 각종 경제범죄 즉 재산 소송이나 채무 징수 등의 분쟁에 대한 소송도 관할하는 사송 아문의 기능도 제한적이지만 행사하였다.9)

이와 같은 조선 전기의 한성부의 관원 구성과 업무는 조선 후기에 부분적으로 개편되었다. 한성부 관원은 18세기 중엽『속대전』단계에는 판관과 참군이 각각 1인으로 감액되었고, 주부는 1명을 다시 두었으며,10) 18세기 후반『대전통편(大典通編)』단계에서는 주부 1명을

---

9) 한충희, 1994「정치구조의 정비와 정치기구」,『한국사』23, 국사편찬위원회, 75~76
   쪽; 임용한, 1994, 앞의 논문 참조.
10)『續大典』吏典, 京官職.

더 두어 2명이 되었고, 참군은 모두 없앴다.[11] 그 결과 19세기 한성부의 관원에는 판윤 1명, 좌윤·우윤 각 1명, 서윤·판관 각 1명, 주부 2명으로 구성되었고,[12] 이속(吏屬)은 서리(書吏) 52명, 서사(書使) 1명, 서원(書員) 11명, 사령(使令) 30명이 있었다.[13] 여기서 보듯 조선 후기 한성부 관료 조직은 관원의 정원에 약간의 변동만 있을 뿐, 조선 전기와 큰 차이가 없다.

이에 비해 한성부의 업무 분장은 조선 전기에 비해 크게 달랐다. 조선 후기 서울 인구가 늘고, 서울이 상업 도시화하였기 때문에,[14] 한성부의 행정 업무도 다양화·복잡화되었던 것이다. 조선 전기에는 성저십리와 오부 등 한성부 하부의 행정 단위에 따라 행정 업무를 분담하였지만, 조선 후기에는 행정 업무의 성격에 따라 이·호·예·병·형·공방 등 6방을 두어 업무를 분장했다. 6방의 행정 업무는 서윤·판관·주부 등이 각각 분담하였는데, 이들의 담당 업무를 구체적으로 보면 다음의 〈표 7-1〉과 같다.[15]

〈표 7-1〉 조선 후기 한성부 六房의 담당업무와 담당기관

六房	관원	담당업무	담당기관
吏房	庶尹	褒貶	宗親府, 吏曹, 司憲府, 通禮院, 慶尙道
戶房	判官	戶籍, 帳簿, 歲饌老人抄啓	北部, 禮曹, 忠勳府, 惠民署, 社稷署, 軍資監, 弘文館, 訓練院, 宗廟署, 掌樂院, 典醫監, 摠戎廳, 江原道

---

11) 『大典會通』 吏典 京官職.

12) 『大典會通』 吏典 漢城府.

13) 『東國輿地備攷』 吏屬.

14) 조선 후기 서울의 도시 구조 변화양상에 대해서는 본서 4장 참조.

15) 『京兆府誌』 沿革.

禮房	1主簿	揀擇, 山訟	中學, 中部, 敦寧府, 兵曹, 承政院, 尙衣院, 司譯院, 內資寺, 觀象監, 校書館, 內需司, 東西活人署, 禁衛營, 濟用監, 京畿道
兵房	1主簿	坐更, 禁火, 春秋宮城 都城巡審	南部, 南學, 議政府, 儀賓府, 戶曹, 衛將所, 奉常寺, 禮賓寺, 司僕寺, 廣興倉, 司贍寺, 氷庫, 全羅道
刑房	2主簿	檢屍, 閭家奪入 禁斷	東部, 東學, 中樞院, 刑曹, 都摠府, 成均館, 承文院, 司諫院, 司饗院, 內醫院, 繕工監, 豊儲倉, 養賢庫, 義盈庫, 司圃署, 典牲署, 內贍寺, 瓦署, 典獄署, 御營廳, 忠淸道, 咸鏡道
工房	2主簿	坊役, 道路修治	西部, 西學, 義禁府, 藝文館, 春秋館, 工曹, 內侍府, 宗簿寺, 長興庫, 司畜署, 司導寺, 典設司, 昭格署, 司宰監, 文昭殿, 延恩殿, 圖畵署, 訓練都監, 平安道, 黃海道

전거: 『京兆府志』

2) 오부의 조직과 기능 변화

한성부의 공간은 도성 안과 도성 밖 성저십리까지 포괄한다. 한성부는 도성 안에 오부를 두고, 도성 밖에는 면을 두어 통할하였다.[16] 면이 설치된 성저십리 지역은 오부에 소속되지 않고 한성부에 직속되어 있었다. 이곳에는 행정관리가 파견되지 않았다. 면의 권농관(勸農官)은 오부를 거치지 않고 직접 한성부에 보고하였다. 도성 밖 면의 한성부 직속 체제는 1461년(세조 7) 성저(城底) 각 면이 오부에 분속되면서 폐지되었다.[17] 15세기 중엽에 이르러 비로소 한성부 전 지역은 오부라는 행정 단위로 통합된 것이다. 이처럼 성 밖 지역이 오부에

---

16) 원영환, 1981 「한성부연구 ―행정제도와 관할구역을 중심으로―」, 『향토서울』39 참조.
17) 『세조실록』권23, 세조 7년 2월 무술.

소속되긴 했지만, 오부의 하위 행정 조직은 도성 안은 방-리로,[18] 도성 밖은 면-리로 그 체제를 달리하였다.[19]

한성부 산하 행정 단위인 오부에는 관원이 파견되었다. 조선 초기 오부의 관원은 영(領) 1명과 녹사 2명이었으나,[20] 태종대에는 종9품직인 참봉 2명과 서리 4명이 증액되었다.[21] 오부의 책임자인 영은 낮은 직급이었기 때문에 호강한 자에게 명령이 제대로 시달될 수 없는 경우가 많았다. 이러한 폐단을 없애기 위해 1404년(태종 4)에 오부의 영을 한성부 낭청(郎廳)과 동일한 지위로 격상하였다가,[22] 1466년(세조 12)에는 종6품직인 주부로 개칭하였다.[23] 또한 성종대에는 오부의 주부 밑에 포도장(捕盜將)과 종사관(從事官) 각 1인을 두어 치안을 담당하도록 하였다.[24]

---

18) 한성부의 오부방리 체제는 고려시대 개경의 오부방리 체제를 그대로 계승한 것이다. 고려시대 개경의 오부는 고려 태조 때 마련되어 987년(성종 6)에 오부방리가 갱정되는 개편이 이루어졌고, 1024년(현종 15) 최종적으로 정비되었다. 최종 정리된 개경의 방리는 동·서·남·북부에 35방 344리였다. 방리에는 각기 별감·이정(里正) 등이 있어서 개경의 행정을 담당하였다. 이에 대해서는 박용운, 1996 앞의 책, 93~97쪽 참조.

19) 박진우, 1988 「조선 초기 면리제와 촌락지배의 강화」, 『한국사론』20, 140~141쪽 참조. 이와 달리 이존희 교수는 도성 안의 오부 지역은 坊 편제로, 성저십리 지역은 里 편제로 구분된다고 설명한다. 방과 이를 오부의 하부 행정 조직으로 이해한 것이다(이존희, 1990 『조선시대 지방행정제도사연구』, 일지사, 234~237쪽 참조). 그러나 후술하듯이 도성 안에도 방의 하위 단위로서 里가 존재하였고, 고려시대 개경부에도 방리가 도성 안에 편제되었다는 점을 염두에 두면 이가 성 밖에만 설치되었다는 주장은 설득력이 약하다고 생각한다.

20) 『태조실록』 권1, 태조 원년 7월 정미.

21) 『經國大典』 吏典, 京官職, 京衙前.

22) 『태종실록』 권 8, 태종 4년 9월 정사.

23) 『세조실록』 권 38, 세조 12년 정월 무오.

24) 『성종실록』 권 278, 성종 24년 5월 병신; 『성종실록』 권288, 성종 25년 3월 갑오.

　조선 전기 오부의 행정 기능은 한성부 업무 중에서 사송 업무를 제외한 도시 관리 기능과 일반 행정 기능을 수행하였다. 주민의 불법 행위에 대한 적발과 교량·도로·반화(頒火)·금화·이문경수(里門警守)·가대타량(家垈打量)·인시검험(人屍檢驗) 등의 일을 담당한 것이다.25) 조선 전기 오부의 기능을 『실록』 자료를 토대로 살펴보면, 습충역(拾蟲役) 등의 방역(坊役) 수행,26) 강상윤리를 어긴 자의 적발,27) 호화주택에 대한 금단,28) 주금령(酒禁令),29) 송금(松禁)30) 등 각종 금제(禁制)를 어긴 사람을 적발 보고하는 업무, 호구 조사,31) 군적 조사 및 군정 징발32) 등의 업무를 담당하고 있었다.

　오부의 행정 기능은 조선 후기에 많은 변화를 겪게 된다. 『조선왕조실록』의 기록을 토대로 오부의 행정기능을 살펴보면, 20냥 이하의 부채에 관련된 송사, 술주정과 싸움을 한 당사자 간의 분쟁에 대한 재판권 행사,33) 좌경(坐更) 업무, 승시(陞試)·상제(庠製) 등 과거시험이 아닌 시험에 대한 공고 업무, 제술(製述) 시험과 전강(殿講)의 참여문신과 불참문신 명단 작성, 방역에 응역할 사람의 초출,34) 굶어죽거나 얼어 죽은 사람을 매장하고 이를 보고하는 업무,35) 전염병 발생시 교

---

25) 『經國大典』, 吏典, 京官職, 京衙前.
26) 『태종실록』 권5, 태종 3년 4월 정묘.
27) 『태종실록』 권5, 태종 3년 5월 계묘.
28) 『세종실록』 권95, 세종 24년 2월 병오.
29) 『태종실록』 권22, 태종 11년 10월 을사.
30) 『문종실록』 권10, 문종 1년 10월 정축.
31) 『성종실록』 권140, 성종 13년 4월 경자.
32) 『성종실록』 권66, 성종 7년 4월 계미; 『성종실록』 권191, 성종 17년 5월 무진.
33) 『정조실록』 권32, 정조 15년 4월 무신.
34) 『숙종실록』 권16, 숙종 11년 8월 기유.
35) 『숙종실록 권30, 숙종 22년 2월 병오;『숙종실록』 권32, 숙종 24년 12월 경술.

외의 병막에 대한 실태 보고,[36] 사치 풍조에 대한 금단,[37] 진휼 대상
자의 초출,[38] 도랑이나 경회루 준설 시 방민 초출 및 준설 업무 감
독,[39] 금주령 단속,[40] 여가탈입(閭家奪入) 사례 적발 보고,[41] 혼기를
놓친 남녀에 대한 보고,[42] 도성 안의 좌경(坐更)에 대한 감독 업무,[43]
비가 내려 무너진 민가에 대한 조사 보고 업무,[44] 도하(都下) 미가(米
價)에 대한 조정 업무,[45] 외방에서 서울에 몰려든 유민에 대한 조사
보고 업무[46] 등을 담당하고 있다.

이러한 사례들은 조선 전기에 비해 오부의 행정 기능이 대폭 강화
되고 있음을 보여 준다. 서울의 도시화가 진전되면서 오부의 행정 기
능이 강화된 것이다. 행정 기능이 강화라는 측면 외에 주목해야 할
점은 오부가 민간의 사소한 분쟁을 처결할 수 있는 재판권을 행사한
다는 점이다. 이는 곧 오부가 지방의 군현과 다를 바 없는 목민관청
으로서의 지위를 획득했음을 의미하는 것이다.

오부의 목민 업무가 강화되자. 오부 관원의 성격 또한 변하였다.
오부의 행정 책임자는 15세기 중엽 이래 종6품직인 주부였으나, 1742
년(영조 18)에 도사(都事)로 고쳤고, 그 밑의 참봉(參奉)은 봉사(奉事)로 개

---

36) 『숙종실록』 권32, 숙종 24년 10월 계축;『정조실록』 권25, 정조 12년 6월 계묘.
37) 『숙종실록』 권37, 숙종 28년 8월 기축;『영조실록』 권56, 영조 18년 11월 경신.
38) 『숙종실록』 권61, 숙종 44년 5월 기유;『영조실록』 권53, 영조 17년 3월 병자.
39) 『숙종실록』 권49, 숙종 36년 9월 병신;『영조실록』 권59, 영조 20년 5월 정해.
40) 『영조실록』 권18, 영조 4년 6월 정유;『영조실록』 권23, 영조 5년 8월 임술.
41) 『영조실록』 권30, 영조 7년 7월 신미;『영조실록』 권56, 영조 18년 10월 경인.
42) 『영조실록』 권57, 영조 19년 2월 병오.
43) 『영조실록』 권120, 영조 49년 5월 갑자;『정조실록』 권3, 정조 1년 3월 임신.
44) 『정조실록』 권32, 정조 15년 6월 병인.
45) 『정조실록』 권23, 정조 11년 정월 무자.
46) 『순조실록』 권15, 순조 12년 3월 기축.

칭하였다. 주부를 도사로 개칭하면서 도사직은 사대부 중에서 지망 (地望) 있는 자를 가려 임명토록 하였다. 다만 도사는 사대부 중에서 선임하였지만, 봉사 자리는 중서인(中庶人) 중에 재주 있는 자를 뽑도 록 정식화하여 중서인들도 관직에 나갈 수 있도록 배려하였다.47) 중 서인 중에서 선임된 주부는 지체가 낮고 보잘것없어 관인으로 자처 할 수 없었을 뿐만 아니라, 여러 행정 명령이 제대로 시행될 수 없었 기 때문에, 오부 책임자의 명칭과 자격을 격상시킨 것이다.

오부의 행정 기관으로서 지위가 격상된 원인은 형조와 같이 오부 가 사송 아문(詞訟衙門)으로서의 성격을 지녔기 때문이었다. 그러므로 1743년(영조 19)에는 오부의 도사에게도 형조의 낭관과 마찬가지로 여 섯 달이 지나면 고을 수령에 제수하는 자격을 부여하였으며,48) 그 이 듬해에는 오부의 봉사직도 도사직과 마찬가지로 근무 일수를 계산하 여 승진하는 자리로 삼고 있다.49)

그러나 이처럼 오부 관원의 지위를 격상시켰음에도 불구하고, 경 각사(京各司)의 직임(職任)에 비해 오부 관원의 직위는 낮아 모든 상사 (上司)와 각 군문에서 침책이 심했다.50) 그러므로 1791년(정조 15) 한성 판윤 구익(具㢠)이 오부 관원의 직책에 대하여

오부의 관직은 곧 사대부의 음관(蔭官) 자리로서 직무는 가장 많으면 서 관직의 모양새는 매우 박하기 때문에 누구나 기피하고 있습니다. 그리고 하속들도 오래 앉아 있을 생각을 하지 않아 위엄과 명령으로

---

47) 『영조실록』 권56, 영조 18년 10월 기해.
48) 『영조실록』 권57, 영조 19년 정월 계미.
49) 『영조실록』 권59, 영조 20년 2월 을해.
50) 『비변사등록』 128책 영조 31년 4월 25일.

통솔하기를 기대할 수 없습니다. 이제 만약 성상의 하교에 의해 봉사는 참하관(參下官)의 도사(都事)로 고쳐서 30개월이면 승륙(陞六)할 수 있는 자리로 만들고 도사는 낙양령(洛陽令)의 뜻을 따라 6품에 오른 달수가 찬 자에게는 송사에 관한 직무를 겸임시켜 5품으로 올려주되 이름을 영으로 고친다면 관직 명칭도 깨끗해짐과 동시에 근거도 있으므로 장차 골라서 임명하고 또 임명되기를 바라는 자리가 될 것입니다[51]

라고 건의하였다. 정조는 "평범한 낭관들도 수령으로 나가는데, 오부 관리는 송사를 처결하는 임무를 관장하고, 목민의 책임도 지기 때문에 수령으로 나가는 것이 당연하다"고 하여, 이 건의를 받아들였다. 1791년 오부의 관직은 종6품직인 도사를 종5품직인 영으로 고쳤고, 종8품직인 봉사를 종7품직인 참하관의 도사로 고쳐서 30개월간 근무를 마치면, 6품직으로 승진할 수 있는 자격을 부여하는 한편, 도사직에는 생원이나 진사가 아니면 차정될 수 없도록 규정하였다.[52] 이상과 같은 변화를 거친 결과, 19세기 중엽의 오부 관원은 각 부마다 영 1인, 도사 1인으로 구성되었으며,[53] 이속으로는 서원 4인, 사령 8인, 대청직(大廳直) 1인, 군사 2인이 있었다.[54]

이속들의 요포(料布)는 1685년(숙종 11) 방역사목(坊役事目)을 개혁하기 이전에는 차비계(差備契)에서 보충하였으나, 방역 개혁으로 차비계가 혁파되자, 그 대신 방역에서 면제되는 사족(士族) 출신, 삼의사(三醫司),

---

51) 『정조실록』 권32, 정조 15년 4월 무신.
52) 『大典會通』 권1, 吏典 五部.
53) 『大典會通』 권1, 吏典 五部.
54) 『東國輿地備攷』 五部.

제상사(諸上司) 서리와 무솔정지류(無率丁之類)들에게 돈을 거두어 요포(料布)로 삼았다. 그러나 이들 돈을 내는 호가 점차 줄어들어 요포를 마련할 길이 없기 때문에 오부의 이속들이 도산하는 경우도 있었다.[55] 그러므로 정부에서는 각종 금제를 어긴 자들에 대한 속전(贖錢) 징수나,[56] 호는 서울에 있으나 보인(保人)은 경기 지역에 있는 경기병(京畿兵)이 내는 보포(保布)를 징수하여 수입을 삼도록 하였다.[57] 이속들에 대한 정규적인 늠료(廩料)가 없었기 때문에 오부는 관부로서의 위세를 드러낼 수 없었다. 이 문제는 1742년(영조 18) 오부의 이속에게 늠료를 지급함으로써 오부 소속 이속들도 일반 관청의 이속과 동일한 지위를 지니게 되었다.[58]

18세기를 거치면서 오부는 그 행정 책임자의 위상이 격상되었을 뿐만 아니라, 이속의 늠료가 정규적으로 지급되었기 때문에 어엿한 목민관청으로서의 위상을 갖추게 된 것이다. 오부가 일반 군현과 동일한 위상을 지녔음은 1781년(정조 5) 전 현감 심정진(沈定鎭)이 향약의 전국적 실시를 주장하는 다음의 상소에서도 잘 나타난다.

대저 향약(鄕約)은 삼대(三代)의 유의(遺意)입니다. (중략) 전하께서 사도(師道)를 스스로 맡으셔서 안으로는 대사성(大司成)을 향약청

---

55) 『승정원일기』 333책, 숙종 15년 1월 7일. "五部殘弊特甚 自前賴以扶持者 惟在於 差備契 而頃年坊役事目改磨鍊時 差備契之規 盡爲革罷 各部中 如士族出身 三醫 司諸上司書吏無率丁之類 除其坊役 收捧錢文 以爲各其部書員使令輩料布之資 當 初變通 固出於均役之意 而行之未久 弊端隨生 所謂納錢之類 逐年減少 時存之戶 亦不能一一收捧 下人輩料布 他無出處 白地立役 其勢不應支堪 每每逃散."

56) 『영조실록』 권48, 영조 15년 정월 임자.

57) 『영조실록』 권29, 영조 7년 6월 신축; 『영조실록』 권50, 영조 15년 9월 경술.

58) 『영조실록』 권56, 영조 18년 10월 기해.

의 장으로 삼고 오부의 관원을 부장(副長)으로 삼고 각 부의 사대부 가운데 덕행이 있는 사람을 차장(次長)으로 삼으며, 밖으로는 팔도의 도신(道臣)을 팔도 향약의 장으로 삼고 360주의 수재(守宰)와 각 주의 사대부 가운데 덕행이 있는 사람을 서울의 제도와 같이 부장과 차장으로 삼으면, 그 효험은 처음부터 금방 알 수 있을 것입니다.[59]

즉 서울에서는 성균관 대사성을 향약청의 장으로 삼고, 오부의 도사를 부장으로, 8도는 관찰사를 향약청의 장으로, 각 군현의 수령을 부장으로 삼아 전국적으로 향약을 실시하면 그 효과가 금방 드러난다는 주장인 것이다. 여기서 주목해야 할 점은 오부의 도사를 지방 군현의 수령과 동일한 지위로 인식하였다는 점이다. 조선 후기 서울이 상업 도시로 전환되고, 인구도 크게 늘었기 때문에, 한성부의 오부는 일반 군현과 다를 바 없는 지위를 획득하였던 것이다.

3. 방의 행정 기능과 방제(坊制)의 변동

1) 방의 행정 기능과 조직

방은 원래 중국 도성 내부에 격자형 도로로 구획된 각 부분을 방이라고 일컬었던 데서 유래된 것이다. 중국에서는 방에 면한 길쪽으로는 주택의 대문을 낼 수 없을 정도로 관리가 엄격했다.[60] 한성부

---

59) 『정조실록』 권12, 정조 5년 11월 신축.
60) 중국의 도성은 内城(子城)과 外城(羅城)으로 구획되었고, 내성 안에는 궁궐이 자

오부 산하의 행정 단위로 설정된 방도 태조의 한양 건설 계획 당시에는 중국과 마찬가지로 격자형 도로를 기준으로 구획된 것으로 보인다. 이는 1405년(태종 5) 개경에서 다시 한양으로 환도한 이후 한양의 도로 사정을 전하는 다음의 자료에서 잘 알 수 있다.

전에는 도성 오부의 각 방에 방명(坊名)을 세워서 변별하였는데, 지금 이것이 모두 퇴락하였습니다. 방의 이름, 다리의 이름, 거리의 이름을 다시 세우도록 하십시오. 원래 성내의 큰 길 외에 동네의 길도 모두 평평하고 곧아서 차량의 출입이 편리하였습니다. 그런데 지금 무지한 사람들이 자기의 주거를 넓히려고 길을 침범해 울타리를 만들거나, 혹은 툭 튀어나오게 집을 지었기 때문에 길이 좁고 구불구불해졌습니다. 심지어 집이 길을 막아서 다니기 불편할 뿐만 아니라 화기(火氣)도 두렵습니다. 바라건대 도로를 살펴 전과 같이 넓게 닦도록 하십시오.[61]

즉 조선 초기 서울 도성을 건설할 때, 큰길뿐만 아니라 동네의 좁은 길들도 모두 평평하고 곧게 건설하였다는 것이다. 한양은 계획된 도시로 건설되긴 했지만, 도읍으로서 자기 모습을 갖추는 과정은 매우 복잡하고 다양했다. 우선 태조의 한양 천도와 한양 건설은 도시

리하였기 때문에, 내성 밖과 외성 사이의 공간이 이른바 도시 공간이었다. 이 내성과 외성 사이의 공간에 격자형 도로를 건설하고, 이 도로를 기준으로 방을 구획하였다. 이러한 중국 도성의 방제는 송대 초까지는 유지되었으나, 송나라의 수도인 開封의 상업적 번성에 따라 점차 이완되어, 11세기 전반에는 방제가 완전히 붕괴되었다고 설명된다. 이에 대해서는 山根幸夫, 1994 앞의 논문 참조.

61) 『태종실록』 권13, 태종 7년 4월 갑진.

설계-도시 건설-이주라는 순차적 과정을 거친 것은 아니었다. 1394년(태조 3) 한양 천도 결정과 동시에 한양 이주가 시작되었고, 신도시 건설은 개경 주민의 한양 이주와 동시에 이루어졌다. 태조 때의 한양 설계안은 중국 도읍과 마찬가지로 격자형 도로망에 기초한 방이 구획되었을 것으로 추정된다.[62] 그러나 천도 5년 후인 1399년(정종 원년) 개경으로 환도하여 한양의 도시 건설은 중단되었다. 그리고 1405년(태종 5) 다시 한양으로 환도하면서 도시 시설은 재건설되기 시작하였다.[63]

앞서 본 자료는 1407년(태종 7) 환도한 지 2년이 된 시점에서 태조 때 건설되었던 도로와 방 체제가 상당히 훼손되어 재정비할 필요성을 언급하고 있는 자료다. 그러므로 태조의 한양 천도 당시 도로 계획은 격자형 도로였으리라 짐작된다. 동아시아 도성의 일반적 도로 형태가 격자형 도로이기 때문이다. 그러나 오늘날 남아 있는 도로 흔적에서 대로를 제외하고는 격자형 도로 형태가 발견되지 않는다. 태조의 한양 천도와 함께 이루어진 한양 건설 당시에는 대로 중심의 간선 도로망만이 계획에 따라 격자형으로 완성되었고, 동리의 좁은 길까지는 완전히 개설되지 않았던 것으로 짐작된다.[64] 그리고 1405년(태종 5) 한양으로 환도할 때에도 동리의 좁은 길은 격자형 도로망으

---

62) 이처럼 격자형 도로를 구획 기준으로 하여 방이 구획되었기 때문에, 1461년(세조 7)에 성저십리 지역이 도성 안의 오부에 편제되었지만, 도성 밖 지역은 방제로 구획되지 않았던 것으로 보인다. 도성 밖 지역에 방이 설치되는 것은 후술하듯이 도성 밖 인구가 급격히 증가하는 17세기 후반 이후의 일이다. 이 시기는 이미 방이 격자형 도로로 구획된 공간의 의미를 완전히 상실하였기 때문에 도성 밖에 방의 설치가 가능했다고 생각된다.

63) 한양 건설과정에 대해서는 본서 2장 참조.

64) 손정목, 앞의 책 337쪽 참조.

로 건설되지 못하였다. 주민들의 주거지가 산재하여 격자형 도로를 다시 개설하기 어려웠기 때문이다.

방은 조선 전기 한성부의 최말단 행정 조직이었다.[65] 중앙 정부에서 발해진 각종 명령은 방의 행정 책임자인 관령(管領)까지 미치고 있었다. 예컨대 1489년(성종 20) 왕이 내리는 풍속 교화에 관한 교서(敎書)는 한성부 오부 산하의 방을 최후의 단위로 하여 반포되고 있었으며,[66] 한성부에서 발하는 각종 방문(榜文) 게시의 최종 단위도 방이었다.[67] 후술하듯이 조선 후기 계(契)가 발생하여 기능하기 이전까지는 한성부―오부―방으로 이어지는 행정 체계가 모든 정령을 발하고, 주민을 통제하는 기본적인 행정 편제였던 것이다. 정부의 각종 행정 명령이 수행되는 구체적인 체계는 다음의 두 자료에서 살필 수 있다.

> 도성의 민호는 오부에 예속되었으므로 국가에서는 반드시 오부에 명령하고, 각 방의 관령에게 명령하는데, 이 명령을 백성이 늦게라도 시행하면 오부에서 가동(家僮)을 가두고, 또 관령을 붙잡아서 태형을 가합니다. 관령은 이를 구실로 독기(毒氣)를 마음대로 부리면서 백성을 온갖 방법으로 침해합니다. 관령은 혹은 무리를 불러 모은다고 칭하고 혹은 신사(神祀)라고도 칭하면서 이문(里門) 밖에 준비해 놓으라고 하니, 관내의 민호들은 포물(布物)을 가져다주고는 면피하고자 합니다. 그렇지 아니하면 반드시 후일의 보복이 있게 되므로, 비록 가난하고 궁핍한 사람이라도 감히 남에게 뒤질 수는 없게 되니,

---

65) 조선 초기 행정 편제상으로는 방의 하부에 이가 존재하긴 했지만, 이는 후술하 듯이 단순한 호의 편제 단위로서만 기능한 것이었다.

66) 『성종실록』 권229, 성종 20년 6월 계묘.

67) 『광해군일기』 권168, 광해군 13년 8월 경진.

> 빈궁한 백성이 더욱 빈궁하게 되는 것은 이런 이유 때문입니다.[68]
> 장령(掌令) 이세광(李世匡)이 아뢰기를, 오부의 관원들이 오로지 관령에게만 위임하여 인구의 수를 조사하고 있으므로, 관령들이 반드시 매인에게 쌀 한 되씩을 받고서야 이름을 등록하는 등 범람함이 더할 수 없습니다. [69]

여기서 보듯이 한성부의 행정 명령은 오부를 경유하여 방의 관령에게 하달되었다. 방은 최말단 행정 단위이긴 했지만, 건국 초기의 관령은 오부 관원과 달리 정식 관원은 아니었고 자치적인 차원에서 임명되는 직위였다. 관령은 방내 주민 중에 '문자 해독 능력이 있는 자'를 차정했고,[70] 보통 6개월 만에 교체되었다.[71]

관령은 자치적인 차원에서 차정하는 직위였기 때문에 이에 적합한 자를 뽑는 것도 쉽지 않았다.[72] 자치적인 직임이었던 관령은 1428년(세종 10) 종8품이나 종9품의 무반잡직인 대장(隊長)·대부(隊副), 체아직(遞兒職)으로 삼음으로써 정식 관원으로 편입시켰다. 또한 과거에 유직자(有職者)가 관령의 직임을 수행할 경우에는 행직(行職)을 주는 제도가 도입되었다. 이때부터 관령은 근무 실적을 살펴 서용(敍用)되는 직위가 되었으며, 관령이 법을 어겼을 경우에도 한성부와 오부 이외의 관청에서는 함부로 논죄하지 못하도록 하였다. 지위가 낮은 관령에 대해 다른 관청의 침학으로부터 보호하는 조치도 취해진 것이다.[73]

---

68) 『연산군일기』 권38, 연산군 6년 8월 신해.
69) 『성종실록』 권140, 성종 13년 4월 경자.
70) 『성종실록』 권14, 성종 3년 정월 임인.
71) 『태종실록』 권13, 태종 7년 4월 갑진.
72) 『세종실록』 권40, 세종 10년 4월 기축.

1428년(세종 10) 정식 관원화된 관령에 대한 규정은 『경국대전』에 그대로 반영되어 법제화되었다. 『경국대전』의 규정을 보면, 관령의 근무 기한은 초기 6개월이었던 것과 달리 1,542일이었다. 근무 일수를 채우면 품계가 올라갔으며, 일부는 종6품직의 영직(影職)으로 자리를 옮길 수 있었다. 근무 일수를 채운 자가 계속 근무를 원할 경우 385일을 더 근무할 수 있었다.[74] 관령들은 방내에 도적 등 치안 관련 사건이 발생했을 때 이를 은폐하여 보고하지 않을 경우,[75] 그리고 방내 주민 중 5명 이상의 도망자가 발생했을 경우에는 일반 관원과 마찬가지로 제서유위율(制書有違律)로 처벌을 받았다.[76]

관령은 각 방마다 1명씩 두는 것이 원칙이었다.[77] 그러나 49방 체제였던 세종 때, 도성 안 오부의 관령 수는 46인으로 조사된 것으로 보아,[78] 일시적으로 관령이 임명되지 않은 방도 있었던 것으로 보인다. 조선 초기 관령들의 주된 업무는 매월 초 1일과 16일에 방내에서 일어난 일들을 한성부나 오부에 정기적으로 보고하는 것이었다.[79] 그리고 세종 때부터는 방제가 아닌 면리로 편제되었던 성저십리에도 15인의 관령을 두어 통할하게 하였다. 성 밖의 관령은 도성 안과 달리 권농관이 그 직임을 겸하였다.[80]

방의 행정 기능은 법전 기록에서는 찾을 수 없지만, 대체로 오부의

---

73) 『세종실록』 권40, 세종 10년 윤4월 기축.
74) 『經國大典』 권4, 兵典 番次都目 管領.
75) 『세조실록』 권31, 세조 9년 12월 무자.
76) 『經國大典』 권5, 刑典 逃亡.
77) 『경국대전』 권2, 戶典, 戶籍.
78) 『세종실록』 권40, 세종 10년 4월 기축.
79) 『세종실록』 권115, 세종 29년 3월 계미.
80) 위와 같음.

행정 기능을 보좌하는 역할을 했던 것으로 보인다. 『조선왕조실록』
에 나타난 방의 구체적 기능을 살펴보면, 각 방마다 물독 두 곳을 두
어 화재를 방지하는 기능, 불효·불제(不悌)한 자, 술을 마시고 서로
싸우는 자, 이웃과 화목하지 못한 자를 항상 살펴서 오부에 보고하는
기능,[81] 무당의 적발과 보고,[82] 규정을 어겨 호화 주택을 지은 자의
적발과 보고,[83] 방에서 발생한 각종 사건에 대한 보고,[84] 주민 중 허
위 입적되거나 무적자(無籍者)의 적발과 보고,[85] 살인 사건에 대한 보
고,[86] 금주 및 금도(禁屠)에 대한 감시,[87] 좌경을 감독하거나 도성 안
에 설치된 경수소(警守所)의 직숙(直宿),[88] 도적이나 강도 발생을 막기
위한 동네의 순검,[89] 주민에 대한 호적 파악과 조사 단속(査揗)[90] 등
실제 방에서 일어난 여러 사건을 오부나 한성부에 보고하거나 화재
및 강도, 절도 예방 업무가 주된 것이었다. 이 사례들에서 보듯이 관
령은 오부 관원처럼 백성들의 분쟁을 처결하거나, 사소한 범죄자를
처벌하는 목민관의 기능은 없었고, 주로 치안과 교화, 주민 동태 보
고 등 자치적인 업무를 담당하였다.
　　조선 후기에도 방의 행정 기구상의 지위와 기능은 큰 변동이 없었

---

81) 『태종실록』 권13, 태종 7년 4월 갑진; 『세조실록』 권 13, 세조 4년 7월 계축.
82) 『세종실록』 권101, 세종 25년 8월 정미.
83) 『세종실록』 권95, 세종 24년 2월 병오.
84) 『문종실록』 권7, 문종 1년 4월 신미.
85) 『세조실록』 권16, 세조 5년 6월 을축.
86) 『중종실록』 권93, 중종 35년 6월 임술.
87) 『태종실록』 권22, 태종 11년 10월 을사.
88) 『문종실록』 권2, 문종 즉위년 6월 기묘.
89) 『성종실록』 권14, 성종 3년 정월 임인; 『연산군일기』 권47, 연산군 8년 12월 무오.
90) 『중종실록』 권45, 중종 17년 8월 무자.

다. 다만 후술하듯이 방의 하위에 계를 두고 행정 기능을 담당하게 함으로써 방의 행정 기구상의 지위도 강화되었다.

조선 후기 방의 인구 규모는 어느 정도였을까. 반계 유형원은 17세기 중엽 한성부의 방은 500호를 기준으로 획정되었다고 말하고 있다.[91] 1789년 『호구총수』에 나타난 각 방별 호구수를 보면 다음의 〈표 7-2〉와 같다.

〈표 7-2〉 1789년 『호구총수』에 나타난 각 방별 호구 수

중부			동부			서부			남부			북부		
방	호	구	방	호	구	방	호	구	방	호	구	방	호	구
정선	779	4,001	연화	1,175	5,545	양생	687	3,394	명철	1,614	5,371	순화	1,167	5,917
관인	450	2,123	경모궁	776	4,026	인달	798	4,110	훈도	1,027	6,095	안국	229	1,275
견평	512	2,535	숭교	839	4,276	적선	689	3,306	낙선	1,167	6,021	가회	252	1,765
서린	300	1,216	건덕	471	1,868	여경	706	3,402	광통	372	2,176	의통	158	865
수진	498	2,271	창선	689	2,426	황화	950	5,975	명례	571	3,821	관광	652	2,297
장통	791	4,169	숭신	1,241	3,886	반석	2,956	13,882	대평	343	2,343	진장	346	1,578
경행	515	2,859	인창	2,511	7,683	반송	2,791	12,971	회현	989	6,550	양덕	124	908
징청	237	1,012				용산	4,617	14,915	성명	814	5,189	준수	204	994
						서강	2,168	6,239	둔지	1,241	3,589	광화	202	692
									두모	1,425	4,484	상평	560	1,939
									한강	406	1,145	연의	1,279	4,173
												연은	631	1,876
8	4,087	20,186	7	7,702	29,710	9	16,371	68,194	11	9,970	46,784	12	5,804	24,279

〈표 7-2〉에서 보듯이 도성 밖의 반송방·반석방·용산방·서강방·숭신방·인창방·둔지방·두모방·연희방은 모두 1천 호를 넘었고, 용산방은 4,617호로, 도성 안 지역인 중부 전체의 호수 4,082호보다 많았다. 17세기 후반 이후 외부에서 몰려든 인구가 도성 밖 한강

91) 『磻溪隨錄』 田制後錄 2 鄕里.

변에 집중 거주하였기 때문에 용산방의 호구가 크게 늘었던 것이다.

방의 호수가 적은 지역은 대부분 도성 안 지역이었다. 특히 북부의 양덕·의통·준수·광화·가회·안국방은 200호 내외의 지역으로 500호를 밑돌고 있다. 도성 안의 북부 지역은 전통적으로 양반이 다수 거주하는 곳이었다.[92] 이들 지역의 가옥들은 대형 가옥을 형성하고 있기 때문에 호수가 조선 전기와 비교하여 크게 늘지 않았다. 북부 지역 외에 중부의 서린방·징청방도 300호 이내의 호구 수를 기록하고 있다. 이들 지역도 북부의 광화·가회방과 같이 전통적인 도성 안 지역으로 인구의 밀집도가 높지 않은 지역이었다.

1789년 47방의 평균 호수는 935호이며, 인구는 3,860명이다. 이렇게 보면, 도성 안의 방은 500호를 기준으로 300호 내외의 증감을 나타내고 있지만, 도성 밖의 경우는 이를 훨씬 상회하여 1,000호 이상의 방이 대다수였다.

2) 방제(坊制)의 시기적 변동

한성부의 방 편제는 시기에 따라 변화가 많았다. 방제의 변화를 표로 나타내면 다음의 〈표 7-3〉과 같다.

〈표 7-3〉에서 보듯이 한성부의 방 편제는 건국 초기 52방이었다가, 『세종실록지리지』 단계에는 서부의 영견방(永堅坊)·인지방(仁智坊)·취현방(聚賢坊) 등 3개방이 폐지되어 49방으로 줄어, 임란 이후까지 그대로 유지되었다. 조선 초기 52방에서 49방으로 줄어든 까닭은 실제

---

92) 『승정원일기』 867책, 영조 14년 정월 15일. "北部參奉 柳綵 (중략) 本部言之 只是
　　三十二契 而兩班多而民少 閑丁何以得之也."

거주 인구수를 반영하여 방의 수를 개편하였기 때문으로 생각된다. 건국 초기 방제는 실제 거주 인구수를 고려한 것이 아니라 설계도상에서 획정된 공간에 근거하여 편성되었을 것이다. 그 후 태종 때 환도와 세종 때 정비 과정을 거치면서 각 방의 거주 인구가 차이를 나타내자 실제 거주 인구수에 근거하여 개편하였던 것으로 보인다.

〈표 7-3〉 한성부 방제(坊制)의 시기별 변화

시기	중부	동부	남부	서부	북부	계
1405	정선방 광행방 관인방 수진방 징청방 장통방 서린방 견평방	연희방 숭교방 천달방 창선방 건덕방 덕성방 서운방 연화방 숭신방 인창방 관덕방 흥성방	광통방 호현방 명례방 대평방 훈도방 성명방 낙선방 정심방 명철방 성신방 예성방	영견방 인달방 적선방 여경방 인지방 황화방 취현방 양생방 반석방 신화방 반송방	광화방 양덕방 가회방 안국방 관광방 진정방 순화방 명통방 준수방 의통방	52방
세종대	위와 같음	위와 같음	위와 같음	인달방 적선방 여경방 황화방 양생방 반석방 신화방 반송방	위와 같음	49방
1751	위와 같음	숭교방 창선방 건덕방 연화방 숭신방 인창방	광통방 호현방 명례방 대평방 훈도방 성명방 낙선방 명철방 두모방 한강방 둔지방	인달방 적선방 여경방 황화방 양생방 반석방 신화방 반송방 용산방 서강방	위와 같음	43방
1789	위와 같음	숭교방 창선방 건덕방 연화방 숭신방 인창방 경모궁방	위와 같음	위와 같음	광화방 양덕방 가회방 안국방 관광방 진정방 순화방 명통방 준수방 의통방 상평방 연희방 연은방	47방

전거: 1405년: 『太祖實錄』 권9, 태조 5년 4월 丙午 91면; 세종대: 『世宗實錄地理志』 京都 漢城府; 1751년: 『御製守城綸音』 「都城三軍門分界摠目」; 1789년: 『戶口摠數』 漢城府

49방 체제는 17세기 중엽 이후 외부 유민의 서울 집주에 따라 경강변에 많은 인구가 늘면서 변동하였다. 17세기 중엽에 남부의 두모방·한강방·둔지방, 서부의 용산방·서강방 등이 신설되었다. 이때 신설된 5개방은 모두 경강변 지역이었다. 또한 어느 시기인지는 명확하지 않지만, 18세기 중엽 이전 동부의 연희방(延禧坊)·천달방(泉達坊)·덕성방(德成坊)·서운방(瑞雲坊)·흥성방(興盛坊)·관덕방(觀德坊), 남부의 성신방(誠身坊)·정심방(貞心坊)·예성방(禮盛坊), 서부 신화방(神化坊), 북부 명통방(明通坊) 등 도성 안의 11개방이 폐지되었다. 17세기 후반 경강변 5개 방의 신설에 이어 1788년(정조 12)에 북부의 상평방·연희방·연은방, 동부의 경모궁방(景慕宮坊)이 신설되어 47방으로 늘었다.[93] 5부 47방 체제는 1865년(고종 2)에 편찬된 『육전조례』에서도 변함없이 유지되었고, 1894년 갑오개혁 때도 한성부 오부의 명칭이 오서(五署)로 개칭되고, 방명의 일부가 개칭되긴 했지만, 그대로 유지되었다.[94]

이와 같은 방제의 변화는 조선 후기 도시 구조의 변화를 반영하는 것이다. 조선 후기 신설된 두모방·한강방·둔지방·용산방·서강방·상평방·연희방·연은방은 모두 성 밖 지역으로서 한강변이거나 또는 서울과 의주를 잇는 주요 도로변인 북부 지역이었다. 이것은 조선 후기 서울의 도시 공간이 도성 밖으로 팽창하고 있음을 보여 주는 것이다. 또한 한강변 지역은 한강 뱃길을 이용한 상품 유통의 발달로 경강이 전국의 상품 유통 중심지로 성장하였기 때문에 인구가 집중

---

93) 『정조실록』 권26, 정조 12년 10월 갑진.

94) 이상 조선시대 한성부 坊制의 변동에 대해서는 고동환, 1998 『조선 후기 서울상업 발달사연구』, 지식산업사, 61~67쪽 참조.

적으로 거주하였고, 서울과 의주를 잇는 도로는 조선 후기 대청무역의 활성화에 따라 이 지역에 거주 인구가 증가하였던 것이다. 요컨대 조선 후기 서울의 도시 공간 확대는 상업적 번성과 밀접한 관련을 지니고 있는 것이다.

방제의 신설과 폐지를 도시 주민의 주거 분포를 반영하는 지표로 이해할 수 있다고 한다면, 이와 같은 방제의 변화를 통해 우리는 조선 후기 서울의 도시 공간이 도성 밖으로 대폭 확대되었다고 이해할 수 있다. 즉 도성 밖의 인구가 증가함에 따라 조선 후기에는 도성 밖에 집중적으로 방이 신설되었고, 도성 안의 인구 희소 지역은 방이 폐지되었다. 이러한 것은 주거 분포의 반영일 뿐 아니라 방제의 근본적 변화도 동반하는 것이다. 즉 조선 초기 격자형 도로 구획을 기초로 형성되었던 방제와는 달리 조선 후기 방제는 주로 주민수를 기초로 구획된 행정 단위로서의 성격을 지니게 된 것이다.

4. 이(里) · 동(洞) · 계(契)의 기능과 그 변동

1) 조선 초기 한성부 주민의 편제 방식과 이(里)의 성격

방 하부에는 이 · 동 · 계 등이 있었다. 공식적인 행정 기구인 오부 방과 달리 이 · 동 · 계는 주민들의 자치조직의 성격이 강하기 때문에, 구체적인 운영 상황을 알 수 있는 자료는 드물다. 그러므로 조선 초기 방의 하위 편제를 살피기 위해서는 정부에서 한성부 주민들을 어떻게 파악하고 있는지를 우선 고찰하지 않으면 안 된다.

한성부 주민을 편제하는 방식으로 처음 도입된 것은 1407년(태종 7)

경부터 논의되다가,[95] 그 이듬해인 1408년(태종 8)에 시행된 인보법(隣保法)이었다.[96] 1405년(태종 5) 한양 환도 직후에 한양 주민을 어떠한 방식으로 편제할 것인가에 대한 논의가 제기되었고, 그 결과 인보법으로 정리된 것이다. 인보법은 10호마다 통주(統主)를 두고, 50호에 두목(頭目)을 두며, 100호에 총패(摠牌)를 두어,[97] 호구의 증감과 이동, 인물의 양천(良賤), 군민(軍民)의 장약(壯弱), 출생과 사망 등을 파악하고자 한 것이었다.[98] 정장(正長)으로도 불렸던 통주는 항산(恒産)이 있고 믿을 만한 자를 가려 차정하였고,[99] 두목은 지혜 있고, 근검한 사람을 뽑아 정했다.[100] 인보의 최소 단위를 10호라고 설정했지만 1435년(세종 17) 전 형조판서 신개(申槩)가 올린 도적 방지법에 대한 상언에서 '경중오가인보(京中五家隣保)'라는 표현에서 보듯이,[101] 5호로 편성되는 경우도 있었다.

조선 초기 인보법은 세조 초부터 오가통법(五家統法)으로 변모되어,[102] 『경국대전』 단계에는 오가작통법으로 법제화되었다. 즉 "서울과 지방은 5호를 1통으로 하여 통주를 둔다. 지방은 매 5통마다 이정을 두고, 1면마다 권농관을 두며, 서울은 매 1방마다 관령을 둔다"라

---

95) 『태종실록』 권13, 태종 7년 정월 甲戌. 태종대 규정된 隣保法조항은 그대로 법제화되어, 『經濟續六典』의 戶典 隣保條에 반영되었다(『세종실록』 권91, 세종 22년 11월 을축).

96) 『태종실록』 권16, 태종 8년 11월 정묘.

97) 『세종실록』 권79, 세종 19년 12월 기묘.

98) 『태종실록』 권14, 태종 7년 11월 임자.

99) 『태종실록』 권13, 태종 7년 정월 갑술.

100) 『세종실록』 권76, 세종 19년 정월 계사.

101) 『세종실록』 권68, 세종 17년 6월 갑인.

102) 有井智德, 1966 「李朝初期의 戶籍法について」, 『朝鮮學報』 39·40 합집.

는 『경국대전』 호전 호적조의 규정처럼 주민 편제 방식이 오가통법으로 정리되는 것이다.[103] 오가통법에서는 5가를 1통으로 하고, 통에는 통주를 두었으며, 5통마다 정(正)을 두었고, 100가인 20통마다 이장(里長)을 두었으며, 200가인 2리마다 유사를 두는 것이었다. 통주는 오가통법의 기본 편성 단위인 통의 대표로서 통내의 호구 동태를 정확히 파악하여 이정에게 보고할 의무가 있었다.[104]

그러나 조선 초기에는 십가작통(十家作統)의 방식도 여기저기 보인다. 예컨대 도성 내의 화재 방지를 위한 조직으로 1438년(세종 20) 10가를 1통으로 묶어 1통마다 급수통 5개와 불을 끄는 데 사용되는 불채 5개를 비치하고, 다섯 집은 물을 긷고 나머지 다섯 집은 불채를 가지고 불을 끄도록 한 조처라든가,[105] 1489년(성종 20) 각 방과 이(里)에 10가를 1통으로 만들어 돌아가면서 이문(里門)을 지키도록 하여 도둑을 방지하도록 한 조처[106], 1574년(선조 7) 10가를 1통으로 만들어 황당인(荒唐人)을 금단하고 잡아내도록 한 조처[107] 등의 사례가 그것이다. 이러한 십가일통(十家一統)의 사례는 대부분 금화(禁火), 범죄 예방, 주민 동태 감시 등 주민 통제와 관련을 갖고 있다. 이 점에서 볼 때 주민 통제를 기본 목적으로 삼았던 인보법하의 십가작통 방식이 오가작통제하에서도 일부 계승되고 있음을 알 수 있다.[108]

---

103) 『경국대전』 戶典 戶籍.
104) 『현종개수실록』 권3, 현종 원년 5월 계해.
105) 『세종실록』 권80, 세종 20년 3월 기해.
106) 『성종실록』 권227, 성종 20년 4월 계축.
107) 『선조실록』 권8, 선조 7년 12월 계축.
108) 조선 초기에는 주민에 대한 파악 방식으로 인보법, 오가통법과 동시에 호패법도 시행되었다. 1406년(태종 6) 知平州事 權文毅와 1407년(태종 7) 平壤府尹 尹穆, 1409년(태종 9)의 左獻納 宋希璟, 1412년(태종 12) 大司憲 柳廷顯의 호패법

한양 주민을 편제하는 방식은 이와 같은 인보법이나 오가통법만이 아니었다. 신왕조의 수도였기 때문에, 한양 주민은 향촌민과 달리 왕실을 수호하는 임무가 주어진 자들이었다. 그러므로 조선초 한성부 주민은 오부—방·리라는 행정적 편제와 동시에 잡색군(雜色軍)이라는 군사 조직으로도 편성되었다. 1467년(세조 13) 잡색군 설치 기사를 보면 다음과 같다.

> 문적(文籍)을 모두 조사하여 경중제사(京中諸司)의 서도(胥徒)·복예(僕隸)와 오부의 방리인 모두 7만 6036명을 부오(部伍)로 나누어서 제사(諸司)에 19여(旅)를 두고, 오부에 130여를 두었는데, 2인을 정군(正軍)으로 삼고 3인을 여보(餘保)로 삼아 25인으로 대를 삼았으며, 대에는 정이 있고, 5대를 여(旅)로 삼았다. 여에는 수(帥)가 있고, 3여에 장(將) 1인을 두었으니, 장이 무릇 40인이며, 장호(將號)를 이장(里將)이라 하고, 군호(軍號)를 잡색군이라고 하였다. 장은 번을 나누어 숙위하되, 매 20인씩 서로 교체하게 하고, 서반직(西班職)을 제수하여 종4품에 이르러서 천전(遷轉)하게 하며, 여수(旅帥)·대정(隊正)은 정병(正兵)의 예에 따라 사일(仕日)을 상고해서 품계를 더해 주고, 종5품의 영직(影職)을 제수하게 하였는데, 그날로 이장(里將)

을 시행하자고 주장하였고, 최종적으로 1413년(태종 13) 刑曹參議 黃子厚이 건의에 의해 비로소 호패법은 시행되었다. 그러나 호패법은 곧 유명무실해져 세종대에 여러 차례 재실시하려는 논의가 대두었으나 세종의 완강한 반대로 시행되지 못하다가, 1458년(세조 4) 號牌條件의 마련을 계기로 본격적으로 시행되었다. 이때의 호패법은 관료뿐만 아니라 승려나 천민들을 포함하는 모든 민인들에게 적용되는 것이었다. 조선 초기 시행된 호패법은 호패에 주거하는 면리와 호수, 率子, 率女壻를 모두 기록하였고, 나이와 본관, 형색을 호패의 뒷면에 기록하도록 하였고, 이를 기초로 호적을 작성하였다.

20인을 제수하였다.[109]

즉 도성 주민을 25인=1대, 125인=5대=1여의 잡색군으로 편성하고, 잡색군에는 대정, 여수, 이장을 두었고, 40명의 이장이 20명씩 번을 나누어 숙위토록 하였으며, 이장에게는 서반직을 제수하여 종4품에 이르러 천전(遷轉)하게 했다는 것이다.[110] 오부 방리인 76,036명은 종친이나 문무관료, 여성을 제외한 모든 서울 주민의 숫자로 이해되므로, 조선 초기에는 도성민 전체를 군대 편제로 편성하여 통할하였던 것이다.[111]

잡색군은 원래 영진군(營鎭軍)의 결함을 메우도록 만들어진 군사 동원 체제로서, 평시 훈련에는 참가하지 않았기 때문에 군사력은 기대 밖이었다.[112] 예컨대 1469년(예종 1) 예종이 불시에 대종(大鐘)을 쳐서 문무백관과 도성 사람으로서 군적에 올라 있는 자 모두를 병장(兵仗)

---

109) 『세조실록』 권41, 세조 13년 3월 경인.

110) 주 111)의 정조의 언급에서 坊의 尊位가 里將가 같다는 사실과, 앞서 방의 管領에게 종8품, 종9품 서반직을 제수했다는 사실에서 里將이 坊의 管領과 유사한 직임이었음을 이해할 수 있다.

111) 正祖도 "洞에 掌이 있는 것은 곧 隊에 正이 있는 것과 같고 里에 任이 있는 것은 旅에 帥가 있는 것과 같다. 坊과 契의 존위는 部將과 같고 각부의 관원은 五衛와 같으며 亞尹은 곧 부총관과 같고 京兆尹은 곧 도총관과 같은 것이다. 옛날 오위도총부가 있을 때는 숭록대부인 판서 이하가 모두 여기에 속하였으니, 군직이라 부르는 것은 바로 이 뜻이다. 지금도 숭록대부 이하로서 실직이 없는 자는 모두 龍驤·虎賁·忠武 등 各衛의 司直·護軍 등의 군직을 으레 주게 되어있다"(『정조실록』 권 32, 정조 15년 4월 무신)고 하여 조선 초기 한성부 주민들은 오부·방리라는 행정 편제 외에 오위제도라는 군사 조직으로도 편제되어 있었음을 말하고 있다.

112) 『한국군제사 ──근세조선 전기편』, 제1장 근세조선 전기 군사제도의 성립, 3절 진관체제의 확립과 지방군제의 성립, 육군사관학교, 136~137쪽 참조.

을 지니고 집결토록 했지만, 집결한 방리군(坊里軍)은 3,786명에 불과하였다.113) 7만 6천여 명 중에 5%만이 비상 소집에 응했던 것이다. 잡색군=방리군은 군사적으로 별 소용이 없었지만, 한성부에서 주민 노동력을 징발해야 할 때 매우 유효한 요역 징발 체제로 활용되었다.114)

이처럼 주민들의 군사 기능이 제대로 작동되지 않는 현실 속에서 주민을 행정과 군사라는 이중적으로 조직하는 것은 큰 의미가 없었다. 그러므로 잡색군 편제인 이수(里帥)와 이장(里將)의 혁파 논의가 일게 된다.

> 오부의 관리는 그 직책이 방리를 맡고 있으니, 별도로 이장과 이수를 두어 방리군을 거느리게 할 필요가 없습니다. 외방의 수령도 직책이 군사와 백성을 겸하고 있으니, 청컨대 이 예에 의하여 이장과 이수를 혁파하소서. (중략) 경사(京師)는 사방에서 모이는 곳이므로, 혹은 모이기도 하고, 혹은 흩어지기도 하여 외방에서 항상 거주하는 백성들과 같지 않으니, 갑자기 징발함이 있게 되면 백성들이 매우 고통스럽습니다. 비록 이장이 있다 하더라도 방리의 군인을 정제할 수 없어서, 형세가 반드시 용원(冗員)만을 만들기에 이르니 혁파하는 것이 좋겠습니다.115)

---

113) 『예종실록』 권6, 예종 1년 6월 갑인.
114) 『예종실록』 권3, 예종 1년 2월 무자. 役事에 동원된 잡색군을 감독하는 자들은 旅(里)帥와 坊將들이었다. 원래 旅(里)帥와 방장은 병조 소속이었지만, 도성 내 역사에 동원되는 방리군을 감독하는 기관은 한성부였기 때문에, 이들의 소속은 한성부로 변경되었다.
115) 『예종실록』 권6 예종 1년 6월 무오.

즉 서울 주민을 오부의 행정 책임자와 이수와 이장의 군사 책임자가 이중적으로 통할하는 것은 불필요하기 때문에 잡색군을 혁파해도 된다는 것이다. 외방 수령처럼 오부가 군사와 행정 두 가지 모두를 통할해도 된다는 논리다. 이 주장에 따라 1469년(예종 1) 이장과 이수는 혁파되었고, 그 대신 오부의 행정 업무를 보완하기 위해 봉사(奉事) 1인을 추가하였다가,116) 봉사도 잡색군이 혁파된 1470년(성종 1)에 혁파되었다.117) 잡색군 혁파 이후 서울 주민들은 한성부의 단일한 행정 조직 체계에 의해 통할되는 것으로 변모하였다. 실제 도성 주민 전체가 잡색군으로 편성된 시기는 1467년에서 1470년에 이르는 극히 짧은 기간에 불과했다.

서울 주민들이 다시 군사 조직으로 편성되는 것은 1751년(영조 27) 『어제수성윤음(御製守城綸音)』의 「도성삼군문분계절목(都城三軍門分界節目)」이 제정되면서부터다. 이때 모든 도성민들은 오늘날 민방위대 편성처럼 훈련도감·어영청·금위영에 소속시켜 유사시 서울 도성의 방위를 담당하게 하였다. 그러나 이때는 조선 전기 잡색군과 달리 도성 방위를 위해 각자가 수비하는 구역을 정한 것일 뿐, 주민을 편제한다는 의도는 애초부터 없었다.118)

조선 초기 한성부의 주민 편제 방식은 시기에 따라, 그리고 성격에 따라 매우 다양하게 변모되었다. 군사 조직으로 주민을 파악하는 방식은 시행된 지 2~3년 만에 곧 폐지되었고, 행정적인 차원의 편제로 일원화되었다.

---

116) 『예종실록』 권6, 예종 1년 6월 신사.
117) 『성종실록』 권3, 성종 1년 2월 신미.
118) 도성삼군문 수비체제에 대해서는 이태진, 1985 『조선 후기의 정치와 軍營制 변천』 참조.

한성부 오부―방의 하위 체제였던 이제(里制)도 이러한 주민 편제 제도의 변동 과정에서 점차 형성되었다. 이(里)는 고대부터 존재했지만, 지방 행정 단위로 등장한 것은 고려 말부터였고, 이정(里正)·이장(里長)의 명칭도 이때부터 나타난다.[119]

이(里)는 지방에서는 중요한 행정 단위로서 조선 후기는 물론 오늘날까지 존속하고 있지만, 서울인 한성부에서는 조선 전기에 존재하다가 조선 후기에는 그 이름이 사라지게 된다. 기왕의 한성부의 이에 대한 연구는 주로 법제적인 이해에 머물고 있는 형편이다. 즉 오부 예하에 방리(坊里)가 편제되었고, 방리의 행정 책임자로 관령·이정·별감이 있었으며, 이러한 방리 편제는 세종대를 전후한 시기에 확립되었다는 이해에 그치고 있다.[120] 조선 전기에 존재했던 한성부의 이의 실체가 명확히 밝혀지지 않은 것이다.

여기에서는 한성부 이제의 실체를 살피기 위해 인보법하의 이, 오가통법하의 이, 잡색군 편제하의 이장·이수를 상호 비교함으로써 그 실상에 접근하고자 한다. 먼저 10가를 1통으로 묶었던 인보법하에서도 100호를 1리로 하는 이제 운영이 시도되었다. 1426년(세종 8) 참찬 허조(許稠)는,

> 원컨대 서울 오부에 매 방마다 1백 호로써 1리를 만들고 차례를 정해서 호적에 기록하면 인보법이 더욱 밝을 것이옵니다.[121]

---

119) 有井智德, 앞의 논문 참조.
120) 박진우, 1988, 「조선 초기 면리제와 촌락지배의 강화」, 『한국사론』 20, 140~141쪽 참조.
121) 『세종실록』 권34, 세종 8년 11월 임진.

라고 건의하고 있다. 이러한 건의에 대해 세종은 긍정적으로 받아들였고, 이에 한성부에서는 100호를 단위로 편성된 이를 방과 같은 행정 기구로 편성하려고 다음과 같은 건의를 올렸다.

병오년의 판적(版籍)이 지금에 이르러 드디어 경성 오부의 호수가 1만 6921호, 인구는 10만 3328인이며, 관령(管領)이 46인을 이루었습니다. 성 밖 10리 지역에는 호수가 1,601호, 인구가 6,044인, 관령이 15인입니다. 그 휴양하며 생취하는 모습이 흥성하다 말할 수 있습니다. 바라옵건대 주(周)·당(唐)나라의 제도에 따라 오부의 각 방에 5가를 비(比)로 하여 장(長) 1인을 두며, 1백 가를 이(里)로 하여 정(正) 1인을 두고, 성 밖의 각 면은 30가를 이로 하여 권농(勸農) 1인을 두며, 매 1리마다 모두 표지를 세워 분별하고, 모든 가구의 다과와 귀천·노유(老幼), 모든 세금과 부역의 부과와 면제, 제사·혼인·상사·농상의 권장과 징계 등을, 매번 명령을 시행할 때를 당하여 집집마다 가서 보고 호마다 깨우쳐서 제때에 봉양하게 하여, 도망한 자로 하여금 숨을 곳을 없게 하고, 옮겨 간 자로 하여금 용납할 곳이 없게 하여, 서로 보호하고 서로 지켜서 예속을 이루게 하소서.[122]

한성부의 이러한 건의에 대해 세종은 이 사안을 의정부와 여러 아문이 함께 논의하여 보고하라고 명하였다. 의정부와 여러 아문은 논의한 결과를 다음과 같이 보고하였다.

여러 사람들이 말하기를, "지금의 5가의 장은 곧 비장(比長)이며,

---

122) 『세종실록』 권40, 세종 10년 윤4월 기축.

관령은 곧 이정(里正)인 것이니, 각방의 관령 46인도 오히려 사람을 선택하여 임명하기가 어려운데, 만약 1만 6921호를 매 1백 호마다 이정 한 사람씩 둔다면 123인을 더 두어야 하게 되니, 어떻게 채워 임명하겠습니까. 또 성 밖의 각 리에는 이미 관령이 있어서 권농의 임무까지 겸해 맡고 있으니, 반드시 다시 (권농을) 설치할 필요는 없습니다. 마땅히 예전대로 그냥 두는 것이 좋겠습니다.[123]

즉 한성부에서는 5가=비(장), 100가=이(정)로 편성하고, 이들 이정들이 모든 가구의 다과와 귀천·노유, 모든 세금과 부역의 부과와 면제, 제사·혼인·상사(喪事)·농상(農桑)의 권장과 징계 등의 업무를 담당하는 이제(里制)를 도입할 것을 건의했다. 그러나 이러한 건의는 당시 인보법 하의 통주가 곧 비장이며, 이정의 직임 또한 각 방의 관령들이 수행하고 있기 때문에 따로 이정을 둘 필요가 없다는 의정부와 다른 아문의 의견을 세종이 받아들임으로써 결국 수용되지 못했다. 한성부의 건의가 수용되지 못한 이유는 169명에 달하는 이정 적임자를 고르기 어렵다는 현실적 이유 외에도 방의 관령과 거의 동일한 지위인 이정을 두는 것은 행정적으로 불필요하기 때문이었다.

앞서 보았듯이 오가통법 하에서 이는 20통=100가를 관할하였다. 잡색군 편제에서의 이장(里將)은 3여(375인)를 통할하는 직임이었다. 이때의 이장은 가호 단위의 편성이 아니라 도성의 장정을 대상으로 한 편제였다는 점에서 인보법이나 오가통법의 경우와는 성격이 달랐다. 그러나 잡색군의 이장이 통할하는 호수도 인보법이나 오가통법과 마찬가지로 대체로 100호 내외였을 것이다. 1호당 장정이 2-4인이

---

123) 위와 같음.

있다고 가정할 수 있기 때문이다. 이상에서 보았듯이 조선 전기 한양의 이(里)는 대체로 100호를 통할하는 자치 조직으로서 그 위상을 지닌 것이었다고 평가할 수 있을 것이다.

한편 1428년(세종 10)에 제정된 호구식(戶口式)에는 한성부의 모든 주민을 호적에 등록할 때 반드시 자신이 거주하는 방과 이(里)를 기록하도록 하였다. 즉 '아무 부 아무 방 제 몇 이[某部某坊第幾里]'로 자신의 소속된 이를 밝히고, 그 이하에 통과 호를 적도록 하였다.[124] 이러한 호구식에서 표현된 이는 방의 하위 행정 단위로서 규정력을 지니는 것이다. 그러나 이의 명칭이 제1리, 제2리 등 숫자에 의해 구별되고 있다는 점에서 이때의 이는 행정 기구라기보다는 호구 파악의 편의를 위해 100호당 1리를 묶는 호의 편제 단위로서 의미를 지닌 것이며, 공식적인 행정 기구는 아니었다고 생각된다.

이제(里制)는 한성부의 공식적인 행정 기구는 아니라고 하더라도 주민 자치적인 행정 업무를 처리하는 최말단 행정 단위였다. 그러므로 그에 필요한 직임들도 임명되었다. 예컨대 오가통법에서 이정(里正) 밑에 통주를 두었고, 포도(捕盜)의 기능이 강조되고 있으며,[125] 1465년(세조 11)에 이문(里門)을 세워 도적을 방비케 하였고,[126] 이문숙직(里門直宿)은 이내인(里內人)이 분담하게 하였다.[127] 또한 이에는 대개 전함품관(前銜品官)을 택정한 것으로 보이는 이정과 이내별감(里內別監)도 임명되었다.[128] 이처럼 오가통법 하에서 주민 자치적인 최말단

---

124) 『세종실록』 권40, 세종 10년 5월 계축.

125) 有井智德, 앞의 논문, 50~59쪽 참조.

126) 『세조실록』 권37, 세조 11년 11월 임자.

127) 『세조실록』 권38, 세조 12년 2월 무자.

128) 『태종실록』 권8, 태종 4년 9월 정사.

행정 단위로 기능하였던 이는 오가통법이 무너지면서 그 성격이 변질되어 간 것으로 보인다.[129] 조선 후기 서울의 도시 성장과 인구 증가에 따라 이(里)는 행정 편제상에서 공식적으로 사라졌고, 부분적으로 마을 공동체라는 의미에서 동(洞)과 유사하게 잔존하였다. 후술하듯이 조선 후기에는 방의 하부 행정 기구로서 계가 등장하였는데, 한성부의 계는 기초적인 행정 단위로서 각종 방역(坊役)을 담당하는 기능을 하였다.

2) 동(洞)의 기능과 사회적 성격

동은 현재 우리나라의 최말단 행정 기구로 기능하고 있다. 조선시대의 동도 방 하부의 자치적 마을 공동체였지만, 아직까지 동의 실체에 대해서 명확히 밝혀진 바가 없다. 조선시대의 동(洞)은 중국과 달리 쓰였기 때문에, 다음의 자료에서 보듯이 동의 어의(語義)를 둘러싸고 다양한 해석이 가해졌다.

지금 서울의 각 골목거리를 모두 동(洞)이라고 칭하는데, 이는 곧 중국의 호동(衚衕)이다. 『농암잡지(農岩雜識)』에 이르기를, 중국에서 동이라고 칭하는 것은 모두 바위굴 속에 거주할 만한 빈 공간을 가

---

129) 세조대에 확립되어 『경국대전』호전에 법제로 반영된 오가통제는 1649년(효종 즉위)경에는 이미 폐지된 지가 오래되었다고 평가되고 있어서(『효종실록』권2, 효종 즉위년 11월 병인), 대체로 16세기 중엽을 전후한 유명무실화되었음을 짐작할 수 있다. 이러한 오가작통법은 1675년(숙종 1)에 五家作統事目의 반포를 통해 비로소 재확립될 수 있었다(『숙종실록』권4, 숙종 원년 9월 신해). 조선 후기 오가작통법에 대해서는 오영교, 2001 『조선 후기 향촌지배정책 연구』혜안 참조.

리키는 것이다. 우리나라의 경우 서울의 방리에도 동이라는 명칭이 있다. 이는 왜 언제부터 이렇게 와전되었는지 알 수 없다. 또『양승암집(楊升菴集)』에 이르기를, 지금의 골목길을 이름하여 호동(衚衕) 또는 아동(衙衕)이라고 하는데 우리나라에서 동은 동(衕)으로 써야 마땅하다.130)

원래 중국에서 사용하는 동(洞)은 바위굴 속에 거주할 만한 빈 공간을 가리키는 용어로, 대체로 산간 계곡의 빈 공간을 지칭하는 것이었다. 그러므로 우리나라 서울의 골목거리를 동이라 칭하는 것은 잘못된 것이고, 모두 호동(衚衕)이나 동(衕)으로 사용해야 한다는 것이다. 이 자료에서 방리의 하부 단위로서 서울의 골목골목마다 있는 마을 내지 특정 공간을 동이라고 불렀음을 확인할 수 있다.

한편 정약용도,

지금 풍속에서 이(里)를 동으로 여긴다. 이중(里中)을 동네(洞內)라고 하고, 이의 우두머리를 동장(洞長)이라 하며, 이회(里會)를 동회(洞會)라고 하는데, 근거가 없는 것이다.131)

라 하여 우리나라 풍속에 이를 동과 같은 의미로 사용하고 있지만,

---

130)『漢京識略』各洞. "案今京城諸巷 皆稱洞 則中國之衚衕也 農岩雜識曰 中國所稱 洞 皆指岩穴中空可居耳 我國則至於京城坊里 亦以洞稱 則無謂 不知何自而有此 訛耳 又案楊升菴集曰 今之巷道 名爲衚衕 或作衙衕 又作衚衕云 則我東之用洞者 皆宜作衕."

131)『雅言覺非』(『與猶堂全書』 권1,「雜纂集」 1집 24권). "今俗以里爲洞 里中曰洞內 里甲曰洞長 里會曰洞會 無攸據也."

이는 근거가 없다고 비판하고 있다.

조선시대 향촌에서의 동은 면리제 하의 말단 행정 구역으로서의 이와 반드시 일치하는 것은 아니었고, 개개의 자연 촌락을 지칭하는 것도 아니었다.[132) 그러므로 동은 자체 운영 원리를 가졌던 기초적인 생활권으로 이해되기도 한다.[133) 도시 지역인 서울에서의 동도 향촌과 같이 자연 촌락 그 자체이거나 또는 몇 개의 자연 촌락이 결합되어 형성된 기초 생활권이었을까. 이를 알아보기 위해 조선 후기 자료에서 나타나는 동의 용례를 살펴보기로 하자.

19세기 전반에 편찬된 『동국여지비고』 명승조(名勝條)에는 다양한 동의 명칭과 동에 대한 설명이 수록되어 있다. 이를 간단히 요약하면 다음과 같다.

> 중흥동(重興洞)-삼각산 서남쪽에 있다. 위에 중흥사가 있는데, 샘이 깊고 바위가 총총하여 절경이다. 서울 사람들이 유상(遊賞)하는 장소로 삼는다. 또한 산영루가 있다.
>
> 조계동(漕溪洞)-북한산성 동문 밖에 있다. 칠층폭포가 있으며, 인평대군 정자가 있다가 지금은 없어졌다.
>
> 북저동(北渚洞)-혜화문 밖에 있다. 복숭아나무가 길게 심어져 있는데, 서울 사람들이 봄을 맞아 다투어 놀면서 감상하므로 속칭 도화동(桃花洞)이라고도 한다. 어영청 성

---

132) 정진영, 1998 『조선시대 향촌사회사』 한길사, 208쪽 참조. 정진영은 동 내부에 몇 개, 또는 수십 개의 자연촌을 포함하고 있는 경우가 일반적이었다고 설명하고 있다.

133) 김인걸, 1991 「조선 후기 향촌사회 변동에 관한 연구 ―18, 19세기 「鄕權」 담당층의 변화를 중심으로―」, 서울대 국사학과 박사논문.

북 둔전이 있다. 일설에는 북사동(北寺洞)이라고도
하는데, 예전에 묵사(墨寺)가 있기 때문에 역시 묵사
동이라고도 한다. 맑은 시내가 암벽을 끼고 흐르며,
이 지역 주민들은 복숭아를 심어서 생계를 삼는다.
늦봄에 많은 사람들이 놀러 와서 수레와 말이 가득
차 있다.

삼청동(三淸洞)-인왕산록에 있다. 시내가 흐르고 석벽(石壁)이 있는
데, 삼청동문이라고 각자되어 있다. 이상겸의 글씨
다. 삼청동문 옆에는 민정중(閔鼎重)의 구저택이 있
고, 삼청동 안에 팔판동(八判洞)이 있는데, 예전에
여덟 명의 판서가 살았기 때문이다. 혹자는 산수인
(山水人) 세 가지가 모두 푸르기 때문에 삼청이라고
했다고 한다.

옥류동(玉流洞)-인왕산 아래에 있다. 수석(水石)의 뛰어나다. 농암
김창협의 옥류동이라는 글자를 새겼다.

도화동(桃花洞)-북악산 아래 있는데 복숭아꽃이 많다.

화개동(花開洞)-안국방 구석에 있는데, 시를 읊고 술을 즐길 만하다.
예전에 화기도감(火器都監)이 있었는데, 이것이 전
칭(轉稱)되어 화개동이라고 했다.[134]

여기서 보듯이 『동국여지비고』의 명승조에 나타난 동명은 모두 경
치가 뛰어난 계곡을 의미하고 있다. 이때 동은 중국의 동과 같이 경
치 좋은 골짜기라는 의미로 사용된 것이다.

---

134) 『東國輿地備攷』 권2, 漢城府 名勝.

한편 『동국여지비고』 복처조(伏處條)·제택조(第宅條)·기지조(基址條)에도 회현동·타락동(駝酪洞)·남산동·필동·주자동(鑄字洞)·생민동(生民洞)·어의동(於義洞)·재동·전의감동(典醫監洞)·향교동·송동(宋洞; 송시열의 집이 성균관 서쪽에 있었다고 하여 붙여진 이름)·창고동(唱告洞)·상정승동(尙政丞洞)·묵사동(墨寺洞)·난정동(蘭亭洞)·이전동(履廛洞)·소정동(小貞洞)·삼청동·소격동·백운동·인왕동·창의동·대급암동(大急巖洞)·대사동(大寺洞)·제생동(濟生洞)·안암동·한림동(翰林洞)·순청동(巡廳洞)·고자동(庫子洞)·미정동(尾井洞)·거자동(車子洞)·추모동(追慕洞)·무계동(武溪洞)·남소동(南小洞)·쌍계동(雙溪洞)·수진동(壽進洞)·대정동(大貞洞)·누국동(漏局洞)·창동(倉洞)·장흥동(長興洞)·나대장동(羅大將洞)·교서관동·필동·쌍이문동·체부청동(體府廳洞)·청석동(靑石洞)·계생동(桂生洞)·누각동(樓閣洞)·장동(壯洞) 등의 동명이 수록되어 있다.

『동국여지비고』의 복처·제택·기지에 나타난 동의 용례를 보면, 앞의 명승조와 달리 특정 지역의 마을을 뜻하는 용어로 사용되고 있다. 『동국여지비고』라는 동일 자료에서도 동은 중국 한자 뜻인 '골짜기'와 마을이라는 두 가지 의미를 모두 나타내고 있다.

『동국여지비고』와 비슷한 시기에 편찬된 『한경지략(漢京識略)』에는 59개 동이 '동'이라는 독립 항목 아래 소개되고 있는데, 이를 보면 다음의 〈표 7-4〉과 같다.

『한경지략』 각동조에는 동 명칭의 유래와 함께, 이 동에 거주했던 유명 인사가 거론되고 있다. 여기서 동은 주민들의 생활 공동체인 마을을 의미하였다. 그러나 동이 명승·고적·산천과 동일하게 독립된 항목으로 설정된다는 점은 동이 일반적인 행정 구역이 아님을 알려준다. 한성부 내에서 유래가 있는 소수의 마을만이 동으로 불린 것이다.

요컨대 조선 전기 이(里)가 한성부 모든 주민의 호적 표기에 반드

〈표 7-4〉 『한경지략(漢京識略)』 각동(各洞)에 나타난 동 현황

오부	동수	동명
중부	5	里門洞, 鄕校洞, 壽進洞, 詩琴洞, 內農圃
동부	8	於義洞, 栢洞, 宋洞, 館洞, 弘德田, 柳夏亭, 枉尋里, 鍾岩
남부	26	會賢洞, 在山樓, 松峴, 長興洞, 尙洞, 內侍府, 尙政丞洞, 校書洞館, 駝駱洞, 南山洞, 扈衛廳洞, 羅洞, 倉洞, 鑄字洞, 墨寺洞, 筆洞, 小南洞, 南學洞, 靑鶴洞, 生民洞, 小公洞, 雙里門洞, 蘭亭里門, 草廛洞, 銅峴, 披蘭洞
서부	12	貞洞, 御書閣洞, 鶴橋, 漏局洞, 太平洞, 報恩緞洞, 靑坡, 誦經峴, 紫燕岩, 林塘, 萬里峴, 追慕洞
북부	8	大寺洞, 三淸洞, 八判洞, 桂生洞, 孟監司峴, 白雲洞, 院洞, 雇馬廳洞

시 기입되어야 하는 일반적 호구 편제 단위임에 비해, 동은 모든 주민들이 소속된 일반성을 지니는 행정 단위는 아닌 것이다.

공식적인 행정 단위는 아니어도 동은 지역 공동체였기 때문에, 주민들 사이에는 끈끈한 연대 의식이 존재하였다. 예컨대 1621년(광해군13)에 『훈도방주자동지(薰陶坊鑄字洞志)』가 편찬되었는데, 주민들이 동지를 편찬하고, 동에서 배출한 인물과 명승·역사들을 정리했다는 점은 주민 사이에 공동체적 연대 의식이 상당했음을 알려준다. 『훈도방주자동지』의 서문에는,

훈도방에는 주자국(鑄字局)이 있어서 주자동이라는 이름이 생겼다. 훈도방 자체가 반곡(盤谷)으로 그 둘레가 1리에 지나지 않은 데다가 편재하여 길도 고르지 못하고, 저자도 멀어서 일상생활에 불편이 많은 까닭에 시류(時流)와 명세(名勢)를 탐하는 사람, 이익을 쫓는 사람은 이 부근에 살기를 꺼려하였다. 다만 서적을 인쇄하는 기술이 있는 사람, 독서에 전념하는 사람, 높고 공기 맑은 곳에서 병을 돌보

려는 사람들이 모여 살았다. 그런 현상은 한성 초기부터 임진왜란 후까지 변함이 없었기에 여타 다른 동네에 비교하면 매우 적막한 편이었다. 그러나 귀천·노소를 가릴 것 없이 서로 도우며 사랑하는 정분이 넘칠 뿐 아니라 좁은 동네이면서도 옛날부터 충효명현(忠孝名賢)이 잇달아 나서 주자동의 이름을 빛내었다.[135]

라 하여, 주자동 주민의 특징으로 독서에 전념하는 선비이거나 인쇄 기술자, 그리고 병을 치료하기 위해 요양하는 사람들을 들고 있다. 주자동은 시류를 초월한 사람들의 공동체라는 자부심을 드러내고 있는 것이다.

동은 한성부의 공식 행정 기구는 아니었으나, 강상윤리를 어긴 자들을 적발하거나 호적 조사, 진휼시 초호(抄戶) 기능 등 마을의 자치적 업무를 처리하기 위한 각종 직임이 존재하였다. 이러한 동의 직임 중에서 가장 높은 자는 존위(尊位)였다. 존위는 그 지역에서 관품이 높고 신망이 두터운 자들이 역임하는 명예직이었고, 주로 마을의 풍속 교화를 담당하고, 분쟁이 발생하면 신망과 권위에 의거하여 이를 해결하는 역할을 담당하였다.

이러한 존위 제도는 18세기 후반 거의 유명무실하게 되었다. 때문에 정조는 1783년(정조 7) 대신들로 하여금 직접 각 동리의 존위가 되어 동의 일을 주관토록 명령하였다.[136] 그러나 정조의 명령은 그 이후 잘 지켜지지 않았던 것으로 보인다. 1791년(정조 15) 정조는 다시

---

135) 『薰陶坊鑄字洞志』, 序.
136) 『정조실록』 권16, 정조 7년 11월 壬辰. "김見備邊司堂上金華鎭等 上曰 古者秩高人 爲各坊尊位 凡係坊中洞中事 毋論大小 靡不察飭矣 近來此法之廢久矣 卿等須於各其洞里 爲尊位 主管洞中事."

유명무실했던 각 동의 존위 제도를 복구하고, 전·현직 고위 관료들을 존위로 임명하도록 하였다. 이 명령에 따라 한성판윤 구익(具翼)은 각 동의 존위 명단을 정조에게 바치면서 존위 제도에 대해 다음과 같이 보고하고 있다.

> 존위의 명부를 작성하여 방금 다 바쳤습니다만, 그 명목만 있고 일을 제대로 실행하지 않는다면 이전에 금시 임명했다가 도로 면하게 하던 때와 다를 것이 없습니다. 대체로 한 동(洞) 안에도 갈라진 계(契)가 매우 많아서 존위가 민정을 두루 살필 수가 없습니다. 그러니 민간의 고통이며 선행과 악행, 마을 일에 부지런함과 태만함에 관한 것을 중임(中任)이 사항에 따라 규찰하여 존위에게 보고하면 존위는 이임(里任)과 동장으로 하여금 해당 부에 알리도록 하며, 약간 중요한 일은 중임으로 하여금 해당 부에 직접 글로 올리게 하여 사안의 경중에 따라 다스리게 한다면 거칠고 무식한 백성들도 두려워할 줄을 알게 되어 그 실효를 보장할 수가 있을 것이지만, 만약 조정에서 신칙하지 않는다면 특별한 하교로 존위를 복구시킨 뜻이 없어질 것입니다.[137]

이 자료에서 보면, 존위는 고위 관직자거나 고위 관직을 경험한 자로서 동 내부의 행정에 직접 관여한 것은 아니었다. 존위 바로 밑의 직임인 중임이 민간의 고통과 선악, 근태 등 풍속 교화 문제를 규찰하는 실무를 담당하였고, 중임의 보고를 받은 존위는 이러한 사항을 동과 이의 행정 책임자인 이임과 동장에게 알려, 이임과 동장으로 하

---

137) 『정조실록』 권 32, 정조 15년 4월 무신.

여금 오부에 보고토록 하였던 것이다. 그러나 정조의 이와 같은 노력에도 불구하고 동이 지니는 자치적인 성격으로 인해 그 이후 존위는 제대로 기능하지 못한 것으로 보인다. 동의 존위들은 공식 관원 신분이 아니기 때문에 방의 관령과 달리 제대로 기능하지 않았던 것이다.

존위가 풍속 교화 등과 같은 주로 윤리적인 업무를 책임진 명예직 책이었다면, 마을 공동체의 행정 업무를 책임지는 자는 동장이었다. 동장 밑에는 약정(約正)138)이나 유사와 삼소임(三所任)과 같은 직책이 있어 동장을 보조하여 자치적인 행정을 처리하였다. 이와 같은 존위를 제외한 동의 임원들은 존위와 달리 신분이 낮았다. 그러므로 이들의 행정 보조 업무는 원활하게 처리될 수 없었다. 1738년(영조 14) 한성판윤 이진구(李進求)는 이러한 사정을 다음과 같이 말하고 있다.

> 호적의 일은 매우 중요한데 최근에 허술하고 소홀하게 취급하는 폐단이 많다. (중략) 방민들이 방역을 모피(謀避)하는 수단에는 여러 가지가 있다. 양반은 겸종(兼從)을 사역한다는 구실로, 군문은 군병을 보호한다는 구실로 피역한다. 그러므로 소위 동내의 유사 및 삼별임(三別任) 등의 직임을 차정할 수 없다. 호적 파악은 매우 중요한데 어찌 가난하고 뿌리가 없는 자(疲殘無根着之輩)에게 맡길 수 있는가. 만약 각 동의 소임을 기반이 튼튼하고 착실한 사람(勤幹着實人)으로 차정하지 못하면 가호 인구를 제대로 파악하지 못할 것이다. 139)

---

138) 『중종실록』 권36, 중종 14년 7월 己酉.
139) 『승정원일기』 867책, 영조 14년 정월 25일 832쪽.

즉 가난하고 뿌리가 없는 동의 임원들이 호구 조사를 맡기 때문에, 호구 조사가 제대로 수행될 수 없다는 것이다. 이 자료를 통해 동의 임원들 중에 우두머리인 존위가 고위 관직을 지낸 양반임에 비해 그 이하의 임원들은 대부분 평민 이하의 자들이었음을 알 수 있다.

조선 후기에는 편제의 단위로서 이는 사라지고 자연촌을 지칭하는 용어로서 동이 주로 사용되었지만, 간혹 이라는 용어도 사용되기도 하였다. 조선 전기 이는 호적의 편제 단위로 기능했지만, 앞서 정약용의 언급처럼 조선 후기에는 동과 이는 구분 없이 혼용되기도 했다.

3) 계(契)의 사회적 성격과 변동

(1) 계의 발생과 성격

『경국대전』 예전의 아무 부(部) 아무 방(坊) 제 몇 리(里)라는 호구식(戶口式)은 반계 유형원의 『반계수록(磻溪隨錄)』에서도 그대로 준수되었고,140) 『속대전(續大典)』·『대전통편(大典通編)』·『대전회통(大典會通)』에서도 변함없이 유지되었다. 그러나 조선 후기 작성된 한성부의 호적에는 이(里)가 기재되지 않고 계(契)가 기재되는 것이 일반적이다. '중부 수덕방 리 향교동계 제8통 제4호(中部 水德坊 里 鄕校洞契 第八統 第四號)'의 사례에서 보듯이,141) 간혹 법전의 호구식에 따라 방 다음에 이가 기입되는 경우가 없지 않았지만, 순차적으로 매겨진 이는 조선 후기에 실질적 내용을 담고 있지 않았기 때문에 문서의 형식에 그치고 있다. 실제 내용을 담는 것은 이 다음에 기록된 향교동계(鄕校洞契)라

---

140) 『磻溪隨錄』, 田制後錄 上, 戶籍.

141) 『고문서』, 규장각, 權益淳準戶口 景宗3年(1723年) 문서번호-78139.

는 계의 명칭이었다.

그러므로 조선 후기 호적이나 준호구에는 이는 생략되고 반드시 계를 기입하였다.[142] 예컨대 영조가 한성부민을 접견하여 주민들의 주소를 물을 때, 방명과 계명을 아뢰라는 사례에서 보듯이,[143] 조선 후기에는 계가 한성부 주민의 거주 지역을 파악할 때 필수적인 요소로 대두하였다.

조선 후기 호적에 계를 반드시 기입하도록 했다는 점에서 계는 동이나 이와 달리 한성부의 최말단 행정 단위로서의 의미를 지닌다. 조선 전기의 이가 계로 바뀐 것이다. 조선 후기 한성부의 최말단 행정 단위로 기능했던 계가 어느 시기에 어떠한 과정을 거쳐 발생했는지 알려주는 확실한 자료는 없다. 16세기 후반의 기록을 보면

> 우리나라의 풍속은 안으로 서울부터 밖으로 촌마을까지 다 동린(洞隣)의 계(契)와 향도(香徒)의 회(會)가 있어 사사로이 약조를 세워서 서로 단속하려 하나 각자 자기 뜻에 따랐기 때문에 엉성하여 질서가 없어서 마을의 기강을 세우려 할 때 이에 의지할 수는 없습니다[144]

라 하여, 계는 동계 즉 마을 사람들이 결성한 계와 상례(喪禮) 등 특정 목적을 위한 향도계 등 여러 종류가 존재했다고 한다.[145] 이때 동계

---

142) 이러한 사례는 1663년 『북부장호적』에 기록된 북부지역 16계 호적을 비롯하여, 규장각에 남아있는 한성부의 호구단자, 준호구에서 일반적으로 확인된다(한성부지역의 호구단자, 준호구는 규장각 간행 『古文書』8,9,10권 참조).

143) 『승정원일기』 1308책, 영조 46년 8월 1일. "上曰 京兆部官 率其坊民入侍 上曰 必有耳聾者 高聲言之 使之各言姓名年紀 且告其坊名契名."

144) 『선조실록』 권7, 선조 6년 8월 갑자.

145) 조선총독부 중추원에서 계에 대한 관습조사보고서에 의하면 계는 洞契 외에도

는 공공의 목적을 위해 결성된 계였기 때문에 마을 주민들 간의 상호 부조뿐만 아니라 한성부나 국가에서 부과한 각종 부역을 담당하는 기능도 함께 가졌다. 동계는 주민 간의 자치적인 결사였지만, 그 자체가 공공성을 띤 결사였기 때문에 행정 조직의 기능도 어느 정도 담당하고 있었던 것이다.

동계(洞契)와 달리 향도계 등은 사계(私契)라고 불렸다. 17세기 후반 향도계의 폐단이 심해져서 이를 혁파할 때 '혁거사계(革去私契)'라고 표현하고 있다.[146] 사계는 특정 목적을 수행하기 위해, 개별 가입자들이 일정한 부담을 갹출하여 조직되는 것이 일반적이다. 사계는 행정 단위라기보다는 특정 목적에 동의하는 주민들이 사적으로 조직한 인적 결사다.[147] 이와 같은 인적 결사로서의 계는 우리 역사에서 매우 오랜 연원을 지니고 있다. 조선시대 서울에도 이와 같은 사계의 사례는 많이 발견된다. 대표적으로 15세기 말 16세기 초 상인들이 아전과 결탁하여 계를 결성한 것도 이러한 사계의 한 유형이었다.[148] 상인들은 분수에 넘게 사대부의 옷을 입고 다녔다. 아전들과 계를 맺었기

松契, 學契, 農契, 喪布契, 里中 殖利契 등 다양했다. 이들 계들은 상호 계약 하에 공동 단합을 꾀하였고, 완전한 규칙은 없더라도 약간의 節目에 의해 운영되었다고 한다(『중추원조사자료』 慶尙南道·慶尙北道 管內 契·親族關係·財産相續 槪況報告, 契의 槪況, 국사편찬위원회).

146) 『승정원일기』 303책, 숙종 10년 3월 23일. "漢城府啓曰 命下矣 依大臣所啓 革去私契 以除其弊 民間送喪之事 以鄕約相救 便否之意 分付五部 廣詢民情 則或以爲便 或以爲不便 或以爲鄕約送喪 事多難便 反不如香徒契之仍存 互相逕庭 未得歸一."

147) 그동안 契의 성격에 대해서는 다양한 연구가 행해졌지만, 대체로 인적 결사라고 하는 점에서는 모든 연구자들이 공통적으로 지적하고 있다. 계에 대해서는 다음의 연구가 참고된다. 김삼수, 1966, 『한국사회경제사 연구』, 박영사; 김필동, 1992, 『조선 사회조직사연구』, 일조각.

148) 『연산군일기』 권29, 연산군 4년 6월 경진.

때문에 이들을 제재하는 자가 없었던 것이다.[149]

이러한 사계와 달리 마을 주민 전체가 참여하는 동계(洞契)도 조선 중기쯤에는 서울에 나타나기 시작하였다.[150] 연대기 자료에서 현재 확인되는 가장 오랜 것은 1602년경 장령(掌令) 이유달(李惟達)의 선조가 세거했던 중부 수진방에서 계를 만들었다는 기록이다. 그는 임란 때에 피난갔다가 다시 옛 거주지로 돌아와 계를 결성하였다.[151] 주민들은 이유달이 결성한 계에 가입해야만 그 지역에 거주할 수 있었다.

17세기 이후 한성부 주민들은 대부분 계에 편입되어 있었다. 그러므로 한성부 주민들을 일컬을 때 각계(各契) 방민(坊民)으로 불렀다.[152] 1643년(인조 21) 경에는 한성부의 행정 명령은 오부와 방을 거쳐 각계로 이어지는 행정 체계를 통해 전달되었다. 최종 행정 단위로서 계가 등장한 것이다. 이처럼 방 산하에 계가 조직되긴 했지만, 17세기경에는 계의 구성에 문제가 많았던 것으로 보인다.[153] 그러므로 1648년

---

149) 『연산군일기』 권48, 연산군 9년 2월 경술.

150) 洞契는 그동안 향촌을 중심으로 연구가 이루어졌다. 오늘날 남겨진 각종 洞契, 洞約, 鄕約, 族契, 規約등의 자료가 대부분 향촌사회에 관한 것이기 때문이다. 동계는 사족의 향촌지배기구로서 주목되어 연구가 이루어졌다. 그동안 동계, 동약에 대한 연구는 향촌사회사연구회, 1990『조선 후기 향약연구』, 민음사; 이해준, 1996『조선시기 촌락사회사』, 민족문화사; 정진영, 1998『조선시대 향촌사회사』, 한길사 참조.

151) 『승정원일기』 35책, 인조 10년 2월 11일. "掌令李惟達啓曰 中部壽進 實是臣先祖世居故里也 亂後還入 作契居住 于今三十年矣."

152) 『승정원일기』 84책, 인조 21년 4월 2일. "政院啓曰 以修溝墼摘奸單子 有頉處察推事 命下矣 各契坊民 旣皆知委之令 趁不擧行 其頑慢之習 亦可惡也."

153) 『승정원일기』 84책, 인조 21년 4월 2일. "第考見摘奸單子 則五部各契 有頉處許多 意者 漢城府 趁不分付 而各部亦未及一一知委之致也 設有罪在坊民 而許多坊民 渾入於推勘之中 則刑曹收贖之際 洞內有司等 必收米於諸戶貧民 然則一時懲罪之擧 反爲擾害之歸 只漢城府當該官吏及五部當該官 請竝推考何如 傳曰 依啓 各契有司 令漢城府, 査出決杖."

(인조 26) 의정부에서는 예조와 한성부에 문제가 많은 계들을 잘 수습하도록 명령하였다.154) 의정부에서 이와 같은 명령을 내린 까닭은 문제가 많은 계를 그대로 방치하면, 정부의 행정이 주민들까지 미치지 못할 것을 우려했기 때문이다. 의정부의 명령에 의해 한성부의 계는 다시 수습되어 1654년(효종 5)경에는 301개의 계가 존재하였다.155) 후술하듯이 18세기 후반 한성부의 계가 328개에서 338개 수준이었다는 점을 감안하면,156) 17세기 중엽 한성부 최말단 행정 단위로서의 계가 제도적으로 정착되었음을 알 수 있다.

한성부의 공식적인 행정 단위로서의 계는 향촌사회의 동계와 마찬가지로 주민들의 윤리 · 풍속 교화를 담당하는 자치적인 기구로서 행정의 최말단 단위였다. 계에서는 존비(尊卑)의 구분과 장유(長幼)의 차례를 알고, 주민들 사이의 폐단을 없애며, 오부나 방이 내린 명령을 잘 준수하고 효제(孝悌)로 이름이 난 사람이나, 또는 불효하고 불경한 사람, 늙은이를 능멸한 젊은이, 윗사람을 능멸한 아랫사람, 이웃한 사람들끼리 다투는 사람 등을 오부나 한성부에 보고하는 기능을 하였다.157)

향촌의 동계가 양반 중심의 상계(上契)와 평천민 중심의 하계(下契)

---

154) 『승정원일기』 106책, 효종 즉위년 7월 5일. "備邊司郎廳 以左 · 右相意啓曰 習俗頹敗 日趨汚下 各洞修契 知尊卑之分 明長幼之序者 最近於古禮 有切於救弊 故於歲前 自政府 知會禮曹及漢城府 使之嚴飭各部洞 洞各修契 契各遵令 有孝悌特異者 則從實轉報 不孝不悌 少凌長 下凌上 隣里相鬪者 則亦卽報知 從輕重治罪之意 詳細遍諭."

155) 『승정원일기』 131책, 효종 5년 6월 23일. "今因更查之命 捉來都城內外三百一契行首有司等 一一鉤問捧招 ㅁ各契之人皆以爲 北部四人 中部二名 南部二名 東部一名 合九名溺死之外 更無ㅁ死者云 敢啓."(ㅁ는 해독 불능자-인용자)

156) 본장의 〈표 7-7〉 참조.

157) 주 154) 참조.

로 구분되듯이 17세기 한성부의 계 가운데서 일부는 상계와 하계로 구분된 것으로 보인다. 예컨대 1618년(광해군 10) 남부 왜관동(倭館洞)에 사는 사노(私奴) 수남(水男)이 부모를 구타하는 패륜을 저지르자, 동계원 25인 및 하계원(下契員) 하윤(河允) 등 20명이 형조에 등장(等狀)을 올려 처벌을 요청하고 있기 때문이다.158) 또한 1684년(숙종 10) 사계(私契)인 향도계 문제를 해결할 방안으로 동계의 좌목성책에서 실정(實丁)을 동계에 소속시켜 향도계 대신 송종(送終)의 범절을 담당하도록 하였다. 이때 포함된 동계원들은 대부분 노비·하인들이었는데, 이들 계원을 당시 사람들은 하계원으로 인식하고 있었다.159)

향촌에서의 동계는 몇 개의 자연촌이 결합하여 결성되는 경우가 일반적이다. 이때 결합의 범위는 지역적으로 인접한 자연촌일 경우도 있었지만, 사족의 경우는 인접하지는 않았더라도 혈연관계나 평소의 친분에 따라 결합되는 경우도 있었다.160)

그러나 한성부에서는 1개의 동(洞) 안에도 여러 개의 계가 존재하였다.161) 이처럼 동 안에 다양한 계가 분화되는 것은 계가 본질적으

---

158) 『광해군일기』 권125, 광해군 10년 3월 갑자. "刑曹啓目 南部倭館洞契員二十五人及下契何允等二十名 聯名等狀內 洞居私奴水男 前月晦日 突入厥父家 叱辱厥父 無所不至 至於擧長木歐打 鄰人等禁止 而自言吾當殺之而已 擧石將打 鄰人等僅得止之 其時同里居士大夫 亦有目見者 而水男上典直講蔡承先 通書于洞內有司處曰 此漢前年 歐打厥母 今者又打厥父 負此大罪不待時殺云 水男罪犯綱常 自曹推治爲難 移義禁府處置何如 啓依允."

159) 『승정원일기』 303책, 숙종 10년 3월 23일. "且擇其實丁 屬契之後 下契已入者及追入者中 雖有悖惡之人 循情掩護 不卽斥去 而日後某契所屬下人中 如以悖惡之罪 有所現發者 則其契上下任掌等 從重科罪 以爲懲勵之地 則悖惡作弊之徒 亦可除去."

160) 정진영, 1998, 앞의 책, 208~210쪽.

161) 『정조실록』 권 32, 정조 15년 4월 戊申. "蓋一洞之中 分契甚多 尊位不能遍察."

로 인적 결사였기 때문이다. 그러므로 같은 마을 안에서도 주민들의 동질성을 기초로 서로 다른 계들이 결성될 수 있었던 것이다. 향촌에서의 동계가 혈연이나 개인적인 친분에 따라 결성되는 원리와 유사한 것이다.

이와 같이 결성된 계는 주로 방역의 응역 조직으로 기능하였다. 한성부 주민들에게는 전결세와 군역이 부과되지 않고, 방역만이 부과되고 있었기 때문에 이러한 인적 결사의 동원은 불가피한 것이었다.[162] 계가 방역의 응역 단위로서 기능했다는 점은 1727년(영조 3) 다음과 같은 영조와 동부 참봉 이필(李弼)의 대화에서도 확인된다.

> 상왈(上曰) 호수는 얼마인가.
> 필왈(弼曰) 4,999호입니다.
> 상왈 응역의 수는 얼마인가.
> 필왈 근래 방민들이 방역을 피하고자 대부분 삼군문 포수에 투입합니다. 그러므로 동부의 38계가 있지만, 반 이상이 파계되었고, 응역하는 계는 다만 13계에 불과합니다.[163]

이 대화에서 보듯이 38개의 계 가운데 반 이상이 파계되어 응역하는 계는 13계밖에 안된다고 말하는 것이다. 또한 1734년(영조 10) 전 중부 참봉 백규창(白奎昌)은 "계가 깨진다는 것은 곧 역을 담당하는 백

---

162) 조선 후기 한성부의 방역제에 대해서는 김동철, 1988 「18세기 坊役制의 변동과 馬契의 성립 및 都賈化양상」, 『한국문화연구』1 참조.
163) 『승정원일기』 652책, 영조 3년 12월 21일. "上曰戶數幾何 弼曰四千九百九十九戶矣 上曰應役之數幾何耶 弼曰近來坊民 欲避坊役 皆投入於三軍門砲手 故部內契數三十八契 而强半爲破契 應役之契 只十三契矣."

성이 없다는 것을 의미한다"고 말하고 있다.[164] 계는 방역의 응역 단위로서 파악되고 있는 것이다.[165] 이러한 사정은 영조대가 아니라 광해군 시기인 1621년(광해 13)에도 장빙역(藏氷役)을 한강 연안의 백성들에게 부과했으나, 파계(破契)되어 부역에 응하지 못한다는 기록에서도 확인된다.[166]

행정 단위로서 동계가 존재했던 시기에도 일부 계는 방역의 응역 조직으로서 기능하고 있었던 것이다. 예컨대 17세기 중엽에도 다방동계(多坊洞契)라는 명칭에서 보듯이 동계의 명칭을 쓰는 경우도 있지만,[167] 모전계(毛廛契)나 유사익계(兪士益契)와 하돌지방계(下乭地方契) 등 동계의 명칭을 쓰지 않는 계도 등장하였다.[168] 특히 중부의 유사익계와 남부의 하돌지방계는 1675년(숙종 1) 수표직(水標直)의 방역을 응

---

164) 『승정원일기』 771책, 영조 10년 1월 11일. "各部破契 殆居四之一焉 破契者 卽無民應役之謂也."

165) 朴慶龍교수는 서울의 하부행정 단위인 계의 의미를 人的 유대를 주로 하는 촌락단위의 里中契, 洞契, 自治契, 統契로서 읍,면,동,리,통의 주민들이 조직하여 거주와 동시에 계원이 되면서 도로, 교량, 위생, 교육등 공동적인 마을생활의 향상과 자치에 협력하는 유형으로 파악하여, 자치기구로서의 성격을 강조하고 있다. (朴慶龍, 1990「漢城府의 行政區域」, 『이재룡박사환력기념사학논총』, 351쪽) 계의 성격상 자치적 성격을 무시할 수 없지만, 坊役의 담당단위로서의 성격이 강한 것이라고 하겠다.

166) 『광해군일기 ―정족산본』 권172 광해군 13년 12월 신사.

167) 『승정원일기』 136책, 효종 6년 8월 3일.

168) 『上言謄錄』 규12898, 강희 14년(1675년 숙종 1년) 9월 27일. "國初特設水標 自兵曹別定守直之人 逐朔給價 遇水看檢尺量是白如乎 今則徒有水標直之名 而價布則未知某人受食是白在果 經亂以後 與中部兪士益契及南部下乭地方契等應役 坊民僅存數三戶 而名之曰水標直 使之勒定 不得已對答 遇水則不分晝夜 長立水標之傍 少有差遲 則自禮曹推治 或至囚禁推治是白去乙 其他洞內坊役 亦依他對答弩不喩 水標橋圮毀之時 雖自官家次知修改 所入役軍 則專責於渠等 實爲偏苦是如 有此陳訴爲白有臥乎所 水標直 不爲給價 其來已久 則當此裁減之日 不當擧論是白在果."

역하는 계로 파악되고 있다. 오부의 행정 책임자들도 계를 대부분 응역과 관련하여 파악하고 있는 것이다.[169]

한성부의 계는 이처럼 마을 전체가 하나의 계로 구성되어 있었던 동계의 성격을 지닌 것과 함께 주민 집단의 동질성을 기초로 결성된 계도 존재했던 것이다. 1645년경에 존재했던 301개의 계는 이와 같은 복합적 성격의 계를 모두 지칭한 것으로 보인다. 그러나 한 마을 전체가 가입하여 교화를 담당하기도 했던 동계는 방역과 관련성이 강화되면서 같은 동 안에서 동질의 주민 집단의 계로 분화되어 갔을 것으로 추정된다. 동계가 동일직능을 가진 역계(役契)로 분화된 것은 향촌과 다른 서울이라는 도시적 속성에서 기인하는 것이다. 그러나 이와 같은 분화에도 불구하고 역계에서도 계의 고유한 기능인 자치 기능과 교화 기능, 그리고 행정 업무는 그대로 유지되었다.

(2) 계의 치폐(置廢)와 성격 변화

계는 방역의 응역뿐만 아니라 한성부의 행정 명령이 미치는 최말단 행정 단위로서의 기능도 동시에 가지고 있었다.[170] 그러므로 계의 치폐도 정부의 허가와 승인을 통해 이루어지고 있었다. 이와 관련

---

169) 『승정원일기』 619책, 영조 2년 6월 21일. "東部參奉 金大成(중략) 本部所屬三十八契 而除二陵復戶 成均館守護及其他依法除役外 本部所次知者 只十八契也 十八契中 良戶甚少 而其中各衙門軍卒及托籍於軍官之類亦多有之 除此則坊民無幾 以此零星之坊民擔當諸般坊役 實爲難堪."

170) 행정 조직으로서의 계 외에도 17세기 후반 대동법 실시를 계기로 그동안 주민들의 노동력을 직접 징발하여 수행되었던 각종 방역이 雇立化되고, 이를 전담하는 氷契, 運負契, 馬契 등 각종 貢人契가 결성되고 있는데, 이러한 공인계도 결국은 특정 영업을 전담하는 인적 결사로서의 성격을 지닌 것이다. 대동법 이후 각종 공인계가 결성되는 과정에 대해서는 본서 6장 참조.

하여 다음의 세 가지 사례가 참고된다.

첫째 사례는 남부 두모방(豆毛坊)의 전관중촌계(箭串中村契)의 사례다. 중촌(中里)은 견부(牽夫)들의 집단 거주지였다. 평상시 왕의 거둥 때에 필요한 말을 공급하기 위해 전관평(箭串坪) 목장에서 말을 길렀던 견부들은 임란 때에 모두 흩어져 없어졌다. 그러므로 1652년(효종 3)에 다시 지방의 건장한 자 100명을 뽑아 견부라 칭하고 전관평에 거주하게 하였다. 새로 모집한 견부들이 집단 거주한 마을을 신촌(新村) 중리(中里)라 하였다. 견부들에게는 위전(位田)을 지급하고, 훈련도감 군병인 포수(砲手)와 살수(殺手)처럼 방역을 면제해 주었다.171)

그러나 1700년경에는 중촌리에 외부에서 이주한 사람들이 대거 몰려들었다. 한성부에서는 이를 빌미로 중촌리에 방역을 부과하였고, 급기야 1705년(숙종 31)에는 호적을 작성하면서 아예 중리의 명칭도 없애고, 전관리(箭串里)에 통합하여 방역을 부과하였다.

견부들은 견부의 역 외에도 방역까지 부담해야 했다. 이러한 부담을 견디지 못한 견부들이 역이 무겁다고 호소하자, 한성부에서는 숙종의 윤허를 얻어 1708년(숙종 34) 견부 외에 새로 유입된 양반이나 한잡인들을 중리에서 모두 쫓아내고, 견부만으로 따로 전관중촌계를 결성하고,172) 방역을 면제하였다.173)

---

171) 『승정원일기』 313책, 숙종 12년 2월 8일. "司僕寺箭串牽夫諸員一百名 曾於孝宗朝壬辰年 故判書朴筵 爲提調建白 以爲國家 脫有事變 則馬夫 無以備待 請抄擇外方壯實 稱爲牽夫諸員 分給位田 以爲生理 而依都監砲手例 免其坊役事 事目啓下矣 今番漢城府坊役變通時 未詳事目本意 混入於差役中 而諸員等 凡大小擧動 無不待候 且於一朔內六度調馬 亦皆調用 有同仰役奴僕 今若又爲坊役 則渠輩決無支保之勢 依當初事目 都監砲手 一體分揀坊役 何如 上曰 依爲之."

172) 〈표 7-4〉에서 보듯이 남부 두모방 箭串坪에는 箭串1리계, 箭串2리계와 箭串中村里 3개의 계가 있었다. 원래 전관리계만 있었던 데서 인구가 늘어나면서 1리,

그러나 중촌에 거주하는 양반과 한잡인을 모두 몰아내고 견부들로
만 따로 계를 결성하라는 명령은 제대로 시행될 수 없었다. 중촌리에
거주하는 민호 중에 견부들의 호수는 61호인데 반해, 양반과 한잡인
의 호수는 155호였기 때문이다. 155호를 모두 쫓아내고 61호의 견부
만으로 계를 만드는 것은 현실적으로 어려웠다. 그러므로 한성부에
서는 양반 및 한잡인호 155호의 거주를 허락하고, 견부들 중에 솔정
(率丁)이 없는 호에 한해서 방역을 면제하였다.[174] 전관중촌계는 원래
견부, 즉 주민 집단의 동질성에 기초하여 계를 결성하도록 하였으나,
중촌에 추입(追入)한 양반과 한잡인들을 모두 몰아낼 수 없었기 때문
에 이들을 모두 합하여 전관중촌계를 만들었던 것이다.

이 사례에서 우리는 계의 성격이 변해가는 양상을 살필 수 있다.
초기 중촌계는 견부라는 주민 집단의 동질성에 기초한 인적 결사의
성격이었다. 물론 거주 지역의 동일성도 전제되고 있었다. 그러나 점
차 이 지역에 견부 외의 사람들이 거주하게 되면서 주민 집단의 동질

2리계로 분화되었고, 1708년(숙종 34)에 견부들을 위해 전관중촌계가 만들어진
것이다.

173) 『승정원일기』 440책, 숙종 34년 3월 9일. "近年以來 該府不知當初立法之本意 所
謂牽夫等 居在中里者 混同出役 本府之移牒於該府 前後非一 而終不聽許 至於中
里之號 自乙酉式年 亦且削罷 統合於箭串里 凡干坊役 種種侵責 蓋牽夫之役 苦重
難堪 而加之以坊役 則決無保存之道 渙散之弊 勢所必至 自今以後 牽夫所居中里
村 依前別爲作契 俾免混同之弊 而坊民之役 依事目定式 切勿侵責 牽夫之外 兩班
及閑雜人之追入者 一併毀出 以爲牽夫等安接之地事 捧承傳施行 何如 傳曰允."

174) 『승정원일기』 441책, 숙종 34년 윤3월 5일. "所謂箭串中村 本是一洞諸員及兩班
閑雜人 相與雜處 以民戶數言之 則諸員是六十一戶 兩班閑雜人 通計一百五十五
戶云 許多民戶 決不可一時毀黜 故臣以此事勢 問議于司僕提調李寅燁 則以爲 一
百五十餘戶 一竝毀黜 果爲重難 宜有變通之道云 今此戶籍時 兩班閑雜人之居在
中村者 勿爲毀黜 依前成籍 司僕牽夫之無率丁者 依軍兵例 坊役勿侵 以爲便當矣
上曰 民戶旣多 則一併毀黜 誠爲重難 依所達施行 可也."

성이라는 요소는 약화되고, 주거 지역의 동일성이 계를 유지, 운영하는 가장 중요한 요소로 변모한 것이다. 거주 지역의 동일성을 우선하는 이러한 지배 방식은 서울이라는 도시를 배경으로 나타나는 것이다. 이 시기 서울 주민들은 역에 따라 차별되는 중세적 방민(坊民)에서 역에 따른 차별성이 약화되고 국가에 의해 균질하게 파악하는 도시민으로 변화되고 있었던 것이다.

두 번째 사례는 용산방(龍山坊) 어영청창계(禦營廳倉契)의 경우다. 이 경우는 앞의 중촌계와 달리 계를 폐지할 때 민호들을 어떻게 처리하였는가를 알려준다. 어영청창계는 용산에 하역된 세곡(稅穀)을 어영청 창고까지 운송하는 주민 37호를 구성원으로 결성된 것이다.[175] 그러나 1746년(영조 22) 반포된 『수성절목(守城節目)』의 도성 수비 계획에 따라 강변의 모든 창고를 도성 안으로 이전하였기 때문에, 용산에 있던 어영청 창고도 도성 안으로 이전하였다.[176] 창고가 도성 안으로 이전하자 어영청창계 민호들이 생계를 이을 방도가 없어졌다. 그럼에도 어영청창계에 부과된 방역은 여전하였다. 어영청창계의 민호들은 방역을 부담할 길이 없다고 호소하였다.

1757년(영조 33)년 강상어사(江上御使)로 파견된 홍양한(洪良漢)은 이 문제를 해결하기 위해 어영청창계를 폐지하고, 어영청창계 민호를 반씩 나누어 이웃에 있는 군자감 동문외계(東門外契)와 혜청신창계(惠

---

175) 『승정원일기』 1170책, 영조 35년 윤6월 30일. "江上御史李潭同爲入侍 潭曰 龍山 江前有御營廳倉舍 倉下居民三十餘戶 以運米等事 賴以爲生 故名爲御營廳契 作 爲一洞 役多少出役專 當擧行矣 御廳移入京中之後 不可無變通之道 故前御史臣 洪良漢具由陳達 至有移付隣契 通同應役之定奪 而尙不移付 事雖瑣屑 係是民弊 敢達 上曰 幺麼之事 尙不擧行 事體寒心 當該堂上從重推考 更加嚴飭."
176) 『영조실록』 권 64, 영조 22년 12월 정묘.

廳新倉契)로 편입시키도록 건의하였다.[177] 이 건의는 즉시 시행되지 않다가, 1759년(영조 35) 강상어사로 파견된 이담(李潭)의 재차 건의에 따라 어영청창계의 37호 중 31호는 군자감 동문외계로, 나머지 6호는 혜청신창계로 분속되었다.[178]

어영청창계는 1751년 『수성절목』에는 용산방 소속 계로 기록되어 있지만, 1789년에 편찬된 『호구총수』에는 사라진 것으로 보아 1759년에 폐지된 것이 확실하다. 이 사례에서도 우리는 계가 동일한 역을 담당하는 주민 집단으로 구성된 인적 결사의 성격임을 알 수 있다. 또한 계의 창설은 물론 폐지도 왕의 재가를 얻어 시행되었음을 알 수 있다. 이는 계가 사사로이 조직된 것이 아니라 공식성을 띤 조직임을 반증하는 것이다.

세 번째 사례는 1792년(정조 17) 장용영(壯勇營)의 교졸들을 위해 창설된 장호영 좌·우계의 사례다. 장용영 좌·우계에 대해서는 「장용영진연화방영속민호분계절목(壯勇營進蓮花坊營屬民戶分契節目)」이라는 매우 자세한 자료가 남아 있다. 이 자료는 계의 창설 과정, 계의 구성원, 계의 직임과 운영 형태 등을 구체적으로 알려준다. 길지만 계의 구체적 실상을 이처럼 자세히 알려주는 자료는 없기 때문에 전문을 살펴보도록 하자.

---

177) 『耳溪 洪良浩全書』 권 24, 論五江民弊疏 丁丑(1757). "龍山禦營移入城中之後 倉村遂成敗洞 力役偏苦 無以支保 訪問民情則 咸願分半 移爲軍資監東門外契與惠廳新倉契 則彼此俱便云矣."

178) 『승정원일기』 1171책, 영조 35년 7월 11일. "日前御史李潭 又以此事陳達 有京兆堂上重推擧行之命矣 招問移屬便否於三洞民人 則皆以爲御營廳契 本是三十七戶 而六戶則附近於新倉契 三十一戶則附近於東門外契 以其附近之戶 分屬於兩契 則彼此兩便 民情俱願云 從其所願 御營廳契民戶 分屬於兩契之意 敢此仰達矣 上曰 依爲之."

임자년(壬子年: 1882) 겨울에 선인문(宣人門) 아래서 이현(利峴) 동구(洞口)까지 길 동서쪽의 크고 작은 가옥들을 장용영 교졸(校卒)에게 환입하거나 이매(移買)토록 하여 거주하게 하였다. 이들을 따로 통호(統戶)를 만들어 상호 규찰하게 하고, 서로 삼가하도록 하니, 영을 내리지 않아도 통솔이 되었다. 다만 연화방 내에 장용영 소속 호가 반 가까이 되지만, 방리의 일반 백성들과 부역을 함께 지고 있어 반드시 고르지 못한 걱정이 있었다. 그래서 구역을 구별하여 각기 동계(洞契)를 정하고 호수를 헤아려 방역을 나누어 지게 한 다음에야 폐단이 없어질 것이다. 행해야 할 조건을 아래에 같이 열거한다.

1. 존위 2인을 정하여 동쪽과 서쪽의 통호를 나누어 관장토록 하며, 존위 밑에 중임(中任) 2인은 각각 동쪽과 서쪽에 살고 있는 사람을 차정한다.

1. 선인문부터 이현 병문(屛門)까지를 연화방계(蓮花坊契)라 칭하고, 다른 곳의 통제를 받지 않는다. 이현 윗쪽의 동편은 장용영 좌계, 오른쪽은 장용영 우계라 하여 장용영에 소속시키고, 그 나머지 일반백성이 사는 지역은 따로 계 이름을 지어 동부에 소속시킨다. 방 전체가 돌아가면서 담당하는 방역은 나누어서 고르게 분담하여 어느 한쪽이 무겁거나 가볍게 지는 경우가 없도록 한다. 장용영 좌계, 우계에서 송사를 벌이는 사람들은 대소 경중을 막론하고 장용영의 제조(提調)와 종사관(從事官)이 주관하여 처리한다. 만일 원고와 피고 중에 다른 부와 다른 동에 거주하는 자가 있을 경우에는 한성부의 오부에 소장을 낸다.

1. 동쪽, 서쪽의 가옥들을 5가를 묶어 통을 삼는데, 동쪽은 27통, 서쪽은 26통인데, 통수는 부지런하여 일을 감당할 수 있는 자를 차정한다.

1. 질병과 오물은 통에서 단속하여 금지한다. 서쪽은 동영(東營)에서부터, 동쪽은 함춘원(含春苑) 동구의 윗쪽까지를 구역으로 삼는다. 질병과 오물들을 각 통수가 책임지고 단속하며, 바로 내보내어 하루를 넘기지 않게 한다. 상사(喪事)를 만난 자가 있을 경우에는 3일을 지낸 뒤에 내보내게 한다.

1. 이웃끼리 다툼이 있거나 범금(犯禁)할 경우, 통수가 이를 적발하여 중임에게 보고하고, 중임은 존위에게 보고하되, 작은 일은 중임이 처분하고, 큰 것은 존위가 다스린다. 존위가 혼자 다스릴 수 없는 것은 장용영에 보고하여 처리한다.

1. 통 안에 행랑살이나 협호(挾戶)라도 행동이 수상하고 내력이 모호한 자를 머물게 한다거나, 떼로 모여 노름을 벌이거나 길거리에서 술에 취해 떠드는 무리들 및 모든 법을 무시하고 분수에 벗어난 짓을 하는 자가 있는데도 덮어 두거나 살피지 못했을 경우는 가주(家主)와 통수를 엄히 다스리며, 존위와 중임도 장용영에서 중하게 처벌한다.

1. 도로 수치(修治), 눈 치우기, 도랑치기, 좌경(坐更), 불을 끄는 일 등은 장용영 소속이라는 이유로 피할 수 없다. 만일 이를 회피하거나 거역하면 중죄로 처벌한다.

1. 방역은 치도(治道)와 좌경(坐更)이다. 이를 다음과 같이 나누어 맡는다. 좌경과 장용영 좌우계민의 집앞 길은 계민들이 담당하고, 장용영이 관할한다. 위로는 선인문에서 관현(館峴) 아래까지, 아래로는 장용영 담장에서부터 석교(石橋)의 여가(閭家)가 없는 곳의 치도는 민호들이 담당하고, 한성부에서 관할한다.

1. 각 통수는 해당 통의 여러 가지 금지 조항들을 규찰하여 15일 간격으로 중임에게 보고하고 중임은 한 달치를 모아 다음 달 초하룻

날 존위에게 보고한다.

1. 각통에 혹 이사를 오거나 가는 사람이 있을 경우에는 해당 통수가 존위에게 보고해서 바로 통안(統案)을 수정한다. 통안의 남자와 여자, 장정과 노약자의 수효에 대해서는 한성부가 백성의 수효를 임금께 보고하는 예에 따라 세밑에 수정하고, 원통안(原統案)은 경외(京外)의 군안(軍案)의 예를 참고해서 10년에 한 번씩 바꾼다. 그리고 통 안에 사는 사람들은 모두가 장용영 소속으로서 늠료(廩料)를 받고 봉공하는 사람들이니, 비록 그 호를 없앨 일이 있더라도 차례대로 서서히 바꿀 것이요 기한을 정해 억지로 내보내서 소란을 일으켜서는 안 된다.

1. 식년(式年)마다 좌·우계에 사는 사람들의 장적을 각 통수가 모아서 장용영의 제조에게 바치고, 이를 한성부에 올려 보내도록 한다.[179]

이 절목에서 보듯이 장용영 좌계·우계의 주민들은 장용영의 교졸이었다. 주민 집단의 동질성이 계를 구성하는 조건이었다. 계를 창설한 까닭은 장용영 교졸에게 방역 부과에서 특별대우를 하기 위한 것이다.

계의 내부 조직을 보면, 계의 직임에는 존위와 중임이 있었다. 존위는 계의 최고 책임자였으며, 중임은 존위 밑에서 행정적 실무를 처리하는 직임이었다. 사소한 주민간의 다툼은 중임이 처리하였으며, 보다 큰 사건은 존위 차원에서 처리하였다. 일반 향촌의 풍헌·약정과 같이 윤리적인 문제에 자율적인 처결권을 지니고 있는 것이다. 그

---

179) 『정조실록』 권37, 정조 17년 5월 정사.

러나 존위가 자율적으로 처리할 수 없는 문제는 장용영에 보고하여 처리토록 하였다. 중임의 밑에는 5가를 1통으로 하는 오가작통의 원리에 따라 통수가 있었고, 통수 밑에는 개별 가호의 호주인 가주가 있었다. 하나의 계는 존위—중임—통수-가주의 위계로 구성되었던 것이다. 통수들도 자신이 관할하는 통에서 발생하는 각종 범금사항(犯禁事項)을 보름마다 중임에게 보고하였으며, 중임은 이를 모아 한 달마다 존위에게 보고하는 것이 의무였다.

계에서 담당하는 일들은 크게 범금(犯禁)에 대한 단속, 이웃간 다툼에 대한 자율적 처리, 질병과 오물 등 환경 문제에 대한 공동 대처, 수상한 자에 대한 동태 감시, 호적 파악과 보고, 도로 수치, 눈 치우기, 도랑치기, 좌경, 불을 끄는 일이었다. 이 중에서도 좌경과 치도(治道)는 특별히 한성부 전체 차원에서 부과된 방역으로서 중시되고 있다. 좌경은 장용영 좌계·우계민들이 응당 부담해야 할 방역이었고, 치도는 좌·우계민들의 집 앞에만 한정하여 담당하고, 나머지 지역은 일반 민호가 담당토록 규정하고 있다. 여기서 보듯이 장용영 좌·우계는 향촌의 동계와 마찬가지로 주민 교화와 자치, 그리고 최말단 행정 단위로서 기능하고 있는 것이다.

장용영 좌·우계가 한성부의 다른 계와 다른 것은 한성부에 소속되지 않고 장용영에 소속되어 있다는 점이었다. 그러므로 계 주민들 간에 소송이 발생했을 경우에는 그 관할권이 한성부 동부가 아닌 장용영의 종사관에게 있었다. 다만 장용영계 주민과 다른 부 소속 주민 간의 송사가 발생했을 경우에 한성부의 오부에서 소송을 담당하였다.

이상 계의 치폐에 관한 3개의 사례에서 보듯이 계를 구성하는 조건은 주민 집단의 동질성이었다. 그러나 계의 창설 과정에서는 주민 집단의 동질성이 우선되었지만, 앞의 전관중촌계의 사례에서 보듯이 방역의 부과 과정에서는 거주 공간의 동일성이 우선적으로 고려되고 있었다. 이는 장용영 좌·우계는 장용영 교졸이라는 동질성에 기초하여 창설되었지만, 장용영 좌·우계가 관할하는 지역은 선인문에서 이현 병문까지의 지역으로 특정되고 있는 사례나 어영청창계의 민호들을 이웃한 군자감 동문외계와 혜청신창계로 나누어 소속시킬 때는 주민 집단의 동질성을 무시하고 이웃한 계에 배속시키는 사례에서도 확인된다.

이와 같은 사례는 서부 용산방 곽계(槨契)가 도화동외계(桃花洞外契)로 명칭을 바꾸는 과정에서도 확인된다. 원래 곽계(槨契)라는 명칭은 귀후서(歸厚署) 근처에서 관을 짜는 사람을 중심으로 결성되었기 때문에 유래한 것이었다. 그러나 18세기 후반 정조가 이 지역을 방문하여 동네 이름을 듣고, 살아있는 사람들이 거주하는 곳을 곽이라고 부르는 것은 옳지 않다고 지적하자, 곽계를 이웃한 도화동의 이름을 따라 도화동외계로 고친 것이다.[180]

이와 같은 여러 사례에서 우리는 계는 동일한 직능·직역자들이 모여 결성한 것이었음을 확인할 수 있다. 물론 동질의 주민 집단들은 같은 지역에 거주하였다. 동일한 주민 집단이 같은 지역에 거주하고 있다는 점이 계를 창설하는 데 기본 조건이었던 것이다. 이와 같은 주거 지역의 동일성과 주민 집단의 동질성이라는 요소는 한성부의 계를 오부—방—계로 체계화된 한성부의 행정 단위로 기능하게 하였을 뿐만 아니라 방역의 응역 조직으로서도 기능하게 하였다.

---

180) 『동국여지비고』 권2, 한성부 部坊 龍山坊. "槨契以有歸厚署 故至今有神堂 今訓局別營 亦在槨契 正宗御挹淸樓問里名 以實告 敎曰生人居之 安槨而號之 改之以 桃花洞外契."

계의 창설에는 이 두 가지 요소가 모두 중시되었지만, 계를 유지 운영하는 데는 주민 집단의 동질성보다는 주거 공간의 동일성이 우선되었다. 전관중촌계에서 견부 외에 다른 양반이나 한잡인 호를 수용한 사례나, 어영청창계 주민을 이웃한 군자감 동문외계나 혜청신창계로 분속시키는 사례들은 계의 구성과 운영에서 계원들의 동질성이라는 요소가 점차 덜 중요한 요소로 변질되었음을 보여 주는 것이다.

(3) 계의 현황과 시기적 변동

18세기 이후 각방 산하에 어느 정도의 계가 있었을까. 1789년에 간행된 『호구총수』에는 338개의 계가 수록되어 있다. 여기에 기록되지 않은 계도 조선 후기 한성부의 호구단자와 준호구류에서 현재까지 21개의 계가 드러난다. 이러한 여러 자료들에서 나타나는 한성부 계의 구체적인 현황을 각 방별로 정리하면 다음의 〈표 7-5〉과 같다.

하나의 계는 어느 정도의 호구로 구성되었을까. 앞서 본 전관중촌계의 경우 155호, 장용영의 경우는 우계가 27통 135호, 좌계가 26통 130호였고, 어영청창계는 37호였다. 그리고 1789년 『호구총수』에 기록된 각 방의 인구를 계의 수로 평균하여 계산하면, 1계당 평균 호수는 130호, 인구는 560명이었다. 1663년의 『강희이년계묘식년북부장호적(康熙二年癸卯式年北部帳戶籍)』에는 방의 명칭이 기록되지 않고, 아이고개계(阿耳古介契)·연희궁계(延禧宮契)·가좌동계(加佐洞契)·수색리계(水色里契)·성산리계(城山里契)·세교리계(細橋里契)·합장리계(合掌里契)·연서계(延署契)·망원정계·홍제원계·여의도계·증산리계·신사동계·양철리계(梁鐵里契)·말산산계(末屹山契)·조지서계(造紙署契) 등 16개 계의 이름과 호구에 관한 기록이 실려 있는데, 이 호적에 나타난 각 계별 호구수를 보면 다음의 〈표 7-6〉와 같다.

〈표 7-5〉 조선 후기 각 방별(坊別) 계의 현황

부	방	계수	계 명
중부	8	93	
	정선방	12	파자전계, 고병조계, 의전1계, 의전2계, 대묘동계, 수문동계, 김만년계, 임이손계, 비노전계, 돈녕상계, 돈녕하계, 하미전계
	관인방	5	대사동1패계, 대사동2패계, 대사동3패계, 대사동4패계, 충훈부내계
	견평방	6	전의감동계, 금부내계, 금부후동계, 중어물전1패계, 중어물전2패계, 수전동계(1879),
	서린방	9	일영대계, 박정계, 계아전계, 전옥내계, 전옥후동계, 종루서변계, 사기전계, 포도청계, 고색정계
	수진방	15	상어물전계, 상사동계, 청성군계, 사복전계, 사복천변계, 상미전계, 제용하계, 수진궁내계, 수진궁내행랑계, 개정계, 종현병문계, 송현계, 간동계, 전동계(1870), 조석동계(1810)
	장통방	30	관자동계, 원주주인계, 장구담계, 청주주인계, 박이수계, 지전1계, 지전2계, 박내종계, 염전계, 정만석계, 신형손계, 한순원계, 창전행랑계, 창전중로계, 분전중로계, 입전계, 의성정계, 박계손계, 조세홍계, 광주주인계, 혜전1계, 혜전2계, 비파동계, 함평주인계, 석정계, 방종계, 서천수계, 유사익계, 수표동변계, 장만호계
	경행방	6	포전계, 한원궁내계, 한원궁동변계, 한원서변계, 오순덕계, 사거리계
	징청방	11	한성부내계, 한성부후동계, 전함사계, 판정계, 이조내계, 호조내계, 호조후동계, 고예조계, 변종견계, 비변사계, 두석동계
동부	7	43	
	연화방	10	종묘동계, 분육계, 중로계, 김중계, 연지동계, 연일계, 연이계, 연삼계, 천변계, 북이계
	경모궁방	2	1계, 2계
	숭교방	1	성균관계
	건덕방	2	건덕방계(1729-방계명칭일치), 어의동계
	창선방	6	창선방계(1795-방계명칭일치) 창선동1계, 창선동2계, 동학동계, 동학동내계, 소천변계
	숭신방	11	숭신동계, 신설계, 종암리계, 벌리계, 가오리계, 수유촌계, 안암동계, 능동계, 사하리계, 어창계, 우이계
	인창방	11	인창동계, 왕십리1계, 왕십리2계, 사계, 청량리계, 답십리계, 제기리계, 장위리계, 중랑포계, 전농리계, 마장리계

남부	11	78	
	명철방	5	청녕위계, 어창계, 쌍리문동계, 수구문내계, 남소문동계
	훈도방	10	묵정동계, 이현계, 죽전동계, 정승계, 박정계, 저전동계, 하돌지방계, 주자동계, 혜민서계, 동현계(1894),
	낙선방	4	와유두리계, 진소리계, 왜관동계, 금창계
	광통방	12	모전계, 대다방북변계, 소다방남변계, 소다방북변계, 군기시월변계, 서행랑상계, 동행랑계, 서행랑하계, 성천계, 옹대리문계, 손복동계, 소천변계
	명례방	6	장악내계, 명례동계, 부계, 상종현계(단1861), 종현계(단1867), 염례동계(1693, 1822)
	대평방	9	구리개계, 하홍문계, 선산계, 보십내계, 보십외계, 한수견계, 수하동계, 허병문계, 홍문동계(단1804)
	회현방	10	회현동계, 장흥동계, 저경궁내계, 송현계, 부원변계, 소공동계, 서소문월변계, 이간병문계, 의산위계, 이동계(단1807)
	성명방	4	석교상계, 석교하계, 연성위계, 청량교계(단1834)
	둔지방	8	이태원계, 서빙1계, 와서계, 전생내계, 전생외계, 서빙2계, 청파계, 지어둔계
	두모방	8	두모포계, 신당리계, 수철리계, 신촌리계, 전관1계, 전관2계, 전관중촌계
	한강방	3	한강계, 몽뢰정계, 주성리계
서부	9	100	
	양생방	3	대평관계(태평관계 생사동1828; 계 밑의 구역으로서 동이 나타나는 사례), 창동계, 송현계
	인달방	8	사직동계, 내수사내계, 내수사내행랑계, 제성궁내계, 분선공내계, 봉상시내계, 내섬내계, 내자동계(1873)
	적선방	18	사온동계, 도염동계, 십자각계, 사성궁월변계, 종각계, 당피동계,아주개계(아주현 두석동계1840-계밑에 동이 출현), 공조후동계, 필전계, 사역원내계, 중추부내계, 율학청계, 형조내계, 사헌부내계, 병조내계, 예조내계, 해풍군계(1768; 호구단자에는 해풍군계는 여경방소속으로 기록됨)
	여경방	12	두석동계, 서학동계, 서학내계, 장생동계, 신문내계, 해풍군계, 선공내계, 동령동계, 모전계, 도자동계, 아주현계(1858, 1864), 오공동계(1879)
	황화방	6	취현동계, 소정동계, 서소문내계, 조자동계(1765), 태평관계(1812), 학교계(1816)
	반석방	13	서소문외계, 미전하계, 약전계, 고순청계, 미전상계, 연지계, 조전계, 성삭주계, 석교계, 사거리계, 도저동계, 유판부사계, 거자리계(1723)

	반송방	10	경영고계, 인장리계, 수근답계, 조판부사계, 아현계, 권정승계, 노첨정계, 지하계, 청성군계, 거자리계
	용산방	20	청파1계, 청파2계, 청파3계, 청파4계, 토정리계, 옹리상계, 옹리중계, 옹리하계, 도화동내계, 도화동외계, 사촌리계, 만리창계, 공덕리계, 마포계, 신촌리계, 탄항계, 진휼청계, 동문외계, 신창내계, 형제정계
	서강방	10	당인리계, 수일리계, 창전리계, 흑석리계, 하중리계, 상수일리계, 신정리계, 신수철리계, 구수철리계, 율도계
북부	12	46	
	순화방	2	사재감상패계, 사재감하패계
	안국방	1	안국동계
	가회방	1	재동계
	의통방	3	왕정후동계, 왕정리계, 연추문계
	관광방	4	부계, 중학내계, 의정부내계, 관광방계(1741-방계명칭일치)
	진장방	2	진장방계(1765-방계명칭일치), 삼청동계
	양덕방	1	계생동계
	준수방	1	구사포서계
	광화방	1	연동계
	상평방	6	선혜청계, 경리청계, 조지서계, 훈창계, 금창계, 어창계
	연희방	16	아현계, 연희궁계, 세교리1계, 세교리2계, 가좌동1계, 가좌동2계, 증산리계, 성산리계, 수색리계, 휴암리계, 구리계, 망원정1계, 망원정2계, 망원정3계, 합정리계, 여의도계
	연은방	8	홍제원계, 양철리계, 불광리계, 갈고개계, 역계, 사계, 신사동계, 말흘산계

전거: 『호구총수』, 『도성삼군문분계절목』, 『고문서』 8, 9, 10권(서울대 규장각 간행)중의 한성부 호구단자, 준호구. 계이름 옆에 ( )안의 숫자는 호구단자의 발행연도임.

〈표 7-6〉에서 보듯이 각 계별 인구수는 계에 따라 큰 차이를 나타낸다. 최소 인원은 조지서계로 3호, 7명이었고, 최대는 망원정계로서 142호, 340명이었다.

하나의 계의 인구 구성이 이처럼 큰 편차를 보인다는 것은 계가 한성부 등 행정 기관의 일률적인 구획에 의해 단일한 기준을 가지고

〈표 7-6〉 1663년 『북부장호적』에 나타난 각 계별 호구 수

계	호구	인구	호당인구수	계	호구	인구	호당인구수
아이고개	9	19	2.1	여의도	44	94	2.1
연희궁	17	77	4.5	증산리	33	143	4.3
가좌동	38	126	3.3	홍제원	16	50	3.1
수색리	43	97	2.3	연서	103	285	2.8
성산리	57	280	4.9	신사동	32	148	4.6
세교리	23	151	6.6	양철리	11	48	4.4
합장리	90	375	4.2	말흘산	20	62	3.1
망원정	142	340	2.4	조지서	3	7	3.6
합계				16	681	2,302	3.4

조직된 것이 아님을 보여 준다. 계는 주민 집단의 형성에 따라 그때 그때 방역을 응역하기 위해 결성되었던 것이다.

계가 방역의 응역 기구로서의 성격이 강했기 때문에 인구가 늘어 나면 새로 계가 창설되기도 하였고, 주민이 줄어들거나 피역자가 늘 어나면 자연적으로 계가 없어지는 경우도 발생하게 된다.[181] 예컨대 1753년(영조 29) 경강(京江)이 상업 중심지로 성장하면서 인구가 늘어나 자, 이 지역 사대부들이 동계를 억지로 만들어 주민들을 사역시키다 가 호강무단(豪强武斷)의 죄로 처벌받는 사례가 발생하기도 하였다.[182]

이러한 이유로 해서 계의 숫자는 시기에 따라 변동하였다. 현재 서울의 계 명칭과 숫자를 확인할 수 있는 자료는 (1) 1751년의 『어제 수성윤음』의 「도성삼군문분계총목(都城三軍門分界總目)」과, (2) 1783년 의 『일성록』 정조 7년 11월12일 『자휼전칙(字恤典則)』 반사조(頒賜條), (3) 1788년의 『내각일력(內閣日曆)』 정조 12년 10월 12일 가체신금사목

---

181) 『비변사등록』 129책, 영조 31년 9월 9일.
182) 『비변사등록』 125책, 영조 29년 정월 16일.

(加髢申禁事目)의 반포조(頒布條), (4) 1789년 『호구총수』 한성부 오부, (5) 1808년 『만기요람(萬機要覽)』 군정편 「훈련도감수성자내(訓鍊都監守城字內)」, (6) 19세기 초 『동국여지비고』 권2 한성부 부방(部坊) (7) 19세기 전반 『경조부지(京兆府志)』 오부방계, (8) 1866년 『육전조례(六典條例)』 권4 오부 방리 등 여덟 가지다. 이 중에서 (1)과 (5)는 동일한 자료이므로, 이를 제외하고 나머지 7개 자료에서 나타난 방과 계의 숫자를 비교하면 다음의 〈표 7-7〉과 같다.

〈표 7-7〉 조선 후기 방과 계의 변화

자료	수성윤음 1751년	일성록 1783년	내각일력 1788년	호구총수 1789년	동국여지비고 19세기 초	경조부지 19세기 전반	육전조례 1866년
중부	8방 91계	8방 91계	8방 91계	8방 91계	8방 92계	8방 91계	8방 90계
동부	6방 38계	6방 40계	5방 40계	7방 41계	6방 37계	7방 42계	7방 43계
서부	9방 91계	9방 91계	9방 92계	9방 91계	9방 92계	9방 91계	9방 91계
남부	11방 71계	12방 70계	11방 71계	11방 71계	11방 70계	11방 71계	11방 71계
북부	9방 37계	9방 42계	12방 44계	12방 44계	9방 41계	12방 44계	12방 44계
계	43방 328계	44방 336계	45방 338계	47방 338계	45방 332계	47방 340계	47방 340계

〈표 7-7〉에서 보면, 계의 수는 1751년 328계에서, 1783년 336개, 1789년 338개, 19세기 초 332개, 19세기 중엽 340개로 완만하지만 점차 증가하고 있다. 앞서 1654년(효종 5)경에 301개의 계가 있었기 때문에,[183] 17세기 중엽에서 18세기 중엽에 이르는 100년 동안 27개가 늘었고, 그 이후 1751년에서 1780년대에까지 30년간에는 10개가 증가하였다. 17세기와 18세기를 전체적으로 보면 10년 정도의 기간에 3개 정도의 계가 증가하는 것이 일반적이었던 것이다. 이러한 증가는 곧 서울 인구의

---

183) 주 154) 참조.

증가와 도시의 팽창을 반영하는 것으로 보아도 무방할 것이다.

조선 후기 계의 변동을 각 부별로 살펴보면, 동부는 1726년(영조 2)에는 38계,[184] 1734년(영조 10)에도 38계였으나, 1751년(영조 27)에는 39계로 증가하였다. 남부는 1736년(영조 12)에 67계였으나,[185] 1738년(영조 14)에는 68계로 증가하였고, 1751년에는 71계로 증가하였다. 북부는 1738년(영조 14)에 32계였으나, 1751년에는 36계, 1789년에는 44계로 증가하고 있다. 특히 북부 지역 방계의 변동에서 주목할 것은 외곽 지역이었던 '유계무방(有契無坊)' 지역이 1663년 16계였는데, 1751년에는 24계로 증가하였고, 1788년에는 이 지역이 각 방으로 편제될 때 연희방 16계, 연은방 8계, 상평방 6계 등 31계로 확대되고 있다는 점이다. 18세기 후반을 통하여 급속하게 계가 늘고 있는 지역은 바로 망원, 합정을 포함하는 경강 하류 지역이었음을 알 수 있다.

이러한 변화는 앞에서 살핀 바와 같이 1788년(정조 12) 한성부 행정 편제 변화에서 완결되는 것으로 보인다. 1788년 '유계무방' 지역을 방에 편입시키는 한편, '무계유방' 지역에도 계명을 부여하였던 것이다.[186] 이때 조정된 행정 편제 내용을 보면 다음의 〈표 7-8〉과 같다.[187]

18세기 서울 외곽에는 인구 증가로 인해 신설 촌락이 늘어났고, 이에 대해서 방역 징수를 위해 계를 구성하였지만, 이들을 방에는 편입

---

184) 『승정원일기』 619책, 영조 2년 6월 21일.

185) 『승정원일기』 822책, 영조 12년 3월 21일.

186) 『정조실록』 권26, 정조 12년 10월 갑진, 10면. "定各部坊契之名(중략) 自今年帳籍 以此坊號稱用(중략) 各部有有契無坊 有坊無契處 始定其名."

187) 이때 1751년 당시 有契無坊한 지역이 그대로 신설되는 방에 편입되는 것은 아니다. 1751년 북부의 '有契無坊' 지역은 24계였으나, 1788년 상평, 연희, 연은방에 포함된 계는 30계로서 1751년에 비해 훈창계, 금창계, 어창계, 세교리2계, 가좌동2계, 망원정3계등 6개 계가 증가하고 있다.

〈표 7-8〉 1788년 한성부 각부 방계 신정(新定) 내용

구분	부	방	계
有契無坊	동부	인창방	홍인문밖 역일계, 역이계, 사계, 마장리계, 답십리계, 전농리계, 청량리계, 제기리계, 중량포계, 장위리계, 인창방계
		숭신방	신설계, 안암리계, 어창계, 종암리계, 가오리계, 수유촌계, 번동계, 사하리계, 번리계, 우이리계, 숭신방계
		경모궁방	경모궁 1계, 경모궁 2계
	북부	상평방	선혜청계, 경리청계, 조지서계, 훈창계, 금창계, 어창계
		연은방	홍제원계, 양철리계, 역계, 사계, 불광리계, 갈현계, 신사동계, 말흘산계
		연희방	아현계, 세교리1계, 세교리2계, 연희궁계, 가좌동1계, 가좌동 2계, 성산리계, 증산리계, 수색리계, 휴암리계, 구리계, 망원정 1계, 망원정 2계, 망원정 3계, 합정리계, 여화도계
無契有坊	동부	창선방	창선방 1계, 창선방 2계
	북부	광화방	화동계
		양덕방	계생동계
		가회방	재동계
		관광방	부계
		진장방	삼청동계

전거: 『정조실록』 권 26, 정조 12년 10월 甲辰.

시키지 않은 채 방치한 '유계무방' 지역과 반대로 방에 편성되었지만, 각종 면역으로 인하여 계가 없거나, 또는 방명이 곧 하나의 계명으로 통칭되는 '유방무계' 지역이 많았다.[188] 앞의 북부장 호적에서 방 명칭이 없이 계만 기록된 것도 이러한 사정의 반영이었다.[189] 당시의

---

[188] 이는 1663년 『北部帳戶籍』과 1751년 「都城三軍門分界摠目」에 나타난 북부지역의 '有契無坊'지역의 변동상황을 비교하면 잘 알 수 있다. 「都城三軍門分界摠目」의 북부 '有契無坊'지역; *합정리계, *망원정 1계, 망원정 2계, *여의도계, *세교리계, *아현계〈아이고개계〉, *연희궁계, *성산리계, *가좌동계, *증산리계, *신사동계, 갈고개계, *역계, 사계, 불광리계, 수암리계, *수생리계, *조지서계, 경리청계, 선혜청계, *양철리계, 구리계, *말흘산계, *홍제원계 〈*표는 북부장호적에 나타난 계명〉 1663년 '有契無坊'의 契는 총 16계였는데, 그 후에 계속 늘어 1751년에는 망원정 2계, 갈고개계, 사계, 불광리계, 수암리계, 경리청계, 선혜청계, 구리계등 8계가 늘었음을 알 수 있다.

호구식에서는 반드시 방명을 기록하도록 규정하였으나,[190] 『북부장호적』에는 방 명칭이 기록될 수 없었던 것이다. 이때 새롭게 서울에 편입된 지역의 민호들은 그 이전부터 한성부에서 관장하고 있었지만, 서울 도성 내와 같은 행정 편제인 방을 신설하여 이 지역에 대한 행정관리를 강화하였던 것이다.[191]

오부—방—계로 이루어졌던 한성부의 행정 조직은 1894년 갑오개혁 때 계 산하에 동을 다시 두는 개혁이 이루어져 47방 288계 775동 체제로 변하였다. 조선 후기에는 동이 계보다 큰 범위를 지칭하는 것이었으나, 이 개혁으로 동이 계보다 작은 단위로 편성되었던 것이다.[192]

5. 방(坊)의 확대와 계(契) 성장의 의의

한성부는 고려시대 개성부를 계승하여 성립한 기구였다. 그러나 고려시대의 개성부가 경기 지역 군현을 관할하는 기능을 지녔던 것과는 달리, 조선시대 한성부는 전적으로 도성 안과 성저십리 지역 주민만을 관할하는 행정 기관이었다.

---

189) 1660년대 서울의 지역적 확대로 인하여 都城 밖에는 '有契無坊'지역이 많았다. 이들 지역은 1788년 한성부 행정 편제의 개편시에 常平坊, 延禧坊, 延恩坊이 신설되어 坊에 편입되는 지역이다. 한편 유계무방지역은 곧 방명이 계명과 동일한 지역이었는데, 이러한 행정구성은 고려시대 개성부에서도 방명과 리명이 동일하게 나타나는 경우가 있어서 주목된다. 이러한 사례에 대해서는 朴龍雲, 『고려시대 開京연구』(1996, 일지사 108-111쪽) 참조.

190) 『磻溪遺錄』 田制後錄 上, 戶口式.

191) 이상 계의 시기별 변동에 대해서는 고동환, 1998 앞의 책 66~67쪽을 참조하여 재정리한 것이다.

192) 京城府, 1936 『京城府史』 2권, 443~481쪽; 朴慶龍, 1990 앞의 논문, 350쪽 참조.

한성부 산하의 오부는 조선 전기에는 주로 도시 관리 기능과 일반 행정 기능만을 수행하였다. 그러나 조선 후기에는 사소한 소송 사건도 처리할 수 있는 목민 기관으로 격상되어, 오부의 책임자는 일반 군현의 수령과 동일하게 취급되었다.

오부의 하부에 편성된 방은 조선 전기에는 한성부의 실질적인 최말단 행정 단위로서, 오부의 행정 기능을 보좌하거나 또는 교화, 범죄 예방, 주민 동태 보고 등 주민 자치적인 사항을 담당하였다. 한성부의 방 체제는 조선 초기 52방이었다가, 세종대에 49방 체제로 변동되어 임란 시기까지 유지되었지만, 17세기 후반을 경과하면서 43방으로 축소되었다. 도성 안의 인구가 희박한 지역의 11개 방이 폐지된 반면, 한강 연안 지역에 용산·서강·한강·두모포·둔지방 등 5개 방이 새로 창설되었다. 또한 1788년에는 상평방·연은방·연희방·경모궁방이 창설되어 47방 체제가 조선 말기까지 유지되었다. 경모궁방을 제외한 3개 방도 서울과 의주를 잇는 도로상에 위치하거나 또는 망원·합정 등 한강 하류 지역에 위치했다. 조선 후기 새로 창설된 방은 도성 외부로의 도시 공간 확대와 상업 발달을 반영하여 한강변과 의주로 주변에 집중되었다.

방의 하부에는 이·동·계가 존재하였다. 이는 조선 전기 한성부 주민을 편제하는 단위로서 기능하였을 뿐, 독립적인 행정 단위로서 기능한 것은 아니었다.

동은 처음에는 골짜기를 뜻하는 용어였으나, 점차 마을을 지칭하는 용어로 변질되었다. 동은 일정한 지역적 공간을 기준으로 설정된 단위이지만, 한성부의 공식적인 행정 편제 안에 포함된 것은 아니었다. 동은 호를 인위적으로 편제한 것과는 달리 그 마을에 거주하는 사람들 사이에 공동체적 연계가 존재하고 있었다. 그렇기 때문에 동에도 존위나 중임·이임 등의 직임을 두어, 주민 자치적인 업무를 처리하였다.

조선 후기에는 전기에 존재하지 않았던 계가 발생하였다. 17세기 중엽 한성부의 계는 마을 전체가 하나의 계로 구성되어 있었던 동계의 성격을 지닌 것 외에도 주민 집단의 동질성을 기초로 주로 방역을 응역하기 위해 결성된 계도 존재하였다. 한 마을 전체가 가입하여 자치와 교화를 담당하기도 했던 동계는 방역과의 관련성이 강화되면서 같은 동 안에서 동질한 주민 집단의 계로 분화되어 갔다. 그러나 분화된 이후에도 동계에서 지녔던 계의 고유한 기능인 자치 기능과 교화 기능, 그리고 행정 업무는 그대로 유지되었다.

17세기 이후 창설된 계들은 동일한 직능·직역자들이 모여 결성한 것이다. 동질의 주민 집단은 같은 지역에 거주하였다. 이와 같이 동질의 주민 집단이 같은 지역에 거주하고 있다는 점이 계 창설의 기본 조건이었다. 주거 지역의 동일성이라는 요소는 계를 오부—방—계로 체계화된 한성부의 행정 단위로 기능하게 하였다.

동질의 주민 집단, 동일한 거주 지역이라는 계 결성의 두 요소 중에 주거 공간의 동일성이 18세기 이후에는 더욱 중시되었다. 계의 운영에서 동질의 주민 집단이라는 요소의 약화는 계에 대한 방역 부과의 차별성을 약화시키는 요소였다. 18세기 후반에는 한성부 모든 주민은 균질하게 파악되고 있는 것이다. 이와 같이 계가 한성부의 최말단 행정 단위로 정착하고, 계에 대한 부역의 차별성이 점차 약화되고 있다는 점은 중세적인 차별적 질서가 약화되고 있음을 반영한다. 서울 주민이 중세적 방민(坊民)에서 점차 자유로운 도시민으로서 변모하고 있음을 보여 주는 것이다. 조선 후기 계가 성장하여 한성부의 공식적인 행정 단위로 편제되었다는 사실은 조선 초기 이(里)가 편호 단위였다는 점과 비교해보면, 가호의 독립성이 그만큼 성장했음을 반영하는 것이다.

방제의 확대와 계의 성장으로 정리되는 조선 후기 한성부 행정 편제의 변화는 중세사회 해체기 서울의 성장 과정을 단적으로 보여 주는 징표인 것이다.

8
조선 후기 서울의
공간 구성과 공간 인식

1. 도시사 연구와 공간

공간은 자연적으로 주어진 공간에 머물지 않는다. 공간은 지리상의 실체로 존재하는 물리적 공간을 넘어서, 그것을 점유한 인간이 그에 대해 의미를 부여함으로써 새로운 상징성을 지니게 된다. 이 과정이 인지적 공간화다. 공간은 객관적으로 주어진 절대 조건이라기보다는 인간이 의미를 부여하고 해석하는 과정에서 다양한 차별성과 상징성을 내포하는 인지적 공간으로 재구조화되는 것이다. 그러므로 공간에 대한 올바른 이해를 위해서는 물리적 공간과 인지적 공간, 그리고 이 두 공간 간의 관계를 이해해야 한다. 이를 바탕으로 우리는 그러한 공간에 사는 사람들의 환경과 문화에 대한 보다 깊은 이해를 가질 수 있는 것이다. 여기에서는 전산업화 사회의 한 국가의 수도였던 서울의 도시 공간에서 이러한 의미를 읽어보기 위한 기초 작업의 하나로서 서울 공간의 구분 유형과 지도에 나타난 공간 인식을 살펴보고자 한다.

그동안 조선시대 서울의 도시 공간에 대한 연구는 도시계획학·도
시조경학·역사지리학에서 주로 진행되었다. 도시계획학에서는 도시
입지와 도시 구조, 도시 조직에 대한 연구,[1] 고대 중국과 한국의 도
성 계획 원리와 공간 구조를 비교하는 연구,[2] 도시 계획의 기본 요소
로서 시전의 입지 특성에 대한 연구[3]들이 이루어졌다.

도시조경학에서는 궁궐·관아·주택·문묘 및 서원·공원녹지 등
소재를 중심으로 한 연구가 진행되었는데,[4] 이 중에서도 남산이 서
울의 경계표(landmark)로서, 정도(定都) 초기부터 신격(神格)을 부여받아
도시 조성의 기준점 역할을 한 것으로 평가된다.[5] 도시조경학적 관
심은 전체적인 도시 경관이나 극히 부분적인 건축 지구 등에 집중되
었고, 역사 도시인 서울의 공간 구분 유형과 그 원리에 대해서는 거
의 관심을 두지 않았다.

역사지리학 분야에서는 주로 서울 고지도를 통해 나타난 역사상의
복원에 관심을 두는 한편,[6] 도시 공간과 관련하여 도성 외부 지역인
교(郊) 지역에 대한 역사 문화적 이해를 심화시킨 연구도 행해졌다.[7]

---

1) 이상구, 1994 「서울의 도시형성 —조선시대 서울의 도시 입지·도시 구조·도시
   조직의 형성 배경—」, 『동양 도시사 속의 서울』, 서울시정개발연구원.
2) 이우종, 1995 「중국과 우리나라 도성의 계획 원리 및 공간 구조의 비교에 관한 연
   구」, 『서울학연구』5.
3) 허영록, 1995 「조선시대 도시계획의 기본 요소로서 시전에 대한 연구」, 『서울학연
   구』6.
4) 최기수·김영모, 1994 「서울학에서 조경연구의 방향」, 『서울학연구서설』, 서울학
   연구소; 최기수, 1994 『서울의 景과 曲』, 서울학연구소.
5) 이규목·김한배, 1994 「서울 도시 경관의 변천 과정 연구」, 『서울학연구』2; 홍윤
   순·이규목, 2002 「한양 원형경관의 이원적 중충성 고찰」, 『서울학연구』19.
6) 이찬·양보경, 1994 「서울 고지도 집성을 위한 기초 연구」, 『서울학연구』3.
7) 최영준, 1989 「조선시대 한양의 郊지역연구」, 『문화역사지리』 창간호.

역사학에서 도성 공간에 대한 연구는 조선 초기 서울 건설 과정에 집중되었다. 도성과 궁궐·관아·시전 등의 건설 과정을 비롯하여 도시 계획 시설들이 어떻게 건축되었는지를 실록이라는 문헌 자료에 의존하여 연구가 이루어졌다.[8] 다른 한편 서울의 공간 구성을 중국 도성의 공간 구성과 비교함으로써 서울을 황제가 거주하는 북경＝제도(帝都)에 종속된 왕도(王都)＝제후 도시로 비정을 하거나,[9] 개경과 서울의 도성을 비교하는 연구도 행해졌다.[10]

선행 연구를 통해 서울의 도시 공간은『주례』「고공기(考工記)」의 좌묘우사(左廟右社) 면조후시(面朝後市)라는 원칙과 조산(祖山), 주산(主山)과 안산(案山), 좌청룡과 우백호 등의 풍수지리적 원리에 기초하여 구획되었음이 해명되었다. 그러나 이처럼 적지 않은 선행 연구에도 불구하고 도시 공간의 구성 원리나 도시 공간의 특성을 규명한 연구는 아직 시도되지 않았다. 그러므로 여기에서는 조선 후기 서울 도시 공간의 구분 유형을 살펴보고, 당시 그려진 서울 지도에 반영된 서울 공간에 대한 인식 태도를 명확히 함으로써 향후 서울 도시 공간 연구의 토대를 마련하고자 한다.

주지하듯이 조선 후기는 서울 역사에서 다양한 변화가 집적된 시기였다. 17세기 후반 이래 인구 증가와 이로 말미암은 도시 공간의 성 밖으로의 확대, 경강 상업의 발달에 기초한 도시 상업의 성장 등 이른바 '상업 도시화'라고 얘기되는 매우 역동적인 변화가 나타났

---

8) 서울시사편찬위원회, 1977『서울육백년사』, 서울특별시; 손정목, 1977『조선시대 도시사회 연구』, 일지사; 원영환, 1990『조선시대 한성부 연구』, 강원대 출판부.

9) 吉田光男, 1992「漢城の都市空間-近世ソウル論序說」,『朝鮮史研究會論文集』30; 吉田光男, 1999「朝鮮近世の王都と帝都」,『年譜 都市史研究』7.

10) 장지연, 2000「개경과 한양의 도성 구성 비교」,『서울학연구』15.

다.[11] 특히 지방민들이 경강변 등 도성 외부에 집단적으로 거주하게 되면서 서울 주민 집단의 동질성에도 일정한 균열이 발생할 뿐만 아니라, 그들의 거주 지역을 중심으로 새로운 공간 구분이 나타나기도 했다. 이와 같이 변동하는 공간 현실이 어떠한 원리에 의해 구분되고 인식되고 있는가를 확인하는 것은 이 시기 서울 변화의 의미를 정확히 이해하는 길이라고 할 수 있다.[12]

2. 서울 공간의 구분과 그 구성

1) 공간 구분의 전통적 이해

오늘날 아날학파를 위시한 역사학 분야는 물론, 인류학에서도 공간에 대한 관심이 고조되고 있다. 여기서 공간이란 어떠한 사회가 지향하는 목적에 따라서 규칙화되며 재생산되는 장소로서, 사회 관계가 구조화되는 장(場)으로 정의된다. 공간은 자연적인 지리상의 실체로 존재하는 물리적 공간과 인간에 의해 점유되고 유의미한 것으로 인식되는 인지적 공간 두 영역으로 나누어 파악된다. 공간에 대한 총체적 이해는 물리적 공간과 인지적 공간의 존재 양태 및 이 둘 사이

---

11) 고동환, 1998 『조선 후기 서울상업 발달사연구』, 지식산업사.

12) 18세기 이후 서울의 변화에 대해서는 '근세 도시'라는 관점에서의 접근(주 9)의 吉田光男 논문 참조)과 더불어 근대 도시로의 전환을 예비하고 있다는 관점의 접근도 존재한다. 이에 대해서는 이태진, 1995, 「18~19세기 서울의 근대적 도시 발달양상」, 『서울학연구』4; 고동환, 2000, 「朝鮮後期 서울의 도시 구조 변화와 도시 문화」, 『역사와도시』, 서울대학교출판부 참조.

의 연계를 파악함으로써 비로소 온전해질 수 있다고 보는 것이다. 특히 도시 공간은, 자연과 인간의 상호 작용을 중심으로 형성된 촌락 공간과 달리, 물화의 생산·유통·소비 과정에서 인간과 시장 및 상품 사이의 상호 관계를 중심으로 형성된다고 이해되고 있다.[13)

이와 같은 현대 역사학이나 인류학의 공간 이해와 달리 동아시아 전통 사회에서 공간에 대한 인식은 천하라는 관념 아래 전개되었다. 천하 공간에 대한 인식은 5방(五方)과 5복(五服)이라는 관념으로 표현된다. 5방은 천하의 중심에 중화(中華)인 중국이 있고, 그 사방에 동이(東夷)·서융(西戎)·남만(南蠻)·북적(北狄) 등 사이(四夷)가 위치한다는 관념이다. 5복은 천하를 5개의 동심원으로 된 구조로 이해하고, 중심부에서 500리까지 지역을 왕기(王畿) 전복(甸服), 1,000리 이내 지역을 방외(方外) 후복(侯服), 1,500리 지역을 후위(侯衛) 빈복(賓服),[14) 2,000리 지역을 만이(蠻夷) 요복(要服), 2,500리 지역을 융적(戎狄) 황복(荒服)으로 구분하였다. 전복 지역은 도성에서 가까운 땅으로 천자의 직할지이며, 후복은 제후들의 봉토 지역, 빈복은 중국 문명이 전파 수용된 문화권, 요복은 중국 천자에게 조공을 바치는 이민족의 땅이며, 황복은 중국 문명이 전혀 영향을 미치지 않은 야만족의 땅을 일컬었다. 또한 전복은 천자의 부와 조부를 제사하는 제(祭)에 참여하며, 후복은 천자의 먼 조상 제사인 사(祀)에 참여하며, 빈복은 향(享), 즉 제물을 헌상하며, 요복은 공물을 바치며, 황복은 왕으로 섬겨야 했다고 설명한다.[15)

---

13) 박성용, 1993 「프랑스 아날학파의 동향-인류학의 역사학화와 역사학의 인류학화」, 『사회과학연구』2, 효성가톨릭대학교 사회과학연구소.

14) 『書經』의 禹公條에는 綏服으로 표현되었지만, 『國語』의 周語와 『史記』 周本紀에는 綏服이 아니라 賓服으로 표현되어 있다. 여기서는 『국어』·『사기』의 예를 따라 賓服으로 서술하였다.

이처럼 전통 사회에서 천하를 인식하는 방법은 문명의 관점에서 중국 문명인 중화(自)와 중국 문명이 아닌 야만(他)으로 구분하는 오방 관념과 지리적 원근에 기초하여 구분하는 오복 관념이 존재했다. 지리적 원근에 따라 공간을 구분하는 오복 관념이 문명을 기준으로 삼는 오방 관념보다는 원초적인 공간 인식 방법이다. 이러한 두 가지 공간 인식 방법은 서로 다른 세계관에서 형성, 전개된 것으로 이해된다. 그러나 오복 관념도 지리적 원근에 따라 문명화의 정도가 달라진다고 설명되고 있기 때문에, 서로 다른 세계관에서 발생한 두 가지 공간 인식 방법은 나중에 나타난 문명을 기준으로 하여 세계를 구분하는 인식으로 수렴된 것으로 보인다.

천하 공간을 문명과 지리적 원근에 따라 구분했다면, 천하 공간의 가장 중심부인 전복 내부는 어떠한 원리에 의해 구분되었을까. 이 지역은 문명적 차별성이 존재하지 않는 지역이었으므로 전복 내부의 공간은 자연스럽게 지리적 원근에 따라 구분할 수밖에 없었다.

『주례』에서는 왕성 안을 방중(邦中)으로, 1백 리 안을 교지(郊地)로, 2백 리 안을 전지(甸地)로, 3백 리 안을 초지(稍地)로, 4백 리 안을 현지(縣地)로, 5백 리 안을 강지(畺地)로 규정하고 있다.16) 교 지역도 50리 안을 근교(近郊)로, 50리에서 1백 리까지의 공간을 원교(遠郊)로 구분하였으며,17) 2백 리까지를 주(州)로, 3백 리까지를 야(野)로 구분하기도 했다.18) 이러한 교야(郊野) 지역을 통틀어 수(遂)라 일컬었다. 왕성에

---

15) 김한규, 2005 『천하국가-전통시대 동아시아 세계질서』, 소나무.

16) 『周禮』, 地官 載師.

17) 정약용은 郊(城外의 100리)-州(200리)-野(300리)-縣(400리)-都(500리)로 구분한다(정약용, 『經世遺表』 권5, 地官遂制 田制1, 井田論3, 司馬法). 한편 近郊를 農郊라고 하고(『詩經』 衛風 碩人), 遠郊를 牧禮라고 부르기도 한다(『周禮』 地官 載師).

가까운 지역을 수라 하여 이 지역을 통치하는 사람을 수인(遂人)으로 불렀던 것이다.[19]

『서경』에는 전복 지역은 1백 리까지를 국중(國中; 都城-近郊-遠郊), 2백 리까지를 방전(邦甸), 3백 리까지를 가초(家梢), 4백 리까지를 방현(邦縣), 5백 리까지를 방도(邦都)로 구분하였다. 교와 방전 지역에서는 왕실에 필요한 노동력을 직접 제공하고, 채소밭과 과원을 만들어 채소와 과일을 도성에 공급하는 역을 부담하였으며, 가초 지역에서는 낟알과 사료용 볏짚을 납부하였고, 방현에서는 도정하지 않은 거친 곡식을, 방도 지역에서는 도정된 곡식을 납부하였다.[20] 이처럼 전복 지역도 지리적 원근에 따라 주민에 대한 부역을 달리함으로써 지리적 원근에 따른 차별적 지배가 관철되고 있었다.

이러한 전복 내부 주민에 대한 차별적 지배는 도성 내부 주민과 도성 외부 주민 사이에 가장 두드러지게 나타난다. 고대 중국에서는 도성 안의 주민을 국인(國人), 도성 밖 주민을 서민(庶民)으로 지칭하였다. 한자로 표현되는 인(人)은 지배층을, 민(民)은 피지배층 일반을 지칭하는 것으로 이해되고 있다.[21] 이와 같이 도성 내부와 외부 주민을 차별했다는 점은 고대의 신분제적 지배 원리가 공간적 차별과 결합

---

18) 『欽定四庫全書 周易窺餘』卷四 宋 鄭剛中 撰. "周官載師有近郊 遠郊之異 杜子春 謂五十里為近郊 百里為遠郊 司馬法曰王國百里為郊 二百里為州 三百里為野 郊近 而野遠 明矣."

19) 정약용, 『經世遺表』, 天官遂制, 三班官制.

20) 『書經』 夏書 禹公.

21) 이러한 사례는 논어의 다음과 같은 구절에서도 살필 수 있다. 『論語』의 "道千乘 之國 敬事而信 節用而愛人 使民以時"라는 구절에서 愛人의 경우 人은 도성 안의 사람인 國人을 의미하며, 부림을 당하는 民은 도성 밖 주민인 庶民을 의 미하는 것이다(김용옥, 2000 『도올 논어』1, 소나무).

하고 있음을 보여 주는 사례다.

전복 내에서도 지리적 원근에 기초한 차별이 있었다면, 도성 안은 어떠한 원리로 구분하였을까. 도성 내부는 격자형(格子形) 도로를 기준으로 구획되는 방(坊)이라는 공간을 기준으로 구분하였다. 『주례』「고공기」에는 도성 내에 동서 9개, 남북 9개의 도로를 만들어 동서남북 4방에 각 3개의 성문들을 세우도록 하였다. 도성 내부의 공간을 격자형으로 나누고, 중앙 부분에 궁궐을 두고, 종묘를 왼쪽에 사직을 오른쪽에, 조정은 궁궐 앞에, 시장은 궁궐 뒤에 두는 것을 도성 건설의 원리로 제시하고 있다.[22] 이처럼 격자형으로 구획된 각 가구(街區)를 방이라고 일컬었다. 「고공기」의 원리에 따라 건설된 도읍은 아직까지 발견되지 않았다. 다만 당나라 장안의 경우 조방제(條坊制)의 격자형 도로망에 의해 도성이 방으로 구획되었는데, 이와 같은 장안의 도성 구획을 보면 〈그림 8-1〉과 같다.

〈그림 8-1〉에서 보듯이 장안의 도성 구획은 궁궐의 위치가 도성 공간의 중앙이 아닌 북쪽에 치우치게 건설되었고, 그로 인해 시장이 궁궐 뒤쪽이 아닌 전면 좌우 두 곳에 위치한 것은 「고공기」의 원리와 차이가 나는 점이다. 특히 궁궐이 북쪽 끝에 위치했을 뿐만 아니라 궁궐 후원이 매우 넓게 경영된 것은 북방 유목 민족인 선비족 계통의 도시 모델이 적용되었기 때문이다. 그러므로 농경을 중심으로 한 한족(漢族)의 도시 모델을 이상화한 『주례』「고공기」와 달리 장안이 건설되었던 것이다.[23]

---

22) 『周禮』 冬官 考工記.

23) 박한제, 2002 「중국 고대의 도시-한당의 도성구조를 중심으로」, 『강좌 한국고대사 7권: 촌락과 도시』 참조.

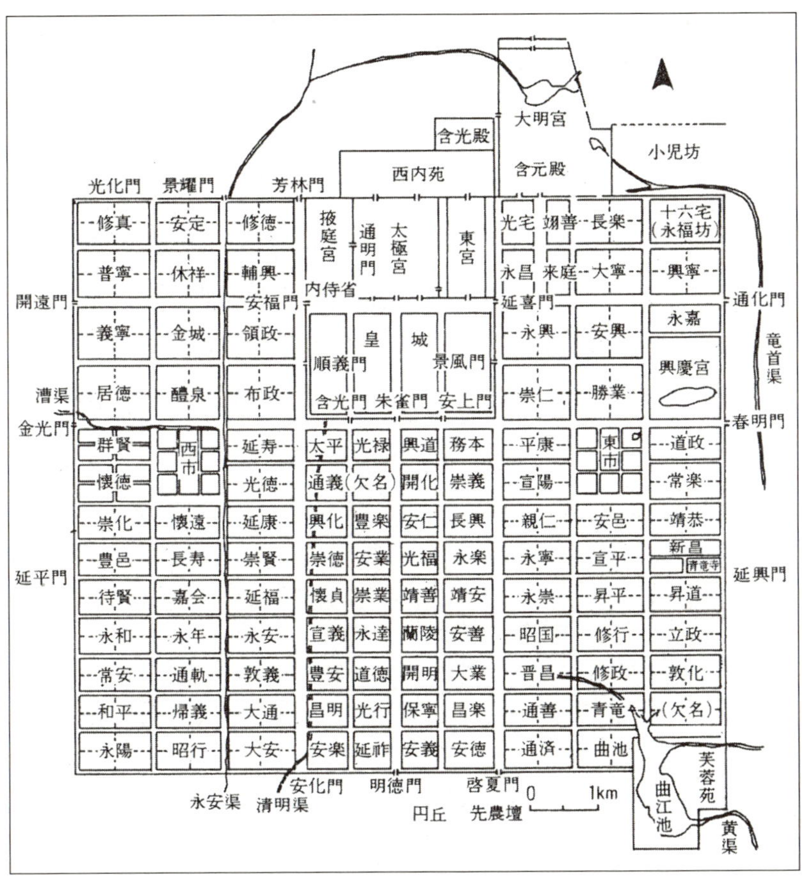

〈그림 8-1〉 당대 장안성의 도시구획(각 街區안의 이름은 坊名)

2) 서울 공간의 구분 유형과 구성

　조선왕조의 왕도로 건설된 한양은 『주례』「고공기」의 원리와 더
불어 고려시대에 성행했던 풍수지리적 사상이 상호 결합하여 건설된
도시였다. 다만 평지에 건설된 중국의 도성과 달리 한양의 지세는 기
복이 심한 산과 구릉, 평지가 한곳에 어울리고, 하천이 다양하게 퍼

져 있었기 때문에 『주례』「고공기」의 원리에 따라 건설될 수 없었다.[24] 특히 풍수적 원리에 의해 인왕·북악·낙산·목멱의 내사산(內四山)의 능선을 연결하는 도성을 축성했으므로 도성 안의 공간은 격자형 도로 체계인 조방형으로 건설될 수 없었다. 이러한 정도 초기 서울의 도시 공간 구조를 보면 다음의 〈그림 8-2〉와 같다.[25]

이와 같은 서울의 공간을 구분하는 기준은 매우 다양하였다. 조선 후기 자료에서 나타나는 공간 구분의 유형은 다음과 같은 여섯 가지를 꼽을 수 있다. 첫째 도성을 기준으로 도성 안과 도성 밖 성저십리

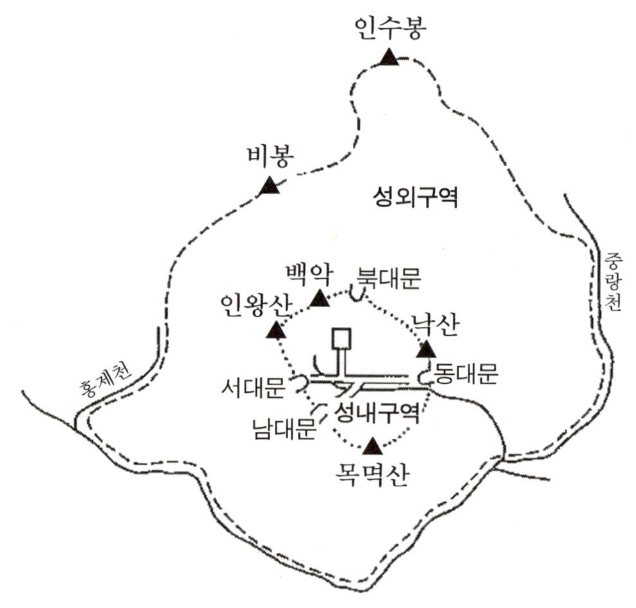

〈그림 8-2〉 정도 초기 서울의 도시 공간 구조

---

24) 본서 2장 참조.

25) 임덕순, 1994 『600년 수도 서울 ―수도의 기원과 지리적 발전 과정―』, 지식산업사 참조.

(城底十里)를 구분하는 방식, 둘째 행정 편제를 기준으로 서울을 방위에 따라 동·서·남·북·중의 5부로 구분하고, 각 부 아래에 방을 두는 방식, 셋째 도시 기능을 기준으로, 왕이 거주하는 공간인 궁궐, 각 관아가 자리한 육조거리, 시전과 각종 수공업장이 자리한 운종가, 종묘와 사직 등의 주요 제사 지역으로 구분하는 방식, 넷째 거주하는 주민 집단의 신분과 직업을 기준으로, 북촌과 남촌, 중촌(中村), 그리고 상촌(上村; 우대)과 하촌(下村; 아래대)으로 구분하는 방식, 다섯째 도성 외부 공간을 다시 한강 연안의 연강(沿江) 지역과 내사산 주변의 산저(山底) 지역으로 구분하는 방식, 여섯째 군사·치안을 목적으로 포도청의 순라 구역 그리고 도성 삼군문의 도성 방어 구역을 기준으로 구분하는 방식이 있었다. 물론 기준에 따라 이 밖에도 다양한 구분 방식이 적용될 수 있을 것이다. 그러나 당대 사람들이 서울 공간을 구분하는 대표적인 유형은 대체로 이와 같은 여섯 가지 구분을 벗어나지 않을 것이다. 이러한 유형의 공간 구분들이 어떻게 작동하면서 서울 공간을 구체적으로 나누고 있는지, 나아가 이러한 공간 구분의 의미와 당대인들의 인식을 살펴보도록 하자.

(1) 도성 안과 성저십리(城底十里)

조선시대 한양의 지리적 공간은 도성과 도성에서 십 리까지인 성저십리를 포함하는 지역이었다. 성저십리는 강이나 하천, 그리고 산을 기준으로 설정된 것으로, 동계(東界)는 양주의 송계원(松溪院)·대현(大峴), 서계(西界)는 양화도(楊花渡) 고양(高陽)의 덕수원(德水院), 남계(南界)는 한강 노량진이었다. 북계(北界)는 특별히 정한 것이 없이 북한산 주변을 경계로 삼았는데,[26] 그 후 어느 때인가 저서령(狙噬嶺)에서 연서(延曙)·석관현(石串峴)의 두 하천이 합류하는 곳으로 정해졌다가, 영

364_ 조선시대 서울 도시사

조 3년(1727) 이 경계를 옹암(瓮巖)의 서쪽인 사천(沙川)으로 확대하였다.[27] 이와 같은 한양의 지리적 공간은 한양을 둘러싼 내사산에 금표(禁標)를 설치한 지역과 그대로 일치한다.[28]

이와 같은 사산금표(四山禁標) 지역은 영조 41년(1765)에 제작된 위의 〈그림 8-3〉 사산금표도에서 파악할 수 있다. 〈그림 8-3〉에서 보듯이 한양의 도시 공간은 남쪽과 서쪽은 한강으로, 동쪽은 중랑천, 북쪽은 북한산으로 둘러싸여 있었다. 이러한 전체적인 도시 공간은 내사산인 목멱―인왕―북악―낙산의 능선을 연결하는 도성을 기준으로 그 안쪽 공간과 외부 공간으로 구분되었다.

서울 공간이 도성을 기준으로 성 안과 성 밖으로 나뉜 것은 행정이나 부역 부과에서의 차별을 내포하는 것이었다. 정도 초기의 행정 편제를 보면, 도성 안은 오부 산하의 방제로 구획되었지만, 성 밖인 성저십리 지역은 일반 향촌과 마찬가지로 면리제(面里制)로 편제되었다.

성저십리 지역은 오부 소속이 아니라 한성부에 직접 소속되었다가, 15세기 중엽을 전후하여 비로소 오부에 소속될 수 있었다. 오부에 소속되기 이전 성 밖 주민들은 한성부 소속 주민이면서 동시에 고양군이나 양주군에도 소속되었다. 그러므로 성저십리 주민들은 도성 안 주민이 부담하는 방역(坊役)과 더불어 향촌민이 부담하는 전세(田稅)와 군역(軍役) 및 공납(貢納)까지도 부담하였다. 원래 한성부 주민들

---

26) 『世宗實錄地理志』, 漢城府.

27) 『영조실록』 권 11, 영조 3년 5월 庚辰. "命改定都城禁標 從都民等上言也 初京城 禁標限以十里 而東西南三道 則皆以水川爲限 北則以山脊爲限 自狙噬嶺至延曙石 串峴兩川合流處 定其界 至是都民等 請以瓮巖之西沙川爲界 (중략) 今從民願 許令 沙川爲限"

28) 『續大典』, 刑典 禁制 京城十里內; 『度支志』, 外篇 版籍司 四山禁標.

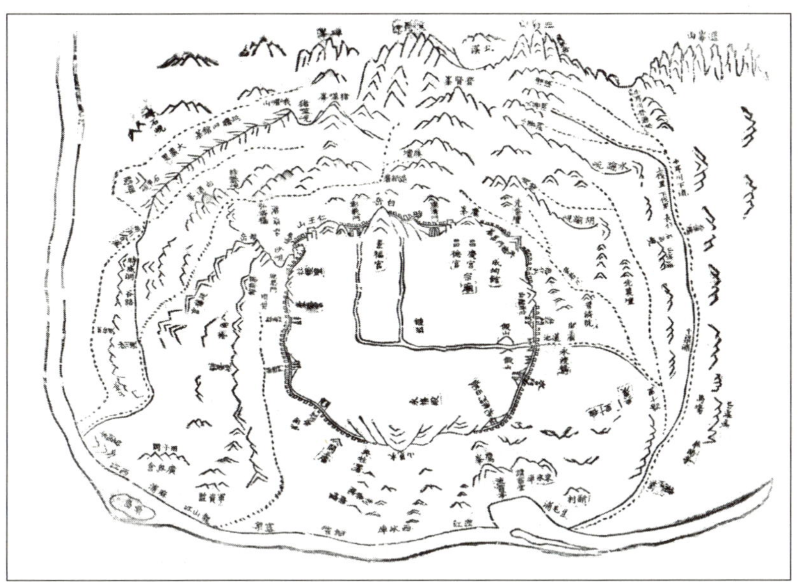

〈그림 8-3〉 사산금표도(四山禁標圖)

에게는 군역과 공물 및 전세가 면제되었고, 도성의 유지 관리를 위해 노동력을 제공해야 하는 방역을 부과하고, 대지와 가옥에 대한 세가 부과되는 것이 일반적이었지만, 성저십리 주민들은 도성민이면서 동시에 향촌민이었기 때문에 이중의 부담을 져야 했던 것이다.

이와 같이 도성 안 주민과 도성 밖 주민을 차별하는 것은 도성 안 주민을 국인(國人), 도성 밖 주민을 서민(庶民)으로 차별하여 인식하였던 유교적 전통에서는 매우 익숙한 것이었다. 이와 같은 차별적 질서가 형성된 원인은 한양이 건설되면서 구왕조의 수도인 개경 주민들을 강제로 이주시키는 과정에서 나타난 것이다. 즉 도성 내부에 거주하는 주민들은 대부분 개경에서 이주한 사람들로서 신왕조와 특별한 관계에 있는 사람들인 반면, 성저십리 주민들은 원래부터 한양에 거주하던 이른바 원주민들이었다. 이들 원주민들은 한양 도성이 축조되면서 대부분 성 밖으로 쫓겨나 양주군과 고양군에 소속되었지만, 다만 도성과 10리 이내에 거주한다는 이유로 한성부의 통제를 받고 있었던 것이다.[29]

이러한 한양 주민에 대한 특권은 한양이 왕도로서 기능하는 한에서만 주어지는 것이었다. 조선 후기 서울이 왕도로서의 성격에서 벗어나 상업 도시로 변모해가면서 서울 주민들에 대한 이와 같은 차별적 통제 원리도 점차 약화되었다.[30] 왜냐하면 성저십리 지역의 인구가 1426년(세종 8)에 한성부 인구의 5.5%인 6,044명에 불과했지만, 1789년(정조 13)에는 한성부 인구의 40.6%인 76,782명으로 늘었다. 조선 후기 급속하게 서울의 인구가 증가했는데, 대부분은 도성 밖에 거주한 것이다.[31] 이처럼 18세기 후반에 성 밖 인구가 한성부 전체의 절반 가까이 차지하였기 때문에 도성을 경계로 한 주민 차별은 더 이상 유지될 수 없었던 것이다.[32]

한양의 공간을 성 안과 성 밖으로 구분하는 것은 앞서 살폈듯이 동양의 도읍에서는 매우 일반적인 것이다. 그러나 조선의 한양처럼 성저십리를 두어 한성부에서 도성 안과 도성 밖 10리 주민까지 만을

---

29) 이상 조선 초기 한양의 도성 안과 도성 밖 주민에 대한 차별적 지배에 대해서는 본서 2장 참조.

30) 한양이 조선 후기 상업 도시로 전환하면서 주민에 대한 행정 편제 방식도 변모하였다. 원래 坊役의 응역 단위로 조직되었던 인적 결사로서의 契가 공식성을 띠는 한성부의 최말단 하위 행정 단위로 재편되었는데, 이는 한성부 주민 전체의 동질성을 전제로 한 것이었다. 종전의 한성부 주민을 도성 밖과 안에 따른 차별적 통제가 와해된 것이다. 이와 같은 한성부 행정 편제의 변화에 대해서는 본서 7장 참조.

31) 1426년과 1789년 한성부의 도성 안과 도성 밖 인구 비율에 대해서는 본서 4장 2절 2)도시 공간의 확대와 京都-四都體制의 형성 참조.

32) 고동환, 1998, 『조선 후기 서울상업 발달사연구』, 지식산업사 참조.

관할한 사례는『주례』를 비롯한 유교 경전에서 근거를 찾기 힘들다. 고려의 개경부는 도성 밖 10리에 만 국한된 한성부와 달리, 경기 지역의 모든 군현을 총괄하는 행정 단위였다. 중국에서 수도 지역을 관할하는 행정 부서는 고려의 개경부처럼 도성 지역만이 아니라 도성을 포함하는 농촌부까지도 함께 통할하는 기관이 보통이다. 그러나 원대(元代)에 이르러 도시 행정만을 위한 독자적인 관아인 '경순원(警巡院)'과 '녹사사(錄司事)' 등이 창설되었다.33) 이러한 도시 행정을 전담하는 행정 기관은 원의 멸망과 함께 곧 폐지되지만, 조선의 한성부는 원의 '경순원'과 유사하게 도성과 성저십리 지역의 행정 업무만을 담당하는 행정 기관으로 정착했던 것이다.34)

성저십리는 성을 둘러싼 환상(環狀)의 전원 지대로서 단·능묘 등이 분포한 근교에 해당하는 지역이었다.35) 그러나 서울의 경우 근교·원교의 구분을 일반적으로 사용하지 않았다. 간혹 4교(四郊)라는 용어가 사용되기는 했지만, 이럴 경우에도 사대문 밖 지역을 의미하는 것이 보통이다. 예컨대 이덕무(李德懋)는 「성시전도(城市全圖)」라는 시에서 "사교(四郊) 지역을 각각 숭례문 밖에서 용산·마포 지역과 돈의문 밖의 반송지, 흥인문 밖의 적전(籍田)과 화양정, 혜화문 밖 북둔(北屯) 지역"을 지칭하고 있다.36) 이렇게 본다면 원래 근교(近郊)는 도

---

33) 山根幸夫, 1995, 「中國의 中世都市」, 『東洋都市史속의 서울』, 서울시정개발연구원 참조.

34) 고려의 개성부와 조선의 한성부의 행정적 지위에 대해서는 본서 5장 참조.

35) 최영준, 1989 「조선시대 한양의 郊지역연구」, 『문화역사지리』 창간호. 최영준 교수는 한양의 교 지역으로 近郊는 50리 이내의 양주·광주·과천·시흥·양천·김포, 고양군이 포함되며, 遠郊는 100리 이내 지역인 가평·양근·이천·여주·양지·용인·수원·안산·인천·부평·통진·교하·파주·장단·포천·영평을 포함하는 지역이라고 설명하고 있다.

성에서 50리 이내 지역을 지칭하는 개념이지만, 한양의 교(郊) 지역은 도성 밖 십리까지만을 대상으로 한 것이다. 조선왕조에서 교의 범위는 유교 전통과는 달리 그 범위가 매우 좁았던 것이다.

(2) 오부(五部)와 방(坊)

한성부 산하 행정조직으로서 도성 안팎 지역을 동·서·남·북·중의 다섯 방위로 나누어 오부를 두었다. 오부는 주민의 불법 행위에 대한 적발과 교량·도로·반화(頒火)·금화(禁火)·이문경수(里門警守)·가대타량(家垈打量)·인시검험(人屍檢驗) 등의 일을 담당하였다.[37] 도성 오부의 구역을 개항 이후 정비된 5서(五署)를 기준으로 나눈 구획을 보면 다음의 〈그림 8-4〉[38]와 같다.

〈그림 8-4〉는 개항 이후 5서와 각 방의 경계를 그린 것이지만, 조선시대의 부방(部坊) 경계와 그대로 일치한다. 여기서 보면, 중부는 청계천의 남북 지역을 포괄하는 공간이며, 북부는 경복궁과 창덕궁 사이에 있는 지역, 동부는 동대문과 혜화문 일대와 성 밖 지역, 남부는 목멱산 아래 지역으로 동서로는 광희문에서 남대문 이전 지역까지를 포괄하고 있으며, 성 밖으로는 경강 상류 지역인 뚝섬·두모포·한강진 지역을 포괄한다. 그리고 서부는 광화문 서쪽에서 돈의문·소의문 밖과 마포·서강 등 경강변 지역을 모두 포괄하고 있다.

5부 중에서 가장 인구가 많은 지역은 서부였다.[39] 서부는 경강을

---

36) 李德懋, 『靑莊館全書』 제20권, 雅正遺稿12, 應旨各體 城市全圖 七言 古詩.

37) 『經國大典』 吏典, 京官職, 京衙前.

38) 德永勳美, 1908, 『韓國總覽』 京城市街圖(박경룡, 1995, 『개화기한성부연구』, 일지사 25쪽 그림 재인용).

39) 1789년 『호구총수』에 기록된 호구와 인구를 보면, 중부는 4,052호, 20,186구, 동

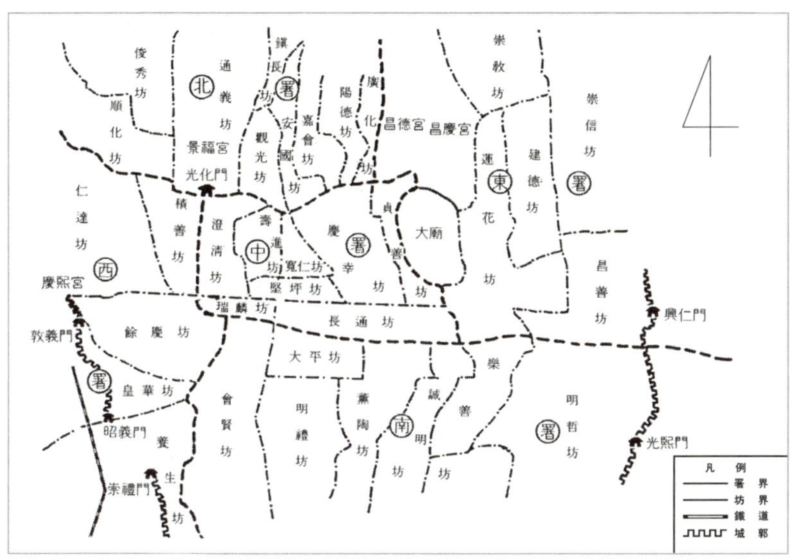

〈그림 8-4〉 개항 이후 한성부 오부, 각방의 경계

끼고 있는 상업 중심지로서 용산방·서강방·반송방·반석방 등을
포함하고 있는 지역이었다. 서부는 도성 안과 도성 밖을 모두 포괄하
고 있지만, 서부 전체 인구 68,194명 중에 성 밖의 인구가 47,000여
명으로 70%를 상회하고 있다. 서부 다음으로 인구가 밀집한 지역은
남부 지역이었다. 남부 지역도 경강을 끼고 있는 둔지방·두모방·
한강방이 있는 지역으로 성 밖 호의 비중은 30%였고, 인구 비중은
20%를 차지하였다. 북부도 성외 지역인 상평방·연희방·연은방의
호가 전체의 42.5%였고, 인구 비중은 33%였다. 동부는 성외 호가
49%였고, 인구가 39%였다.40)

　부 7,702호, 29,710구, 서부 16,371호, 68,194구, 남부 9,970호, 46,784구, 북부
5,804호, 24,279구이다.
40) 오부의 인구에 대해서는 고동환, 1998, 앞의 책 참조.

　　각 부별로 어떠한 계층이 거주했는지에 대해서는 조선 후기의 통계에서는 찾을 수 없다. 1909년 『민적통계표(民籍統計表)』에는 한성부의 5부 체제에서 서부가 서부와 용산서로 분할되어 육서(六署) 체제가 된 이후 주민들의 직업에 대한 통계를 기록하고 있다. 『민적통계표』에서 나타난 각 부별 직업 분포를 보면 다음의 〈표 8-1〉과 같다.[41]

　　〈표 8-1〉에 따르면, 1909년 당시 서울 주민의 직업 중에서 가장 많은 직업군은 상업으로서 전체의 23.6%였다. 그 다음이 무직자로

〈표 8-1〉 한말 각 부별 직업분포　　　　　　　　　(단위: 인원-명, 비율-%)

各部	官公吏		兩班		儒生		商業		農業		漁業	
	인원	비율	인원	비율	인원	비율	인원	비율	인원	비율	인원	비율
東部	237	2.8	51	0.6	38	0.4	2355	27.8	3631	42.9	0	0.0
中部	301	3.8	242	3.1	45	0.6	1568	19.8	6	0.1	0	0.0
南部	249	3.0	149	1.8	27	0.3	2096	24.9	1082	12.9	0	0.0
北部	670	8.3	554	6.8	21	0.3	1114	13.7	2103	25.9	25	0.3
西部	515	3.9	173	1.3	41	0.3	3413	26.1	494	3.8	0	0.0
龍山	123	1.2	20	0.2	16	0.2	3126	31.1	1327	13.2	62	0.6
합계	2095	3.6	1189	2.0	188	0.3	13672	23.6	8643	15.9	87	0.1

各部	工業		鑛業		曰稼		其他		無職		職業計
	인원	비율	인원	비율	인원	비율	인원	비율	인원	비율	
東部	728	8.6	0	0.0	335	4.0	344	4.1	747	8.8	8466
中部	245	3.1	8	0.1	1680	21.2	1541	19.5	2286	28.9	7922
南部	895	10.6	14	0.2	1351	16.1	564	6.7	1981	23.6	8408
北部	388	4.8	4	0.0	909	11.2	524	6.5	1808	22.3	8120
西部	696	5.3	2	0.0	1193	9.1	728	5.6	5797	44.4	13052
龍山	358	3.6	32	0.3	4357	43.4	354	3.5	267	2.7	10042
합계	3310	5.7	60	0.1	9825	16.9	4055	7.0	12886	22.2	56010

41) 이헌창, 1997 『民籍統計表의 해설과 이용방법』, 고려대 민족문화연구소.

22.2%, 그리고 일용 노동자층인 일가층(日稼層)이 16.9%였다. 아전을 포함한 관공리와 양반, 유생층은 각각 3.6%와 2.0%, 0.3%로 6%도 채 되지 않았다. 관공리와 양반 및 유생 등 양반층이 가장 많이 거주하고 있는 곳은 북부 지역이었으며, 그 다음이 서부·중부·남부 순이었다.

상인층이 가장 많이 거주하는 지역은 단연 서부와 용산 지역이었다. 이 지역은 조선시대 이래 상업 중심지인 경강을 끼고 있는 곳이기 때문에 상업 인구가 밀집했던 것이다. 상업 인구는 서부와 용산서를 이어 이현(梨峴) 시장이 있는 동부와 칠패 시장이 있는 남부가 많았다. 후술하듯이 전통적인 시전 상인의 밀집 주거 지역인 중부는 상업 인구가 북부 다음으로 적었다. 그러나 전체 인원수는 적었지만, 중부의 경우 상인이 차지하는 비율은 전체 주민 중에서 일용 노동자층인 일가(日稼) 다음으로 많았다. 수공업자들은 남부·동부·서부에 집중되었고, 나머지 지역에서는 그다지 많지 않았다. 일가층(日稼層)은 동부가 가장 적었으며, 조선 후기부터 외부로 유입된 인구들이 집단 거주하는 용산서가 다른 지역에 비해 4배 가량이나 많았다.

방(坊)은 당나라 장안성(長安城)의 경우처럼 도성 내부를 격자형 도로로 구획하고, 이러한 격자형 도로로 구획된 각 부분을 방으로 일컬었던 데서 유래된 것이다. 중국에서는 방에 면한 길 쪽으로는 주택의 대문을 낼 수 없을 정도로 방의 관리가 엄격했다. 중국의 도성은 내성(內城: 子城)과 외성(外城: 羅城)으로 구획되었고, 내성 안에는 궁궐이 자리하였기 때문에, 내성 밖과 외성 사이의 공간이 이른바 도시 공간이었다. 이 내성과 외성 사이의 공간에 격자형 도로를 건설하고, 이 도로를 기준으로 방을 구획하였다.

이러한 중국 도성의 방제는 송대 초까지는 유지되었으나, 송나라의 수도인 개봉(開封)의 상업적 번성에 따라 점차 이완되어, 11세기 전반에는 완전히 붕괴되었다.[42] 원·명 교체기에 건설된 한양의 방제는 격자형 도로망에 기초하여 성립되지는 않았다고 설명되고 있다. 평지에 자리잡은 중국 도성에 비해 완만한 구릉지에 자리잡은 한양에서 그와 같은 격자형 도로망을 건설하기 어려웠을 뿐만 아니라, 현재 남아있는 도로망의 흔적 속에는 격자형 도로망의 구조를 살필 수 없기 때문이다.

그렇다고 한양 설계 단계에서부터 격자형 도로망을 구상하지 않았을까. 태종 7년 4월의 기록에는 "성내의 큰 길 외에 여리(閭里)의 각 길도 모두 평평하고 곧아서 차량(車輛)의 출입이 편리하였는데, 지금 무식한 사람들이 자기의 주거를 넓히려고 하여 길을 침범해 울타리를 만들거나, 혹은 툭 튀어나오게 집을 지었기 때문에 길이 좁고 구불구불해졌다"고 설명하고 있다.[43] 이 기록은 한양의 방제가 애초에는 격자형 도로망을 토대로 구상되었음을 짐작하게 한다.

이러한 격자형 도로망에 기초한 방제 구상은 말 그대로 구상에만 머물렀을 뿐 실현될 수는 없었다. 왜냐하면 한양 도시 건설이 도시 설계―건설―주민 이주라는 단계적인 절차를 거치지 않고 착공과 동시에 주민 이주가 이루어졌고, 태조의 천도 단계에서 모든 도시 시설이 완성된 것이 아니라 이후 정종의 개경이어(開京移御)―태종의 한양 환도―세종의 한양 정비라는 여러 단계를 거치면서 도시가 완성되었기 때문이다. 이러한 요인으로 인해 방제 또한 격자형 도로망에 기초하여 형성된 것이 아니라 자연 지형에 기초한 도로망에 기초하여 형성되었던 것이다.[44]

---

42) 山根幸夫, 1994 앞의 논문 참조.
43) 『태종실록』 권13, 태종 7년 4월 갑진.

방이 어떠한 원리에 따라 구획되었는지를 밝혀주는 자료는 아직 없다. 조방제에 기초한 방의 구획은 아니라고 하더라도, 구획의 기준은 도로나 하천임에는 틀림없다. 〈그림 8-4〉에서 보듯이 각 방을 구분하는 점선은 한성부 내의 주요 도로선과 일치하기 때문이다.

이와 같이 형성된 방은 시기적으로 변모하였다. 건국 초기 5부 52방 체제였다가, 『세종실록지리지』 단계에서 서부의 영견방(永堅坊) · 인지방(仁智坊) · 취현방(聚賢坊) 등 3개방이 폐지되어 49방 체제로 정리되었다. 49방 체제는 17세기 후반 이후 43방 체제로 변하였다. 동부는 12방에서 연희방(延禧坊) · 천달방(泉達坊) · 덕성방(德成坊) · 서운방(瑞雲坊) · 흥성방(興盛坊) · 관덕방(觀德坊) 등 6개 방이 폐지되어 6방으로, 11개 방인 남부는 성신방(誠身坊) · 정심방(貞心坊) · 예성방(禮成坊)이 폐지된 대신, 두모방(豆毛坊) · 한강방(漢江坊) · 둔지방(屯之坊)이 신설되어 11방에는 변화가 없었다. 서부는 8방에서 신화방(神化坊)이 폐지되고, 용산방(龍山坊)과 서상방(西江坊)이 신설되어 9방으로 증가하였으며, 북부는 10방에서 명통방(明通坊)이 폐지되어 9방이 되었으며, 중부는 변함없이 8방으로 유지되었다.

이때의 변화를 요약하면 두모방 · 한강방 · 둔지방 · 용산방 · 서강방 등 경강변에 5개 방이 신설되어 한성부에 귀속된 반면, 성내 인구가 희소한 지역의 11개 방이 폐지된 것이다. 43방 체제는 1788년(정조 12)에 북부의 상평방 · 연희방 · 연은방, 동부의 경모궁방(景慕宮坊)이 신설되어 47방으로 늘었다. 이와 같은 47방 체제는 조선왕조 말까지 그대로 유지되었다. 17, 18세기 이와 같은 방제의 변화는 서울의 도시 공간이 도성 밖으로 확대되었기 때문에 나타난 변화였다.[45]

---

44) 한양 도시건설단계에 대해서는 본서 2장 참조.

(3) 궁궐·종묘와 사직·시전

유교적 전통에서 도읍을 건설할 때 가장 중요시된 것은 왕이 거주하는 궁궐과 조상신을 제사하는 종묘와, 토지 및 곡식 신을 제사하는 사직과 같은 제사 공간, 그리고 주민들의 상품을 거래하는 시장 공간을 배치하는 것이었다. 이처럼 궁궐과 제사 및 시장의 공간이 중요했기 때문에 도읍 건설의 원리를 제시한 『주례』「고공기」에도 '좌묘우사 면조후시'라는 조항을 두어 왼쪽에는 종묘, 오른쪽에는 사직, 그리고 궁궐의 앞에는 조정을 두고, 궁궐 뒤에는 저자를 둔다고 규정했던 것이다.

한양의 전체적인 공간 구조를 살펴보면, 궁궐은 풍수지리적 원리에 따라 명당의 지맥이 흐르는 북악산 아래의 명당혈(明堂穴)에 경복궁을 건설하고, 종묘와 사직은 좌묘우사의 원리에 따라 궁궐의 왼쪽에 종묘, 오른쪽에 사직을 배치하였다. 육조를 비롯한 제반 관청 건물도 면조후시의 원리에 따라 경복궁 앞에 배치하였다. 풍수적 원리에 의해 궁성이 주산인 북악산 앞에 자리 잡았으므로, 시장은 궁성의 북쪽에 둘 수 없어서 궁궐 전면에서 약간 동쪽으로 비껴간 운종가에 건설하였다.

종묘와 사직은 정종 때 왕실과 관료들이 모두 개경으로 돌아갔음에도 불구하고 여전히 한양에 그대로 두었다. 국가의 주요 제사 시설이 한양에 있었으므로 정종 원년(1399)에서 태종 5년(1405) 한양으로의 환도가 이루어질 때까지 조선왕조의 수도는 사실상 2개인 일국양경(一國兩京) 체제가 유지되었다.[46] 종묘와 사직은 한양 정도 초기부터

---

45) 조선 후기 한성부 방제의 변동에 대해서는 본서 7장 참조.
46) 본서 2장 참조.

변화 없이 그 자리를 지키고 있는 것이다.

종묘와 사직과 달리 궁궐은 다양한 변화를 겪는다. 태종은 환도하면서 태조 때 건설되었던 경복궁 대신 창덕궁을 새로 건설하였다. 창덕궁의 터는 명당 혈인 경복궁터와 달리 풍수가들의 조언을 듣지 않고 태종이 환도 이전 제사를 지내기 위해 종묘를 방문했을 때 종묘 뒤쪽 향교동(鄕校洞) 동쪽에 응봉 아랫자락의 빈터가 넓은 것을 보고 정한 것이다. 창덕궁은 이궁(離宮)으로 건설되기는 했지만, 태종이 주로 거주했기 때문에 법궁(法宮)으로서 기능하였다. 이후 성종대 창건된 창경궁, 임란으로 도성을 비웠던 선조가 한양으로 환도한 이후 월산대군의 사저를 급하게 궁궐로 개조한 경운궁, 그리고 광해군대에 선조의 다섯째 아들 정원군(定遠君; 인조의 生父)의 사저를 개조한 경희궁이 경복궁, 창덕궁과 더불어 조선왕조의 5대궁궐이 되었다.47)

임란으로 대부분 건물들이 불탔음에도 광해군대의 서울 도성 복구 사업은 경복궁을 제외하고 조선 초기에 구획된 궁궐과 제사 구역과 시전 구획을 그대로 활용하여 이루어졌다. 그러므로 창덕궁과 창경궁과 종묘가 하나의 공간을 형성하면서 궁궐과 제사 공간을 이루었으며, 육조 등 주요 관청은 조선 초기에 구획된 것처럼 경복궁 앞에 배치하였다. 궁궐과 관청 및 제사 지역이 밀집한 공간은 도성의 북쪽 지역이었다. 이를 잘 표현하고 있는 서울 지도가 다음의 〈그림 8-5〉 한성부도(漢城府圖)다.

〈그림 8-5〉에서 보듯이 제사 공간과 궁궐 공간은 모두 굵은 선으로 강조되고 있다. 굵은 선으로 둘러싸인 공간을 제외하고는 대부분 민간 거주지였다고 이해하면 조선 후기 도성 안의 도시 공간을 보다

---

47) 홍순민, 1999 『우리궁궐이야기』, 청년사.

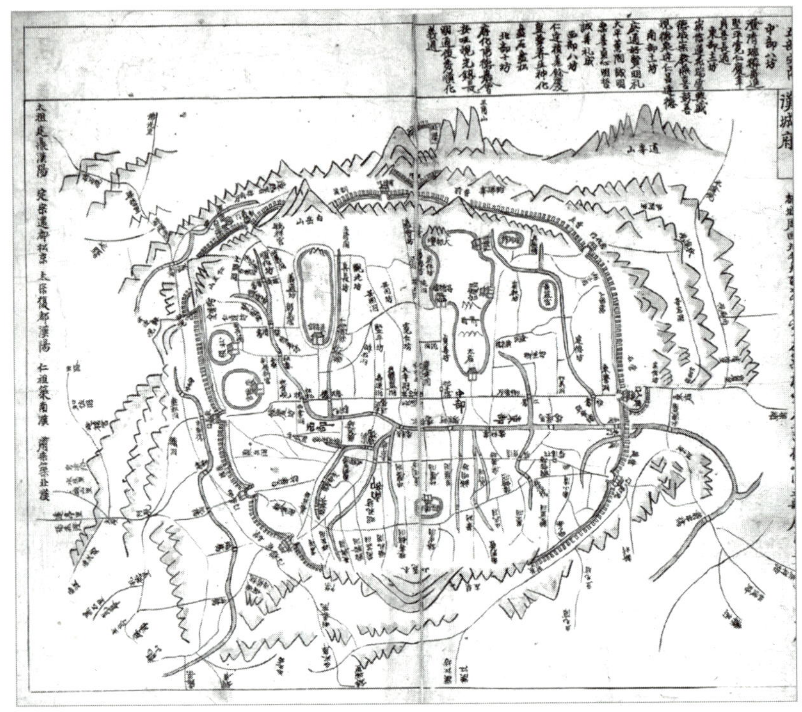

〈그림 8-5〉 한성부도(漢城府圖)(天下幷天地圖)

분명하게 이해할 수 있을 것이다.

한편 시전은 태조의 천도 단계에는 건설되지 않았고, 태종이 환도한 지 7년 만인 12년(1412) 2월 이후 3차에 걸쳐 총 2,027간 규모로 건설되었다.48) 시전 행랑은 종루를 중심으로 동서쪽으로, 그리고 창덕궁 정문인 돈화문에서 철물교까지, 그리고 종루에서 숭례문까지 건설되었다. 조선 전기에는 운종가의 좌우, 대광통교 주변 지역이 시전 상가로서 유일한 시장이었다.

48) 『世宗實錄地理志』, 京都 漢城府.

그러나 17세기 후반 이후 도성 외부에 인구가 증가하면서 시장도 확대되었다. 1660년에서 1670년 사이에 남대문에서 서소문 사이의 지역에 문외미전·문외상전·외어물전·생선전 등이 설치됨으로써 종로 시전과 함께 서울의 중요한 상가로 번성하였다. 이때 형성된 상가가 바로 칠패(七牌) 시장이었다. 칠패라는 명칭은 우변포도청의 순라군 7패가 주둔하는 곳이라는 데서 유래되었다.[49] 또한 1760년경에는 서울 동부의 어의동(於義洞) 근처에 또 다른 상가가 조성되었다. 영조는 어의동을 지칭하는 동촌(東村)에 민가를 많이 입주시키기 위하여 시전 설치를 허가하였다. 이때 조성된 상가가 바로 이현(梨峴) 시장으로서, 이곳에 설치된 시전은 하미전(下米廛)·계전(鷄廛)·청밀전(淸蜜廛)·생선전(生鮮廛)·목기전(木器廛)·승혜전(繩鞋廛) 등이었다.[50]

이처럼 18세기 후반에 이르면 서울 도성 안팎의 시장도 종로 중심에서 이현과 칠패 등지로 확대되어 조선 후기 서울의 시장은 삼대시(三大市)로 일컬어지고 있다. 그러나 삼대시가 구체적으로 어디를 지칭하는지에 대해서는 자료에 따라 약간 차이가 있다. 박제가의 「성시전도시(城市全圖詩)」에는 이현·종루·칠패를,[51] 조선 후기 시인이었던 이옥(李鈺; 1760~1813)은 이현·소의문·운종가를,[52] 강이천(姜彝天; 1769-1801)은 동쪽의 이현 시장, 서쪽의 소의문 시장, 중앙의 운종가를 꼽고 있다.[53]

한편 19세기 전반에 편찬된 『동국여지비고(東國輿地備考)』에는 서울

---

49) 『六典條例』 권8, 捕盜廳 伏處. 후술하는 〈표 8-3〉 좌우포도청의 순라구역 참조.
50) 『靑邱要覽』, 都城全圖의 梨峴部分 참조.
51) 박제가, 『貞蕤集』 권3, 城市全圖.
52) 李鈺, 市奸記, 『桃花流水館小藁』; 金鑢, 『潭庭叢書』.
53) 姜彝天, 『重菴稿』 貞, 跋.

의 대표적인 시장을 3곳이 아닌 종루·배오개·칠패·소의문 밖의 4곳을 들고 있다.[54] 모든 경우 종루(운종가)와 이현 시장은 공통되지만, 나머지 하나를 꼽을 때, 박제가는 칠패를, 이옥과 강이천은 소의문을 꼽고 있는 것이다. 『동국여지비고』에는 칠패와 소의문 시장을 각각 따로 헤아리고 있다. 아마도 소의문 밖과 칠패 시장이 가까운 거리에 있었기 때문에, 박제가와 이옥 및 강이천은 두 시장을 하나의 시장으로 계산하여 3대시로 설명하고 있기 때문에 4대시로 설명하고 있는 것이 아닌가 생각된다.

이로 미루어 짐작하면, 소의문 밖 시장과 칠패 시장은 장소적 근접성에도 불구하고 서로 별개의 시장이었을 것이다. 그렇게 본다면 18세기 후반 한양의 큰 저자는 기왕에 알려진 것처럼 종루·이현·칠패의 3대시에 소의문 밖을 더하여 4대시라고 보아야 할 것이다.

종루 외에 칠패와 소의문 밖 및 이현 시장이 도성의 대시장으로 성장하게 된 데는 상품 유통 경로와 관련이 깊다. 삼남 지역의 상품은 수로를 통해 한강을 통해 서울로 반입되거나 육로를 통해 광주의 송파장을 거쳐 서울로 반입되었다. 수로를 통해 반입되는 물화는 마포·서강·양화진이나 용산·동작진에 하역되었다. 마포·서강·양화진에 하역된 물화는 육로로 만리현이나 아현을 거쳐 소의문으로 반입되었고, 용산이나 동작진에 하역된 물화는 주교(舟橋)·청파를 거쳐 염초교(焰硝橋)를 통해 남대문이나 소의문을 거쳐 도성 안으로 반입되었다. 소의문 밖에서 남대문 지역 사이에 칠패 시장을 비롯한 소의문 밖 시장이 번성한 것은 이곳이 삼남 지역의 상품이 도성으로 반입되는 통로였기 때문이다. 이와 같은 사정을 다산 정약용은 다음과

---

54) 『東國輿地備考』 권2, 한성부 場市.

같이 표현하고 있다.

> 우리나라 왕성(王城) 오부(五部)의 아현(阿峴)은 서강(西江)으로
> 가는 길이고, 약현(藥峴)은 용산(龍山)으로 가는 길로서 곡물이 폭주
> 하고 수레가 부딪치고 사람이 어깨를 부딪치는 곳이다.[55]

다산은 소의문으로 통하는 아현(애오개) 길과 약현 길은 모두 경강과 도성을 연결하는 길이기 때문에 사람과 수레의 통행이 무척 많아 번잡한 가로였음을 말하고 있는 것이다.

한편 이현 시장은 함경도와 강원도 지역의 물산이 서울로 반입되는 길목에서 번성한 시장이었다. 이들 지역의 물화는 원산 등지에서 육로로 삼방로(三防路)나 철령로(鐵嶺路)를 통해 양주의 누원점(樓院店)에 집결하였다가, 다시 혜화문이나 동대문을 거쳐 도성 안으로 반입되었다. 이현 시장은 바로 혜화문과 동대문에서 도성으로 들어오는 길이 서로 만나는 지점에 위치한 시장이었다.[56]

(4) 북촌과 남촌, 중촌, 상촌(上村)과 하촌(下村)

조선 후기 한양 공간은 신분·직업에 따라 주거를 달리했기 때문에 이 속성에 따라 구분되기도 했다.[57] 이와 같은 사정을 『황성신문』

---

55) 『牧民心書』, 工典六條 道路.
56) 조선 후기 서울의 상품 유통 경로에 대해서는 고동환, 1992 「18세기 서울에서의 어물 유통 구조」, 『한국사론』28 참조.
57) 조선시대 한양의 신분별 거주에 대해서는 원학희, 1978, 「구한말 서울의 거주공간형태」, 『지리학총』6, 경희대 지리학과; 강명관, 1996, 「조선 후기 서울 성안의 신분별 거주지」, 『역사비평』33이 참고된다.

에서는 다음과 같이 전하고 있다.

> 북촌 사람들의 말하는 품은 골경(滑驚)에 가까우며, 남촌 사람들의 말하는 품은 민첩(敏捷)에 가까우며, 상촌 사람들의 말하는 품은 공경(恭敬)에 가까우며, 중촌 사람들의 말하는 품은 거오(倨傲)에 가까우며, 하촌 사람들의 말하는 품은 완박(頑樸)에 가깝다.[58]

즉 서울 지역 사람을 크게 북촌·남촌·중촌·상촌·하촌으로 구분하고 각 지역 주민들의 말투가 북촌은 매우 부드럽고 조심스러우며, 남촌은 빠르고, 중촌은 거만하며, 상촌은 공경스럽고, 하촌은 상스럽다고 설명하고 있는 것이다.

말투의 차이를 초래한 원인은 무엇보다도 주민들의 신분 계층의 차이에서 비롯되는 것이다. 그러면 북촌과 남촌, 중촌, 상촌과 하촌은 어느 지역일까. 조선시대의 기록은 아니지만, 1924년의 기록은 서울 주민의 분포 상황을 다음과 같이 전하고 있다.

> 북산(北山) 밑흘 북촌, 남산(南山) 밑흘 남촌, 낙산(駱山) 근처를 동촌, 서소문 내외를 서촌, 장교(長橋)·수표교(水標橋) 어름을 중촌, 광통교(廣通橋) 이상을 우대, 효교동(孝橋洞) 이하를 아래대, 강변을 오강(五江), 성 밧 사면십리(四面十里) 이하를 자내(字內; 字內라 함은 서울 성벽에 천지현황(天地玄黃)의 순으로 어느 점으로부터 어느 점까지의 사이는 천자(天字) 구역 혹은 지자(地字) 구역이라 하야 그 문자와 문자의 사이를 각 군영에서 분담 수비하였기 때문에 붙여진

---

58) 『황성신문』, 광무 4년 10월9일자 논설.

이름이다)라 하야 동·서·남·북의 네 촌(通稱曰 四山)밋에는 양반이 살되 북촌에는 문반(文班), 남촌에는 무반(武班)이 살엇스며 또 같은 문반의 양반이로되 서촌에는 서인이 살엇스며 그 후 서인이 다시 노론 소론으로 난위고 동인이 다시 남인 북인 또 대북 소북으로 난위메 밋처는 서촌은 소론, 북촌은 노론, 남은 남인이 살엇다고 할 수 잇스나 사실은 소론까지 잡거하되 주로 무반이 살엇스며 그리고 동촌에는 소북, 중촌은 중인, 우대는 육조 이하의 각사에 소속한 이배고직(吏輩庫直) 족속이 살되 특히 다동(茶洞)·상사동(相思洞) 등지에 상고(商賈; 通稱 市井輩)가 살엇고 아래대는 각종의 군속(將校執事 等類)이 살엇스며 특히 궁가를 중심으로 하야 경복궁 서편 루하동 근처는 소위 대전별(大殿別; 宮家의 隷屬)파들이 살고 창덕궁 동편의 원남동·연지동 근처는 무감(武監) 족속이 살엇스며 동소문 안 성균관 근처는 관인(舘人; 속칭 舘사람)이 살고 왕십리에는 군총(軍銃; 兵村)들이 살고 오강변에는 선인상고(船人商賈)들이 만히 살엇는대 속칭 강대(江臺)사람이라 함은 강변에 사는 사람을 지칭함이엿다.[59]

이 기록에 의하면 내사산(內四山)인 북악·인왕·목멱·낙산 아래 경치가 좋은 곳은 모두 양반들이 사는 곳이었다. 북촌은 북악산 아래인 창덕궁과 경복궁 사이 지역으로, 이곳에는 집권 양반인 노론 세력이 집단 거주하였다. 남촌은 목멱산 아래 지역으로 무반과 더불어 실세한 남인과 소론 세력들이 잡거하였다. 소북 세력은 낙산 주변에 거

---

59) 小春, 「녜로 보고 지금으로 본 서울 中心勢力의 流動」(『開闢』 48호, 1924년 6월호); 「옛날 京城 各級人의 分布狀況」(『別乾坤』 23호, 1929년 9월호).

주하였고, 소론은 서소문 근처에 거주하였다. 한말의 상황을 기록한 황현의 『매천야록(梅泉野錄)』에도 "서울의 대로인 종각 이북을 북촌이라고 하는데 이곳은 노론들이 살았다. 그 남쪽은 남촌이라 하는데 소론 이하 삼색당(三色黨)이 살았다"고 당시의 사정을 전하고 있다.[60]

남촌과 북촌은 신분상 양반이 거주하는 점에서 반촌(班村)이긴 했지만, 앞서 언급했듯이 말투는 물론 숭상하는 기질 또한 크게 달랐다. 다음의 자료는 이러한 상황을 잘 알려준다.

> 서울의 풍속은 남과 북의 차이가 있다. 종로 이남에서 목멱산 아래까지가 남부인데 상인과 부자들이 많이 살아 털끝만한 이익을 다투고 인색하게 굴며 거마(車馬)와 제택(第宅)으로 서로 호사를 다툰다. 백련봉 서쪽에서 필운대까지가 북부인데 주로 가난한 집들로 유식(遊食)하는 사람들이 산다. 그러나 왕왕 협기 있는 무리들이 있어 의기(義氣)로 서로 사귀고 남에게 베풀기를 좋아하며, 약속을 중히 여긴다. 또 시인 문사들이 시절마다 서로 모여 다니며 임천(林泉)과 운월(雲月)의 즐거움을 다하고 언제나 시편이 많음을 자랑하고 아름다움을 다투었다.[61]

여기서 보듯이 남촌에는 상인과 부자가 많이 거주하여 매우 인색하고 호사스러웠지만, 백련봉 서쪽에서 필운대까지의 북촌에는 가난한 자들이 모여 살면서 남촌과 달리 의협인들이 많이 거주하였다고 한다. 북촌에는 당대 핵심 권력자들인 노론들이 세거하는 지역이었

---

60) 황현, 『梅泉野錄』 제1권 上.
61) 『里鄕見聞錄』, 西軒 林俊元(『浣巖集』).

는데, 이곳에 가난한 의협인들이 살았다는 것은 전체 북촌을 지칭하기보다는 필운대를 중심으로 한 인왕산 주변 지역을 지칭하는 것으로 후술하듯이 상촌인 우대 지역에 가깝다.

중촌은 장교와 수표교 일대 청계천 양쪽 지역으로, 이곳에는 역관·의관·율관(律官)·도화서원 등 기술직 관리나 아전들이 살았으며, 시전 상인들도 상당수 거주하였다. 이들은 부를 축적하여 집안치레가 매우 화려하였다. 부를 뽐내고 다니기 때문에 말투가 거만해졌던 것이다.

한편 상촌과 하촌은 우대와 아래대로도 불렸다. 상촌은 광통교 이상 지역으로 성내의 서북쪽 지역이다. 이 중에서도 인왕산 주변 즉 앞서 인용한 자료에서 백련봉 서쪽에서 필운대 지역이 우대의 중심 지역이다. 상촌인은 평민 중에서 각 관청의 서리 및 공경가의 겸인(傔人)이 되는 자인데, 평민 중에서 가장 우수한 자들이었다.[62]

상촌의 주축은 경아전과 대전별감 등 중앙 관청의 실무 관리들과 더불어 시전 상인들이었다. 상인들은 평민 중에서도 수공업자와 더불어 제일 하층에 속한 계층이었지만, 시전 상인들만은 중인층인 서리들과 사회적 처지가 같아 서로 어깨를 나란히 했고, 상촌인으로 불렸다.[63] 시전 상인들은 우대 지역 중에서도 청계천 북쪽의 운종가를 중심으로 주로 다동 즉 다방골(오늘날의 서린동과 다동), 그리고 상사동(오늘날의 청진동과 종로1가동 사이의 지역)에 집단적으로 거주하였다.[64] 이렇

---

62) 鄭喬, 『大韓季年史』上, 국사편찬위원회, 205쪽. "盖我國素重視兩班, 稱仕宦家之後裔, 而爲仕官人者也 而賤中人(見上)及上村人, 平民中之爲各府部吏胥及爲公卿家之傔人者 而渠輩稱以平民中最優者."

63) 이능화, 「李朝時代의 京城市制」, 『立廛完議文書』. "廛約一班 "六矣廛市井(商人曰 市井) 社會的階級 與吏胥相出入 世稱上村人."

게 본다면 상촌은 중촌과 지역적으로 겹치는 곳이기도 하면서 주민의 특성에 있어서도 중촌과 크게 차이가 나지 않는다. 상촌 사람들은 겸인이나 상인, 또는 각 관청의 실무 서리층이었기 때문에 말투도 매우 공손하고 깍듯했던 것이다.

신분에 따른 주거 지역 분류 중에서 주목해야 할 부분은 상촌 지역 주민들이었다. 이 우대 사람이 조선 후기 서울의 도시 문화를 이끌어갔던 여항인의 핵심이다. 이들은 귀족·사대부층이 아니라 중인 이하 신분층의 사람들이었다. 즉 역관이나 의관 등 기술직 중인의 일부와 각사 서리나 겸종 등의 경아전층, 대전별감·무예별감 등의 액예(掖隷), 군영장교·포교 등의 군교 집단, 승정원 사령, 의금부 나장 등의 관서 하예 그리고 시전 상인 등이었다. 이들 여항인은 우리 역사상 최초의 도시인으로서 자각을 지닌 세력이었다.

서울의 중간 계층으로 이루어진 여항인들은 18세기 상업 도시 서울이 배출해낸 새로운 인간으로서, 양반 사대부층과 기질이 완연히 달랐다. 여항인들에 의해 향유된 문화는 종전 충효열의 유교적 강상 윤리에 의해 지배되는 것이 아니라 쾌락과 성욕과 같은 인간 본성을 긍정하는 등 양반 사대부들의 문화와는 질적으로 다른 모습을 보여준다. 이들이 형성시킨 도시 문화적 양상은 문화 예술적 욕구의 증대와 유흥 문화의 발달로 대변되는데, 대부분 상업적 이익을 추구하는 것과 결합되면서 한편으로는 여항인들의 부 축적 기반과도 연계되고 있었다. 단순히 문화적 향유가 소비적 향락만이 아니라 경제 활동의 일환으로서 전개되고 있는 것이다. 이러한 문화 양상은 18세기 서울의 상업 도시화를 배경으로 나타난 도시 문화의 한 단면을 보여 주는

---

64) 김근수 엮음, 「경성어록」, 『정도600년 미니서울백과』, 한국학연구소, 74쪽.

것이라 할 수 있다.[65]

하촌인 아래대는 청계천의 효경교 아래 지역인 성내의 동대문과 광희문(수구문) 근처 지역을 지칭한다. 이곳에는 훈련도감의 하도감이 위치했기 때문에 군교층(軍校層)들이 집단 거주하였다.[66] 동대문 밖의 훈련원과 왕십리 근처에는 배추를 비롯한 각종 채소가 상업적으로 재배되었으므로, 아래대에는 미나리·배추·무 따위를 경작하는 사람들도 많이 거주하였다.[67] 이곳 사람들은 서울 주민 중 최하층 사람들이었기 때문에 어투도 매우 사납고 상스러웠다.

북촌과 남촌, 중촌, 상촌과 하촌 외에도 성균관 주변은 반촌(泮村)이라고 하여 성균관 전복(典僕)들이 거주하였다. 이들 성균관 전복들은 반촌에 거주한다고 하여 반인(泮人) 또는 성균관에서 일한다고 하여 관인(館人)이라고도 불렸다. 이들은 푸줏간 영업을 통해 쇠고기 판매를 독점하였다. 이들 성균관 전복들의 숫자도 1758년(영조 34)에는 거의 1만 명에 달할 정도로 상당하였다.[68] 한편 궁궐의 내시들은 경복궁 서북편의 효자동 일대에 집단 거주하였고, 국왕의 근위 무사들인 무예별감들은 원남동·연지동 근처에 주로 거주하였다.[69]

이와 같이 신분 계급에 따른 주거 공간의 구분은 식민지 시대 이후에는 도시 기능에 따른 공간 구분으로 변모된다. 1924년의 한 필자

---

65) 여항 문화에 대해서는 본서 5장 참조.

66) 鄭喬, 『大韓季年史』上, 국사편찬위원회, 1974, 294쪽. "下村 國俗指各營軍校輩之所居日 下村."

67) 조풍연, 1989, 「우대, 아래대」, 『서울잡학사전』, 정동출판사, 298쪽.

68) 『비변사등록』 135책, 영조 34년 8월 28일. "大司成 金陽澤所啓 大學典僕 近萬人 命 屢經凶歉 貧窮轉甚."

69) 강명관, 1996, 앞의 논문 참조.

는 서울의 도시 공간을 경복궁·창덕궁과 조선총독부가 위치한 지역을 정치상의 중심 공간, 일본 상인들이 일찍부터 진출한 진고개 지역(오늘날 명동 지역)을 상업의 중심 공간으로 파악하고 있다. 그는 진고개 다음의 상업 공간으로 종로통과 남대문통을 들었다. 또한 문화의 중심 지역으로 보전(普專)·법전(法專)·고등(高等)·의전(醫專)·고등공업(高等工業) 등의 전문학교와 동아일보사·조선지광사(朝鮮之光社)·개벽사(開闢社) 등의 언론 기관과 도서관과 청년회관 등이 위치한 종로 이북의 중심가를 설정하고 있다.[70] 식민지적 근대 도시로서 모습을 일변한 이후 서울의 도시 공간은 정치·문화·상업 등 기능 중심으로 구분되었던 것이다.

(5) 연강(沿江)과 산저(山底)

조선 후기 서울의 공간은 도성을 기준으로 도성 안과 밖으로 구분되기도 하지만, 도성 밖 지역은 다시 연강과 산저 지역으로 구분된다. 연강 지역은 서울을 감싸고 흐르는 강, 즉 광진교에서 양화진까지의 경강 주변 지역을 의미한다. 그러나 산저 지역이 구체적으로 어느 곳을 지칭하는지 확인할 수 있는 자료는 발견되지 않는다. 추측컨대 만리현·목멱산·낙산·인왕산 등 도성 주변을 둘러싼 내사산의 능선 주변을 지칭하는 것으로 보인다. 이처럼 연강과 산저 지역을 독립적인 공간 구분으로 인식하고 있음은 연강·산저 지역의 주민에 대한 독자적인 통계에서도 확인된다.[71]

---

70) 小春, 「녜로 보고 지금으로 본 서울 中心勢力의 流動」(『開闢』48호, 1924년 6월호).

71) 『비변사등록』 9책, 인조 23년 11월 29일. "漢城府官員以爲 亂前沿江一千八百三十七戶 山底九百七十七戶 合二千八百十四戶."

연강·산저 지역 주민은 앞서 하촌 주민보다 경제적으로 더 빈곤한 하층이었다. 이 지역 주민들은 대부분 17세기 후반 이후 외부에서 유입된 사람들이었기 때문이다. 유입 인구로 인해 이 지역의 인구 변동은 매우 급격했다. 현재까지 산견되는 자료를 통해 연강·산저 지역의 호구 변동을 살펴보면 다음의 〈표 8-2〉와 같다.

〈표 8-2〉 연강·산저 지역 호구 수 변동

연대	戶 數	沿江	山底	典 據
병자호란 이전	2,814	1,837	977	『備邊司謄錄』 9책, 인조 23년 11월 29일
1645년	2,261	1,431	830	위와 같음
1670년(현종 11)	5,000여 호			『藏氷謄錄』 권 2, 庚戌(현종 11) 12월 10일
1699년(숙종 25)	4,000여 호			『備邊司謄錄』 권 50, 숙종 25년 12월 4일
1743년(영조 19)	8,463호			『藏氷謄錄』, 권 4 癸亥(영조 19) 10월 18일

〈표 8-2〉에서 보면 병자호란 이전 2,814호가 거주하던 상황에서 병자란 이후인 1645년에는 2,261호로 553호가 줄었다. 그러나 1670년(현종 11)에는 5,000여 호로 25년 사이에 적어도 두 배 이상 급증했다. 5000여 호에 달했던 연강·산저 지역의 호구 수는 1695년(乙亥)과 1696년(丙子)의 이른바 을병대기근(乙丙大饑饉)과 이에 연이어 발생한 전염병의 유행으로 1,000호 이상 감소하였다. 기근과 전염병의 영향으로 인구 20%가 감소한 것이다. 이와 같이 인구가 급격하게 감소한 이유는 빈한한 하층민으로 구성된 이 지역 인구가 기근과 전염병에 취약했기 때문이다.

연강·산저 지역의 인구는 이러한 손실에도 불구하고, 1700년을 거치면서 점차적으로 회복하였고, 1743년(영조 19)에는 8,463호로 증가하였다. 18세기 전반기 연강·산저 지역의 인구가 40여 년 사이에 두 배 이상 급증한 것이다. 조선 후기 연강·산저 지역은 서울에서 인구의 감소와 증가를 가장 급속하게 경험하는 지역이었던 것이다.[72]

앞서 언급했듯이 산저 지역에 대한 기록은 호구 통계에서만 찾을 수 있을 뿐 구체적으로 어느 범위인지, 그리고 그 지역 주민의 특성은 어떠했는지를 알려주는 자료는 쉽게 찾을 수 없다. 이와 달리 연강 지역은 조선 후기 상업 발달과 관련하여 풍부한 자료가 남아 있다.

연강은 경강 지역으로서, 삼강(三江)·오강(五江)·팔강(八江)으로도 불렸다. 삼강은 한강·용산강·서강을 지칭하는 용어였다. 남산 남쪽 일대에서 노량까지를 한강이라고 불렀는데, 이곳은 현재의 한남대교 부근에서 노량진까지로 여기에는 두모포가 있어 한강 상류에서 내려오는 각종 물자들이 집하되어 서울에 반입되었다. 노량에서 마포까지를 용산강이라고 했는데, 이 지역은 경상·강원·충청·경기도 등지의 세곡을 한강 상류로부터 실어오는 참운선(站運船)의 종착점이었다. 이곳에는 동작진·노량진 등 외부 지역으로 통하는 나루터가 있어서 교통의 요지이기도 했다. 서강은 마포 서쪽에서 양화나루까지를 부르는 명칭으로, 이곳에는 광흥창이 있어서 바다를 통해 경강에 반입되는 황해·전라·충청·경기 등지의 세곡이 집하되는 곳이었다. 모든 세곡은 일단 서강에서 하역되었다가, 다시 경강변이나 도성 내의 각 창고에 수상선(水上船)이나 태운(駄運)·등짐으로 운반되었기 때문에, 서강은 조선 후기 세곡 운송의 중심지로 부상하였다.

경강은 18세기 이전에는 삼강으로 불렸지만, 18세기 중엽에는 삼

---

72) 경강 지역의 인구 변동에 대해서는 고동환, 2005 「조선 후기 경강 지역 행정 편제의 변동과 인구 추세」, 『서울학연구』24, 서울학연구소 참조.

강 외에 마포 · 망원정을 포함한 오강으로, 그리고 18세기 후반에는 여기에 두모포 · 서빙고 · 뚝섬이 추가되어 팔강으로 불리었다. 팔강으로 불리던 경강 지역은 19세기 초 포도청의 순라 구역을 중심으로 12강으로 구분되고 있었다. 연강 지역은 한강 · 두모포 · 뚝섬 · 왕십리 · 안암 · 전농 · 서빙고 · 용산 · 마포 · 서강 · 망원정 · 연서의 12구역으로 다시 구분되었다.[73]

경강 지역의 중심지는 마포였다. 서강과 용산이 세곡 운송의 중심지라면 마포는 상품 유통의 중심지였다. 그러므로 마포에는 경강 포구 중에 가장 많은 시전이 있었다. 18세기 후반에 확인되는 시전은 마포염전(麻浦鹽廛) · 마포미전(麻浦米廛) · 마포칠목전(麻浦漆木廛) · 마포잡물전(麻浦雜物廛) · 마포간수전(麻浦艮水廛) · 토정고초전(土亭藁草廛) · 토정시목전(土亭柴木廛)과 마포염초전(麻浦鹽醯廛) 등이다. 또한 마포는 마포삼주(麻浦三主)라 하여 객주(客主) · 당주(堂主) · 색주(色主)로 유명했다. 뱃사람이 드나들기 때문에 상품 거래를 주선하는 객주가 번성하였을 뿐만 아니라, 각종 당집들도 뱃길의 안녕을 기원하는 의식을 치르는 데 동원되었다. 또한 마포는 유흥가로서도 매우 흥청거리는 곳이었다. 이곳에 설치된 술집이 600-700여 곳이었고, 여기서 술 제조에 소비되는 미곡만도 1년에 수만 석을 넘는다는 기록이 있을 정도였다. 그러므로 이른바 포구에서 매음을 일삼는 색주가들도 마포를 중심으로 번창하게 된 것이다. 마포를 중심으로 한 연강 지역은 상업 중심지로서만이 아니라 유흥가로서의 모습도 띠고 있었던 것이다.

연강에 거주하는 인구는 대부분 외부에서 유입된 인구였다. 그리

---

73) 경강이 3강, 5강, 8강, 12강으로 확대되는 모습에 대해서는 고동환, 1998 앞의 책 215-221면 참조.

므로 도성 내의 주민과는 사회적 처지가 달랐다. 앞서 언급했듯이 조선 초기에는 도성 안 주민과 성저십리 주민 간에 부역 부과의 차별이 존재했던 데 비해, 조선 후기에는 도성 밖 주민이더라도 경강 주변에 거주하는 연강민과 산저민에게만 특정 방역(坊役)이 부과되었다. 그것은 바로 겨울철에 한강의 얼음을 채취하여 빙고에 저장하는 장빙역(藏氷役)이었다. 원래 장빙역은 한성부 오부 주민 모두에게 직접 노동력 징발의 형태로 부과된 방역이었다. 그러다가 17세기 후반 도성 안의 5부 주민들은 현물납으로 변모했지만, 연강과 산저민에게는 직접 노동력 징발이 그대로 유지되고 있었다. 이와 같은 장빙역의 수행은 동일한 한성부 주민이면서 연강·산저민을 차별적으로 지배하고 있음을 보여 주는 사례다. 이러한 방역 부과의 차별성의 원인은 연강·산저민이 지닌 사회적 지위가 매우 낮았기 때문이다.[74]

경강변에는 이처럼 외부에서 유입되어 날품팔이로 생계를 이어가는 하층민만 거주한 것은 아니다. 전국의 상품이 수로를 통해 서울로 반입되는 길목에 위치했기 때문에 상업이 크게 번성하였고, 그로 인해 이 지역에는 돈을 번 강상대고(江商大賈)나 경강선인(京江船人) 등 경제력을 갖춘 주민들도 많았다. 이곳에 거주하는 사람을 강대(江臺) 사람이라고 부르기도 했다.[75] 이들 강대 사람들은 상당한 위세를 가지고 연강 지역을 지배하였다. 이들은 빈잔민들을 마음대로 침학하고, 나아가 살인을 하기도 하였고, 이들의 행패를 제어하기 위해 경강에 파견된 한성부의 장교들을 구타하여 부상을 입힐 정도로 위세가 당당하였다. 경강 지역은 중세의 신분적 권위나 왕권이 제대로 작동하

---

74) 본서 6장 참조.
75) 주 59) 참조.

지 않는 지역이었다. 이 지역은 오로지 경제적 실력이 지배하는 당시 사회에서 매우 독특한 곳이었다. 그렇기 때문에 이들은 무엇보다도 경제적 이해관계에 민감했다. 도성 안 사람들이 강대 사람들을 '즐겨 소송을 하는 사람[五江好訟之民]'이라고 지칭하는 것은 이 지역 주민들의 이러한 성향을 보여 주는 것이다.[76]

⑹ 치안 및 군사상의 도성 구획

조선 후기 서울의 도시 공간은 치안이나 군사상의 목적에 따라 구획되기도 했다. 조정에서는 서울 치안을 위해 좌·우 포도청을 두어 방범 등 각종 치안을 책임지게 하였다.

좌우 포도청에서는 도성 내외를 총 16구역으로 구분하고, 각 구역의 중심지에 복처(伏處)라는 방범 초소를 두어 치안을 관리하였다. 좌포도청의 경우 1패, 상2패, 하2패에서 7패까지, 우포도청은 1패에서 8패까지 패를 나누어 순찰을 돌았다. 포도청의 순라 구역을 중심으로 나뉜 서울의 공간을 보면 다음의 〈표 8-3〉과 같다.

〈표 8-3〉에 보듯이 종로를 중심으로 남쪽 지역은 좌포도청에서, 북쪽 지역은 우포도청에서 치안을 담당하였다. 행정 구역상으로 보면 우포도청은 북부와 서부 지역을 담당했고, 좌포도청은 남부와 동부 지역을 담당한 것으로 보인다. 남대문과 소의문의 중간 지역에서 번성했던 칠패 시장의 명칭은 〈표 8-3〉에서 보듯이 바로 우포도청의 칠패가 담당했던 구역이기 때문에 유래한 것이다.

---

76) 경강 지역의 특성에 대해서는 고동환, 1998 앞의 책, 226~227면 참조.

〈표 8-3〉 좌우 포도청의 순라 구역

좌포도청			우포도청		
패	구 역	伏處	패	구 역	伏處
1패	남대문 ~ 駝駱洞	會賢洞口	1패	위쪽: 六曹御路동쪽 ~ 立塵屛門 아래쪽: 경복궁 동쪽 ~ 광화문 앞	議政府 앞
상2패	타락동 동쪽 ~ 南別殿 서쪽 담	南山洞	상2패	工曹 後洞 ~ 彌雲臺의 彰義門 안·경복궁 서쪽 담·六曹御路 서쪽	保民司 앞
하2패	鑄字洞 ~ 生民洞	筆橋	3패	工曹후동 남쪽 ~ 敦義門 안과 大小 貞洞 및 軍器寺橋와 六曹 洞口	松杞橋
3패	생민동 ~ 수구문	淸凉橋	4패	남대문 안 ~ 銅峴·廣通橋·毛橋대로의 동쪽	石井洞
4패	파자교 동쪽 ~ 동대문 북쪽	於義洞	5패	돈의문 밖 ~ 慕華館 八角亭·大峴의 북쪽	京營의 창고앞
5패	파자교 서쪽 ~ 전동 동쪽	齋洞	6패	西小門밖 ~ 阿峴·藥峴·남대문 밖	西小門 밖
6패	鍾樓 ~ 五間水門	水標橋	7패	남대문 밖 ~ 巡廳洞·萬里峴·灼灼洞의 石隅	南大門 밖
7패	동대문 밖 ~ 關王廟	東大門밖	8패	里門洞 ~ 南廟·典牲署 앞	桃楮洞

전거: 萬機要覽 軍政編1 捕盜廳 巡邏字內

한편 서울의 공간은 군사상의 목적으로 구획되기도 했다. 원래 조선 전기 국토 방위 전략은 국경 중심 방위 전략이었으나, 임란과 이괄의 난을 경험한 조선 후기 국토 방위 전략은 수도권 중심의 방위 전략으로 전환하였다. 숙종대에는 수도 한양을 방어하는 중심 보장처로서 강화도와 남한산성의 군비를 강화하고, 북한산성을 새로 축성하였다. 이와 같은 수도권 중심의 방위 전략은 영조대 이후 점차 도성 중심의 방위 전략으로 전환하였다.77) 영조대에는 서울의 인구가

30만 명으로 늘고, 상공업이 도성에 집중되어 상당히 번성하였다. 그러므로 100년 전 임진왜란이나 병자호란 때처럼 서울을 포기하고 의주나 강화도, 남한산성 등지로 피난 가는 것은 큰 의미를 지니지 못하였다. 영조는 도성을 상실하는 것은 곧 나라를 상실하는 것이라는 인식하에 도성 사수를 중심으로 한 방위 전략을 채택하게 된 것이다.

영조의 도성 중심의 방위 전략은 1751년(영조 27) 『수성윤음(守城綸音)』으로 구체화된다. 『수성윤음』에는 도성 주민들을 도성을 수비하는 3개 군영인 훈련도감·어영청·금위영에 모두 분속시키고, 적이 침입했을 때 이들을 예비 병력으로 동원하여 각기 구획된 구역을 수비토록 하였다. 그 내용을 그린 것이 〈그림 8-6〉의 도성삼군문분계지도(都城三軍門分界之圖)이다. 이 지도는 훈련도감·어영청·금위영을 각각 전·좌·중·우·후 5개로 나눈 뒤, 각각이 도성에서 수비해야 할 부분을 지도에 표시한 것이다.

〈그림 8-6〉에 따르면 훈련도감은 돈의문에서 숙정문까지를 훈전(訓前)·훈좌(訓左)·훈중(訓中)·훈우(訓右)·훈후(訓後)의 5개 구역으로 나누어 수비하였고, 금위영은 돈의문에서 남소영까지 금전(禁前)·금좌(禁左)·금중(禁中)·금우(禁右)·금후(禁後)의 5개 구역으로, 어영청은 남소영에서 숙정문까지 영전(營前)·영좌(營左)·영중(營中)·영우(營右)·영후(營後)의 5개 구역으로 각각 나누어 방어를 담당하였다.

도성의 오부 민호는 모두 삼군영에 소속되었는데, 1807년(순조 7)의 경우 훈련도감 소속 민호는 14,587호, 금위영에는 14,768호, 어영청에는 14,587호가 소속되었다. 유사시에는 성인 남자만 아니라 노인과

---

77) 김웅호, 2005 「조선 후기 도성중심 방위전략의 정착과 한강변 관리」, 『서울학연구』24.

〈그림 8-6〉 도성삼군문분계지도(都城三軍門分界之圖)

여성 노동력까지 총동원하여 도성을 수비토록 하였던 것이다.

　한편 포도청의 나졸 외에도 도성의 군사적 방어를 담당한 훈련도감·금위영·어영청에서도 도성을 일정 구역으로 구분하여 순찰하고, 수상한 조짐이 있을 경우 수색을 담당하였다. 훈련도감에서는 인(寅)·신(申)·사(巳)·해일(亥日)에, 금위영에서는 자(子)·오(午)·묘(卯)·유일(酉日)에, 어영청에서는 진(辰)·무(戌)·축(丑)·미일(未日)에 각각 구역을 담당하여 순찰을 돌았다. 이러한 삼군문의 순찰 구역을 통해서 본 서울의 공간 구분을 표로 나타내면 다음의 〈표 8-4〉와 같다.

---

78) 주 58)의 인용문에서 보듯이 삼군문에서는 도성의 성벽을 5개 단위로 구획한 이후에 다시 이를 성벽에 天地玄黃의 순으로 字號를 매겨 수비를 전담토록 했는

〈표 8-4〉 삼군문 순라 구역을 통해 본 서울의 공간 구분

훈련도감		금위영		어영청	
패	구 역	패	구 역	패	구 역
1패	館峴 ~ 梨峴·孝橋·山林洞·鑄字洞以東	1패	興仁門北邊 ~ 典醫監·安國洞東 ~ 三淸洞	1패	五間水門北 ~ 大廣通橋·三淸洞以東
2패	掌苑署 ~ 安洞·典洞·鐘閣·銅峴·明洞·南山洞以東	2패	興仁門南邊 ~ 鐘閣·銅峴明禮洞·南山底 ~ 栗田洞以東	2패	五間水門南 ~ 大廣通橋南門內以南
3패	鐘閣 ~ 敦義門以南	3패	敦義門南邊 ~ 鐘閣·銅峴·明禮洞·南山底·栗田洞以西	3패	敦義門內北 ~ 鐘閣四巨里北
4패	鐘閣 ~ 敦義門以北	4패	敦義門 ~ 典醫監洞·安國洞 ~ 三淸洞以西	4패	敦義門內南 ~ 鐘閣南門內西
5패	南大門外 ~ 哨橋·阿峴·勒橋以北 ~ 西江	5패	弘濟院 ~ 慕華館三門外 ~ 阿峴·梨太院	5패	西門外阿峴 ~ 慕華館·弘濟院
6패	南大門外 ~ 哨橋·萬里峴以南 盧閭里·屯之山·梨太院·瓦署·氷庫·漢江	6패	麻浦 ~ 氷庫	6패	東門外 ~ 往十里·纛島·祭基·鍾巖
7패	東大門外 ~ 安巖洞·往十里·豆毛浦·東水鐵里·纛島	7패	土亭里 ~ 西江·望遠亭	7패	南門外 ~ 靑坡·西氷庫·麻浦·龍山
8패	萬里峴以西 ~ 西三江	8패	東郊部字內[78]全當	8패	大峴 ~ 甕幕·西江·楊花渡

전거: 『萬機要覽』 軍政編3.

3. 고지도를 통해 본 서울 공간 인식의 변화

조선 후기 사람들은 서울의 공간을 어떻게 인식하고 있었을까. 이를 알려주는 기술 자료들은 매우 단편적이어서 서울 공간에 대한 전체적인 인식을 파악하기 힘들다. 그러나 서술 자료와 달리 조선 후기

데, 이러한 구역을 字內라고 특별히 불렀다.

서울 고지도들은 당대인들의 서울 인식의 총체성을 고스란히 드러내
준다. 조선 후기 서울 고지도는 오늘날 과학적인 측량과 정확한 축적
에 기초한 지도가 아니다. 지도상에 표기된 내용들은 실제 지리적 사
실이라기보다는 공간을 인식하는 논리와 그에 근거한 해석을 보여
준다. 지도야말로 그들이 보는 서울 공간을 드러내는 물증인 것이다.

 개항 이전 전통적인 방식으로 그려진 서울 고지도는 대략 70여 종
에 달하고 있다.79) 서울을 그린 지도는 서울만 그린 단독 지도를 비
롯하여 지도책이나 지도첩 속에 여러 군현을 그린 것 중에 서울을 그
린 지도, 지지(地誌)나 문헌 속에 그려진 서울 지도, 삽도(揷圖)나 부분
도로서의 서울 지도 등 지도 유형도 매우 다양하다. 또한 서울을 그
린 지도의 제목도 도성도(都城圖)·한양도(漢陽圖)·경성도(京城圖)·경
도(京都)·한성전도(漢城全圖)·경조도(京兆圖)·조선성시도(朝鮮城市圖)·
성시전도(城市全圖)·수선전도(首善全圖)·경조오부도(京兆五部圖) 등 다양
했다. 그러나 이처럼 편찬 형식과 제목이 다양하다고 해도 대상으로
삼은 공간은 한성부의 공간적 경계인 도성과 도성 밖 성저십리 부분
을 포괄하고 있다는 점에서 공통된다.

 대부분의 서울 고지도가 동일한 공간을 그렸으면서도 지도에 나타
난 서울의 형상은 매우 다르다. 이 원인은 서울 공간을 인식하는 관
점이 달랐기 때문이다. 서울 공간을 인식하는 관점은 풍수지리적 공
간 인식, 왕도 중심의 공간 인식, 교통과 상업 중심의 공간 인식으로
구분될 수 있다.

---

79) 현재 알려진 서울 고지도는 대부분 다음의 3권의 고지도 화보집에 실려 있다.
  허영환, 1989 『서울의 古地圖』, 삼성출판사; 허영환, 1994 『정도 600년 서울지도』,
  범우사; 이찬·양보경, 1995 『서울의 옛지도』, 서울학연구소. 여기에서의 지도는
  이찬양보경의 『서울의 옛지도』에 의거하였다.

1) 풍수지리적 공간 인식

풍수지리적 공간 인식을 잘 드러내는 지도는 광여도(廣輿圖)의 도성도(7), 여지도(輿地圖)의 도성도(8), 해동지도(海東地圖)의 경도(京都)(12), 경조도(京兆圖)(16) 등이 이러한 유에 속한다.[80] 이 지도들은 지도에 표현된 내용이 매우 비슷하다. 그 중에서도 풍수지리적 특성을 잘 반영하여 한양을 그린 지도가 다음의 〈그림 8-7〉 광여도의 도성도다.

〈그림 8-7〉에서 보듯이 이 지도는 한양이 자리한 풍수적 형국을 한눈에 파악할 수 있도록 그려진 지도다. 한양이 도읍으로서 명당이 될 수 있는 여러 가지 까닭이 이 한 장의 지도 위에 모두 표현되고 있다. 한반도의 지맥의 흐름은 한반도의 가장 으뜸 조산인 백두산에서 철령을 거쳐 북한산에 이른다.

이 지도는 주산(主山) 북악산, 좌청룡 낙산, 우백호 인왕산, 그리고 안산(案山)인 목멱산으로 둘러싸인 한양의 명당 형국을 잘 표현하고 있다. 명당수에 해당하는 개천(청계천)은 경복궁의 양편에서 남류하여 명당을 서쪽에서 동쪽으로 흘러가고, 한강은 명당 형국의 남쪽 바깥에서 동쪽에서 서쪽으로 흘러 각각 내수와 외수가 서로 역수(逆水)를 이루는 수태극(水太極)의 형상을 잘 표현하고 있다. 북악의 전면 넓은 터에 명당혈이 위치하여 이곳에 궁궐인 경복궁을 건설하였고, 경복궁 앞쪽에 육조를 비롯한 관청을 배치하였으며, 왼쪽에 종묘, 오른쪽에 사직이 잘 표현되어 있다.

---

80) 개별 지도에 대해서는 『서울의 옛지도』(이찬·양보경 저)에 자세히 수록되어 있기 때문에 번잡함을 피하기 위해 대표적인 지도만을 예로 들어 설명하도록 하겠다. 괄호 안의 번호는 이찬, 양보경의 『서울의 옛지도』의 도판 번호다.

〈그림 8-7〉 도성도(廣輿圖)

　한양 건설의 원리로 제시되었던 좌묘우사·면조후시라는 『주례』 「고공기」의 원리와 풍수지리적 원리가 한 장의 지도에 완전히 표현되어 있는 것이다. 이처럼 산계(山系)와 수계(水系), 그리고 주산과 안산, 좌청룡과 우백호 등으로 한양의 명당 형국을 그리는 방법은 도성도만이 아니라 당시 길지와 명당을 표현하는 보편적인 방식이었다.

이와 같은 한양 도성도가 상당수에 달한다는 점은 당시 사람들이 서울을 풍수적 길지로 인식하고 있음을 단적으로 보여 주는 것이다. 이와 같은 풍수적 길지론은 고려 말 이후 한양 정도 과정에서 상당한 영향을 끼쳤다. 풍수적 공간 인식은 고려 말에 성행되었다가, 조선 초기에 신유학으로 무장한 사대부들에 의해 한때 적극적으로 배척되기도 했지만, 임란과 호란이라는 전대미문의 전란을 겪으면서 오히려 퇴행적인 풍수도참적 인식이 강화되었고,[81] 그 결과 조선 후기 한양 지도에도 이와 같은 공간 인식이 나타났던 것이다.

2) 왕도 중심의 공간 인식

왕도라고 하면 흔히 왕과 고위 귀족들이 거주하는 도성으로 둘러싸인 도시를 상상하게 마련이다. 이렇게 서울을 왕도로서 인식하는 지도에는 한양을 표현하면서도 도성과 궁궐, 그리고 관청, 제사 공간인 종묘와 사직을 크게 부각시켜 그리고 있다. 대표적 지도가 『조선강역총도(朝鮮疆域總圖)』의 도성도(2), 『신편표제찬도환영지(新編標題纂圖實瀛誌)』의 한양도(4), 『해동지도(海東地圖)』의 경도(京都)(12), 『해동제국지도(海東諸國地圖)』의 왕성(王城)(27)과 같은 지도들이다. 이 중에서 대표적인 『조선강역총도(朝鮮疆域總圖)』의 도성도와 『해동제국지도』의 왕성(王城)을 보면 다음의 〈그림 8-8〉, 〈그림 8-9〉와 같다.

---

81) 이태진, 1994 「한양 천도와 풍수설의 패퇴」, 『한국사시민강좌』14.

〈그림 8-8〉 도성도(朝鮮疆域總圖)

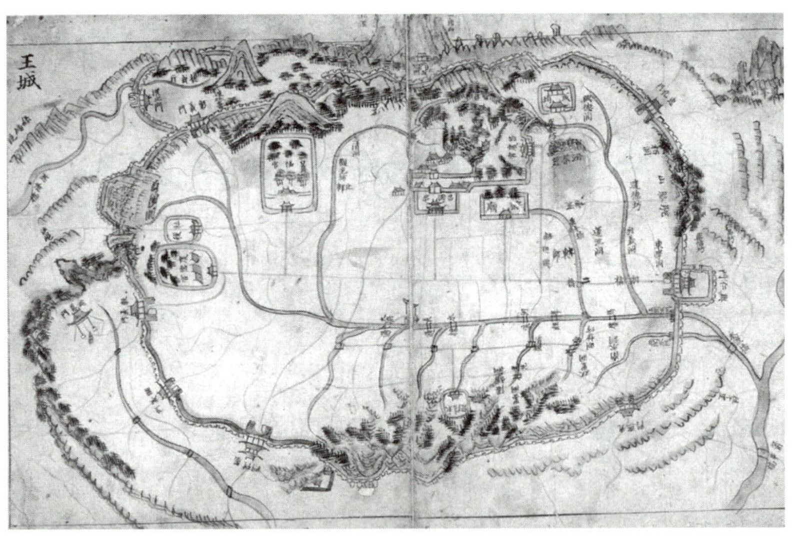

〈그림 8-9〉 왕성(海東諸國地圖)

　〈그림 8-8〉과 〈그림 8-9〉에서 보듯이 서울의 공간은 도성 내부가
중심이다. 도성 내부도 궁궐과 관청, 도성의 성벽과 대문, 그리고 하

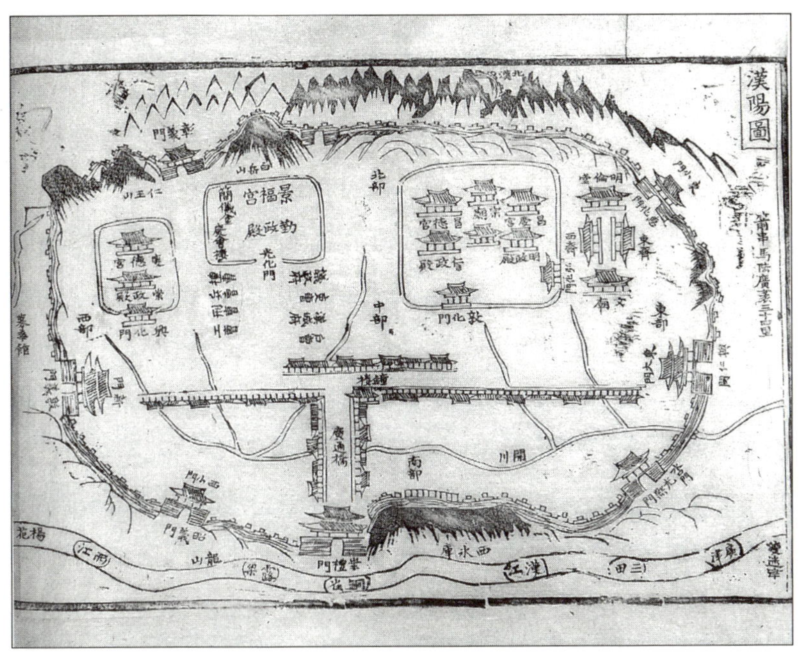

〈그림 8-10〉 한양도(寰瀛誌)

천의 흐름을 부각시켜 그려놓고 있다. 〈그림 8-8〉에서 궁궐 주변에 상서로운 구름 문양을 덧붙인 것처럼 한양이라는 도시가 성스러운 왕이 거주하는 왕도임을 강조하고 있는 것이다. 이 지도에서 민가를 비롯한 시장이나 당시 도성 밖으로 확대되고 있었던 서울의 모습은 전혀 찾아볼 수 없다.

이와 같은 서울 공간에 대한 인식은 〈그림 8-10〉의 한양도에서도 매우 두드러지게 나타난다. 서울은 경복궁·경희궁·창덕궁 등의 궁궐과 광화문 앞의 육조 관청, 그리고 성균관의 문묘, 그리고 도성과 각 대문들이 그려졌고, 도성 공간의 중심에 시전 상가를 T자형으로 그려 넣었다. 한강과 북한산은 지도의 하단과 상단에 시늉으로만 그려 넣었을 뿐 성 밖 공간에 대한 원근감은 완전히 결여되어 있는 것이다.

이 지도에서 보이는 서울에 대한 인식은 앞서 본 〈그림 8-8〉과 〈그림 8-9〉의 지도와 마찬가지로 왕도로서의 서울을 표현한 것이긴 하지만, 이와 다른 특징을 찾을 수 있다. 이 지도는 장흥의 사대부였던 존재(存齋) 위백규(魏伯珪; 1727-1798)가 영조 40년(1770)에 저술한 『환영지(寰瀛誌)』 고본(稿本)을 순조 22년(1822)에 목판본으로 간행한 문집에 실린 지도다. 임금님이 계시는 서울의 이미지를 표현하고자 할 때, 무엇보다도 우선 떠오르는 것은 웅장한 궁궐과 도성·관청·성균관, 그리고 전국에서 가장 화려한 상품이 거래되고 있었던 시전이었을 것이다. 이 지도는 왕도로서의 이미지만을 포착하여 지도에 남긴 것으로, 변동하는 현실을 제대로 반영하지는 못하였다. 그런 점에서 향촌 주민의 서울에 대한 공간 인식을 대표하는 지도로 평가할 수 있을 것이다.

3) 교통과 상업 중심의 공간 인식

18세기 이후 서울은 인구가 증가하고, 상업이 발달하면서 중세적인 왕도의 성격을 벗어나 상업 도시로 전환하였다.[82] 이와 같은 상업 도시화의 특징은 도시 공간의 확대와 기능 분화로 집약된다. 외부에서 몰려든 유민들이 도성 밖에 집단 거주하면서 서울의 도시 공간은 성 밖으로 확대되어 나갔다. 그 결과 도성 안과 도성 밖을 물리적으로 나누었던 도성 성벽이 지니는 중요성은 점차 감소되었다. 18세기 한성

---

82) 고동환, 1994 「조선 후기 서울의 상업 도시로의 성장」 『동양도시사속의 서울』 서울시정개발연구원.

부의 인구 중에 성 밖에 거주하는 인구 비율이 거의 절반에 달하고 있었기 때문이다. 또한 상업 도시화가 진전되면서 시장의 확대와 기능 분화도 나타났다. 도성 내부에는 종로 시전·이현·칠패·소의문 밖 시장이 형성되었고, 해상 교통의 중심지였던 경강 지역이 서울 핵심 상업 지역과 전국 시장권을 연결하는 매개 기능을 수행하면서 번성하였다. 18세기 이후 서울은 매우 역동적으로 변모하고 있던 도시였다.

이와 같은 도시 공간의 변모를 반영하는 지도로서는 『조선강역총도(朝鮮疆域總圖)』의 「자도성지삼강도(自都城至三江圖)」(3), 『동국여도』 중의 도성도(29), 도성연융북한합도(都城鍊戎北漢合圖)(32), 경강부임진도(京江附臨津圖)(34)와 수선전도(首善全圖)류(44, 45, 46, 47, 48, 49, 50), 『청구요람(靑邱要覽)』의 도성전도(51), 『대동여지도』·『동여도』·『대동방여전도』의 경조오부도(京兆五部圖)(54, 56, 58) 등이다. 이 중에서도 서울의 도시 공간의 확대를 잘 반영하는 지도가 다음의 〈그림 8-11〉『동국여도』의 도성도다.

이 지도는 앞서 본 지도와 같이 동일한 도성도이지만, 그 내용에서는 매우 다른 모습을 보이고 있다. 우선 도성도에 포괄되는 공간적 범위가 크게 확대된 점이 눈에 띈다. 이 지도는 풍수지리적인 관점에서 산의 흐름을 표현하고 있지만, 그것은 도시 내부의 주변적 모습에 불과할 뿐이다. 도성이 전체 지도의 중심에 위치하긴 하지만, 앞서 지도처럼 성벽을 강조하지 않는다. 서울의 도시 공간이 확대되면서 성벽이 지니는 의미가 줄어들었음을 이 지도에서 확인할 수 있다.

이 지도의 중심은 궁궐이나 관청이 아니라 도성 내외에 빽빽히 들어찬 민가들이다. 기와집은 푸른 채색을, 초가집은 노란 채색을 입혀 구분하였다. 종전의 도성도가 도성 안이 중심이라면, 이 지도는 도성 밖의 다양한 마을이 중심이다. 혜화문 밖의 정릉과 휴암, 손가장(孫家

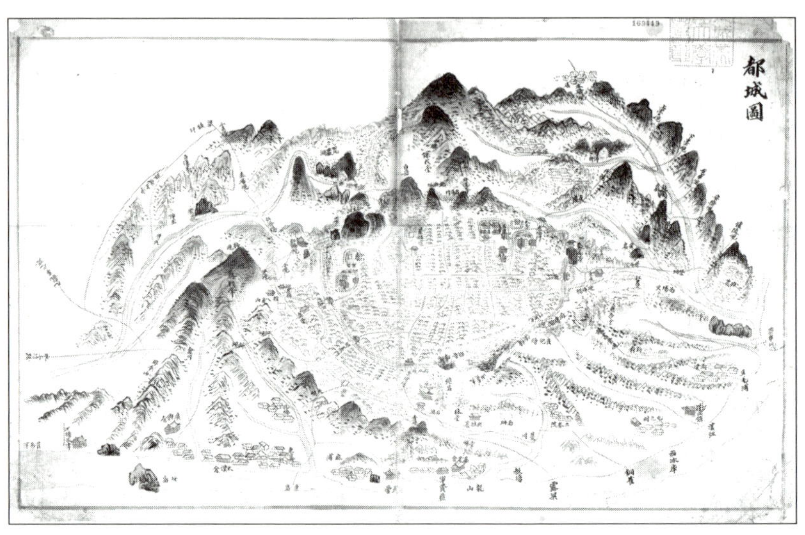

〈그림 8-11〉 도성도(東國輿圖)

庄), 수유리 점막(店幕), 흥인문 밖의 보제원을 비롯하여 왕십리·마장리·신촌(新村)·두모포·전농·살곶이다리·광희문 밖에는 한강진과 둔지마을·이태원·서빙고·동작나루가 그려졌다. 숭례문에서 돈의문까지 성벽 바로 아래쪽에는 부유한 사람들이 사는 마을로서 대부분 기와집으로 그려졌다. 마을의 확산은 경강변인 용산·마포·서강·동막·공덕·양화진에 이른다.

도성 안의 궁궐과 관청을 중심으로 그려진 종전의 지도에 비해, 이 도성도는 성 밖에 발달하고 있는 마을들, 특히 경강변의 팔강 지역을 모두 포괄하였다는 점에서 이 시기 상업 발달을 상징적으로 보여 주는 지도다.

이 지도의 특징은 한강을 비롯하여 용산강·서강·중랑천과 청계천·홍제천 등의 수로가 실제보다 훨씬 과장되어 그려졌다는 점이다.

당시 상품 운송에서 뱃길이 육로보다 훨씬 중요했기 때문에, 이 지도를 그린 사람도 한양을 그릴 때 수로(水路)를 강조하여 그린 것이다. 그런 점에서 이 지도는 조선 후기 서울이 전국적 상품 유통 중심지로 성장해가는 모습을 보여 주는 그림이라고 볼 수 있을 것이다.

수로를 중시하는 지도는 다음의 〈그림 8-12〉의 자도성지삼강도(自都城至三江圖)에서도 확인된다.

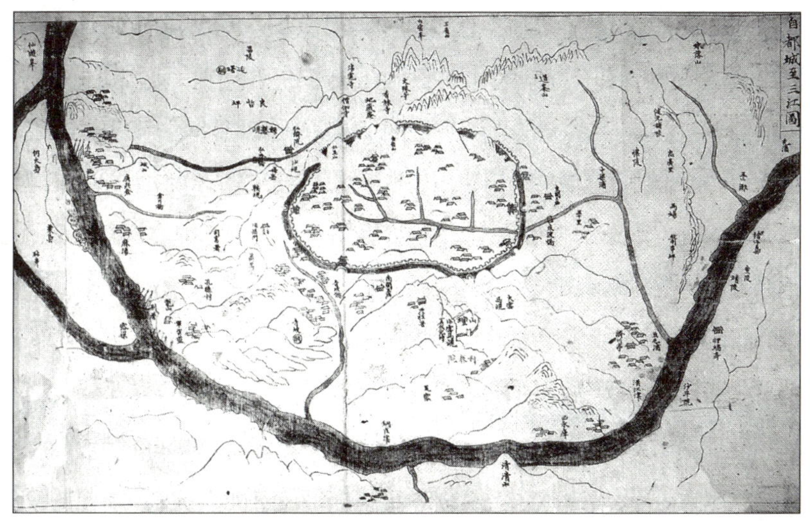

〈그림 8-12〉 자도성지삼강도(朝鮮疆域總圖)

〈그림 8-12〉는 비록 도성도라는 이름을 갖지는 않았지만, 도성과 경강을 연결하는 공간을 하나의 지도에 표현한 것으로, 이 시기 서울의 공간 확대를 가장 선명하게 보여 주고 있다. 앞서도 언급했지만, 당시 서울 상업의 번성은 바로 경강 상업의 발달에 전적으로 힘입은 것이었다.[83] 18세기 이후 경강의 중요성이 부각되자 경강을 중심으로 도성을 바라보는 지도도 제작된 것이다.

이 지도에서도 앞서 〈그림 8-11〉의 도성도와 마찬가지로 수로가 매우 과장되게 표현되고 있다.[84] 특히 이 지도에서는 〈그림 8-11〉의 도성도에 그나마 표현되었던 궁궐에 대한 강조가 완전히 사라졌다. 성 밖의 다양한 마을, 특히 경강 주변의 마을도 구체적인 지명을 통해 표현하고 있다.

이처럼 새롭게 나타나는 서울 지도는 한양이 지닌 풍수지리적 특성을 표현하거나 또는 왕도로서의 위엄을 나타내는 용도로 제작되기보다는 서울 공간이 실제 어떠한지를 파악하고자 하는 실용적인 목적에서 제작되었다. 지도 제작에서 실용성의 측면이 강조되는 것은 서울의 상업 도시화와 무관하지 않는 현상이다. 이와 같이 서울 도시 공간의 실제를 잘 반영하면서 실용성에 부응하여 제작된 지도가 다음의 〈그림 8-13〉『대동여지도』 중의 경조오부도(京兆五部圖)다.

〈그림 8-13〉은 조선 후기 확대된 한성부의 도시 공간이 모두 표현되어 있다. 북쪽으로는 북한산성이 표현되어 있고, 중앙에 도성, 아래쪽에 경강이 하나의 지도에 표현되어 있는 것이다. 이 지도에서 주목해야 할 점은 도성 안에 궁궐이나 관청·민가 등 종전 지도를 구성하는 주요 요소가 모두 사라졌다는 점이다. 이 지도에서 남은 것은 산줄기의 흐름과 한강, 그리고 거미줄 같은 도로망과 지명뿐이다. 산줄기의 흐름을 표현하는 것은 전통적인 지도에서 강조되는 형식이지

---

83) 조선 후기 경강 상업의 발달양상에 대해서는 고동환, 1998, 앞의 책 참조.

84) 수로를 극대화하여 표현한 지도로는 『東國輿圖』의 京江附臨津圖가 대표적이다. 이 지도는 경강과 임진강을 하나의 지도에 표현한 것으로 강줄기가 실제보다 훨씬 과장되게 표현되어 있을 뿐만 아니라, 각 강변에 번성하고 있던 강촌 마을도 자세히 기록하고 있다. 이중환의 『擇里志』에서 "임진강과 남한강, 북한강의 강촌마을은 모두다 외상으로 거래하고 있다"라고 서술하고 있는 데서 보듯이 京江附臨津圖는 바로 이 시기 강을 통한 교역망을 보여 주는 지도이기도 한 것이다.

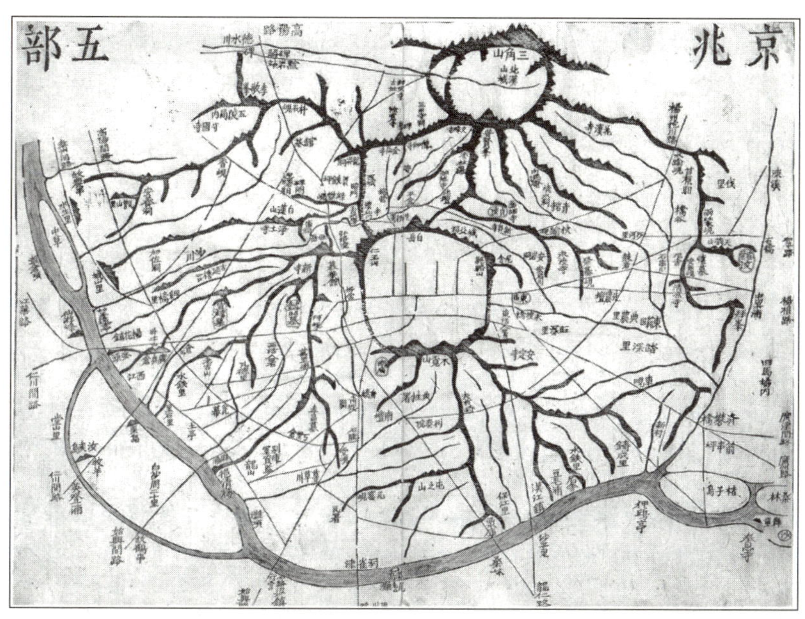

〈그림 8-13〉 경조오부도(大東輿地圖)

만, 여기서 표현되는 산줄기의 흐름은 더 이상 주산과 안산, 좌청룡, 우백호 등 풍수지리적 요소를 파악하기 위한 것은 아니었다. 이 지도에서 표현된 산줄기는 오늘날 등고선처럼 공간의 실제 외형을 표현하는 의도로 채택된 것이다.

거미줄처럼 그려진 도로망과 지명들은 이 지도가 어떠한 목적으로 활용될 것인지를 우리에게 알려준다. 앞서 풍수지리나 왕도적 관점에서 서울 공간을 이해하는 것과는 달리 교통과 상업, 즉 실용적 차원에서 서울 공간을 이해하고자 하는 것이다. 그런 점에서 경조오부도가 실린 『대동여지도』가 목판으로 새겨져 인쇄되어 대중에게 유통된 것은 너무나 당연한 일이었다고 하겠다.

이상에서 보았듯이 서울 고지도에서 나타난 공간 인식 형태는 크게 풍수지리적 인식, 왕도적 인식, 교통과 상업 중심적 인식으로 대별된다. 고지도가 그려진 시기는 대체로 17세기말에서 19세기 말이었다. 모두 조선 후기에 그려진 지도라는 점에서 동일하다. 그럼에도 불구하고 이와 같이 서울 공간에 대한 인식의 차이가 나타나는 까닭은 조선 후기 사회가 지닌 이행기적 특성에서 비롯되는 것이라고 여겨진다.

이 시기는 전통적인 이념과 관념이 지배하는 사회이면서 동시에 새로운 사회를 예비해 나가는 역동성이 내재한 사회이기도 했다. 그러므로 공간에 대한 인식에서도 고려 말이나 임란·호란 등 사회 혼란기에 유행했던 풍수지리적 공간 인식 태도가 나타나는가 하면, 유교적 왕도 이념에 기초한 서울 공간 인식 태도도 나타나고 있었던 것이다. 그러나 상업 도시로 전화된 이후 역동적으로 변모되는 서울의 모습은 상업 중심으로 서울을 이해하고자 한 의도가 지도에서 잘 표현되고 있다. 이러한 세 가지 인식 태도는 비록 같은 시기에 나타나는 공간 인식이지만, 공간을 인식하는 태도에서는 각각 퇴행성·권위성·진보성을 대표한다고 평가할 수 있을 것이다.

9
조선시대 서울의 시장과 상업

1. 조선시대 서울 상업의 조건

서울은 조선시대 이래 우리나라에서 상업이 가장 발달한 도시로서의 위상을 지녀왔다. 조선시대 서울의 상업 문화를 규정하였던 중요한 요인을 들자면 다음의 세 가지를 꼽을 수 있다.

첫째 서울이 한반도에서 차지하는 지정학적 위치다. 서울은 우리나라에서 유역 면적이 가장 넓은 한강을 끼고 있으면서 한반도의 중앙에 위치한다. 이 점은 주지하듯이 한양이 조선왕조의 수도로 정해진 가장 중요한 요소이기도 했다. 이와 같은 서울의 지정학적 위치로 인해 전국은 육로는 물론 해로를 통해서 서울로 쉽게 연결되었고, 전국의 물자는 서울을 중심으로 유통될 수 있었다.

둘째 중세적인 경제 체제에서 나타나는 요인이다. 전근대 사회는 근대 자본주의 사회에 비해 시장에 대한 의존도는 크게 낮았다. 대부분의 생활 필수품은 자급하는 것이 일반적이었다. 자급적 경제 체제를 유지하기 위해 농가에서는 주곡을 비롯한 다양한 부식 재료를 생산하는 농업과 의류를 비롯한 각종 생활 자료를 생산하는 가내 수공업을 직접 경영해야 했다. 농기구나 솥 등의 소수의 수공업 제품은 시장을 통해 구매했지만, 이러한 상품을 제외하고 농가 경제는 시장과는 큰 상관없이 운영되었다. 국가 경제 차원에서도 왕실이나 정부에서 필요로 하는 물자는 조용조(租庸調)라는 현물 부세 수취를 통해 해결하였다. 왕실에서 필요한 각종 의류와 도자기 등의 수공업 제품도 시장을 통하지 않고 장인에게 원료를 공급하여 생산케 함으로써 직접 조달하였다. 또한 산성, 또는 산릉(山陵) 건설과 같은 토목 사업도 농민의 노동력을 직접 징발하는 부역제를 통해 해결하였다. 중세적인 경제 체제는 이와 같이 농가나 국가 차원에서 교환을 위한 시장의 필요성이 최소화된 체제였다. 그러므로 정부는 농업을 근본으로 삼고 상업의 발흥을 철저하게 억압하는 정책을 취하지 않을 수 없었다. 상업의 발흥은 농업과 농민을 동요시키는 요인으로 인식했기 때문이다. 조선시대 서울의 상업은 이와 같은 중세 국가의 억말정책 하에서 유지, 운영된 것이었다.

셋째 서울은 중앙 집권적인 중세 국가의 수도였다는 점이다. 서울에는 전국에서 생산된 생산물이 조세나 공물, 또는 소작료의 형태로 반입되었고, 다른 한편에서는 이러한 물자들을 소비할 경제력을 갖춘 왕실을 비롯한 지배층이 거주하고 있었다. 그러므로 서울은 농산물의 생산지로서의 성격은 매우 미약했지만, 다른 지역에 비해 가장 물자가 풍부한 곳이었다. 특히 정부는 조세와 부역체제로 충당되지 않은 물자를 조달하기 위해 최소한의 범위에서 어용 상업 체제인 시전 제도를 서울에서 운영하였다. 때문에 서울은 우리나라에서 가장 상업이 번성한 곳이 될 수 있었던 것이다.

이와 같은 조건을 전제로 운영되었던 조선시대 서울의 상업은 한양이 조선왕조의 수도로 정해지면서 구축된 조선 전기 시전(市廛) 중심의 상업 체제와 17세기 후반 이후 시전 상업의 재편과 동요과정에서 새로 확립된 사상(私商) 중심의 상업 체제로 크게 나눌 수 있다. 이하에서는 각 시기에 나타나는 상업 체제의 특질과 구체적인 상업 모습을 통해 조선시대 서울 상업 문화의 한 단면을 살펴보고자 한다.

2. 조선 전기 신도(新都)의 시전 중심의 상업

하늘이 다진 터전	天作之固
금탕(金湯)보다 장하도다	壯于金湯
우리 임금 명을 받아	我興受命
한양에 도읍하였네	來定于陽
하늘이 만든 지역	天作之區
평탄하고 광활하이	平衍以闊
사방의 거리가 균등하여	道里攸均
배와 수레 모두 닿네	舟車畢達
여기에 도읍 세워	建都于茲
원근이 다 기뻐하네	遠邇胥悅[1]

이 노래는 권근(權近)이 한양의 성스러움을 노래한 시(詩)의 일부다. 권근이 노래하고 있듯이 서울은 조선 건국 세력이 건설한 신도시였다. 그러나 한양의 형성 과정은 순조롭지만은 않았다. 한양이 새로운

---

1) 權近, 『陽村先生文集』권 1, 應製詩 進天監華山神廟詩 幷序.

왕조의 도읍으로 확립되기까지에는 왕조 교체와 두 차례에 걸친 왕자의 난 등 정치적 격변을 겪어야만 했다. 조선왕조를 개창한 태조는 1392년(태조 원년) 8월 13일 도평의사사(都評議使司)에 한양 천도 명령을 내렸지만 곧바로 실행되지 못하고 계룡산 등 다른 길지(吉地)를 찾는 노력을 계속하다가 1394년(태조 3)에 이르러 한양으로의 천도가 단행되었다.

새로운 왕도로 정비되어 가던 한양은 천도 4년 만인 1398년(태조 7) 1차 왕자의 난을 계기로 그 위치가 흔들리게 된다. 1차 왕자의 난은 태조의 다섯째 아들인 정안군(靖安君) 방원(芳遠)이 세자 방석(芳碩)과 그 옹호 세력인 정도전, 남은 등을 제거한 사건이다. 이로 인해 태조는 퇴위하였고, 둘째 아들인 정종이 즉위하였다. 정종은 그 이듬해 3월 한양에서 불길한 일들이 연이어 발생한다는 점을 이유로 개경으로 일시 도읍을 옮겼다. 태조 때 건설된 종묘와 사직은 여전히 한양에 위치하여 종묘와 사직에 대한 제사는 한양에서 치러졌으나, 왕을 비롯한 귀족들은 개경에 거주하였으므로 한 나라에 수도가 두 개있는 일국양경(一國兩京) 체제가 되었다. 이러한 상황에서 1400년(정종 2)에 발생한 2차 왕자의 난을 계기로 정종이 왕위를 정안군에게 양위함으로써, 정안군이 3대 태종으로 즉위하였다. 태종이 즉위하자 태상왕인 태조가 강력히 권유하여 1405년(태종 5)에 다시 한양으로 환도함으로써 한양은 새로운 왕조의 도읍으로 거듭날 수 있었다.[2]

이와 같은 우여곡절을 겪은 신도시 한양의 상업 시설은 한양 환도 7년 만인 1412년(태종 12) 2월 이후 3차에 걸친 공사 끝에 총 2,027간의 규모로 건설되었다.[3] 이때 건설된 행랑 중에 운종가—종묘 앞의 누

---

2) 본서 2장 참조.

문(樓門) 구간과, 종루—광통교 구간 즉 오늘날의 종로 1가—종묘 앞 구간과, 종각—광교 구간이 시전 전용 행랑으로 사용되었고, 1472년 (성종 3)에는 일영대—연지동 석교(石橋) 구간에 위치한 행랑이 시전용 으로 확대 사용되었다. 시전 행랑에는 중국의 예에 따라 표를 세워 시전의 이름과 판매 물종을 표시하였다.[4]

이러한 신도시인 한양의 상업 유통 기구는 크게 시전과 여항 소시 (閭巷小市), 우마(牛馬)를 판매하는 시장으로 구분된다.[5]

시전은 하나의 물종에 대해 하나의 시전만을 인정하는 일물일전 (一物一廛)의 형태로 존재하였으며, 관부나 궁궐, 또는 지배층의 사치 에 필요한 물품을 조달하는 것이 가장 중요한 기능이었다. 그러나 초 기 서울에는 정주 인구 외에도 행정이나 군역 등의 일로 잠시 거주하 는 유동 인구도 많았기 때문에, 이들의 일상생활 물자를 조달하는 기 능도 담당하였다.[6]

초기 시전은 개성에서 강제로 이주한 상인과 수공업자들에 의해 조직되었다. 이들은 국가에 대하여 인두세(人頭稅) 형식으로 부과된 좌고세(坐賈稅), 시전 행랑 사용의 대가로 부과된 영업세 형식의 공랑 세(公廊稅)를 비롯하여 정부에서 필요한 물자를 조달하는 책판의무(責 辦義務)와 각종 잡역과 같은 시역(市役)을 부담하였다.[7] 좌고세는 좌고 (坐賈) 1명당 1년에 면포 1필을 거두었고, 공랑세는 공랑 1칸마다 봄가

---

3) 박평식, 1999, 『朝鮮前期 商業史硏究』, 지식산업사.

4) 『세종실록』 권7, 세종 2년 윤정월 무술. "議政府六曹議曰 行廊及諸色工商之門 依 中國例 立標."

5) 『태종실록』 권19, 태종 10년 2월 갑진.

6) 『예종실록』 권6, 예종 1년 6월 무오.

7) 박평식, 앞의 책 참조.

을로 쌀 2말을 거뒀다.[8] 여기서 좌고는 곧 시전 행랑에서 영업하는 시전 상인을 지칭하는 것이다. 시전 상인들은 이와 같은 세금을 납부하는 대가로 도성 내 물품 판매의 독점권을 보장받았다.

시전 상인들은 이와 같은 정부의 보호 육성 정책 하에서 성장하였지만, 다른 한편에서는 도량형을 속이는 등 불법적 상행위에 대해서는 정부의 통제를 받았다.

조선 전기에는 조선 후기처럼 시안(市案)에 등록하지 않고 장사하는 난전 상인들을 규제하는 금난전권(禁亂廛權)에 대한 규정이 없었다. 다만 평시서가 시전을 단속하고, 도량형기(斗斛, 丈尺)를 공평히 하고 물가의 등락을 조절하는 일을 맡는다는 규정만이 평시서조에 기록되어 있을 뿐이다. 이처럼 평시서가 전담하던 시전의 불법 상행위는 형법상의 금난(禁亂)으로 취급되어 1470년(성종 1)부터 사헌부를 비롯한 의금부·한성부·형조 등의 법사(法司)로 확대되었다.[9]

그러나 많은 정부 기관이 독자적으로 불법 상행위를 단속하였기 때문에 상업이 위축되고, 그 과정에서 단속을 담당하던 금리(禁吏)들의 부정 행위가 드러나자, 그 이듬해인 1471년(성종 2)에는 사헌부를 제외한 평시서·의금부·형조·한성부의 금난 단속권을 폐지하였다가,[10] 1472년(성종 3)에는 평시서의 금난 단속권을 다시 부활시켰다.[11] 그 후 1509년(중종 4)에 한성부의 금난 단속권도 인정되어,[12] 시전의 불법 상행위 단속권은 평시서·사헌부·한성부가 관할하는 권한으로

---

8) 『磻溪隨錄』권1, 田制 上.
9) 『성종실록』권4, 성종 1년 3월 무술.
10) 『성종실록』권13, 성종 2년 11월 계묘.
11) 『성종실록』권14, 성종 3년 1월 계묘.
12) 『중종실록』권9, 중종 4년 10월 무신.

최종 정리되었다. 이 과정에서 1502년(연산 6)에는 시장에서 싼 것을 비싼 것으로 속여 파는 행위를 장(杖) 80으로 처벌하는 규정이 사헌부의 금제조로 추가되었다.[13]

조선 전기에는 시전 상인이 아닌 자가 시전 상인보다 훨씬 많은 상품을 지니고 판매하는 것은 처벌하였다. 예컨대 1500년(연산군 6) 면포전 상인보다 훨씬 많은 면포를 지니고 장사하는 사람을 평시서에서 금령(禁令)을 범했다고 체포하여, 형장(刑杖)으로 처벌하고 있다. 붙잡힌 사람들은 면포 2-3필을 속전(贖錢)으로 납부한 후에야 풀려났다.[14] 이때 처벌받은 면포 상인들은 평시서에 납부하는 좌고세와 행랑세를 내지 않고 장사했기 때문에 처벌 받은 것으로 보인다. 이 상인들은, 조선 후기적인 표현을 쓴다면, 시안에 등록하지 않고 면포를 판매하는 난전 상인의 성격을 지닌 자들이라고 판단된다. 이 사례는 아직까지 금난전권이 법률 조항으로 성립되지는 않았지만, 적어도 난전(亂廛)에 대한 개념은 16세기 초반에 이미 존재했음을 알려준다. 조선 전기에는 이처럼 난전에 대한 명시적 처벌 근거가 없었기 때문에, 금난(禁亂) 규정은 조선 후기처럼 비시전계 상인인 난전에 대한 통제가 아니라 시장에서의 불법적 상행위를 규찰하는 것이 주된 것이었다. 조선 전기에는 비시전계 상인인 자유 상인들의 성장이 미약하여, 난전이 시전 상인들을 위협하지 않았기 때문이다.[15]

조선 초기 시전은 상인 조직들로만 구성된 조직 외에도 수공업자들끼리 조직된 시전도 있었다. 이는 생산과 유통의 미분리된 사회 발

---

13) 『연산군일기』 권44, 연산군 8년 6월 병오.
14) 『연산군일기』 권37, 연산군 6년 3월 을묘.
15) 박평식, 앞의 책 참조.

전 단계를 반영하는 것이었다.[16] 수공업자들에 의해 운영된 시전은 대체로 순수 상인들에 의해 운영된 시전에 비해 규모나 자본력에서 훨씬 영세하였다.

한편 서울에는 시전 외의 상업 기구도 존재했는데, 대표적인 것이 여항 소시였다. 여항 소시는 채소나 각종 수공업 제품 등 소상품 생산자가 직접 생산한 물건을 판매하는 영세한 규모의 유통 시장이었다. 여항 소시의 상인들은 영업 규모가 영세했으므로, 시전 상인이 내는 상세를 면제받았다. 서울 도성 안에는 농업을 금했기 때문에, 지방의 장토나 녹봉으로 자신의 식량을 공급받았던 지배층과 달리 일반 서민들은 필요한 물자를 시장에서 구매해야 했다. 이들을 위한 시장이 바로 여항 소시인 것이다.[17]

신도시인 서울의 상업 체제는 성종대인 15세기 후반기에 도성 인구가 증가하고 공물의 경중방납(京中防納)·무납(貿納) 추세가 확대되면서 점차 확립되었다. 이때에 이르러 시전 행랑이 확대되었을 뿐만 아니라, 종류별로 시전을 구분하는 시전 재편 사업이 완료되어, 서울의 시장은 시전 중심으로 확립되었다.

15세기 후반 확립된 시전 중심의 상업 체제는 16세기 중국·일본·여진과의 교역 발달에 따라 점차 확대 발전하였다. 중국의 비단과 원사, 조선의 면포와 은, 일본의 은, 구리 등이 주요 교역품이었다. 서울의 부상대고들은 삼포·서울·의주·북경으로 이어지는 국제 교역망에서 중국과 일본의 상품을 중개하는 이익을 독점하였던 것이다. 그러나 16세기 후반 이후에는 전 지구적인 소빙기 기후로 인

---

16) 최병무, 1958 「이조시기의 시전」, 『역사학논집』2.
17) 서성호, 2000 「15세기 서울 도성의 상업」, 『서울상업사』, 태학사 참조.

해 만주 지역의 야인들의 남하가 계속 이어졌고, 이 과정에서 16세기 정상적으로 영위되던 국제 교역도 위기에 봉착하였다. 야인(野人) 쪽의 모물(毛物)이 조선·중국 양쪽에 수요가 높은 상품이 된 것도 이러한 기후 조건과 무관하지 않았다. 거듭되는 흉황으로 기근이 연속되는 가운데 진행된 국제 교역은 상급 신분층의 수요를 충족하는 사치품 위주가 될 수밖에 없었다.

이처럼 16세기는 서울 상업이 동아시아 삼국의 시장과 연결되면서 크게 확대 발전한 시기였지만, 시장 구조면에서는 근본적인 변화가 일어난 것은 아니었다. 단지 상인과 권세가들의 유착 관계가 심해졌던 것이 이 시기 상업 구조의 특징이었다. 국제 교역의 활성화로 발생한 상업 이윤은 대부분 관료와 상인 개인의 치부 대상이 되어버렸고, 국부의 증진으로까지 나아가지 못한 것이 이 시기 상업의 한계였다.[18]

3. 조선중기 서울 상업의 동요

16세기 이래 순조롭게 발전하던 서울의 상업은 그 후반기에 이르러 소빙기 기후로 인한 자연 재해의 집중과 두 차례의 전란으로 인해 크게 동요되었다.[19] 임진왜란 당시 왜군이 점령한 기간은 채 1년도 되지 않았지만, 서울의 시전 상업은 완전히 붕괴되었다. 전쟁은 상업 시설과 같은 상업의 외형은 철저하게 붕괴시켰지만, 농토에 묶여 있

---

18) 이태진, 2000 「16세기 국제교역의 발달과 서울 상업의 성쇠」, 『서울상업사』, 태학사 참조.

19) 소빙기 기후에 대해서는 이태진, 1996 「소빙기(1500-1750)의 천체현상적 원인」, 『국사관논총』72, 국사편찬위원회.

어서 장사에 익숙하지 않았던 많은 농민들을 장사의 길로 내모는 기능을 했다.

피난길에 나선 농민들은 부족한 물자를 최대한으로 활용해야 했다. 그러므로 민간 사이에 다양한 물물 교환이 발달하여 국가 차원의 상품 유통 경제가 아니라 농민 차원의 생계형 상품 유통 경제가 활성화되었다. 그 결과 농촌에서는 장시가 큰 폭으로 증가하였다. 특히 조선 전기에는 경기 지역의 장시 설립을 금지했다. 경기 지역에서 생산되는 물산이 서울에 유통되어야 서울 주민들이 필요 물자를 순조롭게 구할 수 있었기 때문이다.[20] 그러나 임진왜란 이후에는 경기 지역에 장시가 크게 늘어났다.[21] 또한 전쟁 과정에서 명나라 군대의 참전으로 은화가 널리 보급되어 금속 화폐 유통의 경제적 기반도 마련되었다. 이처럼 한양의 상업은 외형상으로는 붕괴되어 갔지만, 내부적으로는 경기 지역 장시와 연계가 밀접해지면서, 사치품 수요 중심의 시전 체제가 점차 농촌 장시와의 연계성이 강화되는 방향으로 변화하였다.

임진왜란으로 붕괴된 한양의 상업 체제는 광해군 때를 전후하여 점차 복구되어 갔다. 한양의 시전 행랑이 복원되고, 상인들도 다시 모여들어 정상적인 상업 체제가 자리를 잡았다. 복구된 한양 상업 체제 아래서 시전 상인들은 임진왜란 이전의 상인들이 아닌 군병들과

---

20) 『비변사등록』 128책, 영조 31년 정월 16일. "國初不許近畿之設場市者 盖欲使物貨輻輳於京市意也."

21) 『增補文獻備考』 권 163, 市糴考 1. "八路各官 各有場市 以便貿遷 惟京畿不得濫設者 意非偶然 盖京城爲人民之都會 而且是不耕不耘之地 必待四方之委輸貨物流通而有所相資 京畿近京 故畿甸之民 各以土産來京換貿 則庶京中畿甸 相依爲賴也 經變以後 京畿設場 其數有繁 令京畿監司 除開城府外 一禁場市似宜."

일반 주민들로 새로 충원되었다. 시전 상인이 교체된 것이다.

임진왜란 이후 정비되기 시작한 17세기 한양의 시전 상업은 16세기의 방납과 대외 교역 등 주로 국가적 상품 유통 경제와 지배층의 사치품 유통에 토대를 둔 상업 구조를 그대로 계승한 것이었지만, 상인층의 교체와 장시 발달에 바탕한 농민적 상품 화폐 경제와 연관성을 지녔다는 점에서 16세기 상업 구조와는 달랐다. 특히 17세기 후반기에는 임진왜란과 병자호란, 소빙기의 장기적인 자연 재해가 남긴 상처에서 서서히 회복되었고, 이를 계기로 농업 생산력도 임진왜란 이전을 넘는 수준으로 발전하였다. 생산력 회복을 바탕으로 금속 화폐 유통도 성공적으로 뿌리내렸다.

또한 1608년부터 1708년까지 100년에 걸쳐 단계적으로 실시된 대동법은 현물 위주의 국가 재정을 화폐 재정으로 전환시키는 실마리를 마련하였을 뿐 아니라, 각종 토목 공사에 노동력을 고용하는 제도를 정착시킴으로써 노동력의 상품화도 진전시켰다. 그 결과 17세기 후반을 계기로 조선의 상품 화폐 경제는 활성화되었고, 이를 기초로 서울은 상업 도시로 전환될 수 있었다.[22]

4. 조선 후기 시장의 확대와 도시 상업의 번성

그대 하늘 높이 솟은 한양 궁궐 보았는가 　　　君不見漢陽宮闕天

　　　　　　　　　　　　　　　　　　　　　中起

---

22) 이상 17세기 전반 서울의 시전상업동향에 대해서는 고동환, 2000 「17세기 서울 상업의 동요와 재편」, 『서울상업사』, 태학사 참조.

충층으로 쌓은 성이 사십 리를 둘러 있네   繚以層城四十里

왼쪽에 종묘, 오른쪽에 사직단 높이 세우고   左廟右社宏樹立

뒤엔 산들이 둘렸고 앞엔 한강수가 돌아 든다   背負叢山面遠水

(중략)

배오개[梨峴]와 종로, 칠패(七牌)는   梨峴鍾樓及七牌

도성의 삼대 시장이라네   是爲都城三大市

온갖 공장이 다 모여 어깨를 부딪치고   百工居業人磨肩

모든 물화가 이익 좇아 수레가 계속 이어지네   萬貨趨利車連軌[23]

이 시는 정조의 명을 받아 박제가(朴齊家)가 지은 「성시전도시(城市全圖詩)」의 일부분이다. 조선 후기의 서울, 특히 정조 치세인 18세기 후반의 서울은 이 시에서 표현되듯이 매우 번성한 상업 도시였다. 이와 같이 서울이 상업 도시로 전환하는 계기는 17세기 후반부터 찾을 수 있다.

17세기 중엽까지 주로 국가적 상품 유통 경제, 특히 관 주도의 경제 체제의 성장과 결부되어 성장하고 있었던 서울의 상업 체제는 17세기 후반 이후 청·일 간의 국제 교역이 활성화되면서 크게 변모하기 시작하였다. 명 멸망 이후 중국과의 직교역로가 단절된 일본은 조선을 중개지로 하여 중국과 교역할 수밖에 없었다. 조선 상인들은 중국의 백사(白絲)를 수입하여 왜관에서 일본 상인들에게 은화를 받고 수출하는 중개 무역을 행하였다.[24] 중개 무역의 이익은 역관(譯官)과

---

23) 박제가, 『貞蕤詩集』 卷三, 城市全圖應令.

24) 이태진, 1991 「國際貿易의 성행」, 『韓國史市民講座-조선 후기의 상공업』9, 일조각 참조.

함께 동래 상인, 서울 상인, 개성 상인들이 차지하였다.[25] 수입 백사 가격이 100근당 은 60냥인데 비해, 일본 수출가는 은 160냥이어서 100근당 100냥의 이익을 얻을 수 있었다. 투하 자본에 비해 2.7배의 이익을 올렸던 것이다.[26]

사상·역관들이 축적한 상업 자본은 18세기 이후에는 홍삼 제조업이나 궁각계처럼 공인 자본으로 투자되거나,[27] 고리대 자금으로 운용되기도 하였다. 예컨대 박지원의 『열하일기』 옥갑야화(玉匣夜話)에 나오는 역관 변승업(卞承業) 일가는 은 50만 냥으로 서울에서 고리대업을 벌이기도 하였다.[28] 중개 무역을 통해 왜역(倭譯) 변승업은 「허생전」의 주인공 허생에게 아무런 담보 없이 선뜻 10만 냥이라는 거금을 대여해 줄 수 있는 조선 제일의 갑부가 되었던 것이다.

중개 무역으로 형성된 부를 바탕으로 서울에서는 왕실·벌열·부호 등을 겨냥한 사치품이 대거 유입되어 서울 도시 상업이 활성화될 수 있었다. 조선의 중개 무역의 호황은 1650년경부터 시작하여 1720년경까지 지속되었다. 이와 같은 중개 무역의 이윤은 국내의 상품 생산과 상업 유통을 자극함으로써 국내 상품 화폐 경제의 발달을 촉진하였던 것이다.[29]

---

25) 유승주, 1970 「조선 후기 대청무역의 전개과정 —17,8세기 赴燕譯官의 무역활동」, 『백산학보』8; 김종원, 1977 「조선 후기 대청무역에 대한 일고찰」, 『진단학보』43; 이태진, 1991 「國際貿易의 성행」, 『韓國史市民講座 —조선 후기의 상공업』9, 일조각; 유승주, 1997 「조선 후기 조청무역소고」, 『국사관논총』30; 이홍두, 1998 「17세기 對淸交易에 관한 연구」, 『국사관논총』81 참조.

26) 이홍두, 1998 앞의 논문 참조.

27) 김동철, 1995 『조선 후기 공인연구』, 한국연구원 참조.

28) 『熱河日記』 玉匣夜話.

29) 고동환, 2000 「17세기 서울상업 체제의 동요와 재편」, 『서울상업사』, 태학사 참조.

사상·역관층이 부를 축적하고, 이 부를 바탕으로 다양한 사치품들이 서울 시장에 유통된 것은 서울의 시장을 민간 주도의 유통 시장으로 변모시켰다. 서울의 시장은 조선 전기까지 주로 국가적인 조세 수취 체제의 운용에 기반했던, 즉 중세 국가의 수도로서 국가적 상품 유통 경제의 중심으로 기능하였다. 그러나 17세기 후반 금속 화폐의 유통과 대동법의 실시, 중개 무역 이윤의 집적은 서울 상업의 성격을 근본적으로 변하게 한 것이다.

한편 이 시기 정부의 상업 정책도 억말론에서 벗어나 농업을 근본으로 하면서도 상업을 통해 농가 경제의 안정을 도모할 수 있다는 무본보말론(務本補末論)으로 전환하였다.[30] 임란 이후에도 조선의 경제는 여전히 농본 체제를 근본으로 유지되었지만, 유통 경제가 차지하는 비중은 그 이전에 비해 크게 높아졌다. 그러므로 정부에서도 상업을 용인하는 정책을 취하지 않을 수 없었던 것이다. 이러한 정책의 변화는 조선 전기처럼 상업을 억제하는 정책을 고수해서는 나라 경제가 제대로 유지될 수 없었던 현실을 반영하는 것이다.

이처럼 서울 상업 체제가 국가적인 상품 유통의 요소보다 민간 부분의 유통 경제 요소가 지배적인 자리를 차지하게 되면서 서울에서는 종전의 시전 상인 외에 새로운 상업 세력도 등장하기 시작하였다. 17세기 중엽 시전 상인과 함께 서울의 상업계를 양분했던 세력은 훈련도감 군병들이었다. 군병들은 급료로 받는 요포(料布)만으로는 생계를 유지할 수 없었을 뿐만 아니라 쌀이 아닌 무명[木棉]으로 급료를 받았기 때문에 이를 시장에서 쌀로 교환하지 않으면 안 되었다. 그러므로 정부에서는 군병들에게 제한적으로 시전에서의 상행위를 허용하

---

30) 백승철, 앞의 논문 참조.

지 않을 수 없었으며, 훈련도감 군병들은 적극적으로 상업에 진출할 수 있었던 것이다.

17세기 후반에는 서울 인구가 증가함에 따라 시장의 규모도 점차 확대되었으며, 또한 민간 유통 부문이 지배적인 자리를 차지하면서 사상 세력들이 본격적으로 등장하기 시작하였다. 물론 17세기 전반에도 사상 난전 세력들이 존재하긴 했지만, 당시에는 시전 상업계를 위협할 정도는 아니었다. 그러나 17세기 후반경이 되면, 서울 시장에서 사상들이 활동할 여지가 많았다. 이 시기에는 서울을 중심으로 하는 육상 교통과 해상 교통이 비약적으로 발달하였다. 그 결과 서울은 명실상부한 전국적 시장의 중심지로 전화되었다.[31] 임란을 전후하여 서울과 경기만을 대상으로 했던 서울의 시장권이 전국적 범위로 확대되면서, 지방 물산을 반입하여 서울 시장에서 유통시키는 다양한 사상층들이 활동할 수 있었던 것이다.

사상들은 지방에서 생산된 물품이 서울로 반입되는 요충지에 전(廛)을 벌여 영업을 하였다. 사상층 가운데 일부는 아예 시전 행랑으로 진출하여 직접 소비자를 상대로 장사를 하는 경우도 없지 않았다. 사상들은 대부분 세력가나 궁방 등과 결탁하였기 때문에 시전 상인의 힘만으로는 이들의 영업 행위를 제대로 막을 수 없었다. 이러한 사상층의 상업 활동으로 시전 상인은 막대한 손해를 입지 않을 수 없었다. 그러므로 시전 상인들은 평시서 시안에 등록하지 않고 영업하는 사상들을 난전으로 규정하고, 이들을 금할 수 있는 권한을 자신들에게 부여해 줄 것을 요구하였다. 이러한 시전 상인의 요구를 받아들여 확립된 것이 바로 금난전권(禁亂廛權)이었다.

---

31) 고동환, 1996 「조선 후기 교통발달과 전국적 시장권의 형성」, 『문화역사지리』8.

앞서 살폈듯이 조선 전기부터 시장에서 상거래 질서를 어지럽히는 시전을 포함한 사상들은 한성부 금제조(禁制條)의 금난(禁亂) 조항으로 처벌하고 있었다. 단속 권한은 시전 상인이 아니라 한성부의 금리(禁吏)들에게 있었다. 그러나 17세기 후반 시전 상인의 요구가 받아들여지면서, 난전 상인들을 붙잡아 고발하는 권한을 시전 상인이 지니게 되었던 것이다. 도고(都庫) 영업을 한 상인들은 장(杖) 100대와 도(徒) 3년에 처해졌고, 시안에 등록하지 않고 영업을 하는 난전 상인들은 장(杖) 100대에 처하였으며, 상품이 많고 적음에 따라 상품의 압수량을 결정하였다. 다만 육의전이 적발한 난전 상품은 모두 한성부의 승발색(承發色)에게 지급하여 경비로 사용토록 하였다.[32] 여기서 보듯이 난전물(亂廛物) 속공권(屬公權)과 난전인(亂廛人) 착납권(捉納權)을 주요 내용으로 한 금난전권은 17세기 후반에 시전 상인들의 요구에 의해 성립된 것이었다.

금난전권의 확립과 궤를 같이하여 시전의 부담인 시역도 점차 국역(國役)으로 바뀌었다. 조선 전기 시전 상인들은 좌고세와 공랑세 외에 책판과 잡역을 부담했지만, 17세기 후반 이후 시전 상인들에게 장빙미(藏氷米)와 대내수리역(大內修理役)이 고정적으로 부과되면서 국역 체제로 변모되어 갔다. 이와 같은 국역에는 조선 전기 시전 상인들이 부담했던 정부에서 필요한 물자를 조달하는 의무도 포함되었다.

조선 후기 시전을 대표했던 육의전도 17세기 후반 이후 국역 체제가 확립되면서 성립되었다. 육의전이 창설된 까닭은 그 전에 평시서

---

32) 『京兆府誌』 亂廛各廛. "禁亂 本係本府禁制條矣 後因廛人等訴 使各該廛 自爲捉拉 都庫杖一百 徒三年 亂賣 杖一百 隨物件多寡 分輕重勘律 而六矢廛所捉物件 則自本府屬公 付之承發 作錢入用."

에만 맡겨졌던 시전 관리 업무를 시전 상인 자율적으로 관할할 필요성 때문이었다. 17세기 후반에도 인구 증가와 시장 규모의 확대로 인해 상당수의 시전이 새로 창설되었다. 시전이 늘어나고, 금난전권의 확립으로 시전 상인들의 정치·사회적 위세가 높아지면서 시전에서 발생하는 각종 불법 행위를 자체적으로 규찰하기 위해 1691년(숙종 17) 6개 시전이 조직된 것이 육의전의 기원이다.[33] 이렇게 조직된 6개 시전에게 평시서에서는 국역의 조달 업무까지 위임하였다. 이러한 시전 상인들의 국역을 청부하는 업무를 맡게 되면서 1705년(숙종 31) 육의전은 제도적으로 성립하게 되었다.[34]

17세기 말 18세기 초에 걸쳐 국역 체제와 육의전 체제가 확립됨에 따라 모든 시전을 유분각전(有分各廛)과 무분각전(無分各廛)으로 구별하는 제도도 만들어졌다. 이처럼 국역의 확립, 육의전과 유분각전, 무분각전의 구별이 제도적으로 정착되면서 1706년(숙종 32)부터 평시서 시안에는 그 전과 달리 각 시전이 주관하는 물종이 구체적으로 기록될 수 있었다. 이와 같이 17세기말 18세기 초를 거치면서 재편된 시전 체제는 1791년(정조 15) 신해통공으로 육의전을 제외한 모든 시전의 금난전권이 혁파될 때까지 18세기 상업의 기본 구조를 형성한 것이었다.[35]

---

33) 『各司受敎』권5, 「刑典」 禁制, 康熙 辛未(1691) 承傳. "商賈中擇其優者 定爲行首 六名 各率四名 以爲檢察 而率下罪犯現露 則行首比犯人減一等論罪."

34) 『비변사등록』122책, 영조 27년 5월 25일. "六矣廛及各廛分等 皆故判書閔鎭厚爲 提調時所定." 참고로 閔鎭厚가 평시서 제조였을 때는 『市民謄錄』乾(以文社, 영 인본 58쪽)의 乙酉(1705)年分 閔判書大監敎是 本署提調時라는 자료에서 보듯이 1705년(숙종 31)이었다.

35) 이상 17세기말 금난전권의 확립, 국역체제, 육의전의 성립과정에 대해서는 고동 환, 2000, 「17세기 서울 상업의 동요와 재편」, 『서울상업사』, 태학사 참조.

19세기에 들어서서 금난전권을 행사할 수 있는 시전은 확대되었다. 육의전 외에 상전(床廛)·진사전(眞絲廛)·의전(衣廛)·면화전·청포전이 금난전권을 행사하였다. 상전과 진사전·의전·면화전은 난전 상인들에게 수세(收稅)하였으며, 육의전과 청포전의 경우 각 시전 상인이 난전 상인을 붙잡아 고발하면, 한성부에서 이들 난전 상인에게 장(杖) 80대로 처벌하였다.[36] 17세기 후반에 비해 19세기에는 금난전권을 행사하는 시전이 제한되었을 뿐만 아니라 난전 상인에 대한 처벌도 100대에서 80대로 감축된 것이다.

17세기 말 18세기 초 시전 제도가 정비되면서 시전의 수도 크게 증가하였다. 시전이 대대적으로 증설된 시기는 17세기 후반과 18세기 전반 두 차례였다. 17세기 후반 창설된 시전은 도성 밖에 위치하면서 대부분 미전이나 어물전·생선전 등 도성민들의 일용 소비품을 판매하는 시전들이었다. 이들 시전들은 도성 안의 본전(本廛)이 있음에도 도성 밖의 소비자들을 위해 새로 생겨난 것이다.

이로써 조선 전기의 일물일전(一物一廛) 체제는 와해되고 일물다전(一物多廛) 체제로 시전이 운영되기 시작하였다. 일물다전 체제는 과일이나 잡화·미곡이나 어물 등 일용 생활품을 판매하는 시전에 성립하였다. 이는 국가 수요품 조달 기능을 중심으로 운영되었던 종전의 시전 체제가 점차 일반 소비자를 대상으로 운영되었음을 의미하는 것이다.

이와 같이 시전이 증가하고, 시전 상인의 금난전권도 보다 명확한

---

36) 『京兆府誌』 亂廛各廛. "立廛 綿紬廛 白木廛 苧布廛 紙廛 內魚物廛 外魚物廛 已上六矣廛 各床廛 眞絲廛 衣廛 棉花廛 收稅事 靑布廛 亂廛各廛 亂廛隨其本廛人捉告 杖八十照勘."

권리로 성립하면서, 유통의 독점권을 보유한 시전 상인의 이익은 그 전에 비해 더욱 커졌다. 그러므로 사상들도 이러한 특권을 확보하기 위하여 신전(新廛) 창설을 시도하였다. 그 결과 18세기 전반기에는 미나리나 채소 등 소소한 물종에도 대부분 시전이 창설되었다. 조선 전기 여항 소시에서 소소한 물종을 판매하던 상인들도 평시서 시안에 등록하여 독점권을 확보함으로써 시전 상인으로 전환한 것이다.

18세기 전반에 창설된 시전은 17세기 후반과 달리 대부분 사상 세력들이 평시서나 권세가와 결탁하여 설립한 것이었다. 이때 시전을 창설한 목적은 상품 거래를 통해 이익을 보는 것보다 오히려 비시전계 상인에 대한 금난전권의 행사를 통해 이익을 얻기 위한 것이었다.

17세기 말 이후 서울 시장에서 유통되는 상품의 양이 늘었을 뿐만 아니라, 종전에 유통되지 않았던 채소 등의 물품이 새로운 상품으로 등장하기 시작하였다. 이와 같은 시장의 확대에 따라 서울의 유통 경제는 시전 체제만으로는 감당하기 어려워졌고, 그 결과 시전 외의 자유 상인에 의한 상업 활동, 즉 난전 상업이 활성화되었다.

난전의 형태는 수지물(手持物) 판매가 합법적으로 허용된 군병들의 난전, 외방 향상(鄕商)과 선상(船商)에 의해 전개된 난전, 수공업자들이 직접 제조 판매하는 난전, 부상 대고와 세력가의 하인들이 생산지나 서울로 상품이 반입되는 중간에서 물건을 매집하여 전개하는 난전, 시전 체계 하부에 종속되었던 여객주인·중도아층에 의해 시전 상인을 배제하고 상품을 유통시키는 난전, 그리고 시안에 등록되지 않은 물종을 판매하면서 나타난 시전 상호간의 난전 등 매우 다양하게 전개되었다.

이 과정에서 난전에 대한 개념도 점차 확대되어 갔다. 17세기 후반 금난전권이 성립할 단계에서의 난전 규정은 주로 시안에 등록되지 않은 상인들에 의한 자유 상행위를 지칭하는 것이었으나, 1706년 각 시전이 주관하는 물종이 시안에 자세히 등록된 이후부터는 시안에 등록되지 않은 물건을 판매하는 다른 시전 상인의 행위도 난전으로 포함되었고, 여객주인·중도아의 난전처럼 시전을 정점으로 한 유통 체계에서 벗어나는 상행위까지 난전으로 규정되었던 것이다.

한편 서울 시장의 확대에 따라 어물이나 미곡 등 일상 필수품을 판매하는 어물전·미전의 경우에는 금난전권의 권리 내용도 난전인 착납권과 난전물 속공권이라는 형태에서 점차 수세권으로 변모되고 있었다. 이러한 현상들은 서울의 상권이 확대되고 시장 규모가 커지면서 나타나는 것이었다.[37]

17세기 최말기에 확립된 금난전권을 기초로 18세기 전반에는 소소한 물종에 대해서도 시전이 창설되었으므로, 영세 소상인들의 자유로운 매매는 권세가와 결탁한 사상 세력의 난전 상업이 활성화되는 것과 달리 크게 위축되고 있었다. 이는 곧 서울 빈민들의 생계에 막대한 타격을 가한 것이었다. 그러므로 정부에서는 이 문제를 해결하기 위해 18세기 중엽부터 지속적인 통공정책을 추진하였다. 그러나 18세기 중엽 이래 시행된 통공정책은 1791년 신해통공 조처가 내려지기 이전까지는 시전 상인의 강력한 반발로 실패하였다.[38]

그 결과 18세기 내내 서울의 시전 수는 꾸준히 증가하여, 17세기 전반 30여 개에 불과했던 시전이 18세기말에 이르면 120여 개로 늘어났다.[39]

---

37) 이상 18세기 시전상업과 난전 상업에 대해서는 고동환, 2000 「18세기 서울 상업 구조의 변동」, 『서울상업사』, 태학사 참조.

38) 한상권, 2000 「英祖·正祖의 새로운 상업관과 상업정책」, 『서울상업사』, 태학사 참조.

이 시기에는 수공업자가 직접 운영하는 시전은 점차 쇠퇴하고 전업적인 상인들이 운영하는 시전이 대부분이었다. 그러므로 시전 상인들은 유통의 독점권을 확보하기 위해 자신이 주관하는 물종이 서울로 반입될 때 이를 반드시 시전에 넘기도록 강제하였다. 만약 향상이 서울로 상품을 가지고 와서 시전에 넘기지 않고 소비자에게 직접 판매하면, 금난전권을 발동하여 난전물을 빼앗을 뿐 아니라, 난전인도 붙잡아 형조나 한성부로 넘겼다. 이와 같이 모든 상품이 시전을 거쳐 유통되는 유통망이 바로 시전을 정점으로 한 유통 체계였다.

이러한 유통 체계 하에서 상거래 형태는 유통 물품에 따라 달랐다. 대표적인 사례로 비단을 판매하는 입전(立廛)과 어물전의 사례를 살펴보도록 하자. 비단은 주로 중국에서 수입된 것이 많았기 때문에 입전 상인들이 차인이나 역관을 통해 수입하였고, 이를 종로 시전에서 직접 소비자들에게 판매하였다. 비단의 판매 과정은 여리꾼(餘利軍)이라는 독특한 중개인을 통해 이루어졌다. 시전 상인은 점포에 앉아 손님을 기다렸고, 여리꾼이 손님을 시전 점포로 유인한 뒤 흥정을 붙여 거래를 중개하였다. 이들은 시전 상인이 작정한 값보다 더 높을 가격으로 팔아주고 그 차액을 챙겼는데, 이 차액을 남는 이익인 여리(餘利)라고 하여 여리꾼이라고 불렸다.[40]

어물의 유통은 비단의 거래와는 달랐다. 당시 서울에서 유통된 어물은 서해산 어물과 동북산 어물(주로 북어)로 구분된다. 서해산 어물은 선상(船商)들이 용산이나 마포 등 경강으로 가져오면, 경강의 여객 주인이 어물전 상인에게 배가 도착했음을 통보하고, 어물전 상인이

---

39) 『弘齋全書』 日得錄 文學.
40) 여리꾼의 상품거래 중개모습에 대해서는 본서 5장 참조.

나와 어물 선상들과 흥정하여 어물을 매입하였다. 이때 어물 선상과 어물전 상인 간의 거래는 공정한 것이 아니었다. 어물전 상인들은 헐값으로 어물을 구입하고자 하였다. 만약 어물전 상인이 제시한 가격에 판매를 하지 않을 경우, 어물 선상들은 다른 곳에 임의로 판매할 수 없으므로 앉아서 어물을 썩히는 도리밖에 없었다. 그러므로 대부분의 어물 선상들은 손해를 보면서도 어물전에 어물을 넘기지 않을 수 없었고 이 과정에서 어물전 상인은 막대한 이익을 볼 수 있었다. 이와 같은 불공정 거래의 기반은 말할 것도 없이 금난전권이었다.

한편 동북산 어물은 함경도 연안에서 포획한 명태를 말린 북어가 원산에 집하되었다가, 의정부의 누원점만을 경유하여 육로로 서울로 반입되었다. 이와 같은 어물의 서울 반입을 담당한 상인들을 북상(北商)이라고 불렀는데, 이들도 모든 어물을 어물전 상인에게 넘기지 않으면 안 되었다. 이 중간 과정을 매개하는 여객주인은 동대문 안에 건립된 경모궁 근처의 여객주인이었다.

이와 같이 여객주인을 매개로 어물전에 집하된 어물은 어물전에서 직접 소비자를 상대로 판매되기도 했지만, 대부분은 중도아나 어물 행상들에게 분배되고, 이들 어물행상들이 골목골목을 돌아다니면서 가정에 판매하였다. 그러므로 어물전인들은 개개 소비자들에게 어물을 판매하는 것보다는 외부로부터 반입되는 어물에 대한 독점에 훨씬 많은 신경을 쓰고 있었던 것이다.41)

개별 시전은 저마다 도중(都中)이란 독자적 조합을 구성하여 정부에 대한 국역 부담을 총괄하고, 상품 유통권을 독점하며, 조합원인

---

41) 이상 어물유통 구조에 대해서는 고동환, 1992 「18세기 서울에서의 어물 유통 구조」, 『한국사론』28 참조.

도원(都員) 상호간의 친목을 도모하였다. 시전 도중에는 대행수(大行首)·도영좌(都領座)·차지영좌(次知領座)·별임영좌(別任領座)·도행수(都行首)·상공원(上公員)·하공원(下公員)·오좌(五座)·실임(實任)·이임(矣任)·서기(書記)·서사(書寫) 등의 임원이 있었다. 대행수·상공원·하공원을 시전의 3소임이라 했는데, 이들이 시전 도중의 핵심적인 업무를 담당하였다. 시전의 우두머리는 임기 2개월의 대행수였다. 대행수의 업무처리에 따라 시전 상인들의 기강의 진퇴(振頹)와 재화의 취산(聚散)이 달려 있었고, 상벌도 대행수의 명령으로 실행되었다.

한편 각 시전의 도원은 아무나 될 수 있는 것은 아니었다. 시전 상인이 되려면 우선 시전 도중에 가입해야 했다. 도중의 가입은 도중 회의에서 엄격한 심사와 도원들의 동의를 얻어야 비로소 이루어졌다. 도원이 될 수 있는 가장 유리한 조건은 기존 도원의 아들이나 사위들이었다. 이처럼 도중 가입은 혈연관계가 기본이었고, 세습적인 가입 자격을 부여받는 범위는 증손대까지 한정되었다. 연고 없는 타인들은 도중 총회에 회부하여 엄격한 전형을 거쳐 가입 여부를 결정하였다. 시전의 동업조합적인 강인한 단결력은 이와 같은 혈연 중심의 조직이었기 때문에 가능한 것이었다.[42]

시전 상인인 도원들은 시전 조합인 도중으로부터 영업상 어떠한 간섭과 제지를 받지 않고 지정된 전방에서 독립적으로 영업했다. 이들은 도중의 규약을 준수하고, 도중의 경비를 출연하는 의무를 지닐 뿐이었다. 또한 도원은 매년 정월 4일 전원이 도가에 집합하며, 시전 상인들의 자율적인 규약인 입의(立議)의 수정이나 연중 행사의 결정

---

42) 이상 시전의 조직에 대해서는 고동환, 2002 「조선 후기 시전의 구조와 기능」, 『역사와현실』44 참조.

등을 회의로 결정하였으며, 재산상의 문제나 또는 법적인 문제 등 중대 문제가 발생할 경우는 임시로 전원이 모여 일을 처리하였다.[43]

조선 후기 도시 상업의 진면목은 이와 같은 시전 체제의 변동만이 아니라 상가의 확대와 시전이 아닌 점포 상업이 성장한다는 점에서도 잘 나타난다. 서울의 상가는 원래 종로 시전 상가가 유일한 상가였으나, 17세기 후반에 남대문 밖의 칠패 시장, 18세기 중엽에 이현 시장이 출현하여, 18세기 후반에는 삼대시로 불려졌으며, 19세기 전반에는 소의문 밖 시장까지 합하여 4곳의 상가로 확대되었다. 또한 약국이나 푸줏간(懸房), 책방, 그림 가게, 담배 가게(煙肆) 등 점포 상업도 융성하였고, 도시화의 진전에 부응하여 음식점이나 주점, 색주가 등의 각종 서비스업도 번창하였다.

한편 조선 후기에는 마포·용산·서강 등 경강 지역이 새로운 상업 중심지로 성장하였다. 이곳에는 생계를 위해 서울로 몰려든 유민들의 노동력을 동원하여 이루어지는 마계(馬契)·운부계(運負契) 등의 하역 운수업과 겨울에 얼음을 저장했다가 여름에 판매하는 장빙업이 성행하였다. 이 영업들은 유력한 양반들의 자본과 경강변 빈민들의 노동력이 결합하여 영위된 것이었다. 또한 이곳에서는 여객주인업과 선운업, 그리고 선상업을 통해 막대한 부를 축적한 강상대고(江上大賈)들이 출현했는데, 이들은 궁방이나 권세가와 결탁하여 조선 후기 최대의 상업 자본가로 성장한 세력이었다. 18세기 이후 경강 지역이야말로 도시 상업의 번성을 잘 알려주는 곳이었던 것이다.[44]

---

43) 黑正巖, 1923 「キルトとしての 京城六矢廛」, 『經濟史論考』, 岩波書店.

44) 경강 지역 상업의 구체적 양상에 대해서는 고동환, 1998 『朝鮮後期 서울 商業發達史硏究』, 지식산업사 참조.

18세기 이후에는 교통 발달로 전국적 시장권이 형성되면서 서울의 상권도 도성 외곽 지역인 송파·누원 등지뿐만 아니라 광주·수원·개성·강화 등지까지 확대되었다. 이처럼 서울 상권이 확대됨에 따라 서울 내부의 유통 체계도 큰 변동을 겪지 않을 수 없었다. 송파나 누원 등이 상품 유통 거점으로 성장하자, 사상들은 시전 상인의 금난전권이 미치지 않는 송파와 누원을 직접 연결함으로써 시전 상인을 배제하고 상품을 전국으로 유통시킬 수 있는 유통 체계를 확립하였다. 이것이 바로 사상을 정점으로 하는 사상 체계였다. 이러한 사상 체계 중심의 유통 체계는 1791년(정조 15) 육의전을 제외한 모든 시전의 금난전권을 부정한 신해통공을 계기로 더욱 확고하게 되었다.[45]

18세기 이후 서울은 이러한 상업 발달을 배경으로 종래 성리학적 지배 이념을 바탕으로 운영되었던 도시에서 경제적 이해관계를 중시하는 상업 도시로 전환하였던 것이다.

---

45) 고동환, 1998 「18세기 서울의 상업 구조 변동」, 『서울상업사연구』 참조.

10
17, 18세기 런던과 서울의
도시 구조 비교

1. 20세기 한국 역사학과 도시 연구

20세기 초 식민지 시기에 근대 학문으로 성립한 한국 역사학은 민족주의 사학, 사회경제 사학, 실증주의 사학 등의 다양한 학문 조류가 서로 대립하는 가운데 성장해왔다. 이처럼 역사관에서 심오한 차이를 드러내고 있었지만, 이들 세 역사학은 민족이나 국가를 단위로 우리 역사를 이해하였다는 점에서는 동일하였다. 물론 사회경제 사학은 민족과 국가보다 계급을 중시했다. 그러나 사회경제 사학에서도 민족 단위의 한국사를 세계사적 보편성의 맥락에서 파악하려는 것을 역사학의 중심 과제로 두었기 때문에 일국사적 관점에서 크게 벗어나지 못하였다.

식민지 시기 이와 같은 일국사적 연구 전통은 오늘날까지 그대로 이어지고 있다. 최근 생활사·문화사·미시사 등의 새로운 역사 조류가 도입되면서 이와 같은 일국사적 연구 전통에 반성을 제기하고 있긴 하지만, 주류적인 한국사 연구는 의연히 일국사적 연구 전통에 기반하고 있다.

1970년대를 경과하면서 일국사적 관점으로 진행된 한국사 연구에서 내재적 발전론에 근거한 한국사상이 정립되었다. 그러나 최근에는 내재적 발전론에 근거한 한국사상은 다양한 도전에 직면해 있다.[1] 이러한 도전들은 역사를 보는 관점의 차이에서 비롯되는 것도 있지만, 다른 한편에서는 한국사를 세계사의 흐름과 비교하는 작업을 소홀히 했기 때문에 나타나는 것이기도 하다. 그러므로 이러한 도전들에 대한 응전의 한 방법으로 비교사적 방법을 활용하여 현단계 한국사 연구를 점검해 보는 것도 의의가 있을 것이다. 그러나 한국사를 세계사의 흐름과 비교 검토하는 작업은 용이한 것이 아니다. 한국사 연구가 주로 국가·민족 중심으로 이루어졌다면, 비교 대상이 되는 유럽사는 도시를 중심으로 연구가 이루어졌기 때문이다. 그러므로 다른 나라 역사와 비교사적 방법을 동원하여 연구하고자 할 때, 도시사 분야가 가장 적합한 연구 분야일 것이다.

민족, 국가사적 관점이 지배하는 한국사 연구 풍토 속에서도 가장 활발하게 연구가 이루어진 도시는 서울이다. 서울에 대해서는 1970년대 손정목 교수에 의해 도시사 연구가 개척된 이후,[2] 서울시사편찬위원회와 1994년 서울 정도 600주년을 계기로 출범한 서울학연구소를 중심으로 상당한 연구가 축적되어 있다.[3] 한편 유럽의 도시 중 런던에 대해서도 상당한 연구가 축적되었다. 런던을 주제로 한 『런던 저널』(The London Journal)이 간행되고 있을 뿐만 아니라, 유럽에서의

---

1) 조선 후기 역사상과 식민지 시대 역사상에 대한 다양한 문제 제기에 대해서는 고동환, 1997 「近代化論爭」, 『韓國史市民講座』20 참조.

2) 손정목, 1977 『조선시대 도시사회연구』, 일지사.

3) 해방 이후 조선시대 서울에 대한 연구 성과에 대해서는 본서 11장 참조.

도시사 연구를 개척한 다이오스(H. J. Dyos; 1921~1978) 교수가 1986년 창립한 영국 레스터 대학의 도시사연구소와 도시사 연구 그룹 등을 중심으로 1960년대 이래 상당한 연구가 축적되어 있는 편이다.[4]

이와 같은 연구 사정을 감안하여 여기에서는 카이사르의 브리튼 정복 이래 속주의 수도로서 탄생한 런던의 역사와 1394년 조선왕조 개창 이후 조선왕조의 수도로 정해진 서울의 역사를 비교사적 관점에서 이해하고자 한다. 그러나 6백 년 이상의 수도로서의 역사를 지닌 두 도시를 전시기를 통해 비교하는 것은 저자의 연구 능력을 벗어나는 일이다. 저자의 런던 도시사에 대한 이해가 일천하기 때문이기도 하지만, 런던과 서울에 대한 연구 축적의 불균형이 장애로 작용하기 때문이다. 특히 19세기 이후 두 도시의 운명은 극적으로 명암이 갈리게 된다. 19세기 이후 런던이 세계 자본주의의 중심 도시로서 전 세계를 지배하는 도시였다고 한다면,[5] 서울은 극동 아시아의 폐쇄적

---

4) 영국에서 도시사 연구는 Leicester대학의 Urban History Group, Centre for Urban History를 중심으로 활발히 이루어지고 있으며, 영국 도시사 연구에 대한 방대한 연구서로 *The Cambridge Urban History of Britain vol. 1, 2, 3*이 2000년에 완간되었다. 1권은 600~1540년까지를 다룬 책으로 D. M. Palliser가, 2권은 1540~1840년까지를 다룬 책으로 Peter Clark이, 3권은 1840~1950년까지를 다룬 책으로 Martin Daunton이 각각 책임편집을 담당하였다. 이 외에 버밍엄대학에는 도시 계획학 연구 센터가, 엑스터 대학에는 역사인구학 연구 그룹이, 런던대학에는 전근대 도시 연구 그룹이 결성되어 활발하게 활동하고 있다. 영국에서의 개괄적 도시사 연구 동향에 대해서는 Anthony Sutcliffe, "Great Britain," *Modern Urban History Research in Europe, U.S.A and Japan-* A Hand Book (edited by Christian Engeli and Horst Hatzeath) New York: BERG, St. Martin Press, 1989가 참고된다. Dyos 교수를 중심으로 한 도시사 연구 그룹의 연구에 대해서는 David Cannadine, "Urban History in the United Kingdom: the 'Dyos phenomenon' and after," *Exploring the Urban Past- Essays in Urban History* by H. J. DYOS, Cambridge University Press, 1982와 F. M. L. Thompson, "Dyos and the Urban Past," *The London Journal*, vol 9. no. 1, 1983, summer를 참조할 것.

왕조의 수도로서 결국 제국주의 침략 앞에서 식민 도시로 전락할 운명에 놓여 있었기 때문이다.

그러므로 여기에서는 자본주의 체제가 확립되기 이전인 17, 18세기를 대상 시기로 설정하였다. 이 시기 런던은 근대 도시로의 전환을 달성한 시기다.[6] 서울도 중세적인 왕도에서 '근세' 또는 '근대'적인 도시로의 전환을 달성한 시기였다.[7] 두 도시 모두 이 시기에 중세 도시의 성격을 벗어나 새로운 도시로 변모하였던 것이다. 본 연구에서는 17, 18세기 두 도시가 경험한 변화 중에서 인구 추세, 도시 공간과 도시 시설의 정비 과정을 중점적으로 비교하고자 한다. 전근대 사회체제에서 근대로의 이행 과정에서 나타나는 도시 변화의 동질성과 차별성을 이해함으로써 한국사학에 주어진 오늘날의 과제에 부응하고자 하는 것이다.[8]

---

5) David R. Green, "World System and London's History," *The London Journal.* vol 16. no. 1. 1991.

6) Elizabeth McKellar, *The Birth of Modern London: The Development and Design of the City 1660~1720*, London: St. Martin's Press. 1999.

7) 吉田光男, 1992 「漢城の都市空間-近世서울論 序說」, 『朝鮮史研究會論文集』 30; 이태진, 1995 「18~19세기 서울의 근대적 도시 발달 양상」, 『서울학연구』4; 고동환, 2000 「朝鮮後期 서울의 도시 구조 변화와 도시 문화」, 『역사와 도시』, 서울대 출판부 참조.

8) 비교사적 연구이기 때문에 자료의 활용은 전적으로 2차 문헌 자료에 의존할 수밖에 없었다. 그리고 필자의 주된 연구 분야가 한국사 분야이기 때문에 특히 런던에 대해서는 엄청난 연구 축적에도 불구하고 2차 문헌의 활용에서도 미흡한 점이 많음을 고백하지 않을 수 없다.

2. 인구 규모의 변동

1) 16세기 후반 이후 런던의 인구 급증과 집중

런던은 16세기 이후 농촌의 과잉 인구가 이주하면서 성장하기 시작하였다. 런던의 인구 통계에 대해서는 학자들 간의 견해가 일치하지는 않지만,[9] 최근 연구에 나타난 런던의 인구 추세를 표로 나타내면 다음의 〈표 10-1〉과 같다.[10]

〈표 10-1〉 1550~1801년 런던의 인구 추세

시기	city	Total London	잉글랜드에서 런던 인구의 비율(%)
1550	56,000 ~ 69,000	61,000 ~ 75,000	2.5
1600	131,000	200,000	5.0
1650	132,000	400,000	7.5
1700	135,000	575,000	11.5
1750	—	675,000	11.5
1801	129,000	958,000	11.0

city지역은 런던 성벽 city wall으로 둘러싸인 핵심지구를 말하며, total London은 이를 포함한 웨스트민스터와 서더크southwark 지역까지를 포함한 런던 전체를 의미한다.

---

9) 런던 인구에 대해 인구 추계가 연구자마다 차이가 있는 것은 이 시기 런던이 급속하게 팽창하고 있고, 이러한 팽창 속에서 런던의 공간을 어디까지 인정할 것인가에 대해 학자들 간에 견해가 일치하지 않기 때문이다. 런던 인구 추세에 대해서는 E. A. Wrigley, "A Simple Model of London's Important in Changing English Society and Economy 1650~1750," *Past & Present*, no 37, 1967, July와 Roger Finlay, *Population and Metropolis- The Demography of London 1580~1650*, Cambridge University Press, 1981 참조.

10) Francis Sheppard, *London: A History*, Oxford, 1998. p.363의 Appendix 1 Estimate of the Population of London 1550~1801에서 작성.

〈표 10-1〉에서 보듯이 시티 지역이 아닌 런던 전체의 인구는 1550년 6~7만에서 1600년 20만, 1650년 40만, 1700년 57만 5천, 1750년 67만 5천, 1801년 95만 8천으로 급속하게 성장하였다. 특히 16세기 후반에서 17세기 동안 런던의 인구는 50년마다 두 배로 급증하였다. 이러한 인구 추세는 17세기 유럽 전 지역이 이른바 '17세기 위기'라고 하여 생산력이 급감하고 인구도 감소하는 추세와 전혀 다른 모습이다.[11]

16세기 후반 이후 인구 급증의 원인은 외부로부터 몰려든 인구 때문이었다. 17세기 런던의 인구 추세에 의하면 매년 8천 명 정도가 런던으로 이주한 것으로 추계되고 있다.[12] 엘리자베스 1세(재위 1558~1603) 통치 이후 영국이 해외 무역을 장악하였고, 그 중심인 런던이 유럽 시장 전체의 중심 도시로 성장하였기 때문에, 런던에는 외부에서 이주한 사람들도 다양한 일자리를 통하여 먹고 살 수 있는 방도가 많았던 것이다.[13] 1690년대 런던의 시티 구역에만 721종의 직업군이 존재하였으며, 18세기 초에는 비단 산업(silk industry)에만도 4~5만 명의 인구가 종사하고 있었다.[14]

---

11) 케네스 O. 모건 엮음, 영국사학회 옮김, 1997 『옥스퍼드 영국사』 제6장 스튜어트 시대(1603~1688), 한울아카데미, 335~337쪽. 영국 전체의 인구는 1720년대의 파멸로부터 1730년대부터 완만하게 증가하기 시작하여 1750년대에는 580만 명, 1770년대 640만 명, 1790년대에는 800만 명에 육박하였다. 1790년대를 기점으로 영국 전체의 인구 변동 추세는 현대적 인구동향으로 바뀌는 중요한 전환점이었다고 평가한다.

12) Jeremy Boulton, "London 1540~1700," *The Cambridge Urban History of Britain vol 2.* (Edited Peter Clark) Cambridge University Press. 2000, pp.316~317.

13) Brien Dietz, "Overseas trade and metropolitan growth," *London 1500~1700 The Making of the metropolis*, Edited A.L. Beier and Roger Finlay, London: Longman, 1986, pp.121~123.

14) Jeremy Boulton, op. cit., p.326.

이처럼 다양한 산업과 직업군이 존재하였으므로, 지방에서 올라온 젊은이들도 여러 직종과 영업에서 도제 수업을 받으면서 생계를 꾸려갈 수 있었던 것이다. 16세기에는 주로 시골의 농민 출신의 젊은이들이 몰려들었지만, 18세기에는 시골 출신이라 하더라도 요먼이나 젠트리, 그리고 도시 출신은 전문직 종사자나 상인을 부모로 둔 젊은이들이 런던으로 몰려들었다.[15]

런던의 인구 증가 추세에서 주목해야 하는 점은 〈표 10-1〉에서 보듯이 1600년에서 1650년 사이 시티 지역의 인구는 거의 변화가 없지만, 런던 전체의 인구는 두 배로 증가했다는 점이다. 예컨대 웨스트민스터 지역, 미들섹스(Middlesex), 서리(Surrey) 지역의 인구는 1580년에서 1695년 사이에 8배 급증하였고,[16] 런던의 동쪽 교외 인구는 1560~1680년 사이에 14배 증가하였다.[17] 이러한 점은 17세기에 이주해 온 주민들은 도시 교외에 정착하였음을 의미한다. 이들은 런던 교외에 정착하여 자신들의 커뮤니티를 형성했을 뿐만 아니라 이들 간에 연계를 강화함으로써 런던의 도시 성격을 변모시켰다. 그 결과 1700년경 런던은 광역 도시권으로 확장되어 이른바 메트로폴리스(Metropolis)로 자신의 위상을 정립하게 된 것이다.[18]

---

15) Earle, Peter, *The Making of the English Middle Class: Business, Society and Family Life in London 1660~1730*, London: Methuen, 1989.

16) Jeremy Boulton, op. cit., pp.316~317.

17) Roger Finlay and Beatrice Shearer, "Population growth and suburban expansion", *London 1500~1700 The Making of The Metropolis*, edited by A. L. Beier & Roger Finlay, London: Longman, 1989, pp.39~40. 오늘날에도 런던의 하류층을 상징하는 용어로 남아 있는 East Enders라는 용어는 바로 이 시기 런던의 성장을 반영하는 용어다.

18) A. L. Beier and Roger Finlay, "Introduction: The Significance of the metropolis", *London 1500~1700 The Making of the metropolis*, London: Longman, 1986.

16세기 런던은 대도시였지만 유럽의 다른 곳과 비교하면 결코 더 크다고 할 수 없었다. 1550년에서 1700년 사이 유럽 주요 도시의 인구를 비교해 보면 다음의 〈표 10-2〉와 같다.

〈표 10-2〉에서 보듯이 1550년까지 런던은 유럽 주요 도시이긴 했지만, 인구 규모면에서는 나폴리·파리·베니스·안트워프·리스본에도 못 미치는 도시였다. 도시에 거주하는 인구는 적었으며, 런던 이외의 도시도 유럽의 그것에 비교하면 적은 규모였다. 그러나 17세기는 달랐다. 1600년 런던은 나폴리·파리에 이어 3위의 인구를 지닌 도시로 성장하였고, 1650년에는 파리 다음의 2위 도시로, 1700년 이후 런던은 인구 규모면에서 파리를 앞서서 유럽 제1의 도시로 자리매김된다.[19]

〈표 10-2〉 1550~1700년 사이의 유럽 주요도시의 인구

도시 / 연도	런던	파리	암스테르담	베니스	나폴리
1550	75,000	130,000	30,000	158,000	212,000
1600	200,000	220,000	65,000	139,000	281,000
1650	400,000	430,000	175,000	120,000	176,000
1700	575,000	510,000	200,000	138,000	216,000

Jeremy Boulton, op. cit., p.316 Table 10.1 European cities with 75,000+inhabitants 1550~1700에서 작성

pp.11~13.

19) F. M. L Thomsom, "Town and City", The Cambridge Social History of Britain 1750~1950, edited by F. M. L Thomsom, vol. 1. Regions and Commuinties, Cambridge University Press, 1990, p.14.

영국의 총 도시 인구는 1520년 전국의 6.2%에서 16세기말에는 8.4%로 증가했는데, 이러한 도시 인구 증가 대부분은 런던 인구의 증가를 반영한 것이었다. 17세기 중엽 유럽에는 25만 이상의 인구를 가진 도시가 5개밖에 없었다. 런던의 인구는 런던을 제외한 인구 규모 50위까지 도시 인구 모두를 합친 것보다 더 컸다. 이는 런던이 다른 도시를 희생시키면서 성장했다는 것을 의미한다.[20]

1700년에 전체 인구의 13.4%를 차지했던 영국의 도시 인구는 1800년에 24%로 급증하였다.[21] 이전까지 영국이 다른 유럽 국가에 비해 도시화가 덜되어 있던 것과는 대조적으로 17세기말에 이르러 도시 주민의 수가 매우 급격히 증가하였다. 1670년과 1750년 사이에 도시 인구 비율은 전체 인구의 13.5%에서 21%로 증가하였다. 특히 런던의 경우 더욱 두드러져 〈표 10-1〉에서 보듯이 1550년에 전체의 2.5%에 불과했던 인구 비율은 1750년에는 11.5%가 되었다.

이와 같은 급격한 팽창은 유럽 대륙의 다른 국가에서는 찾아볼 수 없는 것이었다. 17세기까지 유럽 최대의 인구를 자랑했던 파리의 인구 비율도 프랑스 전체 인구의 2.5% 수준에 머물러 있었고, 이는 18세기에도 변화가 없었다.[22] 반면 런던의 인구는 19세기 초 잉글랜드와 웨일즈 전체 인구의 10% 수준이었으나 19세기 말에는 20%로 증가하였다. 런던에의 인구 집중이 가속화되었던 것이다.[23]

---

20) 케네스 O. 모건 엮음, 영국사학회 옮김, 1997, 앞의 책, 343~345쪽.

21) M. J Daunton, *Progress and Poverty, An Economy and Social History of Britain 1700~1850*, Oxford: Oxford University Press, 1985.

22) E. A Wrigley, "A Simple Model of London's Importance in Changing English Society and Economy, 1650~1750," Past and Present vol 7, 1967, pp.44~45.

23) Roy Poter, *London: A Social History*, Cambridge, Mass; Harvard university press, 1998, p.207.

런던의 인구는 산업혁명이 시작된 18세기 후반부터 급속히 증가하여 19세기에는 매 10년마다 21~56%의 증가율을 보여 준다.[24] 18세기 이전 런던의 인구를 증가시킨 가장 큰 요인은 외부로부터 이주한 인구들이었다. 그러나 18세기 이후에는 이주민들의 자연 출산율의 비중이 높아지면서, 런던 인구 동향에 미치는 유입 인구의 영향력은 감소하였다. 18세기 후반 이후의 런던 인구는 이처럼 유입 인구의 영향력이 감소하는 한편, 다산다사(多産多死)라는 낮은 인구 증가율을 지닌 중세적 인구 증가율에서 벗어나 비약적인 인구 증가율을 기록하는 현대적인 인구 동향으로 전환된 것이다.[25]

16세기 후반 이후 지방민들의 런던 유입은 단계적으로 인구의 이동을 촉진했다. 급속한 성장을 한 도시로 인접 농촌 주민이 이동하며, 그로 인해 생긴 농촌의 공백은 그보다 멀리 있는 지역 주민의 이동으로 채워졌으며, 이동의 영향이 점차 국가 끝 부분까지 이어졌다. 외부에서 이주한 주민들이 도제로 성장한 뒤에 런던에 머물지 않고 다시 자기 고향으로 돌아가서 수공업장을 개설하는 경우도 적지 않았다.

런던과 지방 사이의 인적 교류는 도로나 운하 등 교통 운수 시설의 진전과 함께 영국의 국민 국가 형성에 중요한 역할을 수행했다.[26] 그 결과 런던은 1600년대 형성된 국민 국가의 형성에도 큰 기여를 한 것이다.[27] 브로델도 "시장 없는 도시는 불가능하고, 도시 없는 지역

---

24) 김성룡, 1999 「산업혁명 시기 영국의 도시 인구 증가」, 『경북사학』22.

25) Roy Poter, op. cit., p.186; L. D. Schwarz, London in the Age of Industialisation-Enterpreneurs, Labour Force and Living Conditions, 1700~1850, Cambridge University press, 1992, pp.126~127.

26) Jeremy Boulton, op. cit, p.345.

27) Alan G. R. Smith, *The Emergence of a Nation State- The Commonwealth of England 1529~1660*, London: Longman. 1984, pp.372~374.

시장, 혹은 민족 시장은 불가능하다. 도시가 없다면 세계에 대한 개방이나 원거리 교역도 존재하지 않는다"라고 하여, 도시가 국민 국가 형성과 세계 자본주의 시장 체제 형성에 매우 중요한 요소임을 지적하고 있다.[28]

2) 17세기 후반 이후 서울 인구의 증가

서울의 인구 추세에 대해서도 학자들 간에 견해가 일치하지는 않지만, 대체로 17세기 후반을 획기로 하여 크게 변동한다는 점에 대해서는 일치한다.[29] 여기서는 서울 인구 통계의 기초 자료인 호구 통계 자료에 대한 수정을 가한 고동환과 신용하, 권태환의 연구에 기초하여 17, 18세기 서울 인구 추세와 전국 인구에서의 비중을 살펴보면 다음의 〈표 10-3〉과 같다.[30]

〈표 10-3〉에서 보듯이 서울의 인구 규모는 1669년 22만 명에서 1720년대에 25만 명, 1770년대 30만 명, 그리고 1800년대 33만 명이었다. 50년을 획기로 인구는 13~16% 정도의 증가율을 보이고 있었다. 이러한 인구 증가는 50년마다 100%씩 늘어난 런던에 비해 미약한 증가율로 보일지 모르지만, 1669년에서 1800년까지 서울 인구의 연평균 증가율은 0.26%였다. 세계사적으로 다산다사를 특징으로 하는 전근대

---

28) 주경철 옮김(페르낭 브로델 지음), 1995 『물질문명과 자본주의 1~2 일상생활의 구조 下』, 까치, 696쪽.

29) 서울의 인구 추세에 대해서는 본서 3장 참조.

30) 전국인구는 권태환·신용하, 1977 「조선왕조 인구추정에 관한 일시론」, 『동아문화』14에서, 서울 인구는 고동환, 1998 「조선 후기 서울 인구 추세와 도시 문제 발생」, 『역사와현실』28의 논문에서 작성한 것이다.

〈표 10-3〉 1669~1800년 서울의 인구 추세

연 도	서울인구	전국인구	비율(%)
1669	228,270	13,192,000	1.7
1720	255,784	16,487,000	1.6
1735	268,223	17,465,000	1.5
1750	257,271	18,657,000	1.4
1765	299,437	17,682,000	1.7
1780	313,294	18,162,000	1.7
1795	319,168	18,214,000	1.8
1800	322,942	18,443,000	1.8

인구 추세에서 연평균 인구 증가율이 평균 0.1% 내외라는 점을 감안하면, 서울 인구는 매우 역동적으로 성장하고 있었음을 알 수 있다.

서울 인구의 시기별 변화 추세를 살펴보면, 17세기 후반의 인구 감소기를 거쳐, 17세기 말에서 18세기 초반까지는 급격한 인구 증가기, 18세기 전반은 완만한 인구 증가기, 18세기 후반은 지속적인 인구 증가기, 18세기말에서 19세기 전반까지 인구 정체 속의 매우 느린 인구 증가기로 설명된다.[31]

전국 인구에서 차지하는 서울 인구 비율은 1.4%에서 1.8%까지 나타난다. 그러나 〈표 10-3〉은 조선왕조의 호구 통계를 수정한 것이다. 그러므로 전국 인구에서 서울 인구가 차지하는 비중을 구하기 위해서는 전국 호구와 서울 호구 통계를 수정 없이 그대로 비교해야 한다. 수정하지 않은 상태로 서울과 전국의 호구 통계를 비교하면 다음의 〈표 10-4〉와 같다.

---

31) 본서 3장 참조.

〈표 10-4〉 17, 18세기 서울호구와 전국호구의 비교

연도	서울호구	전국호구	비율(%)	서울인구	전국인구	비율(%)
1669	23,899	1,313,652	1.8	194,030	5,018,744	3.9
1720	30,723	1,559,488	1.9	191,838	6,799,097	2.8
1735	33,836	1,618,172	2.1	187,756	6,979,798	2.7
1750	34,652	1,783,044	1.9	180,090	7,328,867	2.5
1765	39,344	1,675,267	2.3	194,634	6,974,642	2.8
1780	38,742	1,714,550	2.3	203,641	7,228,076	2.8
1805	45,663	1,764,801	2.6	203,726	7,561,403	2.7

전거: 『조선왕조실록』, 『증보문헌비고』.

〈표 10-4〉에서 보듯이 서울 인구가 전국 인구에서 차지하는 비중은 2.5~3.9%였다. 〈표 10-3〉보다는 〈표 10-4〉에서 서울 인구가 차지하는 비중이 훨씬 높다. 〈표 10-4〉의 경우 통일된 기준 하에 작성된 통계이기 때문에, 전국 인구 중 서울 인구 비중을 논할 때 〈표 10-3〉보다 훨씬 사실과 가까운 수치를 제시할 것이라고 생각된다. 그렇게 본다면 서울의 인구 집중도는 런던에 비해 훨씬 못 미치지만, 2.5% 수준이었던 파리를 능가하고 있다. 중앙집권적 왕조의 수도의 인구 집중도로서는 그다지 낮은 편이 아니다. 이러한 인구 집중도는 이 시기 서울이 근대 도시로 이행하는 과정을 보여 주는 것이라고도 평가할 수 있을 것이다.

한편 손정목 교수는 1789년 『호구총수』를 기초로 도시 인구를 추정하였다. 손교수의 연구에 의하면 당시 인구 5천 명 이상의 도시는 서울을 포함하여 총 50개였다. 서울을 제외한 49개의 도시 인구를 모두 합하면 571,663명이었다. 1789년 작성된 『호구총수』에 나타난 서울 인구는 189,153명이었기 때문에, 서울의 인구는 서울을 제외한 2

위에서 14위 도시까지의 인구수를 합한 것보다 많은 것이었다.[32) 50 위에 달하는 도시 인구 전체를 합한 수보다 인구가 많았던 런던에 비해, 50위까지 도시 인구의 약 30%를 차지하는 인구를 지녔던 도시가 서울이었다.

17세기 후반 이후 서울 인구가 증가한 이유는 외부로부터 유입된 인구가 늘었기 때문이다. 이 시기에는 17세기 내내 지구를 휩쓸었던 소빙기 기후로 인한 자연 재해와 전쟁 등으로 농촌에서 생계를 잇지 못한 농민들이 서울로 몰려들었다. 물론 자연 재해는 그 이전 시기에도 빈발했고, 그때도 여전히 유민들이 서울로 집결했지만, 이들은 사정이 나아지면 자신의 고향으로 돌아갔다. 그러나 17세기 후반 서울에 몰려든 유민들은 고향으로 돌아가지 않고 서울에 정착하였다. 당시 서울에는 대동법과 금속 화폐의 통용으로 노동력의 상품화가 진전되면서, 자신의 품을 팔아서 생계를 이어갈 방도가 많았기 때문이었다.[33)

이러한 사정은 도성 밖 인구가 급속하게 증가한 사실에서 찾을 수 있다. 조선 전기 세종 때인 1426년(세종 8)에는 서울의 인구 중 94.5%인 10만 3328명은 도성 안에, 5.5%인 6,044명은 도성 밖에 거주했다.[34) 5.5%에 지나지 않았던 도성 밖 인구는 16세기 이후 점증했을 것으로 여겨지지만, 가장 큰 폭의 증가를 기록한 것은 17세기 후반 이후의 일이다.

1789년의 『호구총수』에 의하면 도성 안은 22,094호, 112,371명이었고, 도성 밖은 21,835호, 76,782명이었다. 도성 밖의 호수는 전체의

---

32) 손정목, 1977 『조선시대 도시 사회 연구』, 일지사, 227쪽.
33) 고동환, 1998 『조선 후기 서울상업 발달사연구』 지식산업사.
34) 『세종실록』 권40, 세종 10년 윤4월 기축.

49.7%였고, 인구는 40.6%를 차지하였다.[35] 세종 때와 비교하면, 360년 동안 도성 안의 호는 5천여 호 증가하는 데 그쳤지만, 도성 밖의 경우는 무려 2만여 호가 증가하였다. 조선 후기 서울 인구 증가의 대부분은 바로 도성 밖 인구의 증가인 것이다.

성 밖 중에서도 유민들이 주로 정착한 곳은 경강변(京江邊)인 서부였다. 한성부 주민 중에 서부 지역 주민이 차지하는 비중을 보면, 다음의 〈표 10-5〉와 같다.

〈표 10-5〉 18세기 서부의 인구 비중

연도	서부 인구		한성부 전체 인구		서부의 비율 %	
	호	구	호	구	호	구
1747	12,294		34,725		35.4	
1774	13,599	72,049	38,531	197,558	35.2	36.5
1786	15,800	72,268	42,786	199,127	36.9	36.3
1789	16,371	68,194	43,899	189,153	37.2	36.1

전거: 『증보문헌비고』, 『비변사등록』.

〈표 10-5〉에서 보듯이 전체 서울 인구 중 서부 지역 주민이 차지하는 비중은 35%내외였다. 전체 인구의 3분의 1 이상이 서부 지역 주민이었던 것이다. 이들 서부 주민 68,194명 중에 성 밖에 거주하는 인구는 총 4만 8천여 명으로 70%를 넘었다.[36] 서부 지역 중에서도 경강 지역의 인구는 매우 급속하게 성장하였다. 1645년 이후 1789년까지 이 지역의 인구는 50년마다 2배로 증가하였다.[37]

---

35) 『戶口總數』 漢城府 西部.

36) 경강변에 이주한 인구들에 대한 정부의 파악이 다른 지역에 비해 부실하다는 점을 감안한다면 실제 거주 인구는 이보다 훨씬 많았을 것이다.

37) 고동환, 2005 「조선 후기 경강 지역 행정 편제의 변화와 인구 추세」, 『서울학연구』24.

지방에서 상경하여 경강에 정착한 주민들은 주로 상업 활동에 종사하거나, 또는 각종 화물의 하역, 운반 노동을 통해 생계를 유지하였다. 이들은 화물 하역, 운반의 품삯으로 1바리[駄]당 2전씩을 받아, 아침, 저녁은 마포의 시장에서 사서 먹는 초기 부두 노동자로서,[38] '하루 일하지 않으면 사흘 먹을 것을 잃어버리는' 품팔이 노동자였다.[39] 이처럼 품팔이 노동을 통해 생계를 꾸려갈 수 있었으므로 당시 경강에는 빈잔민(貧殘民)들이 대거 몰려들었다. 경강 주민들은 품삯을 주고 모집[雇價募立]하여 운영되던 호위군관(扈衛軍官), 훈련도감 군병, 금군, 마병 등에 종사하는 경우가 많았다. 이들 품팔이 노동자들은 겨울철 한강이 얼었을 때는 한강에서 얼음을 채취하여 빙고에 저장하는 일에 고용됨으로써 겨울철에도 생계를 유지할 수 있었다.[40]

한편 이들 중에는 특정한 기술을 가진 장인들도 있었다. 예컨대 1698년(숙종 24) 장릉(莊陵) 봉릉역(封陵役)에 임시가옥[假家] 등의 건축에 고용된 걸톱장이[長鋸] 모군(募軍)은 '본래 속한 곳이 없는 강변에 거주하는 통상(桶商)'들이었고, 1789년(정조 13)에 장조(莊祖)의 영우원(永祐園) 묘소를 조성할 때에도 용산에 거주하는 끌톱장이[引鋸] 모군이 하나의 패(牌)를 구성하여 고용되고 있었다.[41] 이처럼 경강 주변에는 노동력을 판매하여 살아가는 숙련·비숙련 노동자들이 많이 거주하였다.

외부에서 이주하지 않고 원래 경강에서 거주하던 사람들은 주로

---

38) 『正祖丙午所懷謄錄』 禁軍 辛大昌所懷. "江民資生之道 專靠於馬背 而一駄之雇價 不過二錢 朝夕買食於麻浦之市."

39) 『正祖丙午所懷謄錄』 禁軍 崔德禹所懷. "江郊殘民 赴役十里 將失一日之業 一日失業 必失三日之食也."

40) 고동환, 1994 「조선 후기 藏氷役의 변화와 藏氷業의 발달」, 『역사와현실』14.

41) 윤용출, 1998 『조선 후기의 요역제와 고용노동』, 서울대 출판부.

뱃일[船業]에 종사하였다. 이들은 어부이거나 또는 경강선(京江船)으로 운임을 받고 세곡을 운반하는 일[稅穀賃運]에 참여하는 경강선인들이 었다. 이들은 조상 때부터 강변에서 생활한 까닭에 전국 각지에서 몰려드는 선상들을 접대하여 살아가는 여객주인업(旅客主人業)을 경영하기도 하였다.[42]

경강변에 몰려든 인구들 중에는 숙련 노동자와 뱃사람[船人]들도 있었지만, 대부분은 상업 관련 인구들로서 날품팔이 비숙련 노동자였다. 이들은 어쩔 수 없이 농촌에서 방출된 인구들로서, 특별한 기술을 익힌 자들이 아니었기 때문이다.

3. 도시 공간의 확대

1) 런던의 교외 지역으로의 팽창

기원전 54년 카이사르에 의한 브리튼 정복 이후, A. D. 43년 로마 군대의 주둔지이자 식민 도시인 론디니움(Londinium)이 건설되면서 런던의 도시 역사는 시작된다. 런던은 9세기에서 13세기 초까지 도시 공동체로서 존속하였다. 초기 로마 속주 시대부터 런던은 템스 강을 중심으로 형성된 도시였다. 1066년 플란태즈넷 왕조의 창립자인 정복왕 윌리엄에 의해 런던이 왕조의 수도로 선정되고 이후 성벽이 건설되면서 런던은 도성을 지닌 왕도로서 그 위용을 갖추게 되었다. 중세 왕도로서 정연한 질서를 갖췄던 런던은 16세기 후반 이후 급속하

---

42) 고동환, 1998 『조선 후기 서울상업 발달사연구』, 지식산업사.

게 변화되었다. 대부분의 역사가들은 이 시기 변화를 근대 런던의 탄생으로 규정하고 있다.[43]

17세기 런던의 도시 공간은 크게 시티 구역, 웨스트민스터, 서더크(Southwark) 지역으로 구분된다. 시티 구역은 성벽의 내부 지역으로 전통적인 도시 구조를 간직한 곳이었다. 웨스트민스터 지역은 1529년 헨리 8세가 울시 추기경의 요크 저택을 화이트홀 궁으로 개조하고 들판 너머에 세인트제임스 궁을 짓기 시작하면서, 왕궁이 자리하는 구역으로 자리잡았다. 16세기 이후 웨스트민스터 구역과 시티 구역 사이에 귀족들의 대저택이 세워졌다. 그 결과 런던은 시티와 웨스트민스터 구역, 그리고 저택으로 밀집된 중간 지역 모두를 포함하는 지명이 되었다. 이 지역은 궁궐을 비롯하여 대법관청이나 재무재판소(Exchequer)가 들어서고, 16세기 의회 제도의 정착에 따라 의회가 열리는 등 영국 전체의 정치와 사법, 행정의 중심지로 자리잡았다. 서더크 지역은 런던브리지로 연결되는 템스 강 남쪽 구역으로, 로마인들이 템스 강을 건너는 다리를 설치할 때 처음 생겼으며, 그 다리로부터 로마의 주요 도로들이 뻗어나갔다. 템스 강의 남쪽 강변이라 하여 뱅크사이드(Bankside)로도 불렸던 서더크는 1605년에 런던시의 26번째 자치구로 편입되었다.

템스 강을 중심으로 형성된 런던 도시 공간은 17세기 이후 동시에 모든 방향으로 팽창하였다. 특히 런던 성 밖의 인구가 급속하게 증가

---

43) Francis Sheppard는 런던 역사의 시기 구분을 로마 속주인 브리타니아의 수도인 Londinium 시기(B.C 54~AD 400), Londinium에서 Lundenwic(400~886), Lundenbrug에서 도시 공동체로서의 런던의 시기(886~1215), 중세왕조 수도의 시기(1216~1530), 그리고 근대 도시의 탄생기(1530~1700)로 구분하고 있다(Francis Sheppard, *London A History*, Oxford: Oxford university press, 1998).

했는데, 〈표 10-1〉에서 보듯이 1650년 시티 구역 내의 인구가 13만 명인 데 비해, 성 밖 인구는 27만 명이었다. 성 밖 교외에는 비단 직조, 유리 및 마졸리카 도자기 제조 등과 같은 새로운 업종들이 생겨났다.

성 밖 교외 지역은 동업 조합의 제한 규정을 벗어난 곳이기 때문에 새로운 업종이 대거 성문 밖에 생긴 것이다. 웨스트민스터 지역을 제외한 대부분의 성 밖 지역에는 빈민굴, 오두막집과 벽돌 제조소 등이 생겼으며, 동물의 가죽을 활용하여 구두를 제조하는 구두 공장도 성 밖에 위치하였다. 웨스트민스터 지구의 하이드파크, 세인트제임스 파크 등 규모가 큰 숲이나 부유한 저택들의 정원을 제외한 런던 주변 지역의 시골은 사라져버렸다. 런던은 도심 지역과 교외 지역으로 크게 분화되었다. 도심 구역 내의 오래된 저택은 상업 회사의 홀이나 거주지가 되었고, 동부와 일부 변두리 구역은 점점 더 프롤레타리아화되어 갔다.[44]

런던의 도시 공간을 팽창시킨 것은 런던 항의 물동량 증가였다. 1700년 당시 영국 해외 무역량의 75~80%가 런던 항을 통해 유통되었다. 그러므로 이 지역에 다양한 일거리가 생겨나면서 많은 빈민들이 몰려들었다. 영국과 아일랜드에서 몰려든 사람들은 대부분 그레잇 웬(Great Wen), 오븐(Oven), 피버 팻치(Fever Patch)라고 불리는 빈민가에 정착했다. 특히 베스널 그린(Bethnal Green)을 비롯한 부두 인근 지역은 후에 런던의 대표적인 슬럼가로 이스트엔드(EastEnd)로 불리게 되었다. 이 지역에는 도둑이나 날치기가 창궐했고, 거리에는 창녀들이 항시 돌아다녔다. 경찰조차도 거의 출입하지 않을 정도로 치안의 무방비 상태에 놓여 있었다. 이 지역 남자들은 부두 하역이나 시장 가판, 또

---

44) 주경철 옮김(페르낭 브로델 지음), 1995, 앞의 책, 809쪽.

는 벽돌 쌓기와 같은 단순 노동에 종사하였다. 여성의 경우 대부분의 직업은 하녀나 매춘부였다.[45]

런던의 공간은 산업혁명이 시작된 18세기 후반 이후 다시 변모하였다. 교외에 부르주아의 주택 단지가 건설되기 시작한 것이다. 런던의 부르주아 세력들은 17세기 중엽 이후에 이미 농촌의 지배 계급인 귀족 세력과 동등한 정치·사회적 영향력을 행사하는 세력으로 성장하였다. 이들 부르주아 세력은 런던이라는 도시를 배경으로 돈과 토지를 집적하였으며, 나아가 가족을 소중히 여기는 사회적 관습을 창출해갔던 세력이었다.[46] 이러한 관습이 부르주아지들로 하여금 도심에서 벗어나 교외에 부유한 저택을 건설하게 한 동력이었다.

전통적인 도시에서 상인은 도심에서 살았고 교외는 단지 빈민의 거주지였는데, 산업혁명으로 부르주아지의 성장과 부르주아지의 생활 속에서 작업장과 거주 공간의 분리가 이루어지면서 교외에 새로운 부르주아지 주택 공간이 창출된 것이다. 물론 교외에 부르주아 주택 단지가 건설된 근본 원인은 런던의 좁은 도심이 더 이상 인구 과밀을 감내할 수 없었기 때문이었다. 런던의 교외화는 상층 부르주아지를 시작으로 광범한 중간 계급, 그리고 더 나아가 노동 귀족 등이 차례로 호응함으로써 한층 더 가속화된 것이다. 강북의 서쪽 방향으로 대대적인 교외화가 이루어지면서 리전트 가, 옥스퍼드 가, 패딩턴,

---

45) Garside, P. L. "London and the Home Counties" *The Cambridge Social History of Britain 1750~1950*, edited by F.M.L. Thompson, Cambridge University Press, 1991, pp.421~539.

46) Nicholas Rogers, "Money, Land and Lieage: The Big Bourgeosie of Hanoverian London" *The Eighteenth Centrury Town A Reader in English Urban History 1699~1820*, edited by Peter Borsay, London; Longman, 1990, pp.288~291.

켄싱턴, 세인트존스 우드를 비롯한 런던의 서부 지역은 웨스트엔드 (West End)라고 불렸다. 이 표현은 런던의 부와 번영을 상징하는 언어가 되었다.[47]

이와 같이 런던 교외 지역의 활성화로 인해 런던의 도시 공간도 기능에 따라 분화되기 시작하였다. 시티 지역은 무역 상인과 돈을 굴리는 새로운 자산가들이 운집한, 무역 및 상업 활동의 중심 무대였다. 해외 무역만이 아니라 국내의 상업 또한 런던으로 집중되는 경향이 더 짙어졌다. 런던 상인들은 구도심인 '시티'에서 경제 활동에 종사했다. 상인으로 성공하기 위해서는 도심에서 세계 시장에 관한 여러 정보를 모을 필요가 있었으므로, 롬바르드 가를 중심으로 하는 구도심에서 멀리 떨어져 살 수 없었다. 상인층 위계의 정점은 해외 무역 및 금융업 분야에서 영업하는 사람들이 차지하였다. 그들은 설탕·차·모피·향료와 같은 해외 상품을 취급했으며, 대부분 특허회사 경영자, 유명한 상인 길드의 조합원, 참사회 의원, 시의회 의원들이었다. 그 다음에는 국내 상인과 여러 직종의 숙련 장인들이 뒤를 이었다. 시티 지역은 당시 전개되던 세계 자본주의 시장의 중심으로서 상업·금융 중심지로 성장한 반면, 웨스트민스터 지역은 정치·행정 중심지 및 부유한 계층의 주거지로서 웨스트엔드 지역을 포괄하고 있으며, 템스 강 남쪽의 서더크 지역과 템스 강 하류의 이스트엔드 지역은 주로 서민층과 빈민층이 거주하는 지역으로 구분되었던 것이다.[48]

이와 같은 런던 도시 공간의 확대 과정을 한눈에 볼 수 있는 것이

47) 이영석, 2000 「19세기 런던-사회사적 풍경들」, 『안과 밖』9.
48) 이영석, 2001 「18세기 초 런던상인들의 세계」, 『사회와 역사』60.

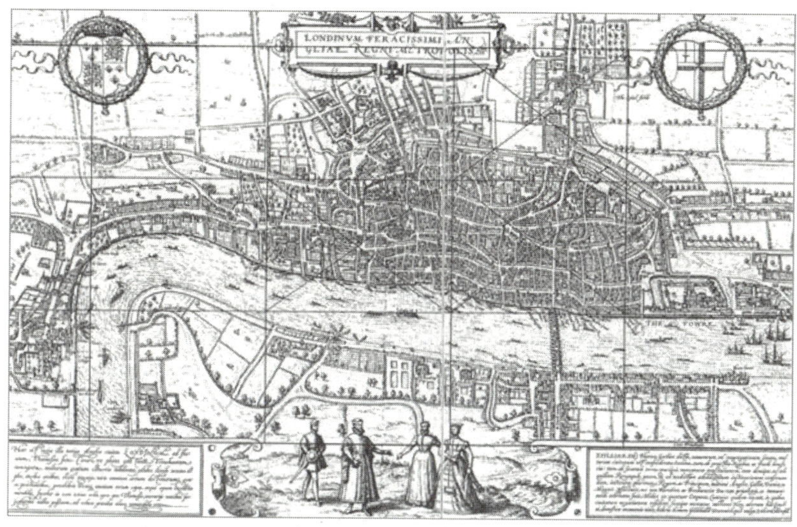

〈그림 10-1〉 1560년대의 런던 고지도

런던을 그린 〈그림 10-1〉로서, 1560년대의 런던을 잘 보여 준다.

〈그림 10-1〉에 나타난 런던의 도시 공간은 런던의 인구가 급증하기 직전인 16세기 중엽의 런던을 보여 준다. 도성(city wall)을 중심으로 매우 조밀하게 건물들이 들어서 있고, 성벽과 성문, 주요 종교 건물들이 들어차 있으며, 그 중심에 세인트 폴 성당이 고딕식 건물로 우뚝 서 있다. 템스 강을 가로지르는 런던브리지를 통하여 서더크가 연결되어 있다. 이 지역도 주거지의 밀집도는 높지 않다. 또한 템스 강 상류인 서부 지역 웨스트민스터 지역도 매우 한가한 농촌 풍경으로 남아 있을 뿐이며, 템스 강 하류인 런던타워 동쪽의 이스트엔드 지역은 지도에 포함되지도 않았다.

그러나 16세기 후반 이후 인구가 급증하여 교외로 도시 공간이 확대됨에 따라 런던의 도시 공간도 대폭 확대되어 나타난다. 다음의 〈그림 10-2〉 1720년 런던 고지도는 이 상황을 잘 알려준다.

〈그림 10-2〉 1720년 런던 고지도

　　〈그림 10-2〉를 〈그림 10-1〉과 비교해 보면, 1720년의 지도에서 런던의 도시 공간을 파악하는 시야가 대폭 확대되었음을 확인할 수 있다. 1560년 지도에서는 시티 지역을 중심으로 런던을 묘사했다면, 〈그림 10-2〉는 시티 지역만이 런던의 전부가 아님을 보여 주고 있다. 템스 강 하류의 강변을 따라 매우 조밀한 주거 지역이 발달하였는데, 이 지역이 런던 하류층의 집단 주거지인 이스트엔드였다. 또한 서부 지역도 매우 체계적으로 개발되어 상류층의 주거지로서 자리를 잡고 있음을 보여 준다.[49]

---

49) Venessa Harding, "City, capital, and metropolis: the change shape of seventeenth century London", *Imaging Early Modern London-Perception and Portrayals of the Ciity from Stow to Strype 1598~1720*, edited by J. F. Merritt, Cambridge University Press, 2001, pp.117~121.

2) 서울의 성 밖 도시 공간 확대

서울의 인구가 크게 증가한 17세기 후반은 대동법이 전국적으로 실시되었을 뿐만 아니라 상평통보가 전국적으로 유통된 시기였다. 그러므로 부역제에 기초한 노동력 징발 체제가 점차 고립제로 전환되어, 인간의 노동력을 포함한 대부분이 화폐를 매개로 교환되는 상품 화폐 경제가 크게 발달하였다. 이러한 상품 화폐 경제는 전국을 단일한 시장 체제로 묶어내는 동력이었고, 전국적 시장의 중심으로서 서울 상업 또한 비약적으로 발달하였다.[50]

인구의 증가와 상업 발달은 서울의 도시 공간을 팽창시켰다.[51] 우선 한성부 행정 구역이 확대되었다. 원래 한성부의 관할 구역은 도성 안과 도성 밖 10리까지를 경계로 삼고 있었다. 동쪽 경계는 양주의 송계원(松溪院), 대현(大峴), 서쪽은 양화도(楊花渡)와 고양(高陽)의 덕수원(德水院), 남쪽은 한강 노량진이었고, 북쪽은 특별히 정해진 것이 없었지만, 북한산을 경계로 한 것으로 보인다. 이와 같은 한성부의 범위는 인구 증가로 인해 18세기 전반에 서쪽 경계가 확대되었다. 양화도와 고양의 덕수원을 경계로 했던 데서 옹암(瓮巖)의 서쪽인 모래내(沙川)로 확대하였던 것이다. 모래내 지역은 인구가 급증한 경강 하류 지역이었다.[52]

도시 공간의 팽창 방향은 도성 내부와 도성 외부의 양 방향 모두를 향하였다. 도성 안의 경우는 상가가 확대되었다. 조선 초기 서울을 건

---

50) 최완기, 1993 「朝鮮後期 漢陽의 經濟的 成長과 그 意味」, 『이화사학연구』20·21; 고동환, 1996 「조선 후기 交通發達과 全國的 市場圈의 형성」, 『문화역사지리』8.

51) 이규목, 1994 「조선 후기 서울의 도시경관과 그 이미지」, 『서울학연구』1.

52) 『世宗實錄地理志』, 漢城府.

설할 당시 서울의 상가는 종로 시전 상가 한 곳이었지만, 17세기 후반
에 이르러 서소문 밖에 칠패 시장이 창설되었다. 칠패 시장은 경강 지
역과 서울 도성을 연결하는 길목에 위치한 시장이었다. 칠패 시장에
이어 18세기 중엽에는 서울과 함경도, 강원도를 연결하는 유통로에
위치한 동대문 안쪽의 배오개[梨峴] 시장이 형성되었다. 18세기 후반에
는 서울의 시장이 종로, 칠패, 이현의 3대시장으로, 19세기 전반에는
소의문 밖 시장까지 합하여 4개의 대시장으로 확대되었다. 칠패와 이
현 시장은 사상(私商)들에 의해 개척된 시장으로서 17세기 후반 이후
인구 증가와 상업 발달을 상징적으로 보여 주는 공간이었다.53)

한편 상업 발달에 따라 서울 도성 안에는 신분별 거주지의 차별도
이루어졌다. 세력 있는 양반들은 경복궁과 창덕궁 사이의 북촌을 중
심으로 주로 거주하였으며, 세력이 미약한 양반들은 목멱산 아래에
주로 거주하였다. 중간 신분층인 서리나 역관, 시전 상인들은 청계천
을 중심으로 한 중촌과 운종가, 그리고 인왕산 밑의 우대와 광희문
근처의 아래대에 주로 거주하였다.54)

도시 공간의 팽창은 도성 밖에서 더욱 두드러졌다. 앞서 살폈듯이
세종대에 비해 18세기 후반 도성 밖의 인구가 무려 11배나 증가하였
고, 특히 경강 지역 인구는 50년을 주기로 두 배씩 인구가 증가했기
때문에 경강 지역의 변화는 괄목할 만한 것이었다. 인구의 급증은 살
꽂이벌의 신촌(新村) 중리(中里)와 서강(西江)의 신수철리(新水鐵里) 등과
같은 새로운 마을을 탄생시켰으며, 이러한 마을의 출현으로 경강 자

---

53) 고동환, 2000 「18세기 서울 상업구조의 변화」, 『서울상업사』, 태학사.
54) 강명관, 1996 「조선 후기 서울 성안의 신분별 거주지」, 『역사비평』33; 최영준,
    1998 「18·19세기 서울의 지역 분화」, 『민족문화연구』31.

체도 확대되었다.

경강 지역은 18세기 이전에는 한강·용산강·서강을 합하여 3강으로 불렸지만, 18세기 전반에는 5강(한강, 용산강, 서강, 마포, 망원), 18세기 후반에는 8강(뚝섬, 두모포, 한강, 서빙고, 용산, 마포, 서강, 망원지역), 19세기 전반에는 12강(뚝섬, 두모포, 한강, 서빙고, 용산, 마포, 서강, 망원, 연서, 안암, 왕십리, 전농지역)으로 확대되었던 것이다. 12강에 달하는 경강 지역 중에서도 가장 상업이 번성한 곳은 마포였다. 마포 지역에는 15개의 시전이 설치되었을 뿐만 아니라, 오가는 뱃사람을 대상으로 한 주점도 600~700여 곳에 달할 정도였다. 마포를 중심으로 한 경강 지역은 조선왕조의 엄숙한 양반문화와 전혀 다른 하층민들의 욕망과 본성이 살아 숨 쉬는 매우 독특한 곳이었다.[55]

한편 외부의 유민들은 도성 외부에 정착할 수 없을 경우에는 한양 외곽의 새로운 상업 중심지로 성장하였던 송파나 누원점 등지에 정착하기도 하였다. 그러므로 17세기 후반 이후 계속된 인구 이동은 서울 인구뿐만 아니라 경기도 인구의 증가를 가져온 한 요인이기도 하였다.[56] 경강 수로의 상류에 있는 광주(廣州)의 송파장은 육로를 통해 각종 상품이 집하되는 중요한 시장으로 번성하였으며, 동대문 밖에 함경도, 강원도의 상품이 서울로 반입되는 양주의 누원점[다락원]도 서울 도성 안을 능가하는 시장으로 번성하였다. 경강과 송파, 누원을 연계하는 사상층들은 금난전권의 영향력이 미치지 않는 경기도 지역에 상품 유통 거점을 형성하여 시전 상인을 위협하는 자유 상인으로 성장하였던 것이다.[57]

---

55) 고동환, 1998 『조선 후기 서울상업 발달사연구』, 지식산업사.
56) 양보경, 1994 「서울의 공간확대와 시민의 삶」, 『서울학연구』1.

경기도 지역으로 확대되었던 서울의 확대는 18세기 말 경도(京都)—사도(四都) 체제의 성립으로 완결된다. 경도인 한성부 외에도 경기도 지역인 개성, 강화, 수원, 광주가 사도로서 확립되어 서울과 경기 지역을 연결하는 광범한 영역이 수도권으로 연계되고 있는 것이다.[58]

이와 같은 서울의 도시 공간의 확대 과정은 서울을 나타낸 고지도를 통해서도 확인할 수 있다. 본서 8장의 〈그림 8-7〉의 도성도에서 보듯이 원래 서울 도시 공간의 중심은 도성 안 지역이었다. 그러나 도시 공간이 성 밖 지역으로 확대된 결과 19세기에는 도성 안보다 도성 밖을 중시하여 본서 8장의 〈그림 8-11〉의 동국여도(東國輿圖)의 도성도와 같은 도성도가 그려질 수 있었다. 〈그림 8-7〉과 〈그림 8-11〉은 제목이 동일한 도성도이지만, 서울 도시 공간의 확대를 한눈에 볼 수 있게 해주는 고지도인 것이다. 〈그림 8-11〉에서 보듯이 서울은 19세기 초에 이미 도성으로 둘러싸인 도시가 아니었다. 민간 주택들이 도성 밖에 상당수 펼쳐져 있을 뿐만 아니라 경강변에 다양한 마을들이 분포되어 있다. 18세기 후반 서울의 도시 공간이 확대된 모습을 단적으로 표현하고 있는 것이다. 궁궐과 관청을 중심으로 그려진 〈그림 8-7〉의 지도와 달리 〈그림 8-11〉에서는 궁궐과 관청 대신에 민가가 도성 안팎에 빽빽이 들어찬 모습을 그리고 있다.

도시 공간의 확대를 잘 보여 주는 지도가 본서 8장의 〈그림 8-12〉인 「자도성지삼강도(自都城至三江圖)」다. 이 지도에서는 중앙에 여전히 도성이 그려지고 있기는 하지만, 도성 내부에 비해 경강의 흐름이 훨

---

57) 고동환, 1997 「조선 후기 京畿地域 場市網의 확대-서울시장권과의 연계성을 중심으로-」, 『韓國 古·中世의 支配體制와 農民』, 지식산업사.

58) 본서 4장 참조.

씬 강조되었을 뿐만 아니라 경강 주변에 발달한 촌락들을 도성 안에 비해 손색이 없을 정도로 표현하고 있다. 이 지도를 통해 서울의 도시 공간이 확실하게 경강을 아우르는 범위로 확대되었음을 확인할 수 있는 것이다.

서울 공간이 확대되어 경기 지역과 긴밀하게 연계되고 있음을 보여 주는 지도로는 다음의 〈그림 10-3〉 경강부임진도(京江附臨津圖)와 〈그림 10-4〉 기전도(畿甸圖)다.

〈그림 10-3〉는 수로를 중심으로 한강과 임진강을 그린 지도인데, 여기에는 북한강 상류인 춘천과 낭천, 남한강 상류인 청풍과 충주, 원주, 여주, 그리고 임진강 쪽으로는 연천이 모두 포함되고 있다. 이는 서울의 시장권이 한강과 임진강이라는 수로를 매개로 경기 지역 전체까지 포괄하고 있음을 보여 주는 것이다. 이러한 사정을 이중환(李重煥)은 『택리지(擇里志)』에서

한강은 동남쪽(남한강)으로 청풍(淸風)의 황강(黃江), 충주의 금천(金遷), 목계(木溪), 원주의 흥원창(興原倉), 여주의 백애촌(白涯村)과 통

〈그림 10-3〉 경강부임진도(京江附臨津圖)

하며, 동북쪽[북한강]으로 춘천의 우두촌(牛頭村)과 낭천(狼川)의 원암(元巖)과, 정북쪽[임진강]으로는 연천(漣川)의 징파도(澄波渡)까지 통하기 때문에, 경강상인들은 이 지역에서 외상으로 거래를 한다.[59]

고 말하고 있다. 남한강 상류인 청풍·충주·원주와 남한강 상류인 춘천, 그리고 임진강 중류인 연천은 외상 거래를 할 정도로 하나의 시장으로 통합되고 있는 것이다. 이중환의 이러한 언급에서 서울의 공간 확대가 경기 지역은 물론, 수로를 통해 충청도와 강원도 지역까지 이루어지고 있음을 알 수 있다.

〈그림 10-4〉의 기전도는 서울과 경기 지역 전체의 수로 교통 상황을 한눈에 볼 수 있도록 강조하여 그리고 있다. 이 그림들은 서울과

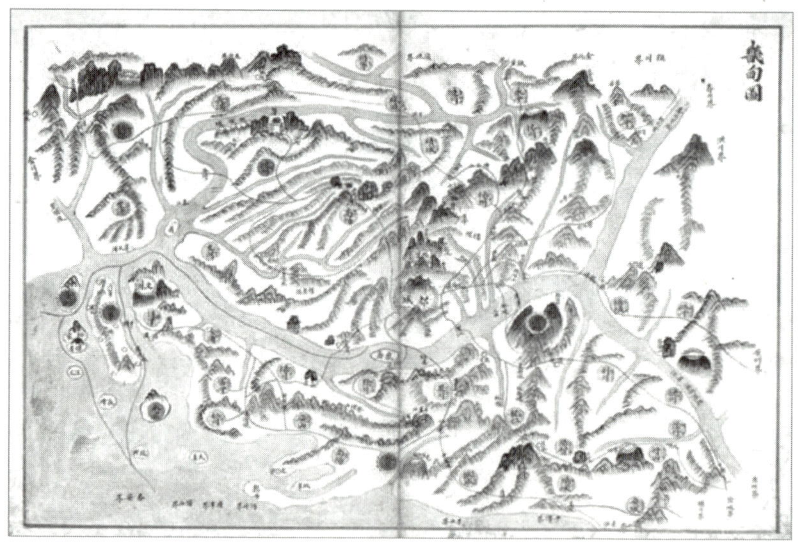

〈그림 10-4〉 기전도(東國輿圖)

---

59) 『택리지』 卜居總論 生利.

북쪽의 개성부, 남쪽의 수원부, 동쪽의 광주부, 서쪽의 강화부가 임진강·한강 수로를 통해 긴밀하게 연계되고 있음을 잘 보여 준다. 실제보다 수로가 훨씬 과장되어 표현되고 있다는 점에서 이 지도는 18세기 이후 수로를 통한 지역 간 연계가 매우 중요했음을 보여 주는 지도이기도 하다.

서울의 도시 공간을 그린 지도들은 과학적 측량을 거쳐 정밀하게 제작된 지도는 아니지만, 당시 사람들의 서울 공간에 대한 인식이 어떻게 변화했는가를 정확히 알려준다. 런던의 고지도에 비해 현실을 정확하게 반영하지는 못한다고 해도, 당시 사람들은 서울 영역이 경기 지역까지 확대되고 있음을 인식하고 있었고, 이를 기초로 이러한 지도를 그렸던 것이다.[60]

4. 도시 시설의 변모

1) 런던 대화재 이후 도시의 근대화

런던의 성장은 16세기 후반 엘리자베스 1세 치세 시절부터 시작되었다. 17세기 중엽에는 웨스트민스터 대성당과 시티 지역을 연결하는 구역에 블룸스버리의 사우스햄튼 저택, 버링톤 하우스를 비롯한 고급 주택가와 공원, 광장들이 들어서기 시작한 것이다.[61] 이처럼 시

---

60) 이찬, 양보경, 1994, 「서울 고지도 집성을 위한 기초 연구」, 『서울학연구』3.

61) Christopher Hibbert, *London the Biography of a City*, London: Allen Lane, 1977, pp.81~83.

티 지역을 벗어나 웨스트민스터 지역으로 확장되는 속에서 런던은 역사상 최악의 화재를 경험한다. 1666년 9월 2일에서 5일까지 나흘 동안 계속된 화재로 인해 대부분의 공공 건물과 시티 지역의 중심 좌표로 기능했던 세인트 폴 대성당, 87개의 교구 교회, 1만 3000여 채의 가옥 등 시티 내부의 건물 80%가 파괴되었으며, 서측 교외의 절반 정도가 파괴되었다.[62]

1666년 런던 대화재는 통일적인 계획에 따라 런던을 재건하는 좋은 기회가 되었다. 정부는 도로의 폭을 넓히고 신축 가옥의 높이를 제한하는 법규를 제정하였으며, 모든 건축물은 석조로 건축하게끔 강제하였다. 지주층의 반대로 무산된 도로 폭 확장 계획을 제외하고는 대부분 실현되었다. 크리스토퍼 렌에 의해 설계되어 1710년에 완공된 세인트 폴 대성당을 비롯한 52개의 예배당, 템플 바의 재건과 확장, 퇴역 군인과 상이군인을 위한 대형병원 두 곳—육군을 위한 로열 첼시 병원(1689~1692)과 해군을 위한 그리니치 로열 병원(1699~1703)이 신축되었다.[63] 1732년 런던에는 5,099개의 거리(street), 골목길(lane)과 광장이 있었으며, 95,968채의 가옥이 있었고, 각 가로마다 새로운 주소 체제가 도입되어 시행되었다.[64]

17세기 이후 런던의 팽창 과정에서 항만·도로·광장과 공원 등 다양한 도시 시설들이 정비되거나 확충되었다. 가장 먼저 정비된 곳은 런던 항을 중심으로 한 템스 강변이었다. 해외 무역량의 75~80%가 런던 항을 통해 운송되었기 때문에, 이 지역의 혼란상은 매우 심

62) Stephen Porter, *The Great Fire of London*, london: Bramley Books, 1996. pp.29~35.
63) 윤철희 옮김(A.N. 윌슨 지음), 2004, 『런던의 짧은 역사』, 을유문화사, 63~65쪽.
64) 주경철 옮김(페르낭 브로델 지음), 1995, 앞의 책, 801쪽.

각하였다. 그러므로 엘리자베스 1세 때부터 런던브리지와 런던타워 사이의 북쪽 제방에 법으로 인가된 부두만을 이용토록 강제하는 법이 제정되었다. 그러나 계속되는 물동량의 증가로 인해 항구는 늘어나는 선박을 모두 수용할 수 없었다. 1770년경 런던브리지에서 하류로 2킬로미터 가량 떨어진 어퍼풀 항구는 수용 허용치인 600척을 훨씬 상회하는 1,776척의 선박을 수용하고 있었다. 런던 항에는 1798년 한 해에만 13,444척의 배가 드나들었다.[65] 이와 같이 넘쳐나는 물동량을 런던 항에서만 처리할 수 없었기 때문에, 18세기 후반에는 템스 강 하류에 블랙웰, 라임하우스, 밀월 등의 새로운 부두가 잇달아 신설되었으며, 19세기초에도 아일오브독스 북단에 웨스트인디아 부두, 웨핑에 런던 부두, 아일오브독스 하류에 이스트인디아 부두가 건설되었다.[66] 다음의 〈그림 10-6〉은 1707년에 그려진 런던 동부의 뎁트포드(Deptford) 근처의 하우랜드 그레이트 독(Howland Great Dock)의 그림이다.[67] 배들이 접안할 수 있는 시설이 잘 정비되어 있음은 물론, 접안 시설이 포화 상태에 이르러 정박을 기다리는 범선들이 상당수 있음도 확인된다.

항만 시설의 건설과 더불어 도로의 건설도 시작되었다. 비좁은 옛 도로는 급격히 증가하는 통행인과 주요 소비지를 잇는 빈번한 화물 운반으로 몸살을 앓고 있었다. 도로의 개선은 시급한 문제였다. 1730년대에 토마스 델포드(Thomas Telford)와 존 마카담(John Macadam)이 진보적인 방법으로 건설한 전국적 규모의 간선 도로가 유로 도로로 개설

---

65) 위의 책, 801쪽.

66) 이영석, 2000, 앞의 논문 참조.

67) Christopher Hibbert, op.cit., p.93 그림 재인용.

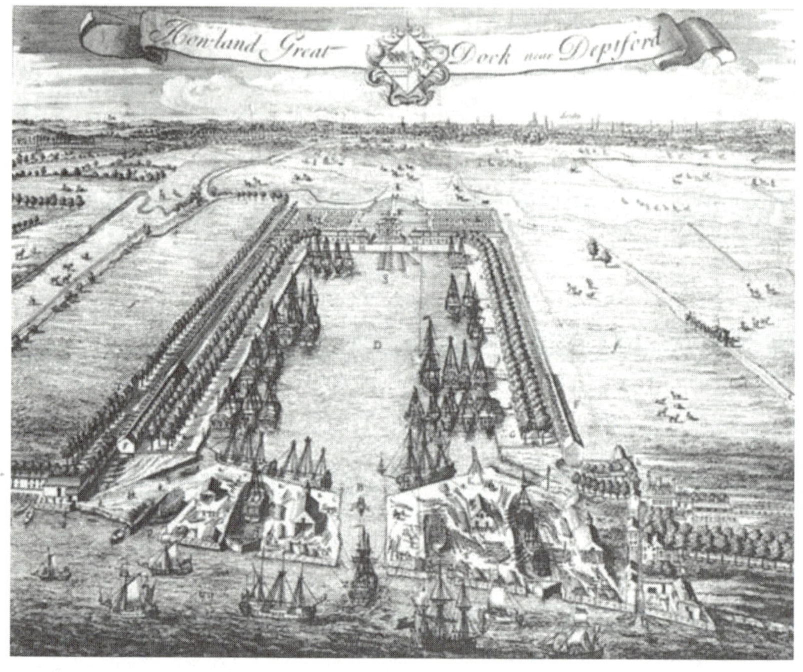

〈그림 10-5〉 뎁트포드 근처의 하우랜드 그레이트 독

되었다. 유로 도로의 건설로 런던에서 지방 간의 이동에 걸리는 시간
이 대폭 단축되었다. 1720년대 런던에서 주요 지방 도시인 요크·맨
체스터·엑시터까지의 여행은 3일 이상 걸렸지만, 1780년대에 이르
면 24시간으로 단축되었다. 모든 주요 도로망에서 이러한 단축이 이
루어졌다. 한편 1770년경에는 운하가 전국적으로 건설되어 화물 운
송의 경쟁자로 등장하였다. 이와 같은 교통수단의 발전은 런던과 영
국 전 지역을 재빨리 연결하였고, 도시 자체의 개방성을 강화시킨 결
과를 낳았다.

런던이 교외 지역으로 팽창하면서 런던 도성의 중세식 문들이
1761년에 헐렸으며, 도로와 인도에 거의 대부분 처음으로 자갈이 깔

리고 포장되었다. 그러나 도심의 좁고 불규칙적인 도로는 이미 팽창한 보행자와 마차의 격심한 체증에 시달리고 있었고, 도로변에는 주택과 상점이 가득 메워져 있었다. 특히 런던의 위생 문제는 매우 심각했다. 런던의 도시화가 아무런 계획 없이 이루어진 것이기 때문에, 런던의 빈민들은 환기와 배수도 되지 않은 환경에서 거주했다. 갖가지 오물은 식수로 사용하는 템스 강에 그대로 흘러들어가 식수를 오염시켰다. 이로 인해 여러 전염병들이 런던 시민들을 위협하였다. 18세기 후반의 런던은 현대 도시 문제를 앓고 있는 도시이기도 했다.[68]

1762년부터는 도시 재개발에서 단일 계획으로는 가장 큰 사업이 서부 지구에서 시작되었다. 이 개발은 암스테르담과 같은 정부 주도 하의 전체적인 계획에 의한 것이거나, 파리와 같은 궁정의 장엄한 체계에 의한 것도 아니었다. 토지의 구획화는 정부에 의해 실현된 것이 아니라 귀족이나 상류 시민인 지주들에 의해 이루어졌다. 런던의 도시 구조는 작은 개발의 모자이크 형태로, 녹지대, 공유지, 사유지 등이 교대로 반복되는 외형을 띠면서 이루어진 것이다. 런던의 도시 구획은 각 필드(field) 단위로 개별 지주들에 의해 이루어진 것이지만, 부분적으로 아름답고 균형 있는 구성을 보이는 것이 대부분이다. 예컨대 중앙에 공용의 정원을 가지며 모두 같은 형의 집으로 둘러싸인 도로나 광장을 만드는 것이 바로 그것이다. 단 하나의 구조로는 균형이 잡혀 있긴 하지만, 이러한 것의 중복은 혼란된 구조를 형성하게 된다고 평가되고 있다. 도시의 구획이 모든 방향으로 연속해서 일정한 한계에 도달하지 않고 농촌에 한 걸음씩 섞여가는 거대하고 기준점이 없는 교외를 형성하였기 때문이다.[69] 그러나 이러한 개발

---

68) 영국사학회 옮김(케네스 O. 모건 엮음), 1997, 위의 책, 335~337쪽.

468_ 조선시대 서울 도시사

을 통해 1780년대 런던의 외관은 슬럼 지역을 제외하고 주민의 자랑거리가 되었고, 방문자 특히 외국인들에게는 경탄의 대상이 되었다고 평가된다.[70] 이렇게 하여 18세기 런던은 근대 도시로 탈바꿈했던 것이다.[71]

근대 도시로 탈바꿈하는 과정에서 제도적 공간(institutional space)은 물론, 공공의 공간(publicspace)이 탄생했다. 제도적 공간은 왕궁·성당·관청·법원 등의 건물을 의미하며, 공공의 공간은 시민들이 자유롭게 이용할 수 있는 공간으로서, 박물관이나 미술관 등의 공공시설이나 또는 소규모 주택 단지의 중앙에 건설된 광장이나 공원들로서, 사적 공간이 아닌 대중적 공간을 의미했다.[72]

이 시기 런던의 근대화에 기여한 것은 광장·공원과 같은 공공 공간의 탄생이다. 17세기에는 코벤트가든 광장, 블름스버리 광장, 레스터 광장, 킹스 스퀘어(King's square) 등이 조성되었으며, 18세기에는 베드포드 광장, 하노버 광장, 그로스베너 광장이, 1800년대에는 러셀 광장과 트라팔가 광장이 조성되었다. 〈그림 10-6〉 킹스 스퀘어(King's square)의 모습에서 보듯이,[73] 광장은 처음부터 공공성을 띤 장소가 아니라 개인 소유의 정원이나 공원으로 지어진 것이었지만, 점차 대

---

69) 윤재희·지연순·전진희 옮김(Leonardo Benevolo), 1991, 앞의 책, 716~723쪽,

70) 케네스 O. 모건 엮음, 영국사학회 옮김, 1997, 위의 책, 335~337쪽.

71) Elizabeth McKellar, The Birth of Modern London: The Development and Design of the City, 1660~1720, London: St. Martin's Press, 1999.

72) Michael Reed, "The Transformation of Urban Space 1700~1840" The Cambridge Urban History of Britain vol 2. Edited Peter Clark. Cambridge University Press, pp.621~633.

73) Christopher Hibbert, op. cit., p.91 그림 재인용. King's square는 오늘날 런던의 Soho Square의 옛 명칭이다.

〈그림 10-6〉 킹스 스퀘어(King's square)의 18세기 초의 모습

중에게 개방됨으로써 공공의 공간으로서 기능을 수행했다. 예컨대 17세기에 조성된 레스터 광장도 공동 목축지였던 땅을 지주가 광장으로 조성한 것인데, 1870년에 비로소 일반인들에게 공개되었다. 이러한 광장과 더불어 서부 지역에 세인트 제임스 공원, 그린파크, 하이드파크, 리전트 파크, 켄징턴 파크 등이, 런던 교외에 그리니치, 리치먼드, 햄프턴코트, 부시 공원 등도 조성되었다.

런던의 도시 계획은 중앙 정부의 강력한 통제와 계획하에 이루어진 것은 아니었다. 런던은 유럽의 다른 도시와 달리 시민 계급이 이룩한 최초의 대도시였다. 도시의 형태는 정부나 일부 지배 계급의 강력한 개입에 의한 것이 아니라 다수의 작은 사적인 개발이 집합된 것이었다. 부유한 영국의 귀족 계급은 농촌에 커다란 저택이나 별장을 세웠으나, 도시에는 기존 건물들의 틀에 융합되어 있는 보통의 주택을 건설하였다. 그 결과 런던은 국왕이나 귀족 세력의 정치, 군사적 압력에 굴복하지 않는 개방된 도시로 전화되었다.[74]

---

74) 영국사학회 옮김(케네스 O. 모건 엮음), 1997, 위의 책, 338면.

그러나 부르주아 주도하에 도시가 개발되긴 했지만, 런던의 문화를 부르주아가 완전히 장악하지는 못했다. 런던의 상층 문화를 이끌어갔던 세력은 귀족 세력들이었다. 귀족들은 런던에 상주하지는 않았지만, 수개월 간 런던에 거주하면서 자신들끼리 상층 사회 모임을 주도하면서 고급 문화를 지배했던 것이다.[75]

2) 18세기 서울의 도시 문제와 도시 정비

17세기 전반 서울은 임진왜란을 겪으면서 도시 시설이 완전히 파괴된 것을 복구하는 시기였다. 특히 광해군대 종묘를 비롯하여 창덕궁과 창경궁, 인경궁, 경덕궁 등이 영건되었고,[76] 전란으로 불탄 시전 행랑도 복구되었다.[77] 17세기 전반의 도성 복구는 서울의 인구 증가가 급격하게 나타나기 이전에 행해진 것으로, 임란 이전 왕도의 모습을 복구하는 데 역점이 두어진 것이었다. 인조반정과 연이은 이괄의 난으로 궁궐 일부가 소실되기는 했지만, 곧바로 복구되어 서울은

---

75) Leonard Schwarz, "London 1700~1800", The Cambridge Urban History of Britain vol 2. Edited Peter Clark, Cambridge University Press, pp.655~666. 이와 관련하여 브로델의 다음과 같은 언급은 음미할 만하다. "새로운 시대를 연 것은 런던이 아니라 맨체스터, 버밍엄, 리즈, 글래스고, 그리고 수많은 프롤레타리아 급의 소도시들이었다. 새로운 모험에 투자된 자본도 18세기 도시 귀족의 축적된 자본이 아니다. 1830년경에 가서야 런던이 돈의 연관을 통해 이 움직임을 자신에게 유리하게 장악했다"(주경철 옮김(페르낭 브로델 지음), 1995 앞의 책, 815쪽). 브로델의 이러한 언급은 런던이 1830년대까지 부르주아지가 아닌 도시 귀족의 과두적 지배체제하에 놓여 있었다고 평가하는 것이다.

76) 홍순민, 1996 『朝鮮王朝 宮闕經營과 '兩闕體制'의 변천』, 서울대 박사학위논문; 장지연, 1997 「光海君代 宮闕營建 —仁慶宮과 慶德宮(慶熙宮)의 창건을 중심으로—」, 『한국학보』86.

77) 고동환, 2000 「17세기 서울상업 체제의 동요와 재편」, 『서울상업사』, 태학사.

예전의 위엄 있는 왕도로서의 권위를 회복할 수 있었다.

17세기 전반 회복된 왕도로서의 서울 모습은 17세기 후반 서울 인구의 증가로 인해 혼란에 빠져 들었다. 서울에는 개장수, 닭장수, 말장수, 거간, 염색업자, 야장(冶匠), 갖바치, 약국쟁이, 연희패, 서리, 별감, 도둑, 포교, 경강상인이나 도고 상인, 도시의 수공업자, 그리고 경강 일대에서 미곡, 시탄(柴炭), 잡화를 하역, 운반하는 도시 임노동자 등 종전에 볼 수 없었던 인간 군상들이 출현하였고, 이들이 도시를 혼란에 빠뜨린 주역이었다.78)

이러한 도시 빈민층이 서울에 집적되면서 서울에는 주택 문제,79) 무분별한 산지 개간과 청계천 범람으로 인해 연례적으로 발생하는 홍수 피해 등 다양한 문제에 직면하였다. 도성 외부에 거주지를 마련하지 못한 자들은 주로 개천(開川; 청계천)변에 움막을 짓고 살아가는 자가 많았다. 이에 따라 17세기 중엽에는 청계천을 밭으로 만들어 채소 등을 심어 경작하는 등 '천상거민(川上居民)'이 늘어나고 있었다.80) 18세기에는 이들 '천상거민'들이 개천 위에 밭을 경작하는 것에 그치지 않고 주택을 건설하여 거주하였는데, 천변에 무허가로 지어진 집도 소유권을 인정받아 매매되었다. 그러므로 1755년(영조 31) 청계천에 대한 대대적인 준설사업을 시행할 때 특별히 이들 '천변조가자(川邊造家者)'에 대한 대책을 마련해야 할 정도였다.81) 하천 부지 외에도

---

78) 강명관, 1994 「조선 후기 서울과 한시의 변화」, 『문학 작품에 나타난 서울의 형상』, 한샘출판사.

79) 이근호, 2004 「17 · 18세기 '閭家奪入'을 통해 본 漢城府의 住宅問題」, 『도시역사문화』2.

80) 金堉 『潛谷集』 권5, 「城中溝渠修治啓」.

81) 『濬川事實』, 濬川司節目.

불법적으로 도로나 공한지를 무단 점령하여 마구잡이로 불량 주택을 건설하는 경우가 많았다. 이러한 주택을 '여가(餘家)'라고 표현하고 있었는데, 18세기 중엽 이후부터 이러한 '여가'의 철거 문제를 한성부 오부의 부관(部官) 및 준천사(濬川司) 참군(參軍)이 담당하도록 조처하고 있었다.[82] 이러한 사태의 진전은 18세기 후반에 오면 더욱 강화되어, 대로변에 불량 주택을 마구 지었기 때문에 큰 길이 좁은 골목길로 변해서, 수레도 돌릴 수 없다고 한탄할 정도였다.[83]

평지에 주거지를 마련하지 못한 사람들은 자연스레 법적으로 엄격히 금지된 도성 주위의 산지를 개간하여 주택을 짓고 살았다. 이러한 개간은 18세기 전반에는 도성 밖의 해자(垓字) 지역에 머물렀지만, 18세기 중엽에는 만리현·서빙고 주변의 산지가 주거지로 전환되었으며, 풍수지리상으로 국도의 안산이었던 남산도 개간되었다. 또한 1757년(영조 33)에는 권농 정책의 시범 구역으로 경강 상류에 설치되었던 잠실도 개간되어 농지나 마을로 변했으며, 성북 지역의 둔전도 대거 개간되어 경작되었으며, 나아가 탕춘대 남쪽의 산허리도 개간되어 주민이 거주하였다.[84]

또한 서울 인구의 증가에 따라 자연스럽게 이들이 겨울철을 보내기 위해 사용하는 연료인 땔감 소비가 늘어나게 마련이다. 이는 곧 서울 주변의 산을 헐벗게 하였고, 그 결과 산의 토사들이 하천에 계속 퇴적되어 하천 하상이 높아졌고, 이는 웬만한 비만 내려도 청계천이 범람하는 폐해를 초래했다. 특히 청계천 변에 집을 짓고 사는 사

---

82) 『비변사등록』 146책, 영조 40년 9월 1일.

83) 『비변사등록』 170책, 정조 11년 정월 20일. "汚穢之家 法禁至嚴 而挽近以來 日盛月滋 甚至通衢大路 轉成狹斜窄巷 尋常輪蹄 不得回旋."

84) 고동환, 1998, 앞의 책 참조.

람들의 피해는 연례적인 것이었다.

이러한 문제를 해결하기 위하여 영조는 청계천에 대한 대대적인 준설 작업을 시행하게 된다. 1760년(영조 36)에 시행된 준천 사업은 서울이 수도로 자리잡은 이래 최대의 준설 공사로서, 실로 서울의 면모를 대대적으로 혁신한 사업이었다. 조정에서는 준천 사업을 관장할 임시 기구로 준천소(濬川所)를 설치한 뒤, 방민(坊民) 3만여 호에 대하여 3일 간의 부역을 부과하였고, 부족한 노동력은 모군으로 해결하였다. 역부로 동원된 방민은 총 15만여 명이었고, 고용 노동력은 총 5만여 명이었다. 사업 기간은 1755년 2월 8일부터 4월 7일까지 2개월 동안이었다. 이 사업을 계기로 청계천의 흐름이 곧아졌고, 청계천변에 무질서하게 지은 집들을 대부분 헐어내어 하천변을 정비하였다. 영조대 준천 사업은 일회적으로 그치지 않고 매년 계속되었다. 정조대는 물론 순조대에도 준천 사업이 시행되었다. 특히 1833년(순조 33)에는 대대적인 준천 사업이 시행되었는데, 이때 기준이 된 것은 1760년(영조 36)에 파냈던 영도교의 깊이였다.[85]

준천 사업을 통해 청계천변에 무질서하게 지어진 불량 주택을 철거하는 것과 함께 도로와 교량에 대한 개수 작업도 진행되었다. 특히 도성 안에 각종 개천을 건너는 다리들이 크게 증가하였다. 1755년 당시에 청계천에 부설된 다리도 총 37개였으나,[86] 19세기 초에는 49개, 19세기 전반에는 54개로 계속 늘어났다.[87] 이들 다리들은 목재 다리도 없지 않았지만, 주요한 도로의 다리는 대부분 석교(石橋)로 건설되었다.[88]

---

85) 염정섭, 1998 「조선 후기 한성부 준천의 시행」, 『서울학연구』11.

86) 『濬川事實』(奎15745) 濬川司節目.

87) 19세기 초에 편찬된 『漢京識略』에는 서울의 교량수가 총 49개로 기록되었으며, 순조 31년에 편찬된 『大東地志』에는 총 54개가 기록되어 있다.

18세기 이후 서울의 도시 내부는 외부로 유입된 인구로 인해 상당한 혼란에 빠져 있었지만, 준천 사업 등을 통해 그러한 혼란상을 제거하고 질서를 회복할 수 있었다. 그러나 이러한 도시 정비는 말 그대로 '정비'의 차원에 머무른 것이지, 도시 구조의 본질적인 변화를 수반하는 것은 아니었다. 예컨대 왕궁과 종묘, 사직 등 여전히 왕도로서의 위엄을 갖춘 시설들은 조선 초기 이래로 그 위용을 지니고 있었다. 다만 종로의 시전 거리와 남대문 밖, 동대문 근처의 이현 거리만이 오가는 사람들로 북적이고, 가가(假家)가 설치되어 넓은 도로가 좁은 도로로 변화하는 정도였다. 18세기 서울에는 런던과 같은 공공성을 띤 공간, 즉 광장이나 공원은 존재하지 않았다. 국왕의 행차 때에 백성들의 호소를 듣는 장소로 창덕궁 앞길에서 종로와 만나는 철물교 앞의 공터가 이러한 광장의 기능을 대신하고 있을 뿐이었다.[89]

18세기 서울은 도시 외관에서 여전히 중세적인 도시 질서를 간직한 도시였다. 그러나 성 밖으로 눈을 돌리면 종전에 없던 다양한 마을들이 생겨났으며, 이곳에서는 중세적 질서와는 다른 새로운 세계가 내부에서 펼쳐지고 있었다. 이들은 상업 활동, 근면성 등을 통한 부의 축적을 긍정적으로 이해하고, 상업적 신용, 근면성 등의 가치를 중시하였다. 이들 사이에는 경제적 이해를 둘러싼 갈등이 심화되고 있었고, 이러한 갈등의 해결 방법도 법적인 소송을 통해 해결하고 있었다. 경제인으로서 새로운 인간 유형이 나타나고 있었던 것이다.[90]

---

88) 『磻溪遺錄』 續編 上 道路橋梁 「凡橋梁以漸作石橋」.

89) 이태진, 1995 「18~19세기 서울의 근대적 도시발달양상」, 『서울학연구』4.

90) 고동환, 2000 「朝鮮後期 서울의 도시 구조 변화와 도시 문화」, 『역사와도시』, 서울대 출판부.

5. 런던과 서울의 도시 구조 비교

이상에서 17, 18세기 런던과 서울의 도시 구조의 변화 과정을 간단히 살펴봤는데, 런던은 16세기 후반 대외 무역의 주도권을 장악한 이후 상공업이 발달하여 농촌의 과잉 인구를 흡수할 수 있었기 때문에 인구가 급증하였다. 서울은 17세기 후반 상품 화폐 경제의 발달에 힘입어 상업이 발달하였고, 이 시기 계속된 자연 재해로 농촌에서 유리된 농민들이 대거 서울로 몰려들었기 때문에 인구가 급증하였다. 런던의 16세기 후반은 세계 자본주의 체제의 성립과 국민 국가의 성립기였지만, 서울의 17세기 후반은 임란과 호란이라는 두 차례 전란과 자연 재해의 피해에서 서서히 회복되는 시기였다. 인구 증가율의 측면에서도 50년에 두 배씩 성장한 런던에 비해 서울은 50년에 13~16%의 성장을 보였다. 전체 인구에서 차지하는 수도 인구의 비중에 있어서도 18세기 런던은 11% 정도의 집중률을 보이고 있었지만, 서울은 2.5~3.9%의 집중도를 보이고 있다. 이러한 집중도는 런던에 비해 훨씬 미약한 것이지만, 당시 유럽 제2의 도시였던 파리의 2.5%에 비하면 집중도가 낮은 것이 아니었다.

유입 인구의 증가에 따라 두 도시의 도시 공간은 템스 강과 경강을 중심으로 한 성 밖 지역으로 확대되고 있다. 철도가 놓이기 전 가장 중요한 운송 수단이 배를 이용한 선운이기 때문에 이는 어쩌면 당연한 것이기도 하다. 런던의 템스 강 하류에 빈민들의 집단 주거지인 이스트엔드가 형성된 것과 마찬가지로 서울의 경강에도 하류층들이 집단으로 거주하였다. 런던의 경우 부유층의 거주지인 서부와 빈민층의 거주지인 동부로 뚜렷하게 구분되었다. 서울의 경우 도시 공간 확대 과정에서 수로를 매개로 서울과 경기 지역이 긴밀하게 연결됨으로써

18세기 말 경도―사도 체제가 확립될 수 있었다. 이러한 것은 서울이 전국적 시장권의 중심 도시라는 위상을 잘 나타내는 것이었다.

런던은 1666년 대화재 이후 급속히 근대화되기 시작하였다. 대부분의 주택이 석조로 건축되었고, 도로에도 다듬어진 돌이 깔리기 시작하였다. 이와 더불어 항만, 도로, 운하 시설 등 교통 시설이 대폭 확장되고 정비되었다. 나아가 근대 도시의 중요한 특징이라고 할 수 있는 공원과 광장 등 이른바 공공의 공간(public space)이 탄생했다. 런던의 도시 계획은 유럽의 다른 도시와 달리 다수의 작은 사적인 개발이 집합된 것으로, 시민 계급이 이룩한 것이었다. 그 결과 런던은 국왕이나 귀족 세력에 굴복하지 않는 근대적 도시로 자신을 정립할 수 있었던 것이다.

18세기 이후 서울의 도시 내부는 외부로 유입된 인구로 인해 불량 주택 문제, 산지 개간, 연례적 홍수 피해 등 상당한 혼란에 빠져 있었지만, 준천 사업 등을 통해 그러한 혼란상을 제거하고 질서를 회복할 수 있었다. 그러나 이는 정비의 차원이지, 도시 구조의 본질적인 변화를 수반하는 것은 아니었다. 18세기 서울은 도시 외관에서 여전히 중세적인 도시 질서를 간직한 도시였다. 그러나 성 밖에는 중세적 질서와는 다른 새로운 세계가 내부에서 펼쳐지고 있었다. 이러한 움직임은 비록 도시의 외관을 바꿀 수 있는 단계까지 나아가지는 않았다고 해도 서울의 도시 문화를 전체적으로 뒤바꿀 수 있는 힘을 내재한 움직임이기도 했다.

17, 18세기 두 도시의 변화 방향은 도시 시설의 측면을 제외하고는 어느 정도 유사한 것이었다. 이러한 유사성은 런던과 서울이 한 국가의 수도라는 공통성, 즉 행정과 정치, 군사는 물론 교역과 교통의 중심지로서 인구가 밀집하고 유동 인구의 비중이 높다는 측면에서 비

롯되는 것이었다. 그러나 서울과 런던의 성장 요인들 중에 가장 중요한 차이는 각 도시가 위치한 시장 질서 속의 위상이었다. 런던은 세계 시장의 중심 도시로서 위상을 지닌 도시였고, 서울은 극동 아시아의 폐쇄적 왕조의 일국 시장의 중심 도시로서의 위상을 지닌 도시에 지나지 않았다. 서울은 일국 시장의 중심으로서, 18세기 후반에 이르러 근대 도시로의 암중모색을 하고 있었던 것에 반해, 18세기 후반 런던은 산업혁명을 진두지휘하면서 근대적인 도시로 전환하였던 것이다. 이렇게 본다면, 일찍이 피렌느가 중세 도시의 탄생에서 말했듯이 도시의 성장은 국지적 교역이 아니라 대외 무역과의 관련성 속에서 이해되어야 한다는 점이 분명해진다. 18세기 서울은 국내 시장의 중심 도시로서 비교할 수 없을 만큼 성장하고 있었지만, 다른 한편 세계 시장과 단절되어 있었기 때문에 그 성장의 한계 또한 뚜렷했던 동아시아의 도시였다.

■찾아보기

바 ✓

카✔